조당집 I

조당집 I

김월운 옮김

동국역경원

차 례 1

제 2 권

제 3 권

제 4 권

제 5 권

제 6 권

제 7 권

제 8 권

제 9 권

제 10 권

해 제

1. 편자 소개

동아시아 최고의 불교 선종사서로 평가되는 『조당집』은 중국 천주泉州 초경사初慶寺에 머물렀던 한정閑靜과 균筠 두 사람에 의해 집성되었다. 그리고 책의 서문은 당시 이 절에 머물렀던 정수 성등(淨修省僜, 884?~972)이 썼다. 집성자와 서문의 주체가 달라 종래 『조당집』 집성자에 대해 일부 이설異說이 있어 왔다.

하지만 이미 밝혀진 것처럼 진각 혜심(眞覺慧諶, 1178~1234)의 시詩에 근거하면, 천주 초경사에 머물렀던 한정과 균은 신라 하대에 중국으로 건너가 고려 초기에 돌아온 고려 승려들이다. 이들은 당말 오대(唐末 五代 : 唐 滅亡 906~宋 元年 960)에 중국에 건너가 초경사에 머물며 『조당집』을 집성한 인물들로서, 이들이 고려인임이 분명한 근거는 혜심慧諶의 시 「제능가산묘덕암균장로구거題楞伽山妙德庵筠長老舊居」에 구체적으로 드러나 있다.

이 시는 어느 날 혜심慧諶이 『조당집』의 집성자인 정과 균 선사가 머물렀던 능가산 묘덕암을 방문하여 그 옛날 이곳에 머물렀던 두 선사를 생각하며 쓴 시이다. 이 시의 할주(割註 : 副題가 아님)에 적힌 것처럼 '정靜'은 '한정閑靜'을 말하며, 한정의 선배인 '균筠'은 이름자로 좀처럼 찾아보기 힘든 '대나무 균筠' 자를 법명으로 하고 있다. 덕이 높은 승려의 이름은 외자를 쓰는 관례처럼 뒷날 혜심慧諶이 그들이 주석한 능가산 묘덕암의 옛터를 방문해 평소 흠모해 왔던 균筠 선사를 이렇게 표현했던 것으로 보인다. 혜심의 이 시는 제목 밑에 "지금은 한정 도인이 여기에 암자를 짓고 문수보살을 모셨으므로 묘덕암이라고 한다"는 할주割註가 붙어 있어 한정과 균이 능가산과 긴밀한 관련을 맺었던 사실을 알려주고 있다.

그런데 여기서 우선 문제가 되는 것은 능가산이 어디의 산이냐 하는 것이다. 종래 능가산은 혜심이 오랫동안 주석했던 송광산 길상사(현재 전남 승주군 송광사)의 아래에 있는 전남 고흥군 점암면占岩面 팔영산(八影山 : 일명 楞伽山)으로 추정되어 왔다. 하지만 이중환의 『택리지擇里志』, 『원감국사가송圓鑑國師歌頌』에 실린 시 「유능가산遊楞伽山」, 『동문선東文選』에 실린 고려시대 승려시문僧侶詩文 가운데 선탄禪坦이 지은 시 「능가산중楞伽山中」, 『석전문초石顚文鈔』에 실린 「능가산중흥법주만허선사비명楞伽山中興法主萬虛禪師碑銘」, 「변산내소사사자암중창기邊山來蘇寺獅子庵重創記」 등의 자료에 근거하여 보면, 능가산은 팔영산이 아니라 부안 변산의 내소사來蘇寺가 자리해 있는 산 또는 인근의 산 이름임이 분명하다. 그리고 충지冲止의 시에 실린 의상암義湘庵과 자씨당慈氏堂은 변산 내소사의 환경과 일치하고 있다.

이들 시에 의하면, 먼저 균 선사가 주석했던 곳에 다시 한정 도인이 암자를 짓고 문수보살을 모시고 머물렀던 것이 분명해 보인다. 그러므로 혜심慧諶의 시는 그 옛날 당말 오대 시기에 중국에 유학하여 『조당집』을 집성했던 한정閑靜과 균筠 선사가 뒷날 고려로 돌아와 머물렀던 능가산의 옛 처소 묘덕암에 와서 제題한 노래라고 할 수 있다. 이러한 사실로 미루어 보아 한정과 균 선사는 고려인으로서 당말 오대에 중국에 건너가 정수 성등 문하에서 공부한 뒤 뒷날 고려에 귀국하여 이 암자에 머물렀던 사실을 알 수 있다.

정靜과 균筠이 머물렀던 초경사는 설봉 의존(雪峰義存, 882~908) – 보복 종전(保福從展, 867~928) – 정수 성등(淨修省僜, 884?~972)의 계보를 잇는 중심사찰이다. 이곳에서 두 선사는 성등의 문하에서 공부하며 『조당집』을 집성했던 것으로 보인다. 『조당집』 제11권에 실린 신라·고려 스님인 제운 영조(齊雲靈照, 870~947)와 복청 현눌(福淸玄訥, 생몰 미상) 두 사람 모두 설봉 의존의 문하에서 공부한 이들로 보복 종전과는 사형사제가 되며, 정과 균의 스승인 정수 성등과는 사숙 관계가 되므로 집성자인 두 선사와도 긴밀한 사이에 있었을 것으로 보인다.

이러한 근거는 『조당집』이 청원青原 행사行思의 문하인 설봉 의존의 법손들에 의해 편찬되었기 때문에 남악南嶽 회양계懷讓系보다 청원 행사계를 먼저 기술한 대목에서도 엿볼 수 있다. 이와 달리 『경덕전등록景德傳燈錄』은 남악계 먼저 기술하고 청원계를 나중에 기술하고 있다. 정과 균은 설봉 의존의 문하에서 공부한 이들과 매우 가깝게 지내면서 동국東國의 선사禪師들에 대한 정보를 보충할 수 있었을 것이다.

이들 동국의 선사들에 대해 자세한 정보와 집중적인 언급이 담긴 제17권의 본문 표제에서는 '동국東國 동리桐裏 화상', '동국東國

실상實相 화상', '동국東國 혜목산慧目山 화상' 등과 같이 '동국東國'이라고 쓰고 있고, 서문 목차에서는 '해동海東'이라고 쓰고 있으며, 제18권의 「앙산仰山 화상」에서는 본문 표제에서도 '해동'이라고 쓰고 있어 이들 집성자가 고려인임을 알 수 있다. 물론 여기에서도 『조당집』의 개판자인 광준匡儁의 역할이 문제된다.

그런데 이 저술이 온전히 고려에서만 이루어졌다면 굳이 '동국東國'이나 '해동海東'을 부기할 필요가 없었을 것이다. 때문에 이미 선행연구〔任炳權〕에서 지적한 것처럼 『조당집』은 고려인 '정'과 '균' 두 선사가 초경사에 머무르며 집성했음이 분명하다. 그렇게 보아야 앞뒤의 논리적 정합성이 부합하기 때문이다. 그리고 이국異國인 중국에서 집성하였을 것으로 보이는 단서는 『조당집』에 투영된 동국의 선사에 대한 주관적 문체에서도 확인되고 있다.

아울러 제17권의 인용에서처럼 당시 쉽게 유통될 수 없었을 것으로 보이는 최치원崔致遠 찬술의 「성주사낭혜화상백월보광탑비문聖住寺朗慧和尙白月葆光塔碑文」 구절의 인용, 제20권의 순지順之의 가풍 등에 대한 자세한 기록을 통해 이 저술의 집성자가 고려인임을 알 수 있다. 국내외 유일본인 제20권의 순지順之 저술의 편입은 고려대장경 보판 15여 종 가운데에서 특히 이 저술의 가치를 드높여 주고 있다. 하여 『조당집』의 집성자가 고려인이 아니었다면 순지順之의 저술을 수록하기는 어려웠을 것으로 보인다. 이러한 몇몇 가지 자료 검토를 종합하여 볼 때 이 저술의 편자는 고려인 '한정'과 '균'으로 확정할 수 있다.

2. 시대적 상황 및 편자 의도

1) 시대적 상황

불교 선종禪宗은 동아시아 불교사에 있어서 가장 광범위한 층위를 형성하고 있는 분야이다. 중국불교 13종 가운데에서 가장 후발주자로 등장했던 선종은 당대 이래 여타의 교학과 달리 드넓은 지평을 형성해 왔다. 그렇게 이루어진 결정적 계기는 불교의 궁극적 목표인 '부처가 될 수 있는 길의 제시'에 있었다. 밀종密宗과 함께 선종 전적은 대장경 속에서 가장 많은 자리를 차지하고 있어 '불립문자不立文字'의 역설적 의미를 환기해 주고 있다. 이러한 점은 깨달음의 지남指南으로서 선의 위상을 잘 보여 주고 있다. 따라서 선이 수행의 대표명사로 자리하는 한 선종은 불교의 본질에 가장 가까이 다가가 있다고 할 수 있다.

이 저술이 처음으로 집성된 보대 10년(952년, 壬子歲)은 당말 오대 시기로 매우 혼란한 때였다. 성당기盛唐期를 지낸 당나라는 점차 이완되기 시작했다. 이미 전국은 안록산의 난과 농민반란 등으로 나라가 혼란에 빠지기 시작했다. 지식인들은 이 혼란의 원인으로 불교를 지적하면서 중화中華 정신을 발동시켰다. 그들은 형이상학적 사유와 개인의 수양을 중시하는 새로운 유교를 제창하기 시작했다. 그리하여 그들 사대부들은 유교의 예와 윤리 및 도덕과 정치 경제설을 가미한 새로운 유학을 탄생시켰다. 이러한 노력은 형이상학과 개인 수양에 강한 불교의 강점을 새로운 유교 해석에 십분 원용할 수 있게 했고, 그것은 불학佛學과 성리학性理學의 새로운 관계를 형성시켰다.

『조당집』은 불학과 성리학의 갈등과 교섭이 시작될 즈음에 집

대성된 것으로 추정된다. 오대五代 당시 중국의 목판 인쇄술은 발달하기 시작하여 송대(宋代 : 10~13세기)에는 절정을 이루었다. 이러한 배경 위에서 최초의 대장경판인 북송北宋의 촉판蜀板, 거란판〔契丹板〕 대장경 등이 개판되었다. 고려대장경 역시 촉판 대장경을 토대로 하고, 거란판 등 당시 권위 있는 모든 장경을 대조하여 엄밀한 교정을 거쳐 판각되었다. 이 때문에 고려인들의 서지書誌에 대한 이해와 목판 인쇄술은 상당한 수준을 유지하고 있었던 것으로 평가되고 있다.

당시의 고려인들은 중국과의 무역을 통해 최신 자료를 수입하고 있었다. 고려 초조初彫 대장경이나 교장敎藏 그리고 재조再彫 대장경의 간행 역시 이러한 서지書誌와 인쇄술에 대한 깊은 이해 위에서 가능한 작업이었다. 특히 오대五代 이래 고려대장경을 판각할 당시까지 고려인들은 중국의 여러 책들을 다량 구매했던 것으로 보인다. 당시 고려인들이 중국으로부터 얼마만큼의 도서를 구입했는지는 소동파〔蘇軾〕의 동생이었던 소철蘇轍의 문집에 잘 나타나 있다.

소철은, 수입상을 통해 의천〔釋煦義天, 1055~1101〕 등과 같은 고려 사람들이 많은 책을 사 가는 것에 대한 위기의식을 절절하게 그려내고 있다. 특히 소철은 황제에게 국가의 기밀문서 등과 같은 서적 구입을 금지해야 한다고 적극적으로 상소하고 있다. 결국 다량의 서적을 입수한 고려인들은 각 서목書目을 정리 판각하면서 자연스럽게 고려 인쇄술의 발달을 촉진시켰다. 지난 천여 년 동안 한역되었던 경전들이 정리되고 판각되면서 동아시아의 인쇄술은 괄목할 정도로 발전하고 있었다.

일찍이 국제 무역을 기반으로 정치와 경제적 기반을 다졌던 고려 왕조 역시 오대五代 이래 앞선 인쇄술에 대한 선진적 이해가 있었다. 『조당집』의 간행은 고려 초기 이래의 각종 서지의 수집과 분류 및 앞선 인쇄술의 흡수에 의해서 가능할 수 있었다. 이러한 분위기 속에서 한정과 균이 집성한 『조당집』 필사본 혹은 인간본 역시 고려에 유입될 수 있었다. 그리하여 뒷날 광준匡儁은 이때 고려에 들어와 유통되었던 『조당집』을 근거로 하여 현존본을 개판하였던 것으로 추정된다.

처음 이 저술의 인쇄본은 20권이 아니었다. 해동 신개인판 기記를 지은 광준匡儁의 기록처럼 고려에 유통된 것은 서문과 1권뿐이었다. 현존 『조당집』의 서序 전반부는 정수 성등 선사가 썼으며, '이상已上' 이하부터의 해동 신개인판 기記는 임자년에 『조당집』을 개판開板할 당시에 관여하였던 광준이 썼다.

『조당집』 연구는 이 저술의 유통과정 및 『조당집』 서두의 서序와 기記의 작성자인 두 인물, 그리고 정수 성등 선사가 말한 집성자 '정靜'과 '균筠' 두 명의 정체성 확보에 이르기까지 매우 복잡한 스펙트럼을 형성해 오고 있다. 이전까지만 해도 저술과 집성자의 정체성에 관해서는 명료하게 밝혀지지 않았었다. 이 때문에 이들 문제점들을 밝히지 못하는 한 『조당집』 연구는 제자리걸음에 머무를 수밖에 없었다.

중국의 선법이 전래된 이래 신라는 종래 교학불교와 변별되는 선종 문화를 접하고 충격에 휩싸였다. 잘 알려진 것처럼 신라 중대로부터 중국 선법에 노출되기 시작한 한국불교는 하대에 이르러 입당 선사들의 본격적인 귀국을 통해 선문화의 권역圈域으로 들어서게 되었다. 그리하여 불교의 두 축이자 한국불교의 특징이 된 교학과 선법의 길항拮抗이 시작되었다. 결국 신라 말 고려 초에 구산선문이 개창되기 시작하면서 불리문자不離文字에 근거한 화엄

교학과 불립문자不立文字에 기초한 남종선법의 갈등이 본격화되었다.

이러한 갈등은 한국불교의 사상적 발전에 나름대로 공헌한 점이 적지 않다. 그 공헌에 대한 정확한 이해를 위해서도 현존 최고의 완본 선서이자 당시 선종사를 일목요연하게 보여 주고 있는 『조당집』(20권, 952)에 대한 연구가 본격적으로 이루어져야만 한다. 특히 『조당집』 연구를 통해 한국불교사의 또 하나의 주요 층위인 선학의 뿌리를 추적할 수 있다는 점에서도 그러한 것이다.

『조당집』에 대한 연구에는 아직도 많은 과제들이 남아 있다. 그중에서도 신개인판을 주도한 광준은 어떤 인물이며, 당시 각수刻手들은 어떤 사람들이었는지, 그리고 『조당집』 개판과 같은 시기에 판각되어 보판補板에 들어 있는 혜심慧諶의 『선문염송집禪門拈頌集』(1244~1248년 개판)과의 관련 여부에 관한 것들은 시급히 밝혀내야 할 과제들이다.

2) 편자 의도

붓다로부터 비롯된 선법은 인도의 가섭에서 반야다라를 거쳐 동토 초조 달마에게서 크게 개화하였다. 초조의 개화로부터 계승되어 온 6조와 그 아래의 직계 및 방계에 의해 구성된 28조사설은 동아시아 선종사의 대표적 법맥론이 되었다. 한·중·일 선종사의 주요 담론인 28조설은 바로 이 『조당집』의 저술을 계승한 『경덕전등록』에 의해 굳어질 수 있었다. 그런데 이 『조당집』은 인도 상승 28조 앞에다 과거 7불까지 덧붙여 보여 주고 있다. 28조사설과 과거 7불까지 덧붙인 이 같은 편제는 이전의 텍스트에서는 볼 수 없는 것이다.

신라 말 고려 초에 중국에서 활동했던 한정〔靜〕과 균筠 선사에 의해 집성된 『조당집』은 정치적, 사상적 전환기인 당말唐末 오대五代 시기에 중국에서 탄생한 본격적인 선종 저술이다. 완본이 전해지지 않는 『보림전寶林傳』(801년) 이외에 가장 오래된 선종 전적이 『조당집』이라는 점에서 이 저술의 가치와 위상은 매우 높다. 때문에 『조당집』의 정확한 이해는 넓게는 동아시아 불교사의 성격을 정확히 이해하는 지름길이 되고, 좁게는 신라 하대 이래 한국불교사의 성격을 규명하는 바로미터가 된다.

동아시아 선종사를 기술한 현존 최고最古층 문헌인 고려 개판 유일본 『조당집』은 당대에 집성되었던 『보림전』의 완본이 사라진 상태(10권 중 7권만 발견)인 지금 무가보주無價寶珠의 가치를 지니고 있다고 할 수 있다. 하지만 총 246명(記에 253명, 목록에 257명)의 전기를 집대성한 이 텍스트는 가장 중요한 선종 사서임에도 불구하고 국외에 비해 국내에서는 논제로 별로 다루어지지 않았다.

그 까닭은 종래 이 저술의 저자 혹은 집성자의 정체를 밝히지 못하였기 때문으로 보인다. 뿐만 아니라 이 저술이 고려대장경의 보판補板에 입장(入藏 : 全帙 358장의 板木)되어 있어 쉽게 눈에 띄지 않았기 때문으로 여겨진다. 이러한 현실은 이미 반세기 전부터 돈황학敦煌學 연구에 힘입어 이 텍스트에 대한 깊은 연구를 해오고 있는 국외의 상황과는 매우 대조적이다. 이 때문에 국내 유일본 『조당집』 연구의 중심축은 아직까지 국외에 있다는 느낌을 지울 수 없다.

『조당집』은 우선 국내 유일의 개판본(高麗 高宗 32년 乙巳歲, 1245년)이기는 해도 중국과의 긴밀한 관계 속에서 편찬된 것이 분명한 이상 쉽게 접근할 수 있는 문제는 아니다. "『경덕전등록景德傳燈錄』

(宋 景德 元年, 1004년)의 분본粉本이 바로 이 『조당집』(唐 保大 10년 壬子歲, 952년)이었으리라"는 호적胡迹의 말대로 『경덕전등록』은 『조당집』에 의해 탄생될 수 있었다. 따라서 801년에 지거智炬에 의해 이루어진 『보림전寶林傳』, 898~900년경 현위玄偉에 의해 이루어진 『성주집聖胄集』, 907~910년경 유경惟勁에 의해 이루어진 『속보림전續寶林傳』 등이 전해지지 않는 이상, 이 『조당집』은 선종 최고最古의 저작이 되는 것이다.

또 『조당집』은 당시의 구어口語와 문어文語의 추적, 당시 동아시아의 문화적 특성의 탐구, 고려대장경의 판각 문제, 중국에 유학한 동국선사전의 편입 여부 등 여러 가지 논제를 안고 있다는 점에서 학자들로부터 주목받는 저술이다. 이러한 주목은 보판補板에 입장되어 있는 전적 대부분이 해당된다. 하지만 특히 『조당집』이 다루고 있는 인물군들이 인도 – 중국 – 한국의 선사들에 걸쳐 있다는 점에서 이 저술은 동아시아 선종사 연구의 지남指南이 되고 있다. 따라서 『조당집』의 연구는 이 텍스트를 한국불교사의 기본 사료로서 자리매김하는 작업이라는 점에서도 그 의의가 각별한 것이라고 할 수 있다.

3. 내용 소개

『조당집』은 과거 7불로부터 중국과 한국의 대표적 조사들의 전기傳記들을 집성集成하고 있다. 주로 고금의 여러 조사들의 법요法要를 중심으로 편집하고 있다. 특히 당시의 유수한 수행자들에 대한 제접提接의 교지教旨를 나타내는 대화나 게송 등을 집중적으로 집록하고 있다. 여타의 사료들에서 볼 수 없는 귀중한 자료들을 집록하고 있다는 점에서 『조당집』의 가치는 드높게 평가받고 있다. 『조당집』의 권차와 전기 및 조사 숫자에 대해서는 다음 도표를 통해서 구체적으로 나타낼 수 있다.

〈표〉 『조당집』의 권차와 인물 전기

권 차	전 기	숫 자
제 1 권	毘婆尸佛 尸棄佛 毘舍浮佛 拘留孫佛 拘那含佛 迦葉佛 釋迦佛~大迦葉* 阿難* 商那和修* 優婆麴多* 提多迦* 彌遮迦* 婆須密* 佛陀難提* 伏馱密多* 脇* 富那耶舍* 馬鳴* 毘羅* 龍樹* 迦那提婆* 羅睺羅*	과거 7불 ~16조 23인
제 2 권	僧伽難提* 伽倻舍多* 鳩摩羅多* 闍夜多* 婆修盤頭* 摩拏羅* 鶴勒那* 獅子* 婆舍斯多* 不如密多* 般若多羅* 達摩* 惠可* 僧燦* 道信* 弘忍* 慧能*	17인
제 3 권	牛頭 鶴林 先徑山 鳥窠 懶瓚 老安 騰騰 破竈墮 靖居* 荷澤 慧忠* 崛多 智策 司空山本淨 一宿覺 懷讓	직계, 방계 16인
제 4 권	石頭 耽源 天皇 尸梨 丹霞 招提 藥山	7인
제 5 권	大顚 長髭 龍潭 翠微 雲巖 華亭 椑樹 道吾* 三平 石室 德山*	11인
제 6 권	投子 草堂 神山 洞山* 漸源 石霜	6인
제 7 권	夾山 巖頭 雪峯	3인
제 8 권	雲居 欽山 中山 曹山 華嚴 本仁 靑林 踈山 龍牙 幽棲 上藍	11인
제 9 권	落浦 盤龍 逍遙 先洞安 黃山 韶山 捿賢 大光 肥田伏 涌泉 南際 雲蓋 九峯 南嶽玄泰 寶蓋 玄泉彦 烏巖 靈巖 羅山	19인
제 10 권	玄沙* 長生 鵝湖 大普 鏡淸 翠巖 報恩 化度 鼓山 隆壽 安國 長慶*	12인
제 11 권	保福 雲門 齊雲(靈照)# 永福 福淸(玄訥)# 潮山 惟勁 越山鑑眞 睡龍 佛日 水西南臺 中曹山 金峯 鹿門	14인

제 12 권	荷玉 育王 紫陵 長興 報慈 後踈山 禾山 寶峯 光睦 同安 氻潭 後雲蓋 黃龍 龍光 龍回 淸平 中塔 仙宗	18인
제 13 권	招慶 報慈 龍潭 福先 山谷	5인
제 14 권	江西馬祖* 大珠 百丈政 杉山 茗溪 石鞏 紫玉 南源 百丈 魯祖 高城 章敬	12인
제 15 권	西堂 鵝湖 伏牛 盤山 庥谷 塩官 五洩 大梅 永泰 東寺 鄧隱峯 歸宗 汾州 大同 金牛 龜洋 陳 黑磵 閉魔巖 龐居士	20인
제 16 권	南泉* 潙山 黃蘗 西林 古靈 石霜性空	6인
제 17 권	大慈 福州西院 處微 雪嶽陳田寺元寂(道義)# 東國桐裏(慧徹)# 東國實相(洪直)# 東國慧目山(玄昱)# 公畿 關南 溟州崛山故通曉(梵日)# 普化 嵩嚴山聖住寺故兩朝(無染)# 天龍 正原 芙蓉 岑 白馬 下堂 雙峯(道允)#	19인
제 18 권	趙州 紫胡 陸亘太夫 仰山	4인
제 19 권	香嚴 徑山 靈雲 王敬初常侍 臨濟 觀 陳 大隨 靈樹 嶢山 道吾 俱胝 勝光 資福	14인
제 20 권	五冠山瑞雲寺(順之)# 米 寶樹 灌溪 興化 後魯祖 隱山 興平 米嶺	9인
계	*표 : 淨修禪師 讚詩 부기인(42인), #표 : 신라 및 고려선사(10인)	246인

위의 〈표〉에 따르면 『조당집』에서 다루는 전기 인물은 제1권에 23명(과거 7불 포함), 제2권에 17명, 제3권에 16명, 제4권에 7명, 제5권에 11명, 제6권에 6명, 제7권에 3명, 제8권에 11명, 제9권에 19명, 제10권에 12명, 제11권에 14명, 제12권에 18명, 제13권에 5명, 제14권에 12명, 제15권에 20명, 제16권에 6명, 제17권에 19명, 제18권에 4명, 제19권에 14명, 제20권에 9명 등 총 246명이다. 이 숫자는 목록에 나와 있는 257보다 적고, 기記의 253명보다도 적은 숫자이다. 아마도 목록의 257명은 이 저술의 최초 집성자인 정과 균이, 기의 253명은 광준이 확정한 인물로 추정되며, 실제로는 246명밖에 실려 있지 않다.

이 가운데에서 찬시讚詩가 덧붙여진 인물은 42명이다. 찬시는 제1권에 과거 7불을 제외한 16명(초조~16조)에 부기된 16편, 제2권의 17명(17조~33조)에 부기된 17편, 제3권의 정거와 혜충에 각 1편씩 2편, 제5권의 도오와 덕산에 각 1편씩 2편, 제6권의 동산에 1편, 제10권의 현사와 장경에 각 1편씩 2편, 제14권의 마조에 1편, 제16권의 남전에 1편으로 총 42편이다. 이렇게 보면 과거 7불로부터 제40대인 혜능에 이르는 제1권과 제2권에 집중되어 있고, 과거 7불에 대한 찬시는 없다. 이는 과거 7불을 실존인물로 보지 않고 하나의 상징으로 보았기에 성등이 찬시를 짓지 않은 것으로 보인다.

이 대목에서 호적은 이들 42인에 덧붙여진 '정수선사찬왈淨修禪師讚曰' 이하의 찬시를 근거로 『조당집』 전체의 저자를 정수 성등으로 확정하고 있다. 그런데 '정수선사찬왈'이 붙어 있다고 해서 성등의 저술로 확정하는 데에는 무리가 따른다. 위에서 살펴본 것처럼 이미 성등은 정과 균, 두 선덕의 부탁을 받고 서문을 쓰게 되었음을 밝히고 있다. 그리고 스승 성등 자신이 지어 놓았던, 혹은 서문을 부탁받은 뒤 지은 찬시 42편 역시 제자들인 정과 균 두 선덕이 해당 전기의 뒤에다 덧붙인 것으로 보인다.

만일 정수 성등 자신이 찬을 붙이고 『조당집』 전문을 집성했다면 '정수찬왈淨修讚曰'이라고 했지, '정수선사찬왈淨修禪師讚曰'이라는 표현처럼 자신 스스로를 '선사'로 표현하여 쓰지는 않았을 것이다. 아마도 정수 성등은 두 선덕의 부탁을 받고 『조당집』 초본을 감수하면서 서문을 썼을 것이다. 이때 자신이 오래전에 선종사의 대표적 인물 42명에 대한 감흥과 개인적 느낌을 기초로 써 놓았던 찬시를 한정과 균 선덕에게 전달했을 것이다. 그렇지 않다면 서문과 내용의 감수를 부탁받은 뒤 필사본의 인물 257명(記엔 253명) 중 42명에 대한 찬시를 지어 서문과 함께 두 선덕에게 주었고, 그들은 스승의 찬시를 공손히 받아 해당 인물의 뒤에 부기했을 것으로 추정된다.

여기서 중요한 관건이 되는 것은 성등이 찬시 42편을 언제 지었느냐이다. 즉 정과 균 두 사람의 부탁을 받고 서문을 쓰던 시기에 지었는지, 아니면 그 이전에 이미 지어 두었던 찬시를 내용 감수와 서문을 부탁받고 난 뒤 함께 건네주었는지가 중요하다. 돈황에서 스타인Stein이 수집한 『천주천불신저제조사송泉州千佛新著諸祖師頌』(Stein 蒐集, 제1635호)에 실린 찬시(38편, 실제로는 36편)와 『조당집』 찬시는 동일한 시편이다. 이 『제조사송』이 돈황에서 별도로 유통되어 왔다면 『조당집』이 집성될 당시 성등의 찬시는 이미 지어져 있었던 것임을 알 수 있다. 그렇다면 이미 지어져 유통되었던 『제조사송』의 찬시는 38편(실제로는 36편)이었던 것이 분명하다.

그런데 현존 『조당집』에는 덕산德山 선감宣鑒(제5권), 동산洞山 양개良价(제6권), 현사玄沙 사비師備(제10권), 장경長慶 혜릉慧稜(제10권), 도오道吾 원지圓智(제14권), 남전南泉 보원普願(제16권) 전에 붙여진 6편의 찬시가 더 있다. 『제조사송』에 실린 38편(36편)의 찬시는 가섭으로부터 혜능까지 각 인물에 대해 붙인 33편과 혜능의 직계인 청원 행사의 직계(남악 혜충, 석두 희천)와 남악 회양의 직계(마조 도일)까지 5명(실제로는 3명, 懷讓과 石頭는 闕落)에 대한 찬시를 집성하고 있다. 그렇다면 『제조사송』은 성등이 『조당집』을 간행하기 이전에 이미 지어두었던 찬시의 집성으로 볼 수 있을까?

또 추가된 6편의 찬시는 어떻게 해석해야 하는가? 이미 지어놓았던 성등의 38편(2편 결락)에다 후에 『조당집』 서문과 내용 감수를 부탁받으면서 4편(실은 6편)을 새로 지어 총 42편을 정과 균 두 선사에게 전달한 것인가? 『제조사송』과 『조당집』의 찬시 추가 문제 역시 『조당집』의 집성자를 밝히는 데에 있어 중요한 관건이 된다. "『조당집』의 진정한 저자를 정수 선사로 볼 수밖에 없다고 하던 고 호적 선생의 제안에 이유가 있다면, 그것은 마땅히 『제조사송』에서 일찍이 제창된 28대 전법의 계보가 『조당집』에도 그대로 답습되어 있는 점에서 발견되어야 할 것이다."(민영규)

『조당집』에는 또 신라 및 고려 선사 10인의 행장이 실려 있다. 제11권의 제운齊雲과 복청福淸, 제17권의 도의道義·범일梵日·혜철慧澈·무염無染·홍식洪直·도윤道允·현욱玄昱, 제20권의 순지順之가 그들이다. 이들 가운데에서 제운·복청·도의·무염·홍식·현욱 등 6명은 『경덕전등록』(1132년·1216년 再刊)에도 나온다. 그런데 이들에 대한 『조당집』과 『경덕전등록』의 표기방식은 법휘法諱 혹은 법호法號 사용에서 차이를 보이고 있다. 이를테면 『조당집』 제11권의 제운(齊雲 : 법호)은 『경덕전등록』 제18권의 항주 용화사 영조(靈照 : 법명) 선사로 나온다. 또 『조당집』 제11권의 복청(福淸 : 법호)은 『경덕전등록』 제19권에서는 현눌(玄訥 : 법명) 선사로 나온다. 이렇게 보면 『조당집』은 법호法號 내지 시호諡號 중심으로, 『경덕전등록』은 법명法名 내지 자字 중심으로 기록한 것을 알 수 있다.

때문에 이러한 몇몇 예들을 근거로 하여 "『조당집』의 권차는 신라승과 고려승의 순서와 관계없이 중국 고승 법계에 따라 편집한 것을 알 수 있고, 대장경 보유판으로 편집할 때 원래의 『조당집』에 상당한 취사선택의 편집이 있었음을 알 수 있다."(한기문) 이러한 취사선택은 위에서 살펴본 대로 신개판新開板을 주도했던 광준

匡儁에 의한 것임이 분명하다. 그렇다면 광준이 개판한 현행본 『조당집』과 처음 한정과 균 선사가 집성한 『조당집』 초고본의 형태는 얼마나 다른가가 문제가 된다.

4. 불전 영향

『조당집』은 한국불교사 연구의 기본 사료이자 동아시아 선종사 연구의 주요 텍스트이다. 필사본과 증광본과 개판본의 추이를 통해 이 저술이, 다양한 연구 주제가 갈무리된 저술임을 확인해 볼 수 있다. 하지만 『조당집』은 한국의 불교학계에서 크게 주목을 받아 오지 못했다. 그 이유는 아마도 이 저술의 정체성을 확보하지 못했기 때문일 것이다. 그러나 최근의 연구 결과에 의하면 이 텍스트의 집성자는 한정과 균 선사로 밝혀졌다. 이제 이것을 기초로 하여 유통과정 및 개판자의 역할 정도를 밝혀내게 되면, 이 저술은 사료로서의 높은 가치를 지니게 될 것이다.

한국불교사에서 『조당집』은 한국선종사 내지 한국불교사 연구의 기본 사료가 된다. 국내 유일본인 『조당집』은 한국선종사 관련 최고最古의 사료이며 전기집이다. 이 저술보다 약 50여 년 뒤에 편집된 『경덕전등록』(1004년)에 실린 신라와 고려 선사는 30여 명이 목록에 올라 있으나 그들의 행적이 갖춰진 것은 12명에 지나지 않는다. 이에 견주어 『조당집』은 비록 한국 선사들의 숫자는 많지 않지만(10명) 비교적 신라 선사들의 전기를 자세히 기록하고 있다. 특히 신라 순지順之의 '원상설圓相說'과 '삼변성불의三遍成佛義'는 당시 신라 선법의 성격을 이해하는 바로미터이며, 이 분야 연구의 지남이 된다.

『조당집』의 집성자는 당말唐末 오대五代 시기에 중국에 건너갔던 고려인 '한정閑靜'과 '균筠' 선사이며, 진각 혜심(眞覺慧諶, 1178~1234)의 시 「제능가산묘덕암균장로구거題楞伽山妙德庵筠長老舊居」에 언급된 것처럼, 이들은 고려로 돌아온 뒤 능가산 묘덕암에 주석했음이 분명하다. 이를 통해서 알 수 있는 것은 성등의 서序에서 언급하는 것처럼 『조당집』은 한정閑靜과 균筠 두 사람에 의해 집성되었다. 그리고 성등은 두 선사가 집성한 『조당집』을 최종 감수하면서 부탁받은 서序를 쓰고, 그 이전 혹은 감수와 서문을 쓸 즈음에 지었던 42편〔스타인 수집의 「泉州千佛新著諸祖師頌」에는 38편(36편)이 실려 있음〕의 찬시〔淨修禪師讚曰〕를 덧붙인 것으로 보인다.

『조당집』의 판본은 제1본(序와 1권), 제2본(10권 상하), 제3본(20권) 세 가지였다. 제1본은 정과 균이 집성했던 초본의 필사본이었으며, 서序와 1권이 아니라 10권 정도 분량의 '1책'이었다. 제2본은 제1본이 뒷날 판본 혹은 필사본 형태로 고려에 유입된 10권본(상하)이었고, 제3본은 『조당집』의 최종 개판자인 광준이 증광하여 만든 20권본이다. 그 과정에서 기記의 내용처럼, "중국에서 편집한 이가 아꼈던 법의 흔적을 길이 떨쳐 버리고, 이 땅의 미약한 무리들에게 선법禪法의 아름다움을 널리 펴서 깊이 깨닫게 하려"고 일부 취사선택을 하였던 것으로 보인다. 광준은 "새로이 개판하는 허물을 용서해 주시기 바라며"라는 표현으로 자신의 소임을 다하고 있다.

신라 및 고려 선사 10여 명에 대한 자세한 기록은 『조당집』 최종본의 개판자인 광준이 취사선택의 가필을 한 것임이 분명하다. '동국東國'과 '해동海東'의 표기 문제, 「성주사낭혜화상비문聖住寺朗

慧和尙碑文」의 인용, 순지順之의 저술 편입, 신라 및 고려 선사에 대한 주관적 표현의 투영 등을 통해 광준이 이 저술의 최종본 개판에 깊이 개입했음을 알 수 있다.

따라서 이제 『조당집』 연구는 편자인 한정과 균의 정체성 확립 위에서 시작하여 좀더 폭넓은 접근이 이루어져야 한다. 이미 밝힌 것처럼 한정閑靜과 균筠은 당말 오대기에 중국으로 건너간 고려인이며, 초경사에 머무르며 『조당집』을 집성한 뒤 고려로 돌아와 능가산楞伽山 묘덕암妙德庵에 머물렀던 것이 분명하기 때문이다.

고 영 섭

조당집祖堂集 서문[1]

무릇 모든 성인들이 세간世間에 출현하는 것은 미혹한 중생들을 곡진히 거두고자 한 것이다. 최상의 근기는 예봉의 징조가 싹트기 이전에 비밀한 이치를 깨닫지만, 중·하 근기들은 계오契悟시키는 법어가 행해진 뒤에라야 현묘玄妙한 이치를 깨닫는다.

근기에는 날카로움과 둔함이 있지만 법에는 깊고 얕음이 없다. 더군다나 성인은 중생을 이롭게 하면서도 중생을 이롭게 한다는 생각이 없으니, 성인이 교화를 일으킨다 한들 어찌 교화함이 있으리오? 행여 이러한 것이 남는다면 이익을 주고 구제救濟하는 방편이 될 수 있겠는가? 그럼에도 게송 반 구절의 말씀을 남기는 일은 부득이해서일 뿐이다.

가르침의 말씀이 이미 천하에 널리 퍼졌지만 사승師承 관계의 순서와 조리[條貫]가 자리 잡히지 않아 항상 물이 쉽게 말라 버릴까, 오烏 자와 마馬 자를 혼동하지 않을까 염려스러웠다. 이제 초경사招

1 이 서문은 천주泉州 초경사招慶寺 주지 정수淨修 선사 문등文僜이 지었다.

慶寺의 정靜·균筠 두 선사가 소매를 걷어 붙이고 나와 최근에 고금의 모든 종파의 법요를 한 권의 책으로 엮어 모아 『조당집』이라 이름하니 구슬이 꿰어졌다 이를 만하며, 말든 펴든 그 양이 방대하였다. 읽어 보면 그저 정신이 맑아짐을 느끼게 되는데, 그로 인하여 나에게 서문을 부탁하니, 거듭 사양하였으나 뜻대로 되지 않아 마침내 붓을 들어 곧이곧대로 기록하나니, 같은 길을 걷는 훌륭한 이들은 꾸짖거나 비웃지 말기를 바라며 기록할 따름이다.

이상의 서문과 『조당집』 1권이 먼저 이 땅에 유통되고 있었고, 1권은 나중에 일제히 도착했다. 삼가 완전히 갖추어진 판본을 바탕으로 새로 인쇄하여 널리 유통시키고자 20권으로 나누었다. 그리하여 먼저 7불佛을 기록한 다음 천축의 27조祖와 진단(震旦 : 중국)의 6대代를 자리 매겼다. 대代에는 방계傍系와 정계正系를 포괄하였고, 조사들은 순차대로 모두 기록하였다. 혈맥血脈을 따르는 일관성을 유지하였으며, 소목昭穆[2]의 형식으로 손자孫子와 적자嫡子를 구별하였다. 이러한 편집 체제라야 여러 영웅들의 분산된 말씀들을 눈앞에서 두루 볼 수 있고, 여러 성현들의 오묘한 가르침을 한 권 안에서 볼 수 있기 때문이다.

지금 사문 석광준釋匡儁이 중국에서 편집된 책에 바라는 것은, 법을 전해 주기 꺼려했던 풍토를 말끔히 없애 버리는 것이며, 이 땅의 미친한 무리들이 조화로운 선의 아름다움을 배우고자 원하는

2 천자(天子 : 황제)의 묘제廟制로서 1~7세世까지 7대의 신위를 모시는 차례이다. 신위의 순서는 1세인 태조를 묘당廟堂의 중앙에 모시고, 왼쪽을 소昭라 하여 2세·4세·6세의 신위를 모시고, 오른쪽을 목穆이라 하여 3세·5세·7세의 신위를 모셨다.

것이다. 환히 통달한 분들께는 송구한 마음 금할 길 없으니, 외람됨을 용서하기 바란다. 낱낱 높으신 이름의 차례는 다음과 같다.

제 1 권

제 1. 비바시불毘婆尸佛

제 2. 시기불尸棄佛

제 3. 비사부불毘舍浮佛

제 4. 구류손불拘留孫佛

제 5. 구나함불拘那含佛

제 6. 가섭불迦葉佛

제 7. 석가불釋迦佛

제1조. 대가섭大迦葉 조사祖師

〔부처님께서 금란가사金襴袈裟를 가섭에게 전하셨는데, 가섭은 지금 계족산鷄足山에 있다. 부처님께서는 가섭으로 하여금 미륵부처님께서 나오시면 금란가사를 전하여 신표로 삼게 하셨다.〕

제 2 조. 아난阿難 조사

제 3 조. 상나화수商那和修

제 4 조. 우바국다優婆毱多

제 5 조. 제다가提多迦

제 6 조. 미차가彌遮迦

제 7 조. 바수밀婆須密

제 8 조. 불타난제佛陀難提

제 9 조. 복타밀다伏陁密多[3]

제 10 조. 협脇 조사

제 11 조. 부나야사富那耶奢

제 12 조. 마명馬鳴 존자

제 13 조. 가비라迦毘羅 조사

제 14 조. 용수龍樹 조사

제 15 조. 제바提婆 조사

제 16 조. 라후라羅睺羅

〔이상은 7불과 인도의 16조사이다.〕

제 2 권

제 17 조. 승가난제僧伽難提

제 18 조. 가야사다伽耶舍多

제 19 조. 구마라鳩摩羅

제 20 조. 사야다闍夜多

제 21 조. 바수반두婆修盤頭

제 22 조. 마나라摩拏羅

제 23 조. 학륵鶴勒 조사

제 24 조. 사자師子 비구

제 25 조. 바사사다婆舍斯多

제 26 조. 불여밀다不如密多

제 27 조. 반야다라般若多羅

제 28 조. 초조初祖 달마達摩

제 29 조. 혜가惠可

---

3 고려대장경 원문에 '복타밀다伏陁密多'로 씌어 있으나 이후에는 모두 '복타밀다伏馱密多'로 씌어 있다.

제 30 조. 승찬僧璨

제 31 조. 도신道信

제 32 조. 홍인弘忍

제 33 조. 혜능慧能

〔이상은 천축과 중국의 6대까지 내려오면서 의발을 전하던 사실이다.〕

초조 달마의 방계에서 나온 법손들

도육道育/ 총지摠持

제 3 권

4조의 방계에서 나온 법손들

제1 혜융慧融/ 제2 지엄智嚴/ 제3 혜방慧方/ 제4 법지法持/ 제5 지위智威/ 제6 혜충慧忠

지위智威에서 나온 법손

마소馬素 화상

마소馬素에서 나온 법손

도흠道欽 화상

도흠道欽에서 나온 법손

조과鳥窠 화상

〔이상 아홉 사람은 공종空宗이다.〕

5조의 방계에서 나온 법손들

신수神秀 화상/ 안安 국사/ 도명道明 화상

신수神秀에서 나온 법손

보적普寂 화상

보적普寂에서 나온 법손

나찬嬾瓚[4] 화상

노안老安의 방계에서 나온 법손들

등등騰騰 화상/ 탄연坦然 화상/ 파조타破竈墮 화상

〔이상 여덟 사람은 모두 북종北宗이다.〕

6조에서 나온 법손들

행사行思 화상/ 하택荷澤 화상/ 혜충慧忠 국사/ 굴다崛多 삼장/ 지책智策 화상/ 본정本淨 화상/ 일숙각一宿覺 화상/ 회양懷讓 화상

〔이상 여덟 사람은 제41대代가 된다.〕

제 4 권

행사行思 화상에서 나온 법손

석두石頭 화상

혜충慧忠 국사에서 나온 법손

탐원耽源 화상

〔이상 두 사람은 제42대가 된다.〕

석두石頭에서 나온 법손들

천황天皇 화상/ 시리尸利[5] 화상/ 단하丹霞 화상/ 초제招提 화상/ 약산藥山 화상

제 5 권

석두石頭에서 나온 법손들

4 고려대장경 원문에 '나찬嬾瓚'으로 씌어 있으나 이후에는 모두 '나찬懶瓚'으로 씌어 있다.

5 본문 제4권에는 '시려尸黎' 화상으로 씌어 있다.

태전太顚 화상/ 장자長髭 화상

〔이상 일곱 사람은 제43대가 된다.〕

천황天皇 화상에서 나온 법손

용담龍潭 화상

단하丹霞에서 나온 법손

취미翠微 화상

약산藥山에서 나온 법손들

운암雲巖 화상/ 화정華亭 화상/ 비수椑樹 화상/ 도오道吾 화상

태전太顚에서 나온 법손

삼평三平 화상

장자長髭에서 나온 법손

석실石室 화상

〔이상 여덟 사람은 제44대가 된다.〕

용담龍潭에서 나온 법손

덕산德山 화상

제6권

취미翠微에서 나온 법손

투자投子 화상

원圓 선사에서 나온 법손

종밀宗密 화상

운암雲巖에서 나온 법손들

신산神山 화상/ 동산洞山 화상

도오道吾에서 나온 법손들

점원漸源 화상/ 석상石霜 화상

제 7 권

화정華亭에서 나온 법손

협산夾山 화상

〔이상 8인은 제45대가 된다.〕

덕산德山에서 나온 법손

암두巖頭 화상/ 설봉雪峰 화상

제 8 권

동산洞山에서 나온 법손들

운거雲居 화상/ 흠산欽山 화상/ 중산中山 화상/ 조산曺山 화상/ 화엄華嚴 화상/ 본인本仁 화상/ 청림青林 화상/ 소산疎山 화상/ 용아龍牙 화상/ 유서幽棲 화상

협산夾山에서 나온 법손

상람上藍 화상

제 9 권

협산夾山에서 나온 법손들

낙포落浦 화상/ 반룡盤龍 화상/ 소요逍遙 화상/ 동안洞安 화상/ 황산黃山 화상/ 소산韶山 화상

석상石霜에서 나온 법손들

서현棲賢[6] 화상/ 대광大光 화상/ 비전肥田 선사/ 용천涌泉 화상/ 남제南際 화상/ 운개雲蓋 화상/ 구봉九峰 화상/ 남악南嶽 현태玄泰 화상/ 보개寶蓋 화상

〔이상 스물여덟 사람은 제46대가 된다.〕

6 본문 제9권에는 '서현栖賢'으로 씌어 있다.

암두巖頭에서 나온 법손들

현천玄泉 화상/ 오암烏巖 화상/ 영암靈巖 화상/ 나산羅山 화상

제 10 권

설봉雪峰에서 나온 법손들

현사玄沙 화상/ 장생長生 화상/ 아호鵝湖 화상/ 대보大普 화상/ 경청鏡淸 화상/ 취암翠巖 화상/ 보은報恩 화상/ 화도化度 화상/ 고산鼓山 화상/ 융수隆壽 화상/ 안국安國 화상/ 장경長慶 화상

제 11 권

설봉雪峰에서 나온 법손들

보복保福 화상/ 운문雲門 화상/ 제운齊雲 화상/ 영복永福 화상/ 복청福淸 화상/ 조산潮山 화상/ 유경惟勁 선사/ 월산越山 화상/ 수룡睡龍 화상

운거雲居에서 나온 법손들

불일佛日 화상/ 수서水西 화상

조산曹山에서 나온 법손들

중조산中曹山 화상/ 금봉金峯 화상/ 녹문鹿門 화상

제 12 권

조산曹山에서 나온 법손들

하옥荷玉 화상/ 육왕育王 화상

화엄華嚴에서 나온 법손들

자릉紫陵 화상/ 장흥長興 화상

용아龍牙에서 나온 법손

보자報慈 화상

소산疎山에서 나온 법손

후소산後疎山 화상

구봉九峰에서 나온 법손들

화산禾山 화상/ 보봉寶峰 화상/ 광목光睦 화상/ 동안同安 화상/ 늑담泐潭 화상

운개雲蓋에서 나온 법손

후운개後雲蓋 화상

현천玄泉에서 나온 법손

황룡黃龍 화상

나산羅山에서 나온 법손들

용광龍光 화상/ 용회龍廻 화상/ 청평淸平 화상

현사玄沙에서 나온 법손

중탑中塔 화상

〔이상 마흔일곱 사람은 제47대가 된다.〕

장경長慶에서 나온 법손

선종仙宗 화상

제 13 권

장경長慶에서 나온 법손들

후초경後招慶 화상/ 보자報慈 화상

보복保福에서 나온 법손들

용담龍潭 화상/ 복선福先 초경招慶 화상/ 산곡山谷 화상

〔이상 다섯 사람은 제48대가 된다. 이상 아흔여섯 사람은 모두가 석두石頭의 법손이고, 다음은 강서江西의 법손을 서술한다.〕

第 14 권

6조 혜능慧能에서 나온 법손

양讓 화상〔제41대가 된다.〕

양讓 화상에서 나온 법손

마조馬祖 대사〔제42대가 된다.〕

마조馬祖에서 나온 법손들

대주大珠 화상/ 백장百丈 정政 화상/ 삼산杉山 화상/ 명계茗溪 화상/ 석공石鞏 화상/ 자옥紫玉 화상/ 남원南源 화상/ 백장百丈 화상/ 노조魯祖 화상/ 고성高城 화상/ 장경章敬 화상

第 15 권

마조馬祖에서 나온 법손들

서당西堂 화상/ 아호鵝湖 화상 / 복우伏牛 화상/ 반산盤山 화상/ 마곡麻谷 화상/ 염관鹽官 화상/ 오설五洩 화상/ 대매大梅 화상/ 영태永泰 화상/ 동사東寺 화상/ 등은봉鄧隱峰 화상/ 귀종歸宗 화상/ 분주汾州 화상/ 대동大同 화상/ 금우金牛 화상/ 구양龜洋 화상/ 진陳 선사/ 흑간黑磵 화상/ 마암魔巖 화상/ 방龐 거사〔이상 서른한 사람은 제43대가 된다.〕

第 16 권

마조馬祖에서 나온 법손

남전南泉 화상

백장百丈에서 나온 법손들

위산潙山 화상/ 황벽黃蘗 화상/ 서림西林 화상/ 고령古靈 화상/ 성공性空 화상

제 17 권

백장百丈에서 나온 법손들

대자大慈 화상/ 서원西院 화상

서당西堂에서 나온 법손들

처미處微 화상/ 해동海東 진전陳田 화상/ 해동 동리桐裏 화상/ 해동 실상實相 화상

장경章敬에서 나온 법손들

해동 혜목산慧目山 화상/ 공기公畿 화상

염관鹽官에서 나온 법손들

관남關南 화상/ 해동海東 굴산崛山 화상

반산盤山에서 나온 법손

보화普化 화상

마곡麻谷에서 나온 법손

해동海東 성주聖住 화상

대매大梅에서 나온 법손

천룡天龍 화상

오설五洩에서 나온 법손

정원正原 화상

귀종歸宗에서 나온 법손

부용芙蓉 화상

남전南泉에서 나온 법손들

잠岑 화상/ 백마白馬 화상/ 하당下堂 화상/ 해동 쌍봉雙峯 화상

제 18 권

남전南泉에서 나온 법손들

조주趙州 화상/ 자호紫湖 화상/ 육긍陸亘 대부大夫

〔이상 스물일곱 사람은 제44대가 된다.〕

위산潙山에서 나온 법손

앙산仰山 화상

제 19 권

위산潙山에서 나온 법손들

향엄香嚴 화상/ 홍인鴻諲 화상/ 영운靈雲 화상/

왕경초王敬初 화상

황벽黃蘗에서 나온 법손들

임제臨濟 화상/ 관觀 화상/ 진陳 화상

서원西院에서 나온 법손들

대수大隋[7] 화상/ 영수靈樹 화상/ 요산嶢山 화상

관남關南에서 나온 법손

도오道吾 화상

천룡天龍에서 나온 법손

구지俱胝 화상

자호紫湖에서 나온 법손

승광勝光 화상

〔이상 열네 사람은 제45대가 된다.〕

앙산仰山에서 나온 법손

7 본문 제19권에는 '대수大隨'로 씌어 있다.

자복資福 화상

제 20 권

앙산仰山에서 나온 법손

해동海東 순지順之

왕상시王常侍에서 나온 법손

미米 화상

임제臨濟에서 나온 법손들

보수寶壽 화상/ 관계灌溪 화상

〔이상 다섯 사람은 제46대가 된다.〕

관계灌溪에서 나온 법손들

후노조後魯祖 화상/ 은산隱山 화상/ 홍평興平 화상/ 미령米嶺 화상

〔제47대가 된다.〕

해동海東에서 『조당집』을 새로이 간행함에 있어 그 사적이 드러난 253인을 모두 20권에 수록하였고, 행적을 알 수 없는 이는 다 수록하지 못하였다.

조당집祖堂集 제1권

제1. 비바시불毘婆尸佛

성은 구루拘樓요, 종족은 찰리 왕족〔刹利王種〕[1]이며, 아버지의 이름은 반표槃裱요, 어머니의 이름은 반두말타槃頭末陀요, 다스린 나라의 이름은 찰말제刹末提이다. 게송은 다음과 같다.

형상 없는 가운데서 몸이 태어남이
비유하자면 마치 요술에서 갖가지 형상이 나는 듯하다.
허깨비의 마음과 식, 본래 없으니
죄와 복도 모두 공空하여 머물 곳 없다.

身從無相中受生　　喩如幻出諸形像
幻人心識本來空　　罪福皆空無所住

---

1 인도의 네 가지 사회계급 중 하나이다. ① 바라문婆羅門은 바라문교의 사제자, ② 찰제리刹帝利는 백성을 지배하는 왕족, ③ 폐사吠舍는 농공상의 서민, ④ 수다라首陀羅는 노예를 말한다.

제 2. 시기불尸棄佛

성은 구루요, 종족은 찰리 왕족이며, 아버지의 이름은 아륜나阿輪拏요, 어머니의 이름은 바라하월제婆羅訶越提요, 다스린 나라의 이름은 아루나화제阿樓那和提이다. 게송은 다음과 같다.

일으킨 모든 착한 법은 본래가 허깨비요
짓는 모든 악한 업도 모두가 허깨비이다.
몸은 거품 같고 마음은 바람 같아서
허깨비가 내는 것, 근거도 실체도 없다.

起諸善法本是幻　　造諸惡業亦是幻
身如聚沫心如風　　幻出無根無實性

제 3. 비사부불毘舍浮佛

성은 구루요, 종족은 찰리 왕족이며, 아버지의 이름은 수바라제화須波羅提和요, 어머니의 이름은 야사월제耶舍越提요, 다스린 나라의 이름은 아녹우마阿耨憂摩이다. 게송은 다음과 같다.

4대大를 빌려서 몸이라 하니
마음은 본래 없는데 경계 따라 생긴다.
눈앞의 경계가 없으면 마음도 없어지나니
죄와 복이 허깨비 같아 일어나자 멸한다.

假借四大以爲身　　心本無生因境有
前境若無心亦無　　罪福如幻起亦滅

제 4. 구류손불拘留孫佛

성은 가섭迦葉이요, 종족은 바라문婆羅門이며, 아버지의 이름은 아지달두阿枝達兜요, 어머니의 이름은 수사가隨舍迦요, 다스린 나라의 이름은 윤하리제輪訶利提이다. 게송은 다음과 같다.

몸이 진실치 않음을 보면 그것이 부처를 봄이요,
마음이 허깨비 같음을 알면 그것이 부처를 아는 것이다.
몸과 마음의 본래 성품이 공한 줄 알면
그 사람은 부처님과 무엇이 다르랴.

見身無實是見佛　　了心如幻是了佛
了得身心本性空　　斯人與佛何殊別

제 5. 구나함모니불拘那含牟尼佛

성은 가섭이요, 종족은 바라문이며, 아버지의 이름은 야섬발다耶睒鉢多요, 어머니의 이름은 울다라鬱多羅요, 다스린 나라의 이름은 차마월제差摩越提이다. 게송은 다음과 같다.

부처란, 몸을 보지 않고 아는 것이니, 이것이 부처일새.
참으로 이것을 안다면 따로 부처가 없다.
지혜로운 이는 죄의 본성이 공한 줄 알아
마음이 평온하여 생사를 두려워 않네.

佛不見身知是佛　　若實有知別無佛
智者能知罪性空　　坦然不懼於生死

제 6. 가섭불迦葉佛

성은 가섭이요, 종족은 바라문이며, 아버지의 이름은 아지달야바阿枝達耶婆요, 어머니의 이름은 단명월제야檀明越提耶요, 다스린 나라의 이름은 바라사波羅私이다. 게송은 다음과 같다.

모든 중생의 본성은 청정하여서
본래부터 남〔生〕이 없어 멸滅할 것도 없다.
그러한 몸과 마음, 허깨비에서 났으니
허깨비 가운데에는 죄와 복이 없도다.

一切衆生性淸淨　　從本無生無可滅
卽此身心是幻生　　幻化之中無罪福

제 7. 석가모니불釋迦牟尼佛

성은 석가釋迦요, 종족은 찰리 왕족이며, 아버지의 이름은 열두단閱頭檀이요, 어머니의 이름은 마하마야摩訶摩耶요, 다스린 나라의 이름은 가유라위迦維羅衛이다. 게송은 다음과 같다.

허깨비는 원인도 없고 생겨남도 없으니
모두가 자연스럽게 그러한 것으로 본다.
모든 법이 허깨비 아닌 것 없으니
허깨비는 생겨남 없으니 두려워할 것도 없어라.

幻化無因亦無生　　皆則自然見如是
諸法無非自化生　　幻化無生無所畏

이 석가모니불은 현겁賢劫[2]의 넷째 부처님이시다. 세 겁 가운데서 처음의 천 부처님은 화광불花光佛을 시작으로 해서 비사부불毘舍浮佛이 마지막이니, 과거 장엄겁莊嚴劫[3]에 성불하셨고, 중간의 천 부처님은 구루손불拘樓孫佛에서 시작하여 누지여래樓至如來가 마지막이니, 현재의 현겁에서 차례로 성불하신다. 끝의 천 부처님은 일광여래日光如來를 시작으로 수미상불須彌相佛이 마지막이니, 미래의 성수겁星宿劫[4]에 성불하신다. 현겁의 시초에 향기로운 물이 가득하였는데, 천 송이의 큰 연꽃이 떠 있었다. 범천梵天의 왕들은 제4 선천禪天에서 이런 상서祥瑞를 내려다보고 서로 말했다.

"지금 이 세계가 이루어지면 천 명의 현인이 세상에 나오실 것이다."

그러므로 이 시기를 현겁이라 한다.

『인과경因果經』에서는 다음과 같이 말하였다.

"석가여래께서 성불하시기 전 큰 보살이셨을 때의 이름은 선혜善慧라고도 하고, 인욕忍辱이라고도 하였다. 공부가 다 되어 보처補處[5]의 자리에 오르시어 도솔천兜率天에 태어나시니, 이름을 성선聖善이라고도 하고, 호명護明이라고도 하였다. 범천의 왕들에게 보

---

2 현재의 1대겁大劫은 세계가 형성되어〔成〕 그 상태를 유지하다가〔住〕 이윽고 변화하기 시작해서〔異〕 끝내는 무너지는〔滅〕 네 단계의 겁으로 되어 있는데, 그 1대겁을 현겁이라 하며, 이 대겁 동안에 수많은 현인賢人이 나와 중생을 제도하므로 현겁이라고 한다.

3 현겁 이전에 있던 과거의 겁劫의 이름. 이 장엄겁 동안에 화광불華光佛로부터 비사부불毘舍浮佛에 이르는 1천의 부처님이 나셨다고 한다.

4 현겁이 지난 다음에 오는 겁의 이름. 이 성수겁 동안에는 일광불日光佛로부터 수미상불須彌相佛에 이르는 1천의 부처님이 나오신다고 한다.

5 부처님의 처處를 보충하는 뜻으로 전前 부처님께서 멸하신 뒤에 부처님이 되어 그 처를 보충하는 것. 석존을 이어서 성불하는 보살, 보살의 최고위를 말한다.

처의 수행법을 말씀하시고, 또한 시방에서 몸을 나투어 설법하시다가 때가 이르니, 곧 성불하셨다. 아래 세상의 나라 중 어디가 중앙인지를 살피시어 가비라국迦毘羅國이 가장 중심이 된다는 것을 알게 되었다."

그러므로 『본기경本起經』에서는 다음과 같이 말하였다.

"부처님의 위신력은 가장 높으시고 가장 존귀하시니, 변두리의 험한 나라에는 태어나시지 않는다. 이 가비라국은 3천 일월의 하늘과 땅에서 가장 중심이 된다. 예로부터 여러 부처님들이 모두 여기에 나타나셨다."

『구사론俱舍論』에서는 "섬부주剡浮洲의 중심"이라 했고, 『산해경山海經』에서는 "신독(身毒 : 인도)에는 헌원씨軒轅氏가 살았다"고 하였다.

곽박郭璞의 주에서는 다음과 같이 말하였다.

"그것은 곧 중천축中天竺이다. 그 나라는 저절로 다섯 천축으로 나뉘었는데, 중천축은 천지의 중심으로 이름부터가 변두리가 아님을 나타내니, 중심의 뜻이 분명하다."

『인과경因果經』에서는 다음과 같이 말하였다.

"중천축 대하大夏의 나라에는 네 종족이 있으니, 찰리刹利 종족과 바라문婆羅門 종족과 비사라毘舍羅 종족과 수다라首陁羅 종족이다."

이중에서 찰리 왕족이 가장 존귀하여 겁초부터 대를 이어 끊이지 않았다. 나머지 세 종족은 여기에서 논의할 바가 아니요, 다만 부처님 종족만을 밝히려 함이니, 자연 다섯으로 나뉜다.

또 『장아함경長阿含經』에서는 다음과 같이 말하였다.

"세계가 처음 이루어졌을 때는 해와 달이 아직 없었다. 광명천光

明天의 신들 가운데 복을 다 써버린 이들이 하계로 내려와 모두가 인간이 되었다. 환희식歡喜食을 먹고 살며, 몸에는 광채가 나서 멀리까지 비추며 자유롭게 날아다니고, 남녀 · 존비 · 친속의 차별이 없었다. 그러다 자연의 지미地味가 생겨났는데 그 맛이 꿀 같아서 간혹 맛을 보는 이가 있게 되고, 급기야 다투어 먹는 일이 생겨나면서 광채도 신통도 위엄도 모두 사라져서 속절없이 땅에 있게 되었다. 많이 먹은 이는 얼굴이 초췌해지고, 적게 먹은 이는 얼굴이 윤택해져 구별되게 되었다. 지미가 사라지고 지피地皮가 생겨나니, 지피를 먹음으로써 모든 죄악이 생겼고, 또 임등林藤[6]과 멥쌀 등 여러 가지 맛있는 것이 생겼는데, 그것들을 먹음으로써 남녀의 성기가 생기게 되었다. 이렇게 점점 변하여 드디어 혼인 중매의 법과 애 낳는 일이 생겼다."

『누탄경樓炭經』에서는 다음과 같이 말하였다.

"자연히 돋아난 멥쌀은 아침에 베면 저녁에 다시 돋는다."

『중아함경中阿含經』에서는 다음과 같이 말하였다.

"쌀의 길이는 네 치인데 사람들은 앞을 다투어 미리 가지려 하였다. 이와 같이 서로 죽이면서 미리 가지려 한 곳에서는 쌀이 다시 나지 않았다."

『장아함경長阿含經』에서는 다음과 같이 말하였다.

"그때 중생들은 다시 나지 않는 것을 보자 제각기 근심하였고, 서로 논밭과 집을 장만하여 경계가 생겼다. 저마다 갈무리하기 시작한 뒤로부터는 남의 밭의 곡식을 훔치는 이가 생겼는데, 이로 인해 싸움이 일어나도 판가름 낼 수 있는 이가 아무도 없었으므로

---

6 아주 섬약纖弱한 푸른 싹을 말한다.

한 사람을 추대하여 평등주平等主라 부르고, 착한 이에겐 상을, 악한 이에게는 벌을 주는 일을 주관케 하고서 모두가 공동으로 그의 생활을 보장해 주기로 의견을 모았다. 마침 강직한 성품에다 풍모도 점잖은 이가 있어 뭇 사람들이 믿고 복종한다기에 가서 부탁하였는데, 그가 승낙함으로써 민주民主라는 칭호가 생겨났다."

『누탄경』에서는 다음과 같이 말하였다.

"여러 사람들이 의논하여 우두머리로 추대하고 왕이라 호칭하였는데, 법에 따라 조세租稅를 취하였으므로 찰리刹利라 이름하였다. 이는 전지주田地主를 풀이한 것이다. 이때 염부제閻浮提는 천하가 부유하고 안락하여 땅에는 푸른 풀이 돋아 공작의 털과 같았고, 8만의 고을이 서로 부르는 소리가 들릴 정도로 즐비하였으며, 추위·더위·병고·번뇌 등이 전혀 없었다. 왕이 바른 법으로 세상을 다스리고, 열 가지 선을 받들어 행하여 서로가 공경함이 마치 부자지간父子之間 같았다. 사람들의 수명은 지극히 길어서 헤아릴 수 없더니, 나중에 다른 왕들이 바른 법을 행하지 않자 그들의 수명은 차츰 줄어 1만 세에 이르렀다가 다시 지금의 1백 세에 이르렀다. 처음에 세상이 시작될 때부터 왕이 되어 차츰차츰 전하여 보살과 라후라羅睺羅에 이르러서 장손의 대는 영원히 끊기고, 나머지 종족의 지류만이 아직까지 지위를 이어가고 있는 상태이다. 이하부터는 광범위하게 전륜왕轉輪王과 속산왕粟散王[7]의 계보를 서술하려 한다. 처음의 민주民主는 대인왕大人王이요, 둘째는 진보왕珍寶王이니, 이렇게 하여 제33대가 선사왕善思王이다. 이들 33왕이 대대로 이어갔으나 모두가 속산왕이었고, 이 다음은 모두가 전륜

---

7 변방에 흩어져 있는 소국小國의 왕을 가리킨다.

왕으로서 대대로 적자嫡子가 이어가다가 보살에게 이르렀다."

『누탄경』에서는 다음과 같이 말하였다.

"진사왕眞闍王에게 파책가波迮迦라는 태자가 있었다. 풀이하면 대어왕大魚王이다."

『불본행경佛本行經』에서는 다음과 같이 말하였다.

"중천축에 포다나褒多那라는 성이 있는데 백성이 많았고, 거기에 대어왕大魚王이란 임금이 계셨다. 이 왕으로부터 대명칭왕大名稱王에 이르기까지 자손이 대를 이었으니, 그 후예들은 수효가 모두 84,272왕으로 모두가 금륜왕金輪王이었다. 마지막 두 왕이 염부제의 주인이 되었는데, 한 왕[8]의 이름은 묘초왕茆草王이다. 묘초왕에게 태자가 있었으니 이름은 대묘초왕이었다. 대묘초왕에게는 왕위에 오를 태자가 없어서 항상 생각하였다.

'우리 조상은 대대로 이어오는 금륜왕의 후손인데 나는 지금 후사가 없으니, 우리 종족이 끊기지 않을까 걱정이다. 내가 출가를 한다면 왕의 종족이 끊길까 걱정되고, 내가 출가하지 않으면 성현의 종성種姓이 끊길까 걱정이다.'

이렇게 생각하고는 나라 일을 대신들에게 맡기고 산에 들어가 수도하여 다섯 가지 신통을 얻었으니, 그 이름은 왕선王仙이었다. 왕선에게는 출가하기 전에 부인이 있었으니, 이름은 선습善襲이었다. 왕선이 아직 왕궁에 있을 때 태기가 있다가 나중에 아들을 낳았으니 대묘초왕의 후손이다. 후에 여러 대신들이 왕선의 태자인 줄 알고서 곧 추대하여 왕위에 오르게 하였으니, 이름이 차왕遮王, 또는 울마왕鬱摩王, 또는 의마왕懿摩王이었다. 왕에게 두 왕비가 있

---

8 고려대장경에는 없으나 내용상 보입補入하였다.

었으니, 하나는 선현善賢이요, 또 하나는 묘단정妙端正이었다. 묘단정 부인에게 네 태자가 있었으니, 첫째는 거면炬面이요, 둘째는 금색金色이요, 셋째는 상중象衆이요, 넷째는 별성別成이었다. 선현 부인에게는 외아들이 있었으니, 이름은 장수長壽요, 얼굴은 매우 단엄하여 세상에 짝할 이가 없었으나 다만 씩씩한 기상이 없어서 왕위를 이을 수가 없었다. 이에 선현 부인이 생각하였다.

'거면을 비롯한 묘단정의 네 아들은 번성한데 나는 지금 오직 이 한 아들뿐이다. 비록 그가 단정하기는 하나 왕위를 이을 수 없으니, 어떤 방편을 써야 내 아들을 왕위에 오르게 할까?'

그때 차왕이 대궐 뒤뜰에 행차하여 여러 후궁들을 위로하고 있었는데, 선현 부인이 나와서 왕께 아뢰었다.

'저는 모든 것이 만족합니다만 오직 한 가지 소원만을 대왕께 더 청하겠으니 대왕께서 이루어 주소서.'

왕이 대답했다.

'그대가 원하는 바를 다 짐이 이루어 드리리다.'

선현 부인이 말하였다.

'대왕께서는 변하시어 후회하시면 안 되옵니다. 바라건대 맹세를 해주십시오.'

왕이 말했다.

'내가 만일 후회한다면 짐의 몸이 일곱 조각으로 부서질 것이오.'

선현 부인이 말했다.

'거면 등 네 아들을 내쳐 주십시오.'

왕이 말했다.

'이 네 명의 아이들은 아무런 허물도 없는데 어떻게 내치겠소?'

그리고는 한참 생각 끝에 자기가 이미 맹세한 후이고 그것을 어길 수 없어서 네 아들을 먼 곳으로 내쫓기로 결정하였다. 이때 네 왕자가 아버지에게 말하였다.

'저희들 네 형제는 아무런 죄도 없는데 갑자기 다른 나라로 내쫓으시니, 무슨 까닭입니까?'

왕이 답했다.

'너희 네 형제가 아무 죄 없이 불행하게 환난을 만난 줄을 안다. 그와 같이 말하게 된 것은 나의 마음이 아니라 선현 부인의 뜻이니라.'

이때 네 왕자를 낳은 서모庶母와 그 권속들은 이 말을 전해 듣고 급히 왕에게 가서 말했다.

'저희들의 네 왕자가 왕의 명을 받들어 쫓겨나니 저희들도 따라 가겠습니다.'

왕이 대답했다.

'그렇게 하라.'

그리고는 네 아들에게 이어서 분부를 내렸다.

'만일 혼인을 하려거든 다른 종족과 하지 말고 같은 종족끼리 하여 혈통을 끊이지 않게 하라.'

이때 네 왕자는 왕의 분부를 공경히 받들고 권속들과 함께 북쪽을 향해 떠나서 사이림舍夷林에 닿으니, 거기에는 물과 땅이 풍족하였고, 언덕이나 구덩이가 전혀 없었다. 권속들과 함께 그 숲 속에서 살기 시작하니, 복덕이 많기 때문에 마침내 큰 나라가 되었다. 나중에 차왕이 생각나서 신하에게 물었다.

'내가 전에 내쫓은 네 명의 아들은 지금 어디에 있는가?'

대신이 대답했다.

'지금 향산香山의 북쪽, 설산雪山의 남쪽, 두 산 사이에 사이舍夷

라는 숲이 있는데, 땅이 기름지고 사람들이 많아서 백성들이 장꾼처럼 모여들어 마침내 큰 나라가 되었고, 백성들이 추대하여 왕으로 모셨습니다. 성의 이름은 니구라尼拘羅이니, 옛 선인 가비라迦毘羅가 도를 이룬 곳이므로 성의 이름을 그렇게 부른답니다.'

이때 차왕이 이 말을 듣고 두세 번 감탄하면서 말했다.

'내 아들은 석가釋迦로다, 내 아들은 석가로다.'

이런 공덕을 따라 성姓을 석가라 하였으니, 석가는 능인(能仁 : 어질다, 인자하다)이라 번역된다. 대차왕의 네 아들 중 세 사람은 이미 죽고, 오직 넷째인 별성別成만이 남아 니구라왕尼拘羅王이라 불렀는데, 이 왕이 부처님의 조조祖祖이시다. 이 왕에게 태자가 있어 구로라왕拘盧羅王이라 불렀으니 이 왕이 부처님의 고조高祖이시며, 이 왕에게 태자가 있어 구구로왕瞿拘盧王이라 불렀으니 이 왕이 부처님의 증조이시고, 이 왕에게 태자가 있어 사자협왕師子頰王이라 불렀으니 이 왕이 곧 부처님의 할아버지이시다. 이 왕에게 네 태자가 있었으니, 첫째가 수두단나輸頭檀那이시니 정반왕淨飯王이시고, 둘째는 수구로단나輸拘盧檀那이시니 백반왕白飯王이시고, 셋째는 도로나途盧那이시니 곡반왕斛飯王이시고, 넷째는 아미도단나阿彌都檀那이시니 감로반왕甘露飯王이시다. 정반왕에게 두 태자가 있었는데, 첫째는 실달다悉達多이시니, 그가 곧 부처님으로서 4월 8일에 태어나셨고, 키가 1장 6척이었다. 둘째는 난타難陀이니, 바람을 거슬러 마당을 쓸던 사람으로서 4월 9일에 태어났고, 키는 1장 5척 4촌이었다. 백반왕에게 두 태자가 있었는데, 첫째는 조달調達이니 부처님의 사촌형제로서 4월 7일에 태어났고, 키는 1장 5척 4촌이었다. 둘째는 아난阿難이니, 부처님의 시자로서 4월 10일에 태어났고, 키는 1장 5척 3촌이었다. 곡반왕에게 두 태자가 있었는데, 첫째는 석마남釋摩男이니 흙을 움켜서 금을 만드는 이로서 4월 12일에 태어났고, 키는 1장 4촌이었고, 둘째는 아니루타阿尼樓陀이다.[9] 감로반왕에게는 두 태자가 있었으니, 첫째는 파투波投이니, 출가한 분으로서 4월 13일에 태어났고, 키는 1장 4촌이었다. 둘째는 발제자跋提子이니, 도에 든 이로서 4월 14일에 태어났고, 키는 1장 4촌이었다."

『불본행경』에서는 다음과 같이 말하였다.

"그때에 호명護明보살이 도솔천에서 일체 중생을 교화하려는 생각을 내고는 곧 금단金團 천자天子에게 분부했다.

'그대는 인간 세상의 여러 왕족을 잘 살펴서 내가 태어날 만한 곳을 고르라.'

금단 천자는 보살의 분부를 받들고 관찰하였다. 관찰을 마치고서 보살에게 말했다.

'찰리 종족으로서 구담瞿曇씨가 있습니다. 찰리의 후손으로 큰 선인인 구담을 따라 도를 배웠는데 스승의 성을 따라 구담이라 하였습니다. 구담씨는 본래 대대로 금륜왕의 종족으로서 차왕의 뒤부터는 대를 이어 가비라성에서 살았으니 가비라성은 석씨 종족의 수도입니다. 그 중에 사자협이라는 왕이 계셨고, 그 왕의 태자 중에 수두단나왕이 계시는데, 이 왕은 모든 세간과 하늘 무리들 사이에 이름이 크게 나 있으니, 보살께서 의탁하실 만합니다.'

보살은 찬탄하였다.

'장하도다, 장하도다. 그대는 여러 왕들의 집안을 잘도 살폈구나. 그대의 말과 같이 나는 거기에 태어나기로 결정하겠노라.'"

---

9 고려대장경에 둘째에 대한 내용이 누락되었으므로 번역자가 보입補入하였다.

또 경에서 다음과 같이 말하였다.

“호명보살이 하강하시려 할 때에 마야摩耶 부인이 정반왕에게 아뢰었다.

‘대왕이시여, 제가 지금 여덟 가지 청정한 재계齋戒를 받고자 합니다.’

그리고는 재계가 끝나자 바로 잠이 들었는데, 꿈속에서 어금니가 여섯 개이고, 붉은 머리에 일곱 개의 발로 땅을 버티고 황금으로 어금니를 장식한 흰 코끼리를 탄 하늘 사람이 정반왕궁으로 들어오는 것을 보았다.”

『아함경阿含經』에서는 다음과 같이 말하였다.

“부처님의 영신靈神이 어머니 태중에 의탁한 것을 미루어 보니, 중국의 주周나라 다섯째 임금인 소왕昭王이 즉위한 지 23년 계축 7월 15일쯤이 된다. 24년 갑인甲寅에 이르러 마야 부인이 비라毘羅 동산에서 즐거이 거닐다가 바라波羅나무 꽃이 예쁘게 핀 것을 보자 오른손을 들어서 가지를 휘어잡으려는데, 보살이 오른 옆구리로부터 탄생하시니, 온몸이 금빛이셨고, 상호相好를 모두 갖추고 계셨다.”

또 『보요경普曜經』에서는 다음과 같이 말하였다.

“부처님께서 처음 탄생하실 때에 큰 광명을 발하셔서 시방세계를 두루 비추셨고, 땅에서는 금빛 연꽃이 솟아 부처님의 발을 받들었다. 동·서·남·북으로 각각 일곱 걸음을 걷고, 사방을 살피고는 한 손으로 하늘을, 한 손으로 땅을 가리키면서 사자후師子吼로 외치셨다.

‘하늘 위와 하늘 아래에 내가 가장 높다.’

또 다음과 같은 게송을 말씀하셨다.

내가 태胎로 생겨날 일은 끝났으니
이것이 마지막 몸이다.
나는 이미 해탈을 얻었지만
다시 중생을 제도하리라.
我生胎分盡　　是最後末身
我已得解脫　　當復度衆生

이 게송을 읊고 나니, 아홉 마리 용이 물을 뿜어 태자의 몸을 씻었고, 태자의 몸을 씻은 뒤에는 잠자코 말없이 세간의 아기와 같아졌다."

또 『주서이기周書異記』에서는 다음과 같이 말하였다.

"소왕이 즉위한 24년 갑인 4월 8일에 강과 연못물이 갑자기 불어 넘치고, 궁전과 민가와 땅이 모두 흔들리더니 오색 광채가 대미(大微 : 별자리 이름)로 뻗었다가 다시 사방으로 퍼졌다. 왕이 태사太史인 소유蘇由에게 물었다.

'이게 무슨 상서祥瑞인가?'

태사가 여쭈었다.

'큰 성인이 서쪽에서 탄생하셨기 때문입니다.'

다시 물었다.

'천하에 무슨 변동이 있겠는가?'

태사가 대답했다.

'당장에는 없사옵고, 1천 년 뒤에는 그의 교법敎法이 이 땅에 퍼질 것입니다.'

이것은 부처님께서 서쪽 천축 나라 가비라성의 정반왕궁에 처음 탄생하신 징조가 이 땅에 미친 것이다."

『십이인연경十二因緣經』에서는 다음과 같이 말하였다.

"태자의 나이 19세가 되자 왕위도 왕비도 모두 싫어하니, 부왕은 출가할까 걱정되어 악사들에게 분부하여 태자를 즐겁게 하도록 하였으나 태자는 즐거워하지 않고 앉은 채로 3경更까지 이르니, 5백의 궁인들이 모두 깊은 잠에 빠졌다. 이때 정거천왕淨居天王이 허공에서 태자에게 다음과 같은 게송을 읊었다.

세상에 더럽고 중생을 미혹함에
여자의 몸뚱이가 가장 으뜸이더라.
세상의 의복을 걸치면 장엄해 보이기에
바보들이 이런 쪽으로 탐욕을 낸다네.

世間不淨衆惑迷　無過婦人身體性
世間衣服莊嚴故　愚癡是邊生貪欲

누구든지 이렇게 관찰한다면
꿈이나 허깨비요 거짓인 줄 알려니
어서 바삐 무명 버려 방종하지 않으면
마음은 해탈하고 공덕의 몸 이루리.

是人能作如是觀　如夢如幻非眞實
速捨無明勿放逸　心得解脫功德身

또 하늘 사람이 창틈으로 합장하고 태자에게 아뢰었다.

'떠나실 시각이 되었습니다.'

태자는 이 게송을 듣고 나서 마음에 기쁨이 일어 가만히 차닉車匿에게 분부하였다.

'백마 건척揵陟에게 안장을 갖추어 오라.'

네 신장神將이 발을 받들어 성을 넘어 서북쪽으로 가려는데, 태자가 다시 생각했다.

'출가하는 이는 큰 자비가 있어야 하니 말 발자국을 남기지 않으면 왕께서 반드시 문지기를 벌하시리라.'

그리고는 성 서북쪽 귀퉁이에 말 발자국 하나를 남겨두어 공중으로 날아서 서북으로 갔음을 알렸다. 이는 중국의 주周나라 소왕 42년 임신壬申의 2월 8일 밤중에 해당한다."

율장에는 다음과 같은 말이 있다.

"태자가 집을 떠나 마갈타국摩竭陀國의 반다산斑茶山에 이르러 돌 위에 가부좌를 틀고 앉아 생각했다.

'무엇으로 머리를 깎을까?'

이러한 생각을 일으키자마자 정거천자가 얼른 체도剃刀를 받들어 올렸다. 태자가 스스로 머리채를 잡고 깎으니 정거천의 천자가 얼른 실로 짠 승가리僧伽梨를 받들어 올렸다. 그러자 전에 입었던 옷과 관冠과 백마 건척을 모두 차닉에게 주어 왕궁으로 되돌아가게 하였다. 그리고 게송을 말하여 하직의 뜻을 부왕께 전하게 하였다.

애정을 따라 오래 같이 산다 하여도
때가 되면 죽어 이별을 못 면하네.
이렇듯 무상하고 잠깐 사이임을 알았기에
나 이제 해탈의 길을 찾으렵니다.

假便恩愛久共處　時至命盡會別離
見此無常須臾間　是故我今求解脫

그때에 태자는 산에서 용맹정진으로 위없는 도를 닦고 다시 아람가람阿藍迦藍에게 가서 3년 동안 불용처정不用處定[10]을 배웠으나 그것이 잘못된 것임을 알고서 곧 버렸다. 다시 울두람불鬱頭藍弗에게 가서 3년 동안 비상비비상처정非想非非想處定[11]을 배웠으나 그것 역시 옳지 않은 줄 알자 또 버렸다. 다시 상두산象頭山에 가서 다른 외도들과 같이 날마다 마맥麻麥을 먹으면서 6년을 지냈다. 고행이 끝나자 니련하尼連河에 가서 목욕을 하려는데, 지난날 고행을 너무 많이 해서 기슭으로 올라가기가 어려우니, 추성追成 선인仙人이 나뭇가지를 휘어서 태자의 손에 잡히게 해주었다."

또 『인과경因果經』에서는 다음과 같이 말하였다.

"목욕을 마치고 태자는 생각하였다.

'내가 만일 바짝 마른 몸으로 도를 얻는다면 외도들은 굶는 것이 열반이라 할 것이다. 그러므로 음식을 받아야 되겠구나.'

태자가 이런 생각을 하자마자 난타難陀와 바라내波羅奈라는 두 자매가 우유죽을 받들어 올렸다. 이에 태자가 또 생각했다.

'어떤 그릇에다 받아먹어야 되겠는가?'

태자가 이렇게 생각하자 사천왕이 제각기 돌 발우 하나씩을 바쳤다. 보살은 공평하게 처신해야 하므로 두 자매 모두에게서 죽을 받았고, 탐욕이 생겨나지 않게 하기 위해 발우를 포개 눌러 하나로 만들어 우유죽을 담으니, 얼굴도 힘도 충실해져서 정각산正覺山으로 갈 생각을 하였다."

---

10 무소유처정無所有處定이라고도 한다.

11 앞의 불용처정과 같은 일체의 무소유상無所有想의 자리도 초월하여 표상表象이 있는 것도 아니고 표상이 없는 것도 아닌 삼매의 경지를 비상비비상처라고 하며, 그러한 경지에 들기 위한 선정을 비상비비상처정이라고 한다.

『본행경本行經』에서는 다음과 같이 말하였다.

"태자는 생각했다.

'무엇을 깔고 앉을까? 깨끗한 풀이 있어야 되겠구나.'

태자가 이런 생각을 하자마자 길에서 풀 베는 길안吉安이라는 사람을 만났다. 태자가 다음과 같이 말했다.

'그 풀을 제게 아깝다는 생각이 들지 않을 만큼 조금만 주실 수 있겠습니까?'

길안이 풀을 주고 구불구불 이어진 길을 따라 떠나갔다. 정각산正覺山에 이르자 태자의 덕이 무거워서 산이 진동하니, 산신이 나타나서 태자에게 말했다.

'여기는 도를 이룰 곳이 아닙니다.'

태자가 다시 물었다.

'그러면 어디가 도를 이룰 만한 곳인가?'

산신이 대답했다.

'여기서 마갈제摩竭提나라의 남쪽으로 16리를 가면 금강좌가 있는데, 현겁賢劫의 천 부처님께서 모두가 그 자리에 올라 등정각等正覺을 이루셨으니, 그리로 가소서.'

그때 태자가 산을 내려오다가 눈먼 용 하나를 만났는데, 용이 태자에게 말했다.

'보살은 도 이룰 곳을 구하시는군요?'

태자가 물었다.

'너는 어떻게 내가 보살임을 아느냐?'

용이 대답했다.

'제가 옛날 비바시불毘婆尸佛 때에 악한 비구여서 삼보三寶를 헐뜯고 비방했던 죄로 용의 무리에 떨어졌고 겸하여 눈까지 멀었습니다만, 과거의 세 부처님께서 나타나실 때마다 제 눈이 보였다가 열반에 드시면 다시 눈이 멀곤 했습니다. 그런데 이제 그대를 만나자 저의 눈이 보이니, 그대가 보살임을 알겠습니다.'

그리고는 태자를 금강좌로 인도하니, 태자가 그 위에 풀을 깔고서 올라앉아 서원하였다.

'내가 위없는 보리를 이루기 전에는 맹세코 이 자리를 떠나지 않으리라' 하셨으니, 정각을 이루어야 부처라 이름하기 때문이다."

『보요경』에서 말하였다.

"보살이 2월 8일 샛별이 뜰 때에 크게 깨달으시고는 다음과 같은 게송을 읊었다.

별로 인하여 깨달았으나
깨달은 뒤에는 별이 아니로다.
사물을 따르지 않지만
무정함도 아니로다.

因星得悟　　悟後非星
不隨於物　　不是無情

이는 중국의 주나라 제6대 왕인 목왕穆王 3년 계미癸未 2월 8일인데, 이때에 성도하셨으니, 이것으로써 30세에 성도하셨음을 알 수 있다. 그때에 석가여래께서 도를 이루시고는 다음과 같이 설법하셨다.

'출가한 사문은 욕심을 끊고 애욕을 버려 자기 마음의 근원을 알며, 부처의 근본 이치에 통달하여 무위의 법[無爲法]을 깨달아야 하며, 안으로는 얻을 것이 없고 밖으로는 구할 것이 없어야 하며,

마음이 도에 얽매이지 않고 업에도 얽매이지 않아야 하며, 생각도 없고 지음도 없으며, 닦음도 아니요 증득함도 아니어야 하며, 모든 지위를 거치지 않고도 스스로를 높이고 공경하는 경지여야 도라고 한다.'

어떤 비구가 물었다.

'어떤 것이 청정한 본래의 성품입니까?'

부처님께서 말씀하셨다.

'끝내 청정한 것이니라.'

'어떤 것이 본성에 대한 무지無知입니까?'

'모든 법은 어리석은 것이니라.'

어떤 외도外道가 물었다.

'유有라는 말을 묻지도 않고 무無라는 말을 묻지도 않겠습니다.'

이에 부처님께서 양구良久하시니 외도가 절을 하면서 찬탄했다.

'거룩하시옵니다, 세존이시여. 그토록 대자대비하셔서 저를 미혹하게 한 구름을 걷어 주시어 저로 하여금 깨달음에 들게 하셨습니다.'

외도가 물러간 뒤 아난이 부처님께 여쭈었다.

'외도가 무엇을 깨달았기에 깨달음에 들었다 합니까?'

부처님께서 말씀하셨다.

'세상의 좋은 말〔馬〕이 채찍 그림자만 봐도 달리는 것과 같다.'

이와 같이 설법하시면서 세상에 머무시더니 49년 후에 구시나성拘尸那城의 희련하熙連河 곁의 두 그루의 사라娑羅나무 사이에서 열반에 드시니, 나이는 79세였다. 이때는 주周의 목왕穆王 52년 임신壬申 2월 15일이었는데, 폭풍이 갑자기 일어 사람들의 집을 뒤엎고 나무를 부러뜨리고 산하대지가 모두 뒤흔들리고, 서쪽에서 흰 무지개 열두 가닥이 이 땅에 뻗어 밤새도록 걷히지 않았으니, 이것이 부처님께서 열반에 드신 상서였다."

또 『열반경』에서는 다음과 같이 말하였다.

"그때 세존께서 열반에 드시려는데 가섭이 대중 속에 없는 것을 아시고, 여러 큰 제자들에게 말씀하셨다.

'가섭이 오거든 바른 법을 펴 드날리게 하라.'

또 말씀하셨다.

'나에게 있는 청정한 법안法眼과 열반의 묘한 마음과 형상 없는 실상과 미묘한 바른 법을 그대에게 맡기노니, 그대는 잘 지녀라.'

이어 아난에게 분부하셨다.

'2대의 법을 이어받아 끊이지 않도록 하라.'

그리고는 다음과 같이 게송을 말씀하셨다.

법이라 하나 본래 법은 무법이요
무법이라 하나 그 법도 역시 법이다.
지금 무법을 주노니
법이라고 하는 그 법은 어느 법이런가.
法本法無法　　無法法亦法
今付無法時　　法法何曾法

그때 가섭이 5백 명의 제자들과 함께 기사굴산耆闍崛山에서 몸과 마음을 편안히 하고 삼매에 들었는데, 삼매 중에 갑자기 마음이 시끄럽고 온몸이 떨려 선정에서 깨어나니, 모든 산천이 흔들리고 있었다. 이를 보고 여래께서 이미 열반에 드셨음을 알고, 제자들에게 말했다.

'우리 부처님, 큰 스승께서 이미 열반에 드신 지 7일이 지나 입관이 끝났구나. 슬프구나, 슬프구나. 어서 부처님께로 가자. 이미 다비荼毘가 끝나 부처님을 뵐 수 없을까 걱정이다.'

그는 부처님을 공경하기 때문에 공중으로 날아서 가지 못하고 제자들과 함께 길을 따라 바삐 걸었다. 슬퍼하며 서둘러 갔으나 7일이 지나서야 구시나성의 다비소에 이르렀다. 이에 대중에게 물었다.

'어찌하여야 큰 성인의 금관을 열 수 있을까?'

대중이 대답했다.

'부처님께서 열반에 드신 지 벌써 두 이레가 지나 이미 부패했을 터이니 어떻게 열겠습니까?'

가섭이 말했다.

'여래의 몸은 금강같이 견고하여 무너지지 않으며 공덕의 향기는 전단산栴檀山 같으니라.'

이 말을 하고는 눈물과 콧물을 흘리면서 부처님의 관으로 가까이 가니, 그때에 부처님께서 대비와 평등으로 가섭을 위하시므로 관이 저절로 열리어 모두 흩어지고 32상相 80種好를 띠신 순금의 자마紫磨 빛이 나는 견고한 몸이 활짝 드러났다. 이때 가섭이 더욱 슬피 울면서 제자들과 함께 부처님 주위를 일곱 번 돌고 길게 꿇어앉아 합장하고 게송을 읊으며 슬피 탄식하였다.

애달프다, 큰 성인 부처님이시여,
나 이제 심한 고통 마음에 사무칩니다.
세존의 열반이 어찌 그리 빠른가.
큰 자비는 이 몸을 기다리지 않으시네.

苦哉苦哉大聖尊　我今荼毒苦切心
世尊滅度一何速　大悲不能留待我

내가 굴산에서 선정에 들었을 때
여래를 두루 찾았으나 어디에도 안 보였네.
그리고 부처님께서 이미 열반하심 알고는
갑자기 마음이 떨리고 놀랐네.
我於崛山禪定中　遍觀如來悉不見
又觀見佛已涅槃　倏然心戰大振驚

갑자기 어둔 구름 세계를 뒤덮고
산천이 한꺼번에 진동함을 보고서
여래께서 이미 열반에 드신 줄 알고
재빨리 달려 왔으나 벌써 뵐 수 없었네.
忽見暗雲遍世界　復覩山地大振動
則知如來已涅槃　故我疾來已不見

세존의 대자비가 나에게는 안 미쳐
부처님의 임종을 나는 못 봤네.
한마디 가르침도 받잡지 못했으니
이제 나 외로워 어디에 의지할꼬.
世尊大悲不普我　令我不見佛涅槃
不蒙一言相教告　今我孤露何所依

세존이시여, 저는 지금 몹시 괴로워
마음이 어지럽고 혼란하며 캄캄합니다.
제가 지금 세존의 정수리에 예배할까요,

아니면 여래의 가슴에 슬프게 예배할까요?

世尊我今大苦痛　　情亂迷悶昏濁心
我今爲禮世尊頂　　爲復哀禮如來胸

아니면 성스러운 큰 손에 예배할까요,
아니면 여래의 허리에 슬프게 예배할까요?
아니면 여래의 배꼽에 절을 할까요?
아니면 깊은 신심으로 부처님의 발에 예배할까요?

爲復敬禮大聖手　　爲復悲禮如來腰
爲復敬禮如來臍　　爲復深心禮佛足

어째서 부처님의 열반을 못 뵈었던고?
다만 저에게 예배할 곳을 보여 주소서.
여래께서 계실 때에는 모두가 편안했는데
열반에 드신 지금, 모두가 슬퍼합니다.

何故不見佛涅槃　　唯願示我敬禮處
如來在世衆安樂　　今入涅槃皆大苦

애달프고도 괴로워라.
대자비로 저에게 예배할 곳 보여 주소서.

哀哉哀哉深大苦　　大悲示教所禮處

그때에 가섭이 이 게송을 마치자 세존께서는 대자대비로써 두 발의 천폭륜상千輻輪相[12]을 관 밖으로 드러내어 가섭에게 보이시니, 천폭륜千輻輪에서 천 줄기의 광명이 나와 시방의 온 세계를 비

12 부처님이 갖추고 있는 32상相 중의 하나로 발바닥에 있는 무늬를 말한다.

추었다.

그때에 가섭이 제자들과 함께 부처님의 발을 보고서 모두 함께 부처님 천폭륜에 절을 하니, 대각세존의 금강 같은 두 발이 다시 관으로 들어가고 관은 전과 같이 봉해졌다.

그때에 여래의 대자비의 힘으로 가슴에서 불이 솟아 관 밖으로 나와 차츰차츰 다비하여 7일이 지나 묘하고 향기로운 땔감이 다하고야 끝났다. 그러나 부처님의 위신력으로 안팎의 흰 상복은 조금도 손상되지 않았으니, 여기에는 두 가지 이유가 있다. 첫째, 겉의 한 겹의 흰 상복이 타지 않은 것은 세속제世俗諦가 남아 있음을 뜻함이요, 둘째, 속의 한 겹의 흰 상복이 타지 않은 것은 진제眞諦가 없어지지 않았음을 뜻한다."

부처님께서 열반에 드신 임신년壬申年으로부터 지금 당唐의 보대保大 10년 임자(壬子, 592)에 이르기까지는 1,912년이요, 불교가 중국에 전해진 뒤로부터 지금 임자년까지 무릇 886년이 지났다.

제 1 조. 대가섭大迦葉 존자尊者

마갈국摩竭國 사람이며, 종성은 바라문이다. 아버지의 이름은 음택飮澤이요, 어머니의 이름은 향지香志이다.

병사왕甁沙王과 부를 겨루면 보습 하나가 모자라고, 마갈에서 부를 겨루면 천 배나 더 앞섰다. 존귀한 사람이 지녔던 패옥貝玉을 쌓아 놓고 나무 신(樹神)에게 빌고, 가난한 여인이 애지중지 지녔던 금 구슬을 얻어 탑을 웅장하게 장식하였더니, 비로소 금빛 나는 아들이 태어나 금빛 나는 아내와 짝을 맺었다. 과연 전생 인연이 맞고 오랜 소원이 맞아서 귀한 부부가 된 것이나, 정욕情欲에 대한 애착이 없어서 출가할 뜻을 품었다. 부모가 출가를 허락하자, 곧 세존께 귀의하여 큰 서원誓願을 밝히고 최상의 법을 배우고 계법을 받아 맑고 곧게 본바탕을 지켰으며, 아무런 애착도 욕심도 없이 항상 두타頭陀를 행하였다.

세존께서 살아 계실 때 앉으라 하시고 옷을 주시고 대중 앞에서 항상 제일이라 칭찬하셨다. 그때에 대가섭이 비구들에게 말했다.

"부처님의 다비는 끝났다. 금강 사리는 우리들의 일이 아니다. 왜냐하면 여러 왕과 대신과 장자長者와 거사 중에 최상의 복을 구하는 자가 있을 것이므로, 이때에 공양될 것이기 때문이다. 우리들은 법보法寶를 결집하여 끊이지 않게 함으로써 말세의 큰 광명이 되어 바른 법이 융성하게 이어지게 하자."

그때에 가섭이 큰 신통으로 수미산 꼭대기에 가서 다음과 같이 게송을 읊었다.

부처님의 제자들이여,
열반에 들기를 우선 멈추시오.
만약 신통을 얻은 이가 있다면
마땅히 결집의 마당으로 나아갑시다.
如來諸弟子　　且莫般涅槃
若得神通者　　當赴於結集

이렇게 읊고는 구리종을 치니, 구리종 소리에 이 게송이 섞이어 두루 삼천대천세계에 퍼져 신통을 얻은 이는 모두가 모였다. 거룩한 대중이 매우 많이 모여, 마침내 안으로 3장藏[13]을 통달하고, 밖으로는 5명明[14]에 밝고, 힘은 여섯 가지 신통이 구족하고, 지혜는 네 가지 변재가 원만한 자만을 추리니, 그 수효는 전부 499명으로 모두가 왕사성 근교에 있는 기사굴산의 빈발라굴賓鉢羅窟에 모였으니, 빈발라는 칠엽암七葉巖이라 번역한다.

이때 아난은 번뇌가 다하지 못한 상태였다. 타심통의 지혜가 있는 발사跋闍 비구가 아난 사형에게 아직 탐욕과 번뇌가 있는 까닭에 성인의 무리에 끼일 수 없음을 관찰하고 모임에 참여하지 못하게 하였다. 이때 아난이 혼자 생각했다.

'나는 부처님을 섬겼고 계를 범한 적도 없는데 번뇌가 다하지 못해 성인 축에 들지 못하는구나.'

이런 생각을 하면서 밤새도록 걷다가 새벽이 되니, 몹시 피로하여 잠시 누우려는데, 머리가 목침에 닿기 전에 깨달음의 지위를 얻어 기쁨을 이기지 못한 채 곧장 빈발라굴로 가서 돌문을 두드렸다.

그때에 가섭이 굴 안에 있다가 물었다.

"누가 나의 문을 두드리는가?"

아난이 대답했다.

"부처님의 시자이던 아난 비구입니다."

"그대는 번뇌가 다하지 못했으니 들어올 수 없느니라."

"나는 이미 번뇌가 없는 지위를 얻었습니다."

"그대가 이미 무루無漏를 증득했다면 신통변화를 나타내어 대중

13 불교 전적의 총칭으로, 경장經藏·율장律藏·논장論藏을 말한다.

14 인도에서는 학문을 다섯 가지로 구분했는데, 그 다섯 가지를 5명이라 한다. 즉 다섯 가지 학문이란 뜻이며, 이때 '명明'은 사물을 밝힌다는 뜻으로 구명究明·증명證明이란 뜻이다. 그 다섯은 성명聲明·공교명工巧明·의방명醫方明·인명因明·내명內明이다.

의 의문을 풀게 하라."

그때 아난은 신통의 힘으로 문고리 구멍을 따라 들어와서 대중 속에 끼니, 5백 명의 수효가 다 찼다.

『육왕경育王經』에서 말하였다.

"가섭이 아사세왕에게 말했다.

'제가 지금 부처님의 3장藏을 결집하려 하니, 대왕께서는 저를 위해 단월檀越[15]이 되어 주십시오.'

아사세왕이 대답했다.

'여러 큰스님들께서는 부처님의 3장을 남김없이 결집하기 바라며, 자비를 버리지 마시어 나의 공양을 받아 주십시오.'

그리하여 아사세왕이 결집의 주인이 되었다. 그때에 비구들이 자리에서 일어나 장로인 대가섭에게 물었다.

'3장 가운데서 어느 것을 먼저 결집하리까?'

가섭이 대답했다.

'수다라修多羅[16]를 결집합시다.'

그리고 다시 대중에게 고했다.

'이 아난 비구는 많은 것을 듣고 잊지 않아 큰 지혜를 지녔습니다. 항상 부처님을 따라 모셨고, 여래의 청정한 범행을 닦았고, 들은 불법은 그릇의 물을 옮겨 붓듯 남김이 없어 부처님께서 총명하기로 제일이라 하셨으니, 그에게 수다라장을 결집하라고 청하는 것이 마땅할 것입니다.'

대중이 묵묵히 따랐다. 이에 가섭이 아난에게 말했다.

---

15 단나檀那라고도 한다. 시주施主를 일컫는다.

16 경 또는 계경契經·진설眞說·성교聖教·법본法本·선어경善語經이라 한역한다. 부처님께서 설하신 가르침을 후세에 전하는 장구章句이다.

'그대는 이제 마땅히 법보를 선양하라.'

아난은 공손히 분부를 받들고서 대중의 마음을 살피고는 다음과 같이 게송을 읊었다.

여러 비구 권속이
부처님을 여의어 초라한 것이
마치 넓은 허공에
뭇 별들만 있고 달이 없는 것 같구나.

比丘諸眷屬　離佛不莊嚴
猶如虛空中　衆星之無月

이렇게 읊고는 여러 성인들의 발에 절하고 곧 법좌에 올랐다."

『칠사기七事記』에서 말하였다.

"그때에 아난이 법좌에 오르니 몸에 부처님 같은 존귀한 여러 상호相好가 나타나매, 대중이 이 상서를 보고 세 가지 의혹을 일으켰다. 첫째는, 부처님께서 자비하신 까닭에 열반에서 일어나 우리들에게 매우 깊은 법을 말씀해 주시는 것인가? 둘째는, 다른 세계의 부처님께서, 석가모니께서 열반에 드신 것을 아시고 우리에게 오셔서 묘한 법을 말씀해 주시는 것인가? 셋째는, 아난이 성불하여 우리들에게 설법을 하는 것인가?

이때 아난이 말했다.

'나는 이와 같이 들었다. 어느 때 부처님께서 어느 성, 어느 곳에서 아무 경을 말씀하셨다. 이에 사람들과 하늘들이 절을 하고 받들어 행하였다.'

아난이 법좌에서 내려와 본래의 몸으로 돌아가니, 보살들은 그

것이 세존의 가피력加被力이었음을 알고 모든 의혹이 풀렸다. 이때 가섭이 모든 비구들에게 물었다.

'아난의 말이 틀림이 없는가?'

비구들이 대답했다.

'세존의 말씀과 다르지 않습니다.'

그리하여 가섭이 다시 우바리優波離에게 율장을 결집하라 명했고, 다음은 가전연迦旃延에게 논장을 결집하도록 명하였다. 가섭이 곧 원지삼매願智[17]三昧에 들어 결집한 3장을 관찰하니, 조금도 잘못됨이 없었다. 이로부터 유포되어 끊이지 않게 되었다."

『아사세왕참회경阿闍世王懺悔經』에는 세 가지 아난이 있다. 첫째는 아난타阿難陀로 경희慶喜라 번역하며, 성문의 법장法藏을 지녔고, 상품의 2승법乘法도 힘과 분수에 따라 지녔다. 둘째는 아난타발라阿難陀跋羅로 경희현慶喜賢이라 번역하며, 중승中乘의 법장을 지녔고, 상품의 대승에 대하여 힘과 분수에 따라 지녔으며, 하품의 소승小乘도 겸해 지녔다. 셋째는 아난타바가라阿難陀婆伽羅로 경희해慶喜海라 번역하며, 보살의 대승법장大乘法藏을 지녔고, 하품의 2승법도 겸하여 지녔다.

또 천태교天台教에는 네 가지 아난이 있는데, 어떻게 넷인가 하면, 첫째는 경희慶喜아난이니 장교藏教[18]를 결집했고, 둘째는 현賢아난이니 통교通教[19]를 결집했고, 셋째는 전장典藏아난이니 별교別

17 원하는 대로 생기는 묘지妙智로, 여래에게 갖추어져 있는 덕의 하나다.

18 천태종에서는 중생 교화를 위한 가르침을 네 가지로 나누고 있는데, 그 중의 첫째 단계의 가르침으로, 불교 교리의 초보적 단계로 간주되는 이 단계의 가르침에는 공空의 참뜻이 파악되지 않고 있다 해서 비판을 받기도 한 가르침이다.

19 천태종에서 말하는 교화의 네 단계 중 둘째 단계의 가르침. 3승, 즉 성문·연각·보살에 통하는 가르침으로 대승의 초입문에 해당하며, 『열반경』이 그러

教[20]를 결집했고, 넷째는 해海아난이니 원교圓教[21]를 결집하였다. 그 근본을 말하면 오직 하나의 금룡존불金龍尊佛이요, 그 행적을 말하면 네 아난이란 제자가 된다.

범어인 아난은 무염無染이라 번역되니, 아阿는 무無요, 난難은 염染이 된다. 이 무염이란 이름을 또 둘로 나눌 수 있으니, 첫째는 모든 번뇌를 끊어 버리므로 무염이라 하고, 둘째는 수행과 증득을 벗어났으므로 무염이라 한다. 번뇌를 끊어 버리므로 무염이라 한 것은 교법教法을 전한 아난을 이르는 말이요, 벗어나서 닦아 증득하므로 무염이라 한 것은 선법禪法을 전한 아난을 이르는 말이다.

아난이 조사에게 물었다.

"부처님께서는 금란가사金襴袈裟 이외에 또 무엇을 전하셨습니까?"

조사가 불렀다.

"아난아."

아난이 대답을 하니, 조사가 말하였다.

"문 밖의 깃대를 꺾어 버려라."

아사세왕이 조사에게 설법을 청하자 조사가 그 청을 받고는 법상에 올라 한참 있다가 도로 내려오니, 왕이 물었다.

"어째서 제자에게 법을 들려주시지 않습니까?"

한 가르침에 속한다.

20 통교에 이어 셋째 단계. 보살만을 위한 가르침으로서 점차로 수행하며 단계적으로 깨달아 이윽고 부처가 되는 가르침. 네 가지 가르침 중 앞의 둘과 뒤의 하나와 다르기 때문에 별교라고 하는데, 공空에서 가유假有의 세계인 현실세계에 이르러 그 무량한 모습들을 정확하게 파악하고자 자재하게 대응함을 설하는 가르침. 『화엄경』이 이에 속하는 경이다.

21 넷째 단계의 가르침으로 원만하고 완전한 가르침을 말한다.

조사가 대답하였다.

"대왕님은 지위도 덕망도 크십니다."

가섭 존자는 1승법乘法을 드날리어 중생을 이롭게 하고, 2교(教: 대승과 소승)를 펴서 백성들을 제도하니, 진실로 타심통他心通을 얻으셨으며, 끝끝내 나[我]라는 생각은 없으셨다. 45년 동안 세상에 설법하시면서 한량없는 중생을 제도하고는 아난에게 말하였다.

"여래께서 정법안장正法眼藏을 나에게 맡기셨는데, 나는 이제 늙어 부처님의 승가리 옷을 가지고 계족산鷄足山에 들어가서 자씨(慈氏: 미륵불)의 하생下生을 기다리겠다. 그대는 부처님의 분부를 잘 받들어 바른 법을 퍼뜨려서 끊이지 않게 하라. 나의 게송을 받아라."

법을 법답게 하는 본래의 법에는
법도 없고 법 아닌 것도 없다.
어찌 한 법 안에
법과 법 아닌 것이 있을 수 있으랴.

法法本來法　無法無非法
何於一法中　有法有非法

그때에 가섭이 게송 읊기를 끝내고는 왕사성으로 들어가서 아사세왕에게 하직하려 했으나 왕이 잠들어 만나지 못하였으므로 문지기에게 당부했다.

"나는 계족산으로 간다고 왕에게 여쭈어라."

『서역기西域記』에서 다음과 같이 말하였다.

"이 산의 세 봉우리가 닭의 발을 세운 것 같으므로 지어진 이름이다."

가섭 존자가 이 산에 풀자리를 펴고, 가부좌를 틀고 앉아서 생각했다.

'지금 내가 이 몸에 부처님께서 주신 누더기를 입고 승가리 등을 지녔으니, 57억 6천만 년을 지나 미륵부처님께서 세상에 나오실 때까지 더럽히거나 해어지지 않게 해야겠다.'

이런 생각을 하고는 마침내 산신에게 말했다.

"만일 아사세왕과 아난이 오거든 들어오게 열어 주고, 돌아가거든 다시 꼭 닫아라."

그리고는 바로 멸진정滅盡定에 드니, 땅이 사방상하四方上下로 진동하였다. 그때에 아사세왕이 꿈에 대궐의 대들보가 부러지는 것을 보고 깜짝 놀라 깨니, 문 밖에 대령했던 사자使者가 아뢰었다.

"대가섭이 대왕께 하직하고 계족산으로 들어가 열반에 들겠다고 왔었으나 대왕께서 주무시므로 감히 아뢰지 못하였습니다."

왕은 이 말을 듣자 울음을 터뜨리면서 말했다.

"짐은 어찌 이다지 박복하여 성인들의 열반을 뵙지 못하는고?"

곧 죽원정사竹園精舍로 가서 아난의 발에 절하고 가섭 존자가 어디에 계시는가를 물었다. 그리고는 아난에게 계족산까지 함께 가자고 하고 길을 떠났다. 왕이 산에 이르자 산이 저절로 열렸는데, 가섭은 그 안에서 온몸이 조금도 흩어지지 않았다. 왕은 곧 여러 장사들에게 분부하여 향기로운 장작을 쌓아 다비를 하려 했으나 아난이 왕에게 여쭈었다.

"마하가섭은 선정으로 몸을 지탱하고 미륵이 강탄降誕하시기까지 부처님의 승가리를 가지고 기다리다가 그것을 전하고서야 열반에 드실 것이니, 절대로 태워서는 안 됩니다."

왕이 이 말을 듣고 갖가지로 공양하다가 슬픔이 북받치자 발에 절을 하고는 선정의 몸을 하직하고서 아난에게 왕사성으로 돌아가자고 했다. 아사세왕과 아난이 산을 나서자마자 산은 예전처럼 합해졌다. 조사가 열반에 든 때는 주周의 제8대 효왕孝王 5년 병진丙辰이었다.

정수淨修 선사가 다음과 같이 찬탄하였다.

장하도다, 가섭이여.
부처님 마음을 비밀히 받았네.
몸에는 한 벌의 옷을 걸치고
입은 바다런가 천 길의 깊이로다.

偉哉迦葉　密傳佛心
身衣一納　口海千尋

위의 있는 모습으로
짙은 미혹을 교화하여 건진다.
아직 자씨미륵불을 만나지 못했기에
우선 계족산에 입정했네.

威儀庠序　化導幽深
未逢慈氏　且定雞岑

제 2 조. 아난阿難 존자

왕사성王舍城 사람이며, 종성은 찰리剎利요, 백반왕白飯王의 아들로서 부처님의 사촌 동생이다. 전생에는 금룡존불金龍尊佛이더니 금생에 여래에게 제도되어 법의 깃대[法幢]를 세우고 6만 대중을 교화하였으며, 부처의 해를 높이 달아 미혹한 무리를 널리 비추고, 널리 통달하고 잊지 않아 다문多聞 제일이었다. 조사가 거닐다가 어느 대밭 가에 이르니, 어떤 비구가 부처님의 게송을 잘못 외웠다.

> 사람이 1백 년을 살아도
> 큰 강물이 마르는 것을 보지 못하면
> 하루를 살아서
> 그것을 보는 것만 같지 못하다.
>
> 若人生百歲　　不見水潦涸
> 不如生一日　　而得覩見之

아난이 이 말을 듣고 탄식했다.

'세상의 어떤 범부는 뭇 부처님의 뜻은 알지도 못하고, 공연히 4위타(圍陀 : 베다)[22]만을 쌓아 두고 있으니, 빈 몸으로 조는 것만 못하리라.'

이렇게 탄식하고는 비구들에게 말했다.

"이는 부처님의 말씀이 아니다. 지금 내가 부처님의 게송을 읊으리니 들어라."

그리고는 다음과 같이 읊었다.

> 사람이 1백 년을 살아도
> 부처님의 기틀을 알지 못하면

22 고대 인도의 바라문교의 근본성전根本聖典을 총칭한다. 4베다란 리그 베다, 사마 베다, 야주르 베다, 아달바 베다의 네 가지를 말한다. 이것은 제사의 성격에 따라 제관祭官이 다르기 때문에 그 다른 제관이 관장하는 종류에 따라 구별한 것이다.

하루를 살면서 분명히 알아
깨닫는 것만 못하다.〔나머지는 『보림전寶林傳』과 같다.〕

若人生百歲　不會諸佛機
未若生一日　而得決了之

그때에 아난이 상나화수商那和修에게 말했다.

"여래의 정법안장을 내가 전해 받았고, 내가 이제 그대에게 전하나니, 그대는 이 가르침을 널리 펴서 끊이지 않게 하라."

그리고는 다시 말전지末田底에게 말하였다.

"부처님께서 그대에게 예언하시기를 '내가 멸도한 지 120년에 계빈국罽賓國에 말전지라는 비구가 있어 불법을 크게 떨치리라' 하셨느니라."

그때에 상나화수가 말전지와 함께 아난 존자를 섬겼는데, 말전지는 제자가 없었고, 상나화수는 제자가 하나 있었으니, 우바국다優婆毱多라 하며, 인도 나한종羅漢宗의 우두머리였다. 그때에 아난이 법을 전하고 다음과 같이 읊었다.

본래 있음의 법을 전하지만
전한 뒤에는 없음의 법이라 하니라.
제각기 깨달았으니
깨달은 뒤에는 없음의 법도 없으리라.

本來付有法　付了言無法
各各旣自悟　悟了無無法

조사가 법을 전하고는 몸을 허공으로 솟구쳐 18종류의 변화를 일으키다가 풍륜분신風輪奮迅삼매[23]에 들어 몸을 네 조각으로 내어, 한 몫은 도리천忉利天에 바치고, 한 몫은 사갈라용왕沙竭羅龍王에게 바치고, 한 몫은 비사리왕毘舍離王에게 바치고, 한 몫은 아사세왕에게 바치니, 모두가 탑을 세워 공양하였다. 아난이 열반에 든 때는 중국 주周의 제10대 여왕厲王 12년 계사癸巳였다.

정수 선사가 찬탄하였다.

다문多聞 경희慶喜가
법의 깃발을 드높이 세웠다.
부처님의 황금 게송을 전했고
조사의 은 등불을 이었다.

多聞慶喜　高建法幢
傳佛金偈　繼祖銀釭

자비는 제일이며
지혜는 견줄 이 없다.
음광여래의 후계이니
가을 강의 달빛일런가.

慈悲第一　智慧無雙
飮光後躅　月印秋江

제 3 조. 상나화수商那和修 존자

또는 상낙가商諾迦라 하며, 인도에서 아홉 가지로 뻗는 자연생

---

23 일체의 번뇌를 깨뜨리는 삼매. 마치 바람이 자재하게 움직이는 것과 같이 번뇌를 자재하게 깨뜨리므로 얻어진 이름이다. 풍륜삼매風輪三昧라고도 한다.

풀이름이다. 마돌라국摩突羅國 사람이며, 종성은 비사다毘舍多요, 아버지의 이름은 임승林勝이고, 어머니의 이름은 교사야嬌奢耶이다. 어머니의 태胎 속에서 6년 만에 태어나 얼마 안 가서 출가하니, 몸에 원래부터 걸치고 있던 옷이 저절로 9조條의 가사가 되었다. 경희의 법을 받아 널리 많은 중생을 제도한 큰 등불이었다.

그가 말했다.

"부처님께서 예언하시기를 '내가 멸도한 지 2백 년 뒤에 성인이 나서 나의 법을 이으리라' 하셨느니라."

이 말을 마치고는 곧 삼매에 들어 타리국吒利國에 이름은 선의善意이고, 성은 수타首陀인 장자長者가 장차 세 아들을 낳게 될 것인데, 막내가 출가하여 자신의 뒤를 이어 이 가르침을 크게 드날릴 것임을 보았다.

그리고는 "나는 조그마한 신통을 부려 거기에 가 봐야 되겠다"고 하시고는 아무도 거느리지 않고 혼자서 도착하니, 장자가 절을 하고 물었다.

"존자께서 멀리까지 오셨는데 무슨 소원이 있으십니까?"

존자가 대답했다.

"나는 시자도 없고 혈혈단신이오. 제자를 얻어 불법으로 인도할 생각이오."

"저는 세속 생활을 좋아하여 출가할 수 없습니다. 나중에 자식을 낳거든 스님께 드리겠습니다."

조사가 말했다.

"좋소."

말을 끝내고는 본래의 자리로 돌아갔다. 이윽고 장자는 과연 세 아들을 얻었는데, 위로 두 아들은 출가를 원하지 않았다. 셋째인 우바국다優波毱多가 17세가 되자, 조사는 그 아버지에게 가서 말했다.

"부처님께서 예언하시기를 '이 아이는 내가 멸도한 뒤 2백 년 후에 제4조가 되어 무수한 무리를 제도하리라' 하셨소."

아버지가 부처님의 예언을 듣고는 곧 존자의 말을 받들어 출가를 허락하였다. 존자가 우바국다에게 물었다.

"그대는 몇 살인가?"

국다가 대답했다.

"17세입니다."

"그대가 17세라 하니 불성이 17세인가?"

"불성이 17세는 아닙니다."

그리고는 다시 조사에게 물었다.

"스님께서는 마음이 희십니까, 머리가 희십니까?"

조사가 대답했다.

"머리카락이 흰 것이지, 마음도 머리도 아니니라."

이에 국다가 말했다.

"몸이 제 홀로 17세이지, 불성이 그러한 것은 아닙니다."

그는 조사의 곁에서 3, 4년 동안 있다가 출가하여 구족계具足戒를 받고 성인의 과위果位를 증득하였다.

그때에 상나화수가 우바국다에게 말했다.

"여래께서 큰 법안을 가섭에게 전하셨고, 그렇게 차례차례 전하여 나에게 이르렀는데, 이제 나는 그대에게 전하나니, 그대는 나의 게송을 받아라."

법도 아니요 마음도 아니며,

마음도 없고 법도 없도다.
이 마음의 법을 말할 때에
이 법은 마음의 법이 아니다.〔자세한 것은 『보림전』에 있다.〕

非法亦非心　無心亦無法
說是心法時　是法非心法

상나화수 존자가 열반에 든 것은 주周의 제11대 선왕宣王 23년 을미乙未였다. 정수 선사가 다음과 같이 찬탄하였다.

태의胎衣 존자여,
어두운 방의 밝은 등불이요,
인간과 하늘의 눈과 귀요,
불법 안의 팔과 다리로다.

胎衣尊者　暗室明燈
人天耳目　佛法股肱

마음도 아니요, 물질도 아니며
줄지도 않고 늘지도 않는다.
장하여라, 거룩한 성인이시여
깨달음의 바다의 대붕이시여.

非心非色　不減不增
良哉至聖　覺海大鵬

제 4 조. 우바국다優婆毱多 존자

타리국吒利國 사람이요, 종성은 수타首陀이며, 부처님께서 예언하시기를 "선문의 넷째 조사로서 많은 중생을 제도하되, 오늘의 나와 같을 것이요, 현겁 동안에 성불하여 무상호無相好여래라 이름할 것이다" 하셨다. 17세에 출가하여 20세에 도를 이루고는 곳곳으로 다니면서 교화하다가 마돌라국摩突羅國에 이르니, 대중이 구름같이 모여서 보름 동안 설법을 하였는데 하늘에서 때맞추어 꽃을 내리고, 땅이 솟아올라 법을 들었으며, 모두 해탈을 얻었다.〔자세한 것은 『보림전』에서 말한 바와 같다.〕 그때 우바국다가 한 사람씩 제도할 때마다 네 치짜리 산가지〔籌〕 하나씩을 던졌는데 석실 하나에 가득하였다. 석실은 높이가 열여섯 자요, 가로와 세로도 그러하였다. 그 최후에 제도된 이의 이름이 제다가提多迦였는데, 출가할 생각이 간절하자, 조사가 물었다.

"마음이 출가하는가, 몸이 출가하는가?"

제다가가 대답했다.

"제가 출가하러 온 것은 몸이나 마음을 위하여 이익을 얻고자 출가하는 것이 아닙니다."

조사가 물었다.

"몸과 마음을 위해서가 아니라면 다시 또 누가 출가하려 하는가?"

제다가가 대답했다.

"출가한다는 것은 내가 없는 까닭이고, 내가 없기 때문에 마음이 생멸하지 않고, 마음이 생멸하지 않으므로 항상합니다. 항상하기 때문에 부처님도 항상하고, 마음은 형상이 없으며, 그 몸도 그러합니다."

조사가 말했다.

"그대가 크게 깨닫는 날에는 마음이 활짝 열리리니 불법 안에서 항하恒河의 모래같이 많은 무리를 제도하리라."

그때 우바국다 존자가 다시 말했다.

"내가 이제 이 정법안장을 그대에게 전하니, 그대는 잘 퍼뜨려서 끊이지 않게 하라. 나의 게송을 받아라."

마음은 본래부터의 마음이니
본래 마음에는 법이 없도다.
법도 있고 본래의 마음도 있으나
마음도 아니고 본래의 법도 아니라네.

心自本來心　本心非有法
有法有本心　非心非本法

국다 존자가 법을 전하고는 바로 열반에 드니, 제자인 제다가가 석실 안의 산가지를 꺼내어 쌓아 놓고 불을 질러 다비하여 사리를 거두어 탑을 세우고 공양하였다. 이때가 주周의 제13대 평왕平王 31년 경자庚子였다.

정수 선사가 다음과 같이 찬탄하였다.

우바국다 존자는
변재가 폭포수 내리치듯 하고
법의 산이 드높고
도의 숲이 빽빽하였다.

優波毱多　辯瀉懸河
法山峥崒　道樹婆娑

산가지가 석실에 가득하였고

시체를 마왕에 씌워 놀라게 했다.
성품이 17세가 아니니
깨달음은 찰나 사이에 있었다.
籌盈石室　屍繫天魔
性非十七　悟在刹那

제 5 조. 제다가提多迦 존자

마가타국摩迦陀國 사람이며, 속가에 있을 적에 아버지가 꿈을 꾸었는데, 황금 해가 지붕 위로 솟아서 큰 광명을 뿜어 어느 보배 산을 비추었고, 그 산꼭대기에서 샘이 솟고 있었다. 처음의 이름은 향중香衆이라 했다가 아버지의 이런 꿈에 의하여 제다가라고 고쳤으니, 번역하면 통진량通眞量이 된다.

우바국다 조사가 말하였다.

"여래께서 그대에 관해 예언하시기를 '내가 열반에 든 뒤 1백 년 중에 반드시 한 사람이 도과道果를 증득하리라' 하셨느니라."

또한 제다가를 위해 그 아버지의 꿈을 해석했다.

"보배 산은 나의 몸이요, 광명은 그대의 지혜요, 지붕 위로 솟은 것은 출가한다는 것이요, 산꼭대기의 맑은 샘은 위없는 법이니라."

제다가가 국다의 꿈 해몽을 듣고 기뻐하면서 다음과 같이 송하였다.

높고 높은 7보의 산에서
끊임없이 지혜의 샘 솟아
참 법의 맛으로 변하니

인연 있는 무리를 모두 건진다.

巍巍七寶山　常出智慧泉
迴爲眞法味　能度諸有緣

이에 우바국다 존자도 게송으로 대답하였다.

나의 법을 그대에게 전하니
큰 지혜가 나타나리라.
황금빛 해가 지붕에서 솟아
천지를 두루 비추리라.

我法傳於汝　當現大知慧
金日從屋出　照曜於天地

그때에 제다가는 국다의 게송을 듣고 합장하고 존자의 얼굴을 우러렀다. 법을 물려받은 뒤로 여러 지방을 돌면서 많은 중생들을 제도하였다.〔자세한 것은 『보림전』에 실려 있다.〕

그때에 미차가彌遮迦가 8천 선인의 우두머리로서 출가하기를 원하니, 제다가 존자가 말했다.

"그대들이 출가하려거든 스스로 생각하되, 삭도에 의존하지 말라. 생각함에 따라 수염과 머리카락이 저절로 깨끗해질 것이요, 부처님을 깊이 공경함으로써 옷에서 가사가 생기어 단상檀相으로 변할 것이다."

그때에 선인들이 제각기 부처님을 생각하고 공경한 까닭에 머리카락과 수염이 저절로 깎기고 가사가 몸에 입혀졌으며, 마음이 수행의 자리에서 물러나지 않아 모두가 거룩한 과위를 얻었다. 그때에 제다가가 미차가에게 말했다.

"여래께서 정법안장을 가섭에게 전하셨고, 이렇게 전해지고 전해져 나에게 이르렀는데, 내가 이제 이 법안을 그대에게 전하나니, 나의 게송을 들어라."

근본 법의 마음을 통달하면
법도 없고 법 아님도 없다.
깨닫고 난 뒤엔 깨닫기 전과 같으니
마음이 없어지면 법이 없음을 얻는다.
通達本法心　　無法無非法
悟了同未悟　　無心得無法

조사가 게송을 마치자 삼매三昧의 불이 솟아 몸을 태우니, 제자인 미차가가 사리를 거두어 반다산斑茶山에 탑을 세우고 공양하였다. 이때는 주周의 제15대 장왕莊王 7년 기축己丑이었다.

정수 선사가 찬탄하였다.

제다가 대사가
나〔我〕 없음으로 출가하였네.
6근根 6경境을 깨달아 알고는
허공 꽃에 미혹됨을 면했네.
多迦大師　　無我出家
了根達境　　免却空花

몸은 형상이 아니요
진리는 언어표현〔齒牙〕을 넘어선다.
간 곳마다 중생을 돕거니

어찌 헛됨이 있으랴.

體非形相　　理出齒牙
隨方利物　　豈有匏瓜

제 6 조. 미차가彌遮迦 존자

중인도中印度 사람이며, 제다가의 법을 전해 받았다.〔자세한 것은 본전(『보림전』)에 있다.〕 그때에 미차가가 법을 받고서 이곳저곳을 돌며 교화를 폈는데, 무리 가운데 바수밀波須密이란 이가 있다가 출가할 뜻을 밝혔다.

이때 제다가 존자가 말했다.

"부처님께서 살아 계실 적에 북천축에 이르러 아난에게 말씀하시기를 '내가 열반한 지 3백 년이 지나서 이름은 바수밀이고, 종성이 바라타波羅墮인 성자가 이 땅에 태어나 모든 조사 가운데서 일곱째가 되리라' 하셨는데, 부처님께서 그대에게 어떤 예언을 하셨는지는 모르겠지만, 그대는 어서 출가하여 더러운 그릇을 버리고 성스러운 과위를 증득하도록 하라."

그때에 바수밀이 술그릇을 버리고 합장하고 절을 하면서 지난 일을 스스로 깊이 깨달아 알게 되었다.

"제가 지난 세상 한량없는 겁 동안에 제7불께 보좌를 보시하였더니, 저에게 예언하시기를 '현겁賢劫 동안에 부처가 되어서 선문禪門 조사 가운데서 일곱째가 되리라' 하셨는데, 존자의 말씀을 들으니, 옛 인연이 깊이 깨달아져 마치 잠을 깨서 보는 것처럼 생생합니다. 존자께서는 큰 자비로 저를 인도해 주십시오."

그때에 미차가가 곧 출가하게 하고, 계를 주었다. 할 일을 다 끝냈음을 스스로가 깊이 깨닫고는 법을 전하고 게송을 읊어 주었다.

마음이 없어서 얻을 수도 없거늘
이름 없는 법을 얻을 수 있다 하네.
마음이 마음 아닌 줄 깨달으면
비로소 마음과 마음의 법을 알리라.
無心無可得　　說得無名法
若了心非心　　始解心心法

조사가 입멸한 때는 주周의 제18대 양왕襄王 17년 병신丙申이었다. 정수 선사가 찬탄하였다.

미차가 조사는
5신통[24]을 익힌 선인이더니
스승을 만나 법을 바르게 하고서
자기의 마음 치우침을 깨달았네.
彌遮迦祖　　習五通仙
遇師法正　　省我心偏

여래의 깨달음을 깨달으니
현묘하고도 현묘하여라.
신통으로 열반에 드시니
팔부대중이 눈물을 흘리네.

24 5통通・5신변神變이라 한다. 다섯 종류의 부사의하고 자재하며 묘한 작용으로, 천안통天眼通・천이통天耳通・숙명통宿命通・타심통他心通・신족통神足通을 말한다.

悟如來悟　　玄之又玄
神通示滅　　八部濟然

제 7 조. 바수밀婆須密 존자

북천축 사람이며, 미차가의 법을 전해 받고는 혼자 다니면서 덕화를 펴 많은 중생을 제도하다가 가마라국迦摩羅國에 이르러 큰 불사가 벌어졌는데, 그 자리 앞에 불타난제佛陀難提라는 큰 학자가 나서서 물었다.

"진리를 토론할 줄 아십니까?"

조사가 대답했다.

"토론한다면 진리가 아니요, 진리라면 토론할 수 없다. 만일 토론한다면 끝내 진리를 토론하는 것이 아니니라."

불타난제가 조사의 이 말을 듣고 마음 깊이 공경하고 승복하여 출가하기를 원하니, 조사가 허락하여 계를 주었고, 이어 과위를 증득하자 법을 전하면서 게송을 말했다.

마음이 허공계와 같아서
허공과 같은 법을 보여 주노라.
허공을 증득할 때에는
옳은 법도, 그른 법도 없으리.〔자세한 것은 본전(『보림전』)에 있다.〕

心同虛空界　　示等虛空法
證得虛空時　　無是無非法

바수밀 존자가 열반에 든 때는 주周의 제21대 정왕定王 19년 신미辛未였다. 정수 선사가 다음과 같이 찬탄하였다.

조사 바수밀이
미차가의 제자가 되었네.
미혹과 깨달음이 본래 같으니
너와 나가 하나이다.

祖婆須密　　入彌遮室
迷悟本如　　物我冥一

손에는 술잔을 들었고
머리에는 부처의 해를 이었네.
어느 것이 옳고 어느 것이 그르며
누가 얻고 누가 잃었는가.

手携酒器　　頂擎佛日
奚是奚非　　誰得誰失

제 8 조. 불타난제佛陀難提 존자

가마라국迦摩羅國 사람이며, 성은 구담바瞿曇波이다. 태어날 때부터 정수리에 구슬이 있었는데 구슬 빛이 아주 찬란하였다. 나이가 마흔이 되어서야 바수밀을 만나 출가하게 되었고, 이내 성스러운 과위를 증득하고서 유행遊行하면서 교화를 폈는데, 제가국提迦國에 이르자, 복타밀다伏馱密多라는 사람이 조사에게 계송으로 물었다.

부모도 나의 친한 이가 아니거니
누가 나의 가장 친한 이인가?
모든 부처님도 나의 도가 아니거니
누가 나의 가장 옳은 도인가?
父母非我親　　誰爲最親者
諸佛非我道　　誰爲最道者

이에 조사가 다음과 같이 게송으로 대답하였다.

그대의 말이 마음과 친하면
부모와 견줄 바 아니요
그대의 행이 도와 합하면
모든 부처님의 마음과 하나가 된다.
汝言與心親　　父母非可比
汝行與道合　　諸佛心卽是

밖으로 형상 있는 부처를 구한다면
법과는 비슷하지도 못하거니와
그대의 근본 마음을 안다면
합함도 아니요 여읨도 아니리.
外求有相佛　　與法不相似
若識汝本心　　非合亦非離

그때에 복타밀다가 존자의 이런 묘한 설법을 듣고 오체투지五體投地로 정중히 예를 올리니, 존자가 출가하게 하고, 이어 성인들에게 명하여 구족계를 주게 하였다. 그때에 불타난제 조사가 복타밀다에게 말하였다.

"여래께서 대법안을 가섭에게 전하셨고, 한 사람 한 사람 거쳐서 내가 여덟째가 된다. 그대는 법보를 받아 끊이지 않게 하라. 나의 게송을 들어라."

허공은 안팎이 없고
마음 법도 그러하다.
허공의 까닭을 깨달으면
진여의 이치를 통달한 것이다.〔자세한 것은 본전(『보림전』)에 있다.〕

虛空無內外　　心法亦如是
若了虛空故　　是達眞如理

조사가 열반에 든 것은 주周의 제24대 경왕景王 12년 병인丙寅이었다. 정수 선사가 다음과 같이 찬탄하였다.

불타난제 조사가
미혹된 무리를 크게 교화하니
마음은 안팎이 없고
법은 높고 낮음이 없다.

佛陁難提　　大化群迷
心無內外　　法離高低

5천축에서 토론의 장수요
삼계의 구름사다리라네.
우뚝하니 진실한 기상이여,
남쪽 · 북쪽 · 동쪽 · 서쪽이로다.

五天論將　　三界雲梯
卓然眞氣　　南北東西

제 9 조. 복타밀다伏馱密多 존자

제가국提迦國 사람이며, 종성은 비사라毘舍羅이다.〔자세한 것은 본전(『보림전』)에 있다.〕 불타난제에게 법을 받고는 중인도에 가서 크게 불사를 일으켜 뭇 대중과 많은 중생들을 교화시켰다. 그 중에 향개香蓋라는 장자가 있었고, 그에게는 난생難生이라는 아들이 있었는데, 조사에게 출가하기를 원했다. 조사가 받아들여 주니, 부지런히 수행하여 옆구리를 바닥에 대지 않았으므로 협脇 존자로 불리게 되었다. 그때에 복타밀다가 난생 비구에게 말했다.

"여래께서 정법안장을 가섭에게 전하셨는데, 한 사람 한 사람 전하여 지금의 나에게 이르렀고, 이제 나는 그대에게 이 법장을 전하려 하니, 그대는 잘 간수하여 끊이지 않게 하라. 나의 게송을 들어라."

진리는 본래 이름이 없지만
이름에 의하여 진리를 나타내나니
진실한 법을 깨달으면
참도 아니요 거짓도 아니다.
眞理本無名　　因名現眞理
領得眞實法　　非眞亦非僞

조사가 게송을 마치고 조용히 선정에 드니, 온 하늘이 꽃을 뿌려 공양하였다. 이때 협 존자가 향기로운 장작으로 화장하여 사리를 거두어 탑을 세워 공양하였다. 이때는 주周의 제26대 경왕敬王 35년 갑인甲寅이었다.

정수 선사가 찬탄하였다.

복타밀다 존자여,
큰 그릇은 늦게 이루어진다.
50세까지 말을 않고
50세까지 걷지 않았다.
伏馱密多　大器晩成
五十不語　五十不行

문득 큰 스승을 만나
홀연히 무생無生의 법을 증득했네.
벼랑의 소나무는 지조가 있지만
하늘 나는 물수리는 정해진 길이 없다네.
俄逢大士　倏契無生
崖松有操　鷙鶚無程

제 10 조. 협脇 존자

중인도 사람이며, 복타밀다의 법을 받고 널리 많은 중생들을 두루 교화하였다. 화씨국花氏國에 이르니, 보신寶身이라고 하는 장자長者가 있었는데, 그에게는 일곱 명의 아들이 있었고, 막내아들이 이름이 부나야사富那耶奢였다. 그가 존자에게 말하였다.

"제가 지금 출가하기를 원하는데 제도하여 주십시오."

존자가 곧 출가시켜 구족계를 주니, 이내 과위에 올랐다. 이에 법을 전하고 게송을 말했다.

참 본체는 자연히 참되니
참되기 때문에 이치에 맞는다 한다.
참으로 참된 법을 깨달으면
다님도 없고 그침도 없다.

眞體自然眞　因眞說有理
領得眞眞法　無行亦無止

조사가 법을 전하자 화삼매火三昧에 들어 스스로 몸을 태우니, 야사耶奢 존자가 사리를 거두어 탑을 세우고 공양하였다. 이때는 주周의 제28대 정왕貞王 22년 계해癸亥였다.

정수 선사가 찬탄하였다.

거룩한 협 존자여,
사랑과 미움을 초월하였네.
도량은 허공과 같고
그 도덕은 산뜻하였다네.

脇大尊者　愛憎網擠
量等虛空　道唯瀟灑

참 본체가 자연스러워서
참에 의하여 서술하니
넓고 아득한 세상에

뜻의 말을 내달린다.

眞體自然　因眞舒寫
約世蒼茫　奔騰意馬

제 11 조. 부나야사富那耶奢 존자

화씨국花氏國 사람이며, 성은 구담瞿曇씨이다. 형제 7명 가운데 가장 어리지만 마음이 밝고 두루 통달하여 구하는 바가 없었다. 법을 받은 뒤에 널리 퍼뜨리면서 차례차례 여러 곳을 다니며 교화하였다. 바라나波羅奈라는 성에 이르러 마명馬鳴이라는 장자를 만났는데, 그가 조사에게 물었다.

"저는 부처를 알고 싶은데 어떤 것이 부처입니까?"

존자가 대답했다.

"그대가 부처를 알고자 하는데 알지 못하는 바로 그것이니라."

마명이 말했다.

"부처를 알지도 못하는데 어찌 그것인 줄은 알겠습니까?"

"그대가 알지 못한다면 어찌 아닌 줄을 알겠는가?"

"이는 톱의 이치[鉅義]입니다."

"그것은 나무의 이치니라."

존자가 반대로 물었다.

"톱의 이치란 무엇인가?"

마명이 대답했다.

"스승과 함께 나왔습니다."

그리고는 마명이 반대로 물었다.

"나무의 이치란 무엇입니까?"

존자가 대답했다.

"네가 나에게 쪼개진 것이니라."

이때 마명은 이러한 조사의 뛰어난 이치를 듣고 마음에 기쁨이 가득하여 출가할 결심을 하였다.〔자세한 것은 본전(『보림전』)에 있다.〕

그때에 부나야사가 마명에게 말했다.

"내가 지금 이 정법안장을 그대에게 주노니, 그대는 잘 퍼뜨려서 끊이지 않게 하라."

그리고 게송을 말하였다.

미혹과 깨달음은 숨었다 나타났다 하는 것과 같고
밝음과 어둠은 서로 떠나지 않는다.
이제 숨었다 나타났다 하는 법을 그대에게 전하나니
하나도 아니요, 둘도 아니니라.

迷悟如隱顯　　明暗不相離
今付隱顯法　　非一亦非二

이때에 마명은 조사의 게송을 듣고 몹시 기뻐하였다. 조사는 법을 전한 뒤에 신통을 나타내어 자유로이 날아다니다가 다시 본자리로 돌아와서 적정에 들었으니, 때는 주周의 제33대 안왕安王 14년 무술戊戌이었다.

정수 선사가 찬탄하였다.

부나야사 존자여,
지혜가 수미산 같구나.

마음에는 가고 옴이 없으며
몸은 영고성쇠를 벗어났다.

富那夜師　智若須彌
心捐去住　身外榮衰

명암과 은현에 구별을 두지 않고
보이지 않고 들리지 않는 것을 보고 들었다.
눈앞에서 꽉 붙잡아서
다시 어긋남이 없었다.

明暗隱顯　視聽希夷
現前提取　更莫參差

제 12 조. 마명馬鳴 존자

바라나국波羅奈國 사람이다.〔자세한 것은 본전(『보림전』)에 있다.〕
그때에 마명 존자가 비라毘羅에게 말했다.
"내가 이제 이 정법안장을 그대에게 맡기노니, 그대는 잘 퍼뜨려서 끊이지 않게 하라. 그리고 나의 게송을 들어라."

숨거나 드러남이 같은 것은 본래의 법이고
밝고 어두움은 원래 둘이 아니라네.
이제 깨달은 법을 그대에게 주노니
취할 것도 아니요 버릴 것도 아니다.

隱顯卽本法　明暗元無貳
今付悟了法　非取亦非棄

조사가 열반에 든 때는 주의 제35대 현왕顯王 27년 갑오甲午였다. 정수 선사가 찬탄하였다.

마명 존자가
화씨성을 교화하니
마왕 궁전의 안개가 사라지고
부처님의 동산에 바람이 맑다.

尊者馬鳴　化花氏城
魔宮霧卷　釋苑風淸

내가 부처를 알고자 하니
모르는 것은 분명하다.
깊은 깨달음이 아닌 것이 없으니
발을 움직이면 먼지가 이는 법이다.

我欲識佛　不識者明
莫非玄解　動足塵生

제 13 조. 비라毘羅 존자

그는 화씨성花氏城 사람이다.〔자세한 것은 본전(『보림전』)에 있다.〕

그때에 비라 존자가 용수龍樹에게 말했다.

"내가 지금 이 정법안장을 그대에게 전하나니, 그대는 잘 간직하여 끊이지 않게 하라. 그리고 나의 게송을 들어라."

숨거나 드러남이 아닌 법을
진실의 경지라 한다.
이 숨거나 드러난 법을 깨달으면
어리석지도 지혜롭지도 않다.

非隱非顯法　說是眞實際
悟此隱顯法　非愚亦非智

비라 존자가 열반에 든 것은 주周의 제37대 난왕赧王 41년 임진壬辰이었다. 정수 선사가 찬탄하였다.

비라 대성이시여,
인행시因行時에 마왕이
조사의 가르침에 의하여
참되고 항상한 진리를 환하게 깨우쳤네.

毘羅大聖　因地魔王
憑師指敎　豁證眞常

누가 어리석고 누가 지혜로운가.
어느 것이 옳고 어느 것이 훌륭한가.
공덕의 향기요 지혜의 난초이니
성품이 청정하여 얼음과 서리 같구나.

胡爲愚智　詎是詎長
德馨蘭慧　性淨氷霜

제 14 조. 용수龍樹 존자

서천축西天竺 사람이다.〔자세한 것은 본전(『보림전』)에 있다.〕

그때에 용수가 제비提婆에게 말했다.

"내가 이제 이 정법안장을 그대에게 전하나니, 그대는 받아 간직하라. 내가 게송을 말하리라."

숨거나 드러난 법을 밝히기 위해
비로소 해탈의 이치를 말하네.
법에 대하여 깨쳤다는 생각 없으면
성냄도 없고 기쁨도 없네.

爲明隱顯法　方說解脫理
於法心不證　無嗔亦無喜

용수 존자가 조용히 선정에 드니, 때는 진秦의 제2대 시황제始皇帝 35년 기축己丑이었다. 정수 선사가 찬탄하였다.

용수보살이여,
용을 교화함이 임무였네.
마음은 부처의 마음을 깨치니
머무르되 머무름이 아니더라.

菩薩龍樹　化龍是務
心曉佛心　住而非住

몸은 둥근 달로써 나타나고
법은 단비인 양 흐른다.

제바提婆가 인연이 맞아
그윽한 진리를 다 알았다.
身顯圓月　法流膏雨
提婆投機　就諳旨趣

제 15 조. 가나제바迦那提婆 존자

그는 남인도 사람이며, 종성은 비사라毘舍羅이다.〔자세한 것은 본전(『보림전』)에 있다.〕

그때에 가나제바 존자가 라후라다羅睺羅多에게 말하였다.

"내가 이제 이 정법안장을 그대에게 전하나니, 그대는 잘 전하여 끊이지 않게 하라. 그리고 나의 게송을 들어라."

본래 남에게 법을 전하는 뜻은
해탈의 이치를 말하기 위함인데
법에는 실제로 증득할 바 없으니
마지막도 시작도 없는 것일세.
本對傳法人　爲說解脫理
於法實無證　無終復無始

이 조사가 열반에 든 것은 전한前漢의 제4대 문제文帝 19년 경진庚辰이었다. 정수 선사가 다음과 같이 찬탄하였다.

가나제바 존자여,
덕이 우뚝하여 우러를수록 높구나.

향기로운 코끼리를 제자리걸음하게 하고
황금털 사자를 물러나게 하네.

迦那提婆　德岸彌高
迴旋香象　吹欻金毛

기봉機鋒이 빠름은 벼랑의 번개요
웅변이 도도함은 가을철 파도일세.
처음도 마지막도 깨달을 바 끊으니
국왕의 칼날도 겁내지 않았네.

機迅巖電　辯瀉秋濤
始終絶證　勿悞王刀

제 16 조. 라후라羅睺羅 존자

그는 비라국毘羅國 사람이며, 종성은 범마梵摩요, 아버지의 이름은 정덕淨德이다.〔자세한 것은 본전(『보림전』)에 있다.〕

그때에 승가난제僧伽難題가 조사에게 물었다.

"법은 증득할 것이 있습니까? 취하거나 버릴 것이 있습니까? 있거나 없거나 하는 것입니까? 안이나 밖이 있습니까? 바라건대 존자께서는 자비로써 설명해 주십시오."

그때 존자가 게송으로 대답해 주었다.

법은 진실로 증득할 것이 없으며
취할 것도 없고 버릴 것도 없다.
법은 있거나 없거나 하는 모습 아니거늘

안과 밖이 어떻게 일어난다 하리오?

於法實無證　不取亦不離
法非有無相　內外云何起

조사가 열반에 든 때는 전한前漢의 제6대 무제武帝 10년 무진戊辰이었다. 정수 선사가 다음과 같이 찬탄하였다.

라후라 존자의 덕을
어찌 입으로 다 말하랴.
스승의 간곡하신 설법에 따라
이내 깨달음에 들었네.

羅睺道德　在口寧論
因師說耳　尋得入門

해와 달을 높이 들어
하늘과 땅을 두루두루 비추었다.
취할 것도 버릴 것도 없는 것을
자손들에게 전해 주었네.

高提日月　大照乾坤
不取不捨　傳乎子孫

조당집 제2권

제17조. 승가난제僧伽難提 존자

실라벌성室羅伐城 사람이며, 종성은 찰리刹利요, 아버지의 이름은 보장엄寶莊嚴이며, 어머니의 이름은 분타리芬陀利이다. 태어나자마자 말을 할 줄 알았고, 분명하게 깨달아서 어머니에게 설법을 해주더니, 라후라 존자에게 법을 받고는 여러 곳을 다니면서 교화를 펴다가 마갈국摩竭國에 이르렀다.

거기에서 12세쯤 되어 보이는 동자 하나를 만났는데, 손에 구리거울을 들고 존자에게 왔다.

이에 존자가 물었다.

"그대는 몇 살인가?"

동자가 대답했다.

"저는 백 살입니다."

"그대는 매우 어리석구나. 그대는 어려 보이는데, 백 살이라 하니, 이치에 맞지 않는구나."

“제 나이 백 살이란 것은 그러한 이치가 아닙니다.”

그리고 다시 말했다.

“저는 존자의 이치를 모르겠습니다. 저는 참으로 백 살입니다.”

이에 조사가 말하였다.

“그대는 좋은 기틀이구나.”

동자가 말했다.

“부처님께서 게송으로 말씀하시기를 ‘사람이 1백 년을 살아도 부처님의 기틀을 알지 못하면 하루를 살면서 분명히 알아 깨닫는 것만 못하다’고 하셨습니다.”

존자가 매우 갸륵히 여겨 그가 성인의 바탕임을 알고 물었다.

“그대가 이 거울을 들고 있는 뜻이 무엇인가?”

“모든 부처님들의 크고 둥근 거울은 안팎에 가림이 없습니다.”

이에 두 사람 모두 서로의 마음을 알았고 눈길이 통했다. 이때 속가 부모가, 자기 아들의 말이 특이함을 보고 곧 출가하게 하니, 조사가 거두어 어느 오래된 절로 데리고 가서 계를 주고 가야사다伽耶舍多라 이름하였다. 그 절 처마 끝에 풍경이 있어 바람에 흔들리면서 소리를 내거늘, 조사가 물었다.

“바람이 우는가, 풍경이 우는가?”

그가 대답했다.

“제 마음이 우는 것일지언정 바람이나 풍경이 우는 것은 아닙니다.”

“바람도 풍경도 아니라 네 마음이라니, 무엇이 네 마음인가?”

“모두가 고요하기 때문이니, 그 어찌 삼매가 아니겠습니까?”

“장하다, 참된 비구야. 부처님들의 이치를 잘 이해하였고, 참된 진리를 잘 설명하였고, 불법의 참 이치를 잘 인식하였다.”

그리하여 법을 전해 주고 게송을 말하였다.

마음 바탕은 본래 남이 없으나
종자가 떨어져 인연 따라 생겨난다.
인연과 종자가 서로 방해하지 않듯이
꽃과 열매도 그러하니라.

心地本無生　因種從緣起
緣種不相妨　花菓亦復然

가야사다가 조사의 게송을 듣고 또 법을 받아서 공경하고 소중히 여기는 마음을 내어 잘 받아 지녔다. 조사는 법을 전한 뒤에 바로 자리를 떠나 나무 밑으로 가서 왼손을 들어 나뭇가지를 휘어잡고서 이내 열반에 들었다. 그리고 나무 밑에서 다비를 하고 옮길 수 없어서 본래 있던 자리에 탑을 세워 공양하니, 하늘에서 꽃비가 내렸고, 보배 옷이 내려와 탑 위를 쌌다. 이때가 바로 전한前漢의 제7대 소제昭帝 10년 신유辛酉였다.

정수 선사가 찬탄하였다.

승가난제 존자는
장엄왕의 아들로서
아홉 겹의 성을 넘어
천 리 먼 산에 들었다.

僧伽難提　莊嚴王子
逾城九重　入山千里

선정은 정금井金보다 더하고

이치는 처음과 끝이 분명하였다.
이치로 스승에게 굴복되자
갑자기 자기를 깨닫게 되었네.

定兪井金　　義班終始
理屈於師　　忽窮自己

제 18 조. 가야사다伽耶舍多 존자

마갈국摩竭國 사람이며, 성은 울두람鬱頭藍이요, 아버지의 이름은 천개天蓋이며, 어머니의 이름은 방성方聖이다. 나이 12세에 승가난제의 법을 받아 교화하러 다니다가 월지국月氏國에 이르러서 불사를 크게 지었는데, 구마라다鳩摩羅多라는 한 바라문이 있었다. 그런데 그는 외도의 법을 믿어서 불법을 싫어하였다. 조사가 그 집에 가서 인연의 법을 말해 주고, 또 그 아버지 병의 원인을 말해 주니, 이때 바라문이 조사의 말을 듣고 환희심歡喜心을 내어 출가하기를 원하였다. 이에 조사가 출가시키고 구족계를 주었다. 도과道果를 증득한 뒤에는 법을 전해 주고 게송을 말하였다.

종자가 있고 마음 밭이 있어서
인연으로 싹을 내나니
싹이 나건 싹이 안 나건
인연의 법칙을 방해하지 않도다.

有種有心地　　因緣能發萌
於緣不相礙　　當生生不生

이때에 구마라다가 조사의 말을 듣고 마음에 기쁨이 충만하여 몸과 마음이 편안하였다. 조사가 법을 전한 뒤에 자리에서 일어나 허공으로 몸을 솟구쳐 열여덟 가지 변화를 부리고 삼매三昧의 ㅂ 불로 자신의 몸을 태우니, 무리들이 사리를 주워 탑을 세워 공양하였다. 이때는 중국 전한前漢의 제15대 성제成帝 14년 무신戊申이었다.

정수 선사가 찬탄하였다.

가야사다 존자가
어려서 불법의 기미를 깨칠 때
손에 보배 거울을 들고
승가난제 조사 앞에 나타났네.

伽耶舍多　幼會佛機
手執寶鏡　面難提師

안팎에 걸림이 없고
외형에 이지러짐이 없네.
바람 소리, 방울 소리
내가 아니고 그 누구이던가?

內外絶翳　眉目無虧
風飄鐸韻　非我是誰

제 19조. 구마라다鳩摩羅多 존자

월지국月氏國 사람이다. 처음에 가야사다를 만나 법을 받았다.

교화하러 다니다가 북천축에 이르렀을 때에 사야다闍夜多라는 대사大士가 발에 기름을 바르고 여러 나라를 다니고 있었는데, 멀리서 가야사다를 보고 달려가서 절을 하고 물었다.

"우리 부모는 언제나 마음으로 정성껏 공양하고 또 불도를 구하는데, 무슨 인연으로 오랫동안 병고에 시달리는지 모르겠습니다. 또 이웃집을 보면 항상 흉악한 짓만을 하고 수행하기를 좋아하지 않는데도 불구하고 아무런 재앙도 없으니, 이 두 가지 사실은 참으로 모르겠습니다. 바라건대 자비로써 설명해 주십시오."

존자가 대답하였다.

"업이 과거・현재・미래의 3세에 통함은 그림자가 형체를 따르는 것과 같다. 선을 쌓은 집에는 경사가 있고, 악을 쌓은 집에는 재앙이 있느니라."

이 말을 들은 사야다는 기뻐하여 출가할 뜻을 세우고 조사에게 받아 주기를 간곡히 원하였다. 조사의 허락을 받자마자 도과道果를 증득하니, 조사가 법을 전해 주고, 이에 게송을 말하였다.

성품에는 본래 남〔生〕이 없지만
구하는 이를 위하여 그렇게 말한다.
법에 얻을 것이 없는데
어찌 결정한다, 결정하지 못한다를 걱정하리오.

性上本無生　　爲對求人說
於法旣無得　　何懷決不決

조사가 법을 전한 뒤에 자리에서 손톱으로 얼굴을 할퀴어 두 쪽으로 갈라놓으니, 갈라진 곳에서 큰 광명이 나타나 대중을 환하게 비추었는데, 그런 뒤에 열반에 들었다. 이때 이 땅은 왕망王莽이 즉위한 지 18년 임오壬午였다.

정수 선사가 찬탄하였다.

구마라다 존자는
심지心志가 굳세어서
스승님의 비결을 듣고서
아버지를 떠나기에 거리낌이 없었다.

鳩摩羅多　大常心膽
蒙師爲訣　委父無猒

본래부터 단련할 것이 아닌데
어찌 망치가 필요하겠는가?
한 자리에 홀로 앉았으니
하늘과 인간이 우러러보더라.

本非鍛鍊　肯藉鎚鉗
一榻孤坐　人天禮瞻

제 20 조. 사야다闍夜多 존자

북천축국 사람이다. 구마라다에게 법을 받고서 교화의 길을 떠나 나열성羅閱城에 이르렀을 때, 바수반두婆修盤頭라는 한 두타頭陀를 만났는데, 하루에 여섯 차례 예불하고, 욕심이 적고 만족할 줄 알며, 눕지 않고 오래 앉아 있으면서 한 끼니만 먹고 있었다. 그때에 존자가 대중에게 물었다.

"이 두타는 그대들이 보기에 어떠한가?"

대중이 대답했다.

"진실로 불가사의합니다. 항상 범행梵行을 닦고, 눕지 않고 오래 앉으며, 하루에 한 끼니만 먹을 뿐입니다."

이에 존자가 말하였다.

"이것이 도道이겠는가?"

대중이 모두 대답했다.

"존자님의 말씀과 같습니다."

존자가 다시 말하였다.

"이 두타는 오래지 않아서 물러날 것이니, 이는 도와 매우 멀기 때문이다. 마음속에 구하는 바가 있으면 도라고는 할 수 없느니라."

이에 대중이 물었다.

"스님께서는 어떠하십니까?"

존자가 대답하였다.

"나는 도를 구하지 않지만 목표와 수단을 뒤바꾸지도 않고, 여섯 차례 예불을 하지는 않으나 거만하지도 않으며, 오래 앉아 있지는 않으나 게으름을 부리지도 않으며, 한 끼니만 먹지는 않으나 이것저것 함부로 먹지도 않으며, 만족할 줄을 모르지만 욕심을 부리지도 않는다."

그때에 두타가 이 말을 듣고 기뻐하면서 게송으로 찬탄하였다.

> 삼매존三昧尊에게 머리를 조아리나니
> 불도를 구하지도 않고
> 예불도 않고 교만하지도 않으며

뒤바뀐 생각도 내지 않고
오래 앉아 있지도 않고 게으르지도 않네.

稽首三昧尊　　不求於佛道
不禮亦不慢　　心不生顚倒
不坐不懈怠

먹기는 하되 좋아하는 바가 없고
찬찬하되 더디지 않고
급하되 초조하지 않으니
내 이제 거룩한 존자를 만났으니
합장하고 스승의 가르침에 의지합니다.

但食無所好　　雖慢而不遲
雖急而不躁　　我今遇寶尊
和南依師教

존자가 그의 게송을 듣고 말하였다.

"여래께서 정법안장을 가섭에게 전하셨다. 그렇게 전해지고 전해져서 나에게 이르렀는데, 내 이제 그대에게 전하나니, 그대는 잘 지니어 끊이지 않게 하라. 그리고 나의 게송을 들어라."

말이 떨어지자마자 무생법[1]에 계합하여
법계의 성품과 같아진다.
만약 이와 같이 깨칠 수 있다면
현상과 이치를 모두 통달하리라.

言下合無生　　同於法界性

---

1 생멸生滅을 떠난 진여眞如의 이치를 말한다.

若能如是解　通達事理竟

존자가 열반에 든 때는 중국 후한 제2대 명제明帝 16년 갑신甲申이었다. 정수 선사가 찬탄하였다.

사야다 조사가
격조가 높아 옛 모습을 지녔다.
석장은 여섯 고리가 있고
전답은 반 이랑도 없다.
闍夜多祖　格高貌古
錫有六鐶　田無半畝

말이 떨어지자마자 무생법을 얻으면
어디인들 두루 하지 않으랴?
두 손을 드리우고 옛적으로 돌아가니
저 세계가 이 세계더라.
言下不生　何處不普
垂手入鄽　他方此土

제 21 조. 바수반두婆修盤頭 존자

나열성羅閱城 사람이며, 종성은 비사거毘舍佉요, 아버지의 이름은 광개光蓋요, 어머니의 이름은 엄일嚴一이다. 존자가 사야다闍夜多의 법을 전해 받고 교화하러 다니다가 나제국那提國에 이르러 상자재왕常自在王과 함께 이야기를 하는데, 하루는 어떤 사자가 급히 와서 왕에게 아뢰었다.

"백만의 코끼리 군사가 남쪽으로 쳐들어왔습니다."

왕이 놀라며 말했다.

"큰일 났구나. 어떻게 적을 물리쳐야 하지?"

이에 조사가 말하였다.

"대왕께서 걱정하지 마시고, 둘째 태자이신 마나라摩拏羅로 하여금 가볍게 할喝을 한 번 하게 하십시오."

왕이 태자에게 할을 하라 하였고, 태자는 왕의 분부를 받들고서 바로 성 남쪽에 가서 곧 왼손을 들어 배를 두드리며 할喝을 하자, 코끼리 군사가 땅에 넘어져서 다시는 일어나지 못했다. 왕이 이런 광경을 보고 매우 감탄하여 태자를 거두어 주기를 조사에게 애원하니, 태자는 곧 출가하여 거룩한 계를 받았다. 그때에 태자가 다음과 같은 게송으로 찬탄하였다.

백만의 코끼리를 무찌르기 위하여
배를 두드리며 신통을 부리니
일체의 모든 궁전이
남김없이 흔들렸네.

爲摧百萬象　　鼓腹作神通
一切諸宮殿　　無不震動者

스승님 방편의 힘을 만나
해탈을 얻었으니
부모님께 머리 숙여 하직하고
애욕의 불길에서 벗어나리라.

遇師方便力　　而得度脫我
稽首父母辭　　而出於愛火

그때 조사가 태자를 데리고 유행遊行을 떠나 교화를 펴면서 훌륭한 법의 깃발을 세우고, 이어 법을 전해 주면서 다음의 게송을 말하였다.

거품도 허깨비도 모두 자재自在한데
어째서 깨닫지 못하는가.
법이 그 가운데 있으니
지금도 아니요 옛날도 아니다.
泡幻同無礙　如何不了悟
達法在其中　非今亦非古

조사가 입정入定한 때는 중국 후한後漢의 제5대 양제煬帝 9년 정사丁巳였다. 정수 선사가 찬탄하였다.

바수반두는
수행할 적에 눕지도 않으면서
온갖 고행을 다 겪었으나
도리어 게으름뱅이가 되었다.
婆修盤頭　修行不臥
雖歷辛懃　翻成懶惰

손가락으로 인해 달을 보고
노래를 들으면 화음을 한다네.
거품과 허깨비에 참이 없으니
걱정과 망정에 허물이 없다.
因指見月　逢歌指和

泡幻無眞　　慮情無過

제 22 조. 마나라摩拏羅 존자

나제국那提國 사람이며, 종성은 찰리刹利요, 이름은 대력존大力尊이요, 아버지의 이름은 다만多滿 또는 상자재常自在이다.〔자세한 것은 『보림전』에 있다.〕 그때에 조사가 학륵鶴勒에게 말하였다.

"내가 이제 이 정법안장을 그대에게 전하나니, 그대는 잘 지니어 끊이지 않게 하라. 그리고 나의 가르침을 받아라."

그리고는 다음과 같이 송했다.

마음은 온갖 경계를 따라 굴러다니니
구르는 곳마다 참으로 그윽하다.
흐름에 따라 성품 깨달으면
기쁨도 없고 근심도 없으리라.

心隨萬境轉　　轉處實能幽
隨流認得性　　無喜復無憂

조사가 열반에 든 것은 중국 후한後漢의 제9대 환제桓帝 18년 을사乙巳였다. 정수 선사가 찬탄하였다.

변재의 탑으로 코끼리 떼를 무찌른
상자재常自在의 왕자였네.
우레가 겨울잠 자는 벌레 구멍을 흔들듯
삿된 자들이 할 말을 잃었다.

辯塔降象　自在王子
雷震蟄門　邪師失齒

여섯 신통을 신묘하게 사용하여
도풍을 천 리에 떨쳤다.
성색聲色은 항상 참되거늘
어찌하여 귀를 닫는가?
神運六通　道風千里
聲色恒眞　何須聵耳

제 23 조. 학륵鶴勒 존자

월지국 사람이며, 종성은 바라문이요, 아버지의 이름은 천승千勝이며, 어머니의 이름은 금광金光이다.〔자세한 것은 『보림전』에 있다.〕

그때에 조사가 사자師子에게 말하였다.

"내가 이제 이 정법안장을 그대에게 전해 주노니, 그대는 잘 지니고 다른 나라로 가서 교화를 펴되, 그 나라에 난리가 있어 그대에게 형벌이 미칠 것이다. 그대는 나의 가르침을 받고 게송을 들어라."

마음의 성품을 깨달을 때에
부사의不思議라 말할 수 있으리.
남김없이 깨쳐서 얻을 바 없으니
얻을 바가 있다면 안다고 할 수 없으리라.

認得心性時　可說不思議
了了無可得　得時不說知

조사가 열반에 든 때는 중국 후한後漢의 제11대 헌제獻帝 19년 기축己丑이었다. 정수 선사가 찬탄하였다.

학륵 존자는
최상의 덕이라 덕스럽지 않았다.
성정에 따라 자재하였고
하는 말마다 특이하였다.

尊者鶴勒　上德不德
任性縱橫　發言奇特

공덕이 하늘과 땅보다 높아
명성이 만국에 자자했다.
머리를 조아려 귀의하나니
조사들의 숲에서 치자나무 꽃이로다.

功高二儀　名喧萬國
稽首歸依　祖林薝蔔

제 24 조. 사자師子 존자

중인도 사람이며, 종성은 바라문이다.〔자세한 것은 『보림전』에 있다.〕

그때에 조사가 바사사다婆舍斯多에게 말하였다.

"여래께서 정법안장을 가섭에게 전하셨고, 이렇게 이 사람에게서 저 사람에게로 전해져 나에게 이르렀는데, 나는 이제 내가 지니고 있던 이 법과 승가리僧伽梨를 그대에게 맡기노니, 그대는 잘 지켜 끊이지 않게 하라. 나의 게송을 들어라."

참으로 지견을 말한다면
지知와 견見이 모두 마음이다.
마음이 곧 지견이니
지견은 곧 지금과 하나로다.
正說知見時　　知見俱是心
當心卽知見　　知見卽于今

조사가 열반〔還債〕한 때는 중국의 전위前魏 제3대 소제少帝 기묘己卯였다. 정수 선사가 찬탄하였다.

사자 존자는
인간과 하늘이 우러러보니
눈 속의 푸른 소나무요
구름 사이로 나는 학이로다.
師子尊者　　人天仰譽
雪裏松靑　　雲間鶴翥

법론法論의 북소리 울리자마자
법륜法輪의 말을 높이 몰았다.
삿된 무리를 꺾어 무찌르고
진리를 깨달아 왔다 갔도다.
論鼓纔聲　　法輪高馭

挫拉邪徒　　悟眞來去

제 25 조. 바사사다婆舍斯多 존자

계빈국罽賓國 사람이며, 종성은 바라문이요, 아버지의 이름은 적행寂行이며, 어머니의 이름은 상안락常安樂이다. 꿈에 신인神人이 보검을 손에 들고 와서 상안락에게 전해 주는 것을 보고 태기가 있었다. 달이 차서 아이를 출산하니 항상 물건을 쥔 듯 왼손을 쥐고 있었다. 이로부터 출가하여 과위를 증득하고 법을 얻은 뒤에는 교화의 길을 떠나 중천축국에 이르러 어리석은 무리들을 많이 교화하였다. 다시 차례대로 유행遊行하여 남인도에 이르니, 득승得勝이라는 국왕이 있었는데, 주술만을 숭상하고 불법을 믿지 않았다. 주술사가 왕에게 아뢰었다.

"바사사다는 불법을 모르고 있으니, 바라건대 대왕께서 시험해 보옵소서. 그 사람이 비록 성인이라 자칭하지만 이상한 일을 물어서 대답을 못하면 사자 존자의 법을 이어받은 제자가 아닙니다."

대왕에게는 불여밀다不如密多라 이름하는 태자가 있었는데, 왕에게 아뢰었다.

"선왕께서 이 존자를 공양하셨고, 이 존자께서는 큰 위덕이 있으니, 시험하실 필요가 없습니다."

왕이 이를 갈면서 꾸짖고는 태자를 가두었다. 그리고는 존자를 불렀다. 존자가 왕의 앞에 이르니, 왕은 앉으란 말도 않고 전각[殿]을 마주한 채 물었다.

"우리나라에는 삿된 법이 없소. 그대가 배운 것은 무슨 종宗이오?"

조사가 대답했다.

“이 나라에는 삿된 법이 없습니다. 제가 배운 것은 불종佛宗입니다.”

“부처님께서 열반하신 지 벌써 1,200년이요, 스님의 나이 70세인데 무엇을 얻었다는 것이오?”

“석가여래께서 교법을 전하신 뒤로 24대를 거쳤습니다. 제가 지금 배운 것은 사자 존자의 법을 이은 것으로 믿음을 표시하는 옷이 있어 승가리라 하는데, 지금 저의 바랑 속에 있습니다.”

그리고는 꺼내어 왕에게 보였다. 왕은 법을 전하는 가사를 보았으나 공경하며 믿지 않고, 곧 좌우에게 명하여 불에 태워 시험케 하니, 불이 활활 타올라 광명이 하늘을 뚫고 상서로운 구름이 땅을 뒤덮으며 네 가지 기이한 꽃비가 내려 이상한 향이 감돌았는데, 불이 다 탄 뒤에도 옷은 여전히 남아 있었다. 왕은 이런 상서를 보고서야 비로소 발심하고 참회를 구하였다.〔이 옷은 왕궁 안에 있으며, 탑을 세워 공양하였다.〕 그때 태자가 깊은 궁에 갇혀 음식을 얻지 못하게 되자 말했다.

“나는 법을 위해서 오늘날 이렇게 굶주리며 고통을 받는 것이다. 어찌하여야 구제를 받겠는가?”

이때에 하늘에서 흰 젖줄을 내리어 입에 넣으니 감로와 같이 맛있었다. 이를 먹자 몸이 거뜬하고 건강해졌다. 이에 태자는 말했다.

“내가 만일 이 궁을 벗어난다면 곧 출가하리라.”

왕이 풀어 주라 명하자, 바로 조사에게 의탁하여 출가할 뜻을 말하니, 조사가 물었다.

“그대는 무슨 일로 출가하려 하시오?”

태자가 대답했다.

"제가 출가하려는 것은 그 일을 하지 않으려 함입니다."

"그대는 하지 않는다 하는데, 무슨 일을 하지 않는다는 것인가?"

"제가 하지 않는다는 일은 세속의 일을 하지 않는다는 것입니다."

"세속의 일을 하지 않는다면 무슨 일을 할 것인가?"

"세속 일을 하지 않고 부처님 일을 하겠습니다."

이에 조사가 생각했다.

'여래께서 큰 자비로써 오늘날 이 태자를 나에게 보내시어 불사를 돕게 하시는구나.'

그리고 조사의 곁에 있게 하니, 출가하여 계를 받고 도를 증득하였다. 그리고 법을 전해 주고 다음의 게송을 말하였다.

성인이 지견을 말씀하시니
경계에 마주하여 옳지 않은 것이 없구나.
내가 이제 참 성품을 깨달으니
도道도 없고 이치도 없도다.

聖人說知見　　當境無非是
我今悟眞性　　無道亦非理

조사가 열반에 든 것은 동진東晋의 제1대 원제元帝 8년 을유乙酉였다. 정수 선사가 찬탄하였다.

바사사다 존자가
오래전에 반연(攀緣 : 속계의 굴레)을 여의었건만

조사를 만나지 못해
줄곧 주먹을 펴지 않았네.
婆舍斯多　久離攀緣
未逢作者　終不開拳

스승의 의발을 받으니
중생을 제도하는 다리와 나룻배다.
오묘한 지견을
어찌 말을 빌려 표현하리오.
傳師衣鉢　度物橋舡
當心妙見　豈假言宣

제 26 조. 불여밀다不如密多 존자

남인도 국왕의 태자이며, 본래의 이름은 득승得勝이다.〔자세한 것은 본전(『보림전』)에 있다.〕

그때에 불여밀다가 반야다라般若多羅에게 말했다.

“내가 지니고 있던 이 법을 그대에게 전하나니, 그대는 잘 지니어 끊이지 않게 하라. 나의 게송을 들어라.”

참 성품이 심지心地에 갈무리되었으니
머리도 없고 꼬리도 없도다.
인연 따라 중생을 교화하니
방편으로 지혜라 부른다.
眞性心地藏　無頭亦無尾
應緣而化物　方便呼爲智

조사가 열반에 든 것은 동진東晋의 제9대 효무제孝武帝 무자戊子였다. 정수 선사가 찬탄하였다.

불여밀다는
득승왕得勝王의 태자로 탄생했다.
궁중의 비빈妃嬪을 멀리했고
도행이 드높아 뛰어났다.

不如密多　勝王誕慶
高遠宮嬪　迥悖道行

불법의 대들보요
국왕과 대신이 우러러보았다.
더럽고 고운 것 환히 비춰 보니
조당의 금거울일세.

佛法棟梁　王臣瞻敬
洞鑒媸姸　祖堂金鏡

제 27 조. 반야다라般若多羅 존자

동인도 사람이며, 종성은 바라문이다. 부모를 모두 잃고 보살로 화현하여 불사를 일으켰다. 불여밀다를 만나 법을 얻고 교화를 펴면서 남천축에까지 이르니, 그 나라의 왕은 찰제리로서 이름은 향지香至였다. 조사가 왕의 재齋에 참석했을 때 다른 성인들은 모두가 경을 읽는데, 조사만은 경을 읽지 않으니, 왕이 물었다.

"어째서 스님은 경을 읽지 않습니까?"

조사가 대답했다.

"빈도는 숨을 내쉴 때에 모든 반연을 따르지 않고, 숨을 들이쉴 때에도 온蘊·계界[2]에 머물지 않나니, 항상 이렇게 백천억 권의 경을 읽으니, 한두 권뿐이 아닙니다."

그때에 대왕이 조사에게 구슬 하나를 바쳤는데, 광채가 찬란하였다.〔자세한 것은 『보림전』에 있다.〕

조사가 달마에게 말하였다.

"내 이제 이 정법안장을 그대에게 주노니, 나의 게송을 들어라."

마음에서 모든 종자가 나되
현상으로 인하고 또 이치로 인한다.
과만果滿이면 보리가 원만해지리니
꽃이 피듯 세계가 일어난다.

心地生諸種　因事復因理
果滿菩提圓　花開世界起

조사가 화삼매火三昧에 들어 몸을 태우니, 송宋의 제5대 무제武帝의 효건孝建 4년 정유丁酉였다. 정수 선사가 찬탄하였다.

반야다라 존자는
어릴 때의 이름은 영락이다.
부모가 모두 죽으니

---

2 인간을 구성하는 여러 가지 구성요소와 구체적인 인간의 심신心身을 주관과 객관의 입장에서 대상對象으로 파악할 때, 불교에서는 세 가지로 나누어 정리한다. 즉 5온蘊·12처處·18계界이다.

동서로 떠다녔도다.

般若多羅　　幼名瓔珞
父母淪亡　　東西盤泊

한 번 거북의 털을 깨친 뒤에는

항상 굴이 마름을 개탄하였다.

과만果滿의 보리菩提여,

도의 근원이 멀고도 넓도다.

一曉龜毛　　恒嗟水涸
果滿菩提　　道源遼廓

제 28 조. 보리달마菩提達摩 화상

남천축국 향지대왕香至大王의 셋째 태자로서 반야다라의 법을 받았는데, 반야다라가 일러 말했다.

"그대가 지금 나의 법을 받았으나 너무 멀리 교화하러 가지 말고, 내가 열반에 든 지 67년 뒤 동쪽 나라에 가서 법을 크게 베풀라. 그대는 너무 서두르지 말라. 재난이 일어나게 되어 하루아침에 쇠락하게 될 것이니라."

조사가 물었다.

"제가 그 나라에 가서 교화하면 보살이 있겠습니까?"

스승이 대답했다.

"그 나라에는 도를 얻을 이가 쌀·마·대나무·갈대같이 많아서 이루 헤아릴 수 없느니라. 내가 열반에 든 지 67년 뒤에 각 학파가 대립하여 이 나라가 위난에 빠질 것이다. 수중문포水中文布[3]

를 잘 항복시켜라. 그대가 그 나라에 가거든 남쪽에는 머무르지 말라. 그 나라 왕은 불법의 참 이치는 모르고 유위법의 인연 짓기를 즐기어 공덕을 좋아하니, 그대가 그 나라에 가거든 머물지 말고 바로 떠나라. 나의 참언〔讖〕을 들어라."

길을 가던 중에 물을 건너서 다시 양羊을 만나니 路行跨水復逢羊
〔'길을 간다' 함은 온다는 뜻이요, '물을 건넌다' 함은 바다를 건넌다는 뜻이요, '다시 양을 만난다' 함은 낙양洛陽이니, 달마 대사가 남천축국에서 바다를 건너와서 처음에 광주廣州에 이르렀다가 다시 보통普通 8년 정미丁未에 양梁나라에 들어왔다.〕

혼자서 쓸쓸히 남 몰래 강을 건너리라. 獨自恓恓暗渡江
〔'혼자'라 함은 동행이 없다는 뜻이요, '쓸쓸히'라 함은 서글프다는 뜻이요, '남 몰래 강을 건넌다' 함은 양무제가 큰 이치를 깨닫지 못하고 얼굴색을 변한 채 말을 하지 않으므로 인연이 맞지 않는 것을 알고 가만히 강을 건너 북쪽 위魏나라로 간다는 뜻이다.〕

한낮에 코끼리와 말이 애처로운데 日下可怜雙象馬
〔'한낮'이라 함은 서울이요, '애처롭다' 함은 좋다는 뜻이요, '코끼리와 말'이라 함은 보지寶志 공公과 부傅 대사大士 두 사람을 뜻한다.〕

두 그루의 어린 계수나무, 오래도록 번성하리. 兩株嫩桂久昌昌
〔'두 그루'라 함은 두 나무이니, 두 나무는 림林 자를 뜻하며, '어린 계수나무'는 젊음〈少〉이니, 곧 소림사이다. 오래도록 번성한다 함은 9년 면벽한 후 세상에 나와 크게 불법을 편다는 뜻이다.〕

---

3 물속에서 문채文彩가 퍼진다는 뜻. 이 말은 보리류지菩提流支의 '류지流支'의 뜻을 빗대어 한 말이다. 보리류지는 달마의 명성이 퍼지는 것을 꺼려 모함한 자이다.

달마가 다시 스승에게 물었다.
"이 뒤에는 재난이 더 있겠습니까?"
스승이 대답했다.
"내가 열반에 든 지 105년 뒤에 작은 난리가 있으리라. 나의 참언〔讖〕을 들어라."

마음속은 길하나 겉은 흉하고 心中雖吉外頭凶
〔'마음속'이라 함은 주周 자요, '겉이 흉하다' 함은 주周의 무왕이 법도가 없어서 불법을 없앴다는 것을 예언한 것이다.〕
개울 아래 승방 이름이 맞지 않도다. 川下僧房名不中
〔'개울 아래 승방'이라 함은 중국 사투리에 승방, 즉 절을 읍邑이라 하는데, 개울 아래라 하니 옹邕이 된다. 후주 문제文帝의 성은 우문宇文이요, 이름은 태옹泰邕이다. '맞지 않는다' 함은 그가 불법을 도태시킬 것을 예언한 것이다.〕
독룡毒龍을 만났으므로 무자武子를 낳았고 爲遇毒龍生武子
〔'독룡'은 무제의 아버지를 예언한 것이요, '무자'는 아들인 무제가 탄생하는 것을 예언한 것이다.〕
갑자기 작은 쥐를 만나니 적막함 끝이 없다. 忽逢小鼠寂無窮
〔'작은 쥐'는 경자庚子이니, 주 무제가 경자년에 죽은 것을 말한다. '적막함 끝이 없다' 하는 것은 모두 사라져 없어짐을 예언한 것이다.〕

또 물었다.
"그 뒤에 또 재난이 있겠습니까?"
스승이 대답했다.

"내가 죽은 지 106년에 작은 난리가 일어나 부자의 대를 이을 것이나 이 역시 길지 않아 1, 2, 3, 5년 동안이리라. 이 일이 지나고 나면 누군가가 그의 뜻을 알 것이어서 내가 더는 밝힐 수 없어 간략하게 참언하노라."

길 위에서 갑자기 깊은 웅덩이를 만나고　路上忽逢深處水

〔'길 위'라 함은 이李 자요, '깊은 웅덩이'라 함은 연淵 자이니, 당 고조의 성은 이씨요, 이름은 연임을 예언한 것이다.〕

우연히 범을 보았는데, 또다시 돼지를 만났네.　等閑見虎又逢豬

〔'우연히 범을 본다' 함은 당 고조가 무인戊寅에 등극하리라는 예언이요, '또다시 돼지를 만났다' 함은 해亥이니, 고조가 정해년丁亥年에 죽으리라는 것을 예언한 것이다.〕

조그마한 송아지가 뿔은 있으나　小小牛兒雖有角

〔'조그마한 송아지'라 함은 전에 도사였던 태사령 부혁傅奕이니, 그는 전부터 황건당黃巾黨에 가담해 있으면서 고조高祖 무덕武德 4년 9월에 왕에게 불법을 폐지하기를 청하는 11조의 표를 올렸다. 그 내용을 대략 추리면, "석씨의 경전은 나라를 해치고 집안을 파괴하며, 세상을 이롭게 한다는 말은 들은 적이 없으니, 바라건대 오랑캐의 부처와 삿된 교법을 천축으로 되쫓아 주시고, 사문들을 모두 세속으로 보내시면 나라가 편안하고 도교와 유교가 퍼질 것입니다" 한 것인데, 고조가 부혁의 주청을 받아들여 조칙을 내리고 사문들에게 묻되, "부모가 주신 수발鬚髮을 버리고 군신과 화려한 옷을 버려서 마음에 무슨 이로움이 되겠는가? 이해利害의 두 측면에서 잘 설명하여 보라" 하거늘, 이때에 임琳 법사가 표를 올려 진정함으로써 5년을 연기하였다가 고조가 죽고, 태종이 등극하자 다시

불법이 일어났다. 자세한 것은 별전別傳에 있다. '뿔이 있다' 함은 들이받아도 손해가 없다는 뜻이다.〕

청계에서 용이 나오매 모두 패배하리라. 淸溪龍出總須輸

〔'청계'라 함은 산 이름이요, '용'이라 함은 임 법사가 법을 보호하는 용으로서 부혁 따위의 삿된 소견의 무리들을 모두 굴복시킨다는 것이다.〕

또 물었다.

"그 뒤에는 성인이 나오겠습니까?"

스승이 대답했다.

"숲 밑에서 어떤 사람이 도를 얻고 보리菩提에 계합하리라. 나의 참언을 들어라."

진단震旦은 넓으나 다른 길이 없으니 震旦雖闊無別路

〔'진단'은 당唐나라를 뜻한다. '다른 길이 없다' 함은 오직 한마음의 법이 있을 뿐이란 뜻이니, 남악 회양 대사의 교화 방법이 그러했다.〕

조카와 손자들의 발을 빌려서 다니게 되리라. 要假姪孫脚下行

〔'조카와 손자'라 함은 요즈음의 법을 전하는 제자들이다.〕

황금 닭이 한 알의 쌀을 물어 올 줄 알아서 金鷄解銜一顆米

〔'황금 닭'은 금주金州 땅을 뜻하니, 회양 선사가 금주 사람인 것을 예언한 것이고, '한 알의 쌀'이라 함은 도일道一을 뜻하니, 강서에 있는 마조의 이름이 도일인 것을 예언한 것이다.〕

시방의 나한羅漢들께 공양드린다. 供養十方羅漢僧

〔회양 화상이 도일에게 법을 전해 주었기 때문에 '시방의 나한들께

공양드린다' 한 것이고, '시방'이라 함은 마조 도일이 한주漢州 시방현十方縣 나한사羅漢寺에서 출가한 스님임을 뜻한다.〕

조사에게는 동문수학한 사형 한 분이 있었으니, 이름은 불대선佛大先이었다. 이 불대선은 본시 불타발타라佛馱跋陀羅 삼장의 제자였는데, 불타발타라에게는 또 나련야사那連耶舍라는 제자가 있어 남천축에서 크게 교화를 펴다가 후에 중국에 왔다. 동위東魏의 고권高勸, 업도鄴都에서 만천의萬天懿라는 우바새에게 5계戒를 주고 『존승경尊勝經』 1부를 번역해 내었다. 만천의가 물었다.

"그 천축에도 교법을 전하는 보살이 있었습니까?"

나련야사가 대답했다.

"서천의 27조사께서 모두가 이 법을 말씀하셨는데, 반야다라라 하시는 분에게도 보리달마라는 제자가 있어서 이곳으로 오셨으니, 곧 후위後魏의 제8대 왕, 휘諱는 후詡의 태화太和 10년이었다. 다시 낙양의 소림사로 가서 교화한 지 9년 만에 열반에 드시니, 지금부터 15년 전이니라."

다시 물었다.

"이 조사의 뒤를 이을 이가 있겠습니까?"

삼장이 다음과 같이 참언으로 말하였다.

높고 거룩함이 이제 예에 감춰지니 尊勝今藏古

〔'높고 거룩하다' 함은 묘한 지혜요, '예'라 함은 혜가慧可 대사가 본래 가지고 있던 묘하고 높은 성품이니, 그 성품이 번뇌에 가려 나타나지 못하므로 '감춰졌다' 하였다.〕

팔이 없기도 하고 있기도 하다. 無肱亦有肱

〔'팔'이라 함은 손이니, 혜가 대사가 법을 구하기 위해 팔을 끊는 것을 예언한 것이다.〕

용이 온 뒤에야 비로소 보배를 얻고 　龍來方受寶

〔'용이 온다' 함은 초조가 서쪽에서 온다는 뜻이요, '비로소 보배를 얻는다' 함은 2조가 법을 전해 받는다는 뜻이다.〕

물건을 받고는 두 번 다시 그 이름을 싫어한다. 　捧物復嫌名

〔'받는다' 함은 혜惠를 뜻하니, 본래 이름이 신광神光이던 것을 달마를 만나 본래 이름을 싫어하여 혜가라 고친다는 뜻이다.〕

다시 물었다.

"그 뒤에는 누가 대를 잇겠습니까?"

삼장이 다음과 같이 참언으로 말하였다.

처음부터 이름을 알리지 않더니 　初首不稱名

〔제3대 왕이 후주를 다스리던 기묘년己卯年에 한 거사가 있었는데, 나이도 밝히지 않고 자기의 성명도 밝히지 않았으므로 '이름을 알리지 않는다' 하였다.〕

풍병에 의하여 명성이 더욱 날렸다. 　風狂又有聲

〔'풍병'이라 함은 3조가 풍병이 있음을 말하고, '명성을 날렸다' 함은 제방에서 풍병 있음을 모두 알게 된 까닭에 '명성을 날렸다' 한다.〕

사람이 와도 만나기를 꺼려 하니 　人來不喜見

〔3조가 풍병을 앓을 때의 모습이다.〕

흰 보배가 애초에는 평범하다. 　白寶初平平

〔'흰 보배'는 옥玉이니 구슬 옥변에 제祭 자를 쓰면 찬璨 자가 되니,

3조의 이름이 승찬僧璨 대사이다.〕

또 물었다.
"그 스님 뒤에 계승할 사람이 더 있습니까?"
삼장이 다음과 같이 참언으로 말하였다.

일어서서 스스로 걸림 없음을 구하니 起自求無礙
〔나이는 14세요, 이름은 도신道信인 한 사미가 와서 절을 하고 묻기를 "화상이여, 저에게 해탈의 법문을 보여 주십시오" 하였으므로 '걸림 없음을 구한다' 하였다.〕
스승이 나에게 노끈 없음을 전했네. 師傳我沒繩
〔'스승'은 3조요, '나에게 노끈 없다' 함은 "아무도 너를 속박하는 이가 없다"는 뜻으로 바로 해탈이다.〕
길에서 스님을 만나 절을 하고 路上逢僧禮
〔'길'이라 함은 도道요, '절을 한다' 함은 믿음〈信〉이니, 4조 도신道信 대사의 이름이다.〕
발밑에서 여섯 가지로 나뉜다. 脚下六枝分
〔'발밑'이라 함은 문하이니, 4조 밑에서 한 종파가 따로 생겼다.[4] '여섯 가지'라 함은 우두 법융 이하의 여섯 조사[5]를 말한다.〕

또 물었다.
"이 조사의 뒤를 누가 계승합니까?"

---

4 우두牛頭 법융法融이 개창한 우두종牛頭宗을 말한다.
5 우두 법융, 우두 지암知巖, 우두 혜방慧方, 우두 혜충慧忠, 금주金州 법지法指, 우두 지위智威를 말한다.

삼장이 다음과 같이 참언으로 말하였다.

3과 4에 전혀 나〔我〕가 없어서 三四全無我

〔'3과 4'는 7이니, 5조가 7세에 4조 도신 대사를 만나 무아의 경지를 얻고 출가한 것이다.〕

강을 사이에 두고 마음의 법을 받는다. 隔水受心燈

〔'강을 사이에 둔다' 함은 5조가 신주新州의 기수군蘄水郡에서 4조의 법을 받았기 때문에 한 말이다.〕

존귀한 칭호는 모든 한량을 초월하고 尊號過諸量

〔'한량을 초월한다' 함은 홍弘 자의 뜻이다.〕

성낼 일 당하여도 화를 내지 않도다. 逢嗔不起憎

〔'화를 내지 않는다' 함은 참음〈忍〉이니, 위의 것과 합하면 홍인弘忍이 된다.〕

또 물었다.

"이 조사 뒤에 누가 있습니까?"

삼장이 또 다음과 같이 참언으로 말하였다.

물건을 받쳐 들었으나 언제 받쳐 든 적이 있으리오. 捧物何曾捧

〔'받쳐 든다' 함은 은혜 혜惠 자이다.〕

부지런하다고도 하고 부지런하지 못하다고도 한다. 言懃又不懃

〔'부지런하다' 함은 능할 능能이니, 6조의 이름이다.〕

네 구절의 게송 하나만을 써서 唯書四句偈

〔'네 구절의 게송 하나만을 쓴다' 함은 신수 화상이 네 구절의 게송을 바치니, 혜능 화상도 네 구절의 게송을 바쳤기 때문에 4구게句

偈라 한다.〕

서전瑞田 사람을 대항하였다. 將對瑞田人

〔'서전 사람'이라 함은 신수 화상이 남양南陽의 가화현嘉禾縣 서전 사람이었기 때문이다.〕

또 물었다.

"이 조사 뒤에 법을 밝히는 자는 그 뒤를 잇습니까?"

삼장이 또 다음과 같이 참언으로 말하였다.

마음속에 일을 잘 갈무리하고 心裏能藏事

〔'갈무리한다' 함은 품을 회懷 자이니, 회양懷讓 화상을 가리킨다.〕

한강漢江 가를 향해 말한다. 說向漢江濱

〔'말한다' 함은 설법이요, '한강 가'라 함은 마조 대사가 한주漢州 사람인데, 마조가 부처의 마음 바탕을 물으니, 회양 화상이 도일道一에게 말해 주리라는 뜻이다.〕

호수의 물결에서 달을 건져 湖波探水月

〔'호수의 물결'이라 함은 조계曹溪요, '달을 건지다' 함은 얻는다는 뜻이니, 회양 대사가 6조에게서 법을 얻는다는 뜻이다.〕

장차 2・3의 사람을 비추어 준다. 將照二三人

〔'2・3'이라 함은 6이니, 회양 화상에게 법을 얻는 제자가 여섯 사람이기 때문이다. 여섯 사람은 다음과 같다. 도일道一은 마음을 얻었고, 지달智達은 눈을 얻었고, 상호常浩는 눈썹을 얻었고, 신조神照는 코를 얻었고, 탄연坦然은 귀를 얻었고, 엄준嚴峻은 혀를 얻었다.〕

삼장이 또 참언으로 말하였다.

진귀한 말씀을 알아듣고는 領得珍勤語

〔'알아듣는다' 함은 마조가 회양에게서 법어를 알아들었기 때문이다.〕

이항離鄕[6]에서 날마다 퍼뜨린다. 離鄕日日敷

〔'이향'이라 함은 남방이요, '날마다'라 함은 창昌 자요, '퍼뜨린다' 함은 편다는 뜻이니, 마조가 법을 얻고는 홍주洪州의 남창사南昌寺로 돌아와서 법을 폈기 때문이다.〕

양梁으로 옮기니 길이 가깝다. 移梁來近路

〔'양'은 양군梁郡이요, '길이 가깝다' 함은 홍주의 관찰사觀察使 노원路遠이 대사를 호주虎州의 남강현南康縣으로 오기를 청하매 갔다가 다시 홍주洪州의 개원사開元寺로 옮겨 들어갔으므로 한 말이다.〕

내 생각으로는 온 천하를 다니는 무리들일세. 余算脚天徒

〔'나〈余〉'라 함은 나 아我 자이니, 마조 대사에게 20년 동안 도를 얻은 이가 천만이어서 천하에 두루 퍼졌으므로 '천하를 다니는 무리들'이라 했다.〕

삼장이 또 다음과 같이 참언으로 말하였다.

간지艮地에서 현묘한 종지를 내니 艮地生玄旨

〔'간지'는 동북쪽이니, 신수 화상이 5조에게서 따로 한 가닥의 법을 받아 북쪽에서 스스로 한 종파를 제창한 것이다.〕

---

6 8괘卦 가운데 리離, 즉 남방을 뜻한다.

통존通尊은 뛰어나고도〔媚〕 존귀하다. 通尊媚亦尊

〔'통존'이라 함은 신수 대사의 시호가 대통大通이었기 때문이요, '미媚'는 수秀와 같은 뜻이고, 또한 '존귀하다' 함은 그가 세 임금의 존경을 받았기 때문에 '존귀하다' 한 것이다.〕

어깨를 나란히 한 이가 3·9 종족이요 比肩三九族

〔'어깨를 나란히 한다' 함은 도반이요, '3·9'라 함은 열두 사람이니, 그의 도반이 열두 사람이기 때문이다.〕

발밑에서 한 가닥이 나뉘었다. 足下一有分

〔신수 화상 밑에 각기 종지가 나뉘어 남북의 차이가 생겼다.〕

삼장이 또 다음과 같이 참언으로 말하였다.

신령함이 모여서 하늘의 은총을 부끄러이 여기니 靈集媿天恩

〔'신령함'이란 신神이요, '모은다' 함은 회會요, '부끄러이 여긴다' 함은 하荷요, '하늘의 은혜'라 함은 택澤이니, 신회 대사가 탑경塔京 하택사에서 살았다.〕

생호生互가 2·6 사람이라. 生互二六人

〔'생호生互'라 함은 스승과 제자요, '2·6 사람'이라 함은 신회 대사의 제자가 열두 사람임을 말한다.〕

법 안에 아무런 냄새도 맛도 없었으나 法中無氣味

〔'법 안'이라 함은 불법佛法이니, 신회 대사가 부처님 지견의 깊은 법을 전한다는 것이다. '냄새가 없다' 함은 북종 신수 대사의 제자인 보적이 서울에서 경과 교법을 성대히 펴니, 이때에는 조계의 종지가 아직 퍼지지 않았으므로 '아무런 냄새도 맛도 없었다' 하였다.〕

돌 위에 공훈이 있도다. 石上有功勳

〔'돌 위'라 함은 신수 대사의 제자가 남종의 비석을 갈아 버리고서 신수를 6조로 세우려 했는데, 하늘의 뜻이 따르지 않아 어쩌지 못했는데, 나중에 신회 대사가 나와서 다시 세우니, 그러므로 '공훈이 있다' 하였다.〕

삼장이 또 참언으로 말하였다.

본래 호랑이 새끼였지만 本是大蟲男

〔인종印宗 법사가 본래는 소승이었으니, 호랑이 새끼에 비유되지 결국 사자가 아니다.〕

돌이켜서 사자후를 이루었네. 迴成師子談

〔'돌이킨다' 함은 바뀐다는 뜻이니, 소승을 돌이켜서 대승이 된다는 말이다. 인종 법사가 6조에게 참례參禮하고는 곧 상승上乘의 도리를 깨달아 '사자후를 이루었다'는 것이다.〕

관가에서 마령馬嶺에게 봉하니 官家封馬嶺

〔'봉한다' 함은 인印이라는 뜻이요, '마령'이라 함은 종宗이니, 인종 법사는 일찍이 경전을 강의하는 법사였다.〕

동상同詳이 33인이었네. 同詳三十三

〔'동상'이라 함은 함께 배우는 사람이니, 6조의 제자는 상잠祥岑 등 33인이었다. 상잠은 협산峽山에서 살았었다.〕

삼장이 또 참언으로 말하였다.

여덟 여자가 인륜人倫을 벗어나고 八女出人倫

〔'여덟 여자'는 안安 자요, '인륜을 벗어났다' 함은 국사國師가 된다

는 뜻이다.〕

여덟이 혼인을 끊었다. 八箇絶婚姻

〔'여덟'이라 함은 안安 자요, '혼인을 끊었다' 함은 안安의 도제徒弟들은 법을 잇기가 어려우리라는 뜻이다.〕

썩은 평상에 여섯째 다리를 붙이니 朽床添六脚

〔'썩은 평상'이라 함은 노老 자요, '여섯 다리'라 함은 측천則天과 중종中宗과 등등騰騰과 탄연坦然과 원적圓寂이 155년을 살았는데, 파조타破竈墮 화상이 여섯 번째로 이 숭산嵩山에서 살았으니, 여섯째 다리가 된다.〕

마음의 조사가 대중 가운데 가장 존귀하다. 心祖衆中尊

〔'마음의 조사'라 함은 성姓이니, 안安 화상이 불교 이치를 확연히 깨닫고 국사가 되었으므로 무리 가운데 '존귀하다' 하였다.〕

삼장이 또 참언으로 말하였다.

달리는 개〔走戊〕가 천자와 이웃하고 走戊與朝鄰

〔'달리는 개'라 함은 월越 자니, 충忠 국사가 월주越州 사람이기 때문이다. '천자와 이웃한다' 함은 국사가 되었기 때문이다.〕

거위와 새 출신이라. 鵝鳥子出身

〔'거위'라 함은 아주鵝州이니, 지금의 월주越州이다. '새〈鳥〉'는 명학현鳴鶴縣이니, 지금의 제기현諸暨縣이다. 국사가 태어난 곳이다.〕

두 하늘이 비록 감개하였으나 二天雖有感

〔'두 하늘'이라 함은 숙종肅宗과 대종代宗인데, '감개하다' 함은 두 황제가 예경하고 스승으로 삼았다는 말이다.〕

셋이 모두가 입적하여 티끌조차 남음이 없다. 三化寂無塵

〔'셋'이라 함은 두 황제와 국사가 모두 입적했다는 말이다.〕

삼장이 또 참언으로 말하였다.

적다고 말하나 언제 적은 일이 있었으며 說小何曾小
〔희希 자를 뜻한다.〕
흐른다 말하나 다시금 흐르지 않음일세. 言流又不流
〔천遷 자를 뜻한다.〕
만약 풀이 그 윗부분을 뽑히면 草若除其首
〔돌〈石頭〉에는 풀이 없었다.〕
3·4가 문중을 이어 수행하리라. 三四繼門修
〔법을 전하는 제자들의 수효이니, 정확히 말하면 마땅히 열일곱이 문중을 이어서 수행한다 해야 한다.〕

그때에 나련야사那連耶舍가 이런 참언을 마치고, 다시 만천의萬天懿에게 말했다.

"이제 이 나라에서 내가 죽은 뒤 280년이 되면 거룩한 국왕이 나서 삼보를 극진히 공경하고, 그 이전의 여러 성현들도 모두 세상에 나서 미혹한 무리들을 모두 교화하매 그 수효가 천백억이 될 것이다. 그 후에 법을 얻는 이는 모두가 한 스승으로 인하여 큰 이익을 일으키고 감로의 문을 열 것이다. 그 우두머리가 되는 이는 보리달마이리라."

그때에 달마 화상이 바다를 지나 동쪽으로 온 지 3년이 지났다. 양梁의 보통普通 8년 정미丁未 9월 21일에 광주廣州에 이르자, 자사刺史인 소앙蕭昂이 마중을 나왔다가 10월 1일에 무제武帝에게 알렸는데, 이듬해 정월 보름에 이르러서야 왕이 몸소 연(輦 : 천자가 타는 수레)을 타고 나와 대사를 청해 대궐로 모셔다가 공양을 올렸다. 그때에 지공志公 화상이 고좌사高座寺의 수축을 감독하고 있었는데, 주지 영관靈觀에게 물었다.

"그대의 이름이 영관靈觀이라는데 진짜 영관靈觀인가?"

주지가 대답했다.

"예, 그저 화상께서 지시해 주시기만 바랄 뿐입니다."

지공이 말했다

"서천에서 대승 보살이 이 땅에 들어오실 것이다. 만약 그대가 믿지 못하겠거든 나의 참언을 들어라."

우러러 두 문을 관찰하고 仰觀兩扇

〔'우러러본다' 함은 하늘〈霄〉이요, '두 문'이라 함은 양梁이니, 양梁의 소황제蕭皇帝이다.〕

허리를 굽혀 갈고리를 집는다. 低腰捻鉤

〔'허리를 굽힌다' 함은 십十 자요, '갈고리'라 함은 월月 자이니, 10월에 도착한다는 뜻이다.〕

아홉 까마귀를 다 쏘았는데 九烏射盡

〔'아홉 까마귀'라 함은 일日 자요, '다 쏘았다' 함은 29이니, 그믐날〈月盡〉이다.〕

오직 하나만이 남아 있다. 唯有一頭

〔'하나'라 함은 10월 1일이니, 통틀어 말하자면 초조가 10월 1일에 도착한다는 뜻이다.〕

이르렀으나 오래 있지 않았으니 至則不久

〔양나라에 19일 동안 머물렀다가 강을 건너 북으로 떠났으므로 '오

래 있지 않았다'고 한 것이다.〕

칼을 빌려야 할 일이 있겠구나. 要假須刀

〔인의仁義를 끊는다는 뜻이다.〕

용을 만나도 머물지 않고 逢龍不住

〔초조가 무제를 만났으므로 '용을 만났다' 하고, 초조의 말이 무제의 뜻에 맞지 않았으므로 '머물지 않았다' 한다.〕

물을 건너 도망을 친다. 過水則逃

〔강을 건너 위魏로 갔다.〕

그때 영관이 지필紙筆을 갖추어 기록해 두었었다.

그때 무제가 물었다.

"어떤 것이 성제聖諦의 제일의第一義입니까?"

달마 조사가 대답했다.

"텅 비어 성聖이랄 것이 없습니다."

"짐을 대하고 있는 그대는 누구입니까?"

조사가 대답하였다.

"모릅니다."

무제가 다시 물었다.

"짐이 즉위한 지 14년 동안 사람을 제도하고 절을 짓고 경을 쓰고 불상을 조성했는데, 어떤 공덕이 있습니까?"

조사가 대답했다.

"공덕이 없습니다."

무제가 말했다.

"어째서 공덕이 없습니까?"

조사가 말했다.

"이는 인천人天의 작은 과보요, 유루有漏의 원인이어서 마치 그림자가 형체를 따르는 것과 같습니다. 비록 선인善因이 있다고 하나 실상實相이 아닙니다."

무제가 물었다.

"어떤 것이 진실한 공덕입니까?"

조사가 말했다.

"청정한 지혜는 오묘하고 원만圓滿해서 본체가 절로 공적하니, 이런 공덕은 세상일로는 구할 수 없습니다."

무제는 달마 조사의 말뜻을 알지 못하여 얼굴을 붉힌 채 말이 없었다. 달마는 그 해 10월 19일에 인연이 맞지 않는 줄을 스스로 알고 몰래 강을 건너 북쪽의 위魏나라로 들어갔다.

지공志公이 특별히 무제에게 와서 물었다.

"듣건대 서역에서 스님이 왔다는데, 지금 어디에 있습니까?"

무제가 대답했다.

"어제 강을 건너 위나라로 갔소."

지공이 말했다.

"폐하께서는 보아도 보지 못하셨고, 만나도 만나지 못하셨습니다."

양무제가 물었다.

"그게 누구였던가요?"

지공이 대답했다.

"그는 부처의 심인心印을 전하는 관음觀音 대사大士이십니다."

무제가 이내 한탄하면서 말했다.

"보아도 보지 못했고, 만나도 만나지 못했도다."

그리고는 곧 중사中使 조광문趙光文을 그곳으로 보내 모셔 오게 하였는데, 이에 지공이 말했다.

"조광문뿐 아니라 온 나라 사람이 다 가서 청해도 돌아오지 않을 것입니다."

조사가 동경東京에 이른 뒤에 신광神光이란 스님이 있었다. 예전에는 낙중洛中에서 오래도록 노장老莊의 학문을 익히다가 나이 40을 넘어 조사를 만나 스승으로 섬겼다. 소림사小林寺까지 따라오면서 항상 조사에게 법을 물었으나 조사는 전혀 말을 해주지 않았다. 또 스스로 한탄하였다.

'옛사람은 법을 구하기 위해 뼈를 깨고 골수를 꺼내고 피를 뽑아 성상聖像을 그리고, 머리채를 풀고 진창에 엎드리며, 벼랑에 몸을 던지고, 주린 범에게 몸을 주었다. 옛사람들은 이렇게까지 했는데, 나는 무엇을 아끼랴?'

때는 태화太和 10년 12월 9일, 법을 구하기 위해 선 채로 밤을 샜는데, 내린 눈이 허리까지 쌓였다. 날이 밝자 조사가 이를 보고 물었다.

"네가 눈 속에 서서 무엇을 구하고 있었느냐?"

신광이 눈물을 흘리며 슬피 울면서 말했다.

"오직 화상께서 감로의 문을 여시어 뭇 중생을 널리 제도해 주시기를 바랄 뿐입니다."

조사가 말했다.

"부처님들의 위없는 보리는 여러 겁을 수행해야 하는데, 너는 작은 뜻으로 큰 법을 구하려 하니, 애초부터 얻을 수 없는 것이다."

신광이 이 말을 듣고, 곧 날카로운 칼을 뽑아 자기의 왼팔을 끊어서 조사 앞에 놓으니, 조사가 말했다.

"부처님과 보살님들이 법을 구할 적엔 몸을 몸으로 삼지 않고 목숨을 목숨으로 여기지 않았는데, 네가 이제 팔을 끊었으니 법을 구할 만하구나."

마침내 신광이라는 이름을 고쳐서 혜가惠可라 했다.

혜가가 말했다.

"화상께서 마음을 편안하게 해주십시오."

조사가 대답했다.

"마음을 가져오너라. 너의 마음을 편안하게 해주리라."

혜가가 말했다.

"마음을 찾아도 끝내 찾을 수 없습니다."

조사가 말했다.

"찾아지면 어찌 그것이 너의 마음이겠느냐? 벌써 너의 마음을 편안하게 해주었느니라."

달마 조사가 혜가에게 말했다.

"그대를 위해 마음을 이미 편안하게 해주었는데, 그대는 이제 보이는가?"

혜가가 말씀 끝에 크게 깨닫고 화상에게 말했다.

"오늘에야 모든 법이 본래부터 공적하고, 오늘에야 보리가 멀리 있지 않은 것임을 알았습니다. 그러기에 보살은 생각을 움직이지 않고 살반야薩般若[7]의 바다에 이르고, 생각을 움직이지 않고 열반의 언덕에 오릅니다."

조사가 말했다.

---

7 범어 sarvajña의 음역. 살바야薩婆若라고도 하며, 일체지一切智로 번역된다. 일체 법을 증득하는 지혜이며, 그 지혜의 넓음을 바다에 비유하였다.

"그렇다, 그렇다."

혜가가 계속 말했다.

"화상이시여, 이 법을 문자로 기록할 수 있습니까?"

조사가 대답했다.

"나의 법은 마음으로써 마음을 전하므로 문자를 세우지 않느니라."

조사가 여러 사람들에게 말했다.

"세 사람이 나의 법을 얻었으니, 하나는 나의 골수를 얻었고, 하나는 나의 뼈를 얻었고, 하나는 나의 살을 얻었다. 나의 골수를 얻은 이는 혜가요, 나의 뼈를 얻은 이는 도육道育[8]이요, 나의 살을 얻은 이는 총지總持 비구니[9]이다. 나의 법이 6대를 지나서는 법 전할 사람이 쇠퇴하게 되리라."

혜가가 말했다.

"어째서 제6대에는 법 전할 사람이 쇠퇴해집니까?"

"삿된 법이 다투어 일어나서 바른 법을 어지럽히기 때문이니, 나에게 가사袈裟 한 벌 있는데, 그대에게 전해 주리라."

혜가가 말했다.

"법은 이미 마음과 마음으로 전해져 문자조차 쓰지 않거늘 이 가사로 무엇 하겠습니까?"

조사가 말했다.

---

8 달마의 전법 제자로서 수대隋代 사람이다. 혜가와 함께 달마를 만나 섬기기를 4~5년 하자 달마가 벽관壁觀·보원행報怨行·수연행隨緣行·무소구행無所求行·선법행禪法行을 가르쳤다.

9 양무제의 딸로 속가에서의 성姓은 소蕭씨이고, 이름은 명련明練, 호는 총지總持이다. 달마를 섬겨 수행하여 심인心印을 받았다.

“안으로는 법인法印을 전하여 마음을 깨쳤음을 인증하고, 겉으로는 가사를 전하여 종지宗旨를 확정토록 한다. 비록 그러하나 가사는 법에 관계가 없고, 법 또한 가사와는 관계가 없다. 이는 3세의 모든 부처님들께서 서로서로 수기授記하시던 것이다. 나 이제 가사를 전하여 그 신표를 삼아 후세에 법을 전하는 자로 하여금 법에 근원이 있음을 알게 하고, 도를 배우는 자로 하여금 종지를 알 수 있게 하여 중생의 의혹을 끊게 하리라.”

혜가가 정례頂禮[10]하여 받들고, 가까이에서 9년 동안 섬기되 잠시도 곁을 떠나지 않았다.

조사가 말했다.

“여래께서 정법안장과 가사를 대가섭에게 전하셨고, 이렇게 이 사람에게서 저 사람에게로 전하여 나에게 이르렀다. 내 이제 그대에게 부촉하나니, 나의 게송을 들어라.”

내가 본래 이 땅에 온 뜻은
교법을 전해 미혹한 중생을 구제하기 위함이다.
한 꽃에 다섯 잎이 피니[11]
열매는 저절로 맺으리.

吾本來此土　傳教救迷情
一花開五葉　結菓自然成

10 무릎을 꿇어 두 손으로 땅을 짚고 존경하는 사람의 발밑에 머리를 대는, 가장 공경하는 뜻으로 하는 절이다.

11 달마가 중국에 전한 선법禪法이 6조 혜능의 법계法系에 위앙종潙仰宗·임제종臨濟宗·조동종曹洞宗·운문종雲門宗·법안종法眼宗 5家가 일어난 것을 말한다.

조사가 법을 전한 뒤에 다시 혜가에게 말했다.

"내가 이 땅에 온 뒤에 여섯 차례나 사람들에 의해 독살될 뻔하였으나[12] 모두 집어냈는데, 이제 한 차례는 더 이상 집어내지 않으려 하나니, 나는 이미 사람을 만나 법을 전했기 때문이니라."

그때에 달마가 구름 같은 대중을 이끌고 우문禹門의 천성사千聖寺로 가서 사흘을 머물렀다. 이때 그 고을의 태수인 양연楊衍이 조사에게 물었다.

"서천의 다섯 나라에서는 스승의 법을 이어받고는 조사라 한다는데, 그 뜻을 모르겠습니다. 그 뜻이 무엇입니까?"

조사가 대답했다.

"부처님의 심법을 밝히매 한 치 어긋남이 없고, 해(解 : 교리)와 행(行 : 실천수행)이 서로 상응相應하는 자를 조사라 합니다."

다시 물었다.

"그 한 종류뿐인가요, 또 다른 더 어떤 것이 있습니까?"

조사가 대답했다.

"반드시 타심통에 밝고, 고금을 통달하고, 유무有無를 싫어하지 않고, 또한 집착하지도 않아서 어리석지도 않고 현명하지도 않으며, 미혹하지도 않고 깨닫지도 않나니, 이렇게 아는 이를 또한 조사라 합니다."

양연이 다시 말했다.

"제자는 오랫동안 악업惡業에 끄달려서 선지식을 가까이하여 공경히 섬기지 못하고, 조그마한 지혜에 사로잡혀 꼼짝달싹 못하여, 어리석고 미혹된 채로 도를 깨닫지 못하고 이 지경에 이르렀습니

---

12 보리류지와 광통 법사 등이 음식 속에 독약을 넣어 죽이려 했던 것을 말한다.

다. 바라옵건대 스승께서는 대도大道를 지시해 주십시오. 부처의 마음을 통달하고 수행하고 마음 쓰는 이를 어째서 법의 조사라 합니까?"

조사가 게송으로 대답했다.

악을 보아도 미운 생각이 없고
선을 보아도 부지런히 닦지 않는다.
어리석음을 버리고 어진 이를 따르지 않고
미혹을 등지고 깨달음을 향하려 하지도 않는다.
亦不覩惡而生嫌　　亦不觀善而勤措
亦不捨愚而近賢　　亦不拋迷而就悟

대도를 깨달음에 한량없고
부처의 마음을 통달하여 법도를 넘어섰네.
범부도 성인도 뒤따르지 않고
초연한 이를 일러 조사라 한다.
達大道兮過量　　通佛心兮出度
不與凡聖同躔　　超然名之曰祖

양연이 절을 하고 말했다.

"바라건대 화상께서 오랫동안 세상에 머무시면서 중생들을 교화해 주십시오."

조사가 대답했다.

"나는 간다. 오래 머무를 일이 아니다. 사람들이 나를 장애로 여겨 항상 미워한다."

양연이 그게 누구인지 물어 말하였다.

"바라옵건대 스승이여, 그가 누군지 알도록 지시해 주십시오."

조사가 대답했다.

"내가 차라리 갈지언정 끝내 밝힐 수는 없으니, 이 사람을 해칠까 두렵기 때문이다. 그대가 만일 자세히 알고자 한다면 나의 참언을 들어라."

강의 뗏목 옥 물결을 헤치고 江槎分玉浪

〔'강'이라 함은 흐른다〈流〉는 뜻이요, '뗏목'이라 함은 버틴다〈支〉는 뜻이요, '옥 물결'이라 함은 삼장三藏이니, 결론적으로 말하면 보리류지 삼장을 이르는 말이다.〕

횃불이 금 족쇄를 연다. 管炬闢金鎖

〔'횃불'은 빛난다〈光〉는 뜻이요, '연다' 함은 통統 자의 뜻이요, '금 족쇄'는 독약이란 뜻이다.〕

다섯 입이 같이 가는데 五口相共行

〔'다섯 입'이라 함은 나〈吾〉라는 뜻이요, '같이 간다' 함은 나와 함께 불법을 펴다가 질투하는 마음을 내어 싸운다는 뜻이다.〕

90에는 너와 내가 없다. 九十無彼我

〔'90'이라 함은 마침 졸卆 자요, '너와 내가 없다' 함은 피아彼我로 대립하는 내가 없게 된다는 뜻이다.〕

양연이 절을 하고 말했다.

"잠시 스승님을 하직하니, 바라건대 법체를 잘 보중하소서."

이때는 후위後魏의 여덟째 임금인 효명제孝明帝의 태화太和 19년, 열반에 든 해의 나이는 150이요, 장사는 웅이산熊耳山의 오판吳坂에 지냈고, 무제가 소명 태자에게 칙명을 내려 제문을 짓게 했다.

입적한 지 3년 만에 위魏의 사신인 송운宋雲이라는 이가 서역에 사신으로 갔다가 돌아오는 길에 달마 대사를 만났는데, 그는 손에 신 한 짝만을 들고 가면서 송운에게 말하였다.

"그대의 나라 천자가 이미 세상을 떠나셨다."

송운이 위에 도착해 보니, 과연 왕은 이미 승하하였다. 이 사실을 후위後魏의 아홉째 왕인 효장제孝莊帝에게 주청하여 바로 탑을 열어 보니, 신 한 짝만이 남아 있기에 곧 그것을 가지고 소림사로 돌아와서 공양했다. 무제 스스로 조사의 비문을 지었고, 대종代宗 황제는 원각圓覺 대사란 시호를 내렸고, 칙명으로 공관空觀의 탑이라 하였다.

위나라의 병진丙辰에 입적하고 나서 지금의 임자(壬子, 952)에 이르기까지 413년이 된다. 정수 선사가 찬탄하였다.

보리달마는
무위無爲의 도道로 교화하셨네.
9년을 소실산에 있으면서
6대의 종사를 배출했네.
菩提達摩　　化道無爲
九年少室　　六葉宗師

웅이산에서 입적의 모습 보이더니
신 한 짝 들고 서천으로 돌아갔네.
양의 황제는 알아듣지 못하고
혜가는 의발을 전해 받았네.
示滅熊耳　　隻履西歸
梁天不薦　　惠可傳衣

제 29 조. 혜가慧可 선사

선사는 무뢰武牢 사람이며, 성은 희姬씨이다. 아버지 적寂은 당초 아들이 없어서 그 부인과 생각하기를 '우리는 지극히 선한 가문인데도 자식이 없으니 참으로 슬프구나. 어느 성현께서 굽어 보살펴 주시려나' 했는데, 후위의 여섯째 왕인 효문제孝文帝 영의永宜 15년 정월 초하루 저녁에 광명이 온 집안에 두루 하는 상서가 나타난 뒤로 태기가 있어 아들을 낳아 이름을 광광光光이라 하였다. 나이 15세에 9경經을 통달해 외웠고, 30세가 되자 용문龍門의 향산사香山寺로 가서 보정寶靜 선사를 섬기면서 항상 정定과 혜慧를 닦았다. 출가한 후에는 동경東京의 영화사永和寺로 가서 구족계를 받았고, 32세가 되자 다시 향산사로 돌아와서 스승을 섬겼는데, 다시 또 8년이 지났다. 그러던 어느 고요한 밤에 한 신인神人을 보았는데, 그가 광에게 말했다.

"과위를 받으려 하면서 어찌 여기에 머물러 있는가? 남쪽으로 가야 도道에 가까워지리라."

본래의 이름은 광광인데, 신인이 나타나는 모습을 보았으므로 신광神光이라 했다.

그로부터 이틀이 지나 밤이 되자 갑자기 머리가 찢어지는 듯이 아파서 그 스승이 뜸을 뜨려 했는데, 공중에서 소리가 들렸다.

"그만두어라, 그만두어라. 이는 뼈를 바꾸기 위한 것이라 예사 고통이 아니니라."

스승이 곧 그만두었다. 마침내 전의 이상한 신을 본 사실을 스승인 보정에게 이야기하니, 보정이 말했다.

"반드시 상서祥瑞일 것이다. 네 정수리가 달라졌으니 옛날의 머리가 아니다. 5봉이 옥 수레에 내려앉은 듯 그 모습이 기이하구나."

그리하여 스승을 하직하고 남쪽으로 갔다. 달마를 만나 상승上乘의 법을 확연히 깨달을 수 있었다. 달마가 말했다.

"일진一眞의 법을 모두 가졌으니 잘 지키어 끊이지 않게 하라. 그대에게 신의(信衣 : 가사)를 전하나니 각기 표시하는 바가 있느니라."

혜가가 말했다.

"무엇을 표시합니까?"

달마가 대답했다.

"안으로는 심인心印을 전하여 마음을 깨쳤음을 증명하고, 겉으로는 가사를 받아서 종지를 확정하나니 착오가 없기 위한 것이다. 내가 입적한 뒤 2백 년 동안 이 가사가 전해지지 않을 것이다. 법이 온 누리에 퍼질 것이니, 도에 밝은 이는 많아도 도를 행하는 이는 적을 것이며, 이치를 말하는 이는 많아도 진리를 통한 이는 적을 것이다. 그 뒤로는 도를 얻은 이가 천만 명에 가까울 것이다. 그대가 도를 펼 때에 늦게 배우기 시작한 이를 가벼이 여기지 말라. 이 사람이 뜻을 돌리면 반드시 보리를 얻을 것이다. 초심初心 보살은 부처님의 공덕과 동등하리라."

이때 혜가 대사가 법을 부촉 받고서 널리 선전하고 유포하여 뭇 유정有情들을 제도하였다. 천평天平 연간에 이르러 후주後周의 제2주主인 효민왕孝閔王 기묘己卯 해에 한 거사가 나이와 계절을 말하지 않은 지 14년 만에 조사(혜가)에게 와서 절을 하고 성명도 밝히지 않은 채 말했다.

"제자는 풍병〔風疾〕을 앓고 있으니, 화상이시여, 제자를 참회하게 해주십시오."

조사가 대답했다.

"그대가 죄를 가지고 오면, 죄를 참회하게 해주리라."

거사가 말했다.

"죄를 찾아도 찾을 수가 없습니다."

조사가 말했다.

"내 지금 그대를 참회하게 하였다. 그대는 그저 불·법·승 삼보에 의지하기만 하라."

거사가 다시 말했다.

"화상만 뵈면 승보임을 알겠으나 세간에서 어떤 것이 부처이며, 무엇을 법이라 합니까?"

조사가 대답했다.

"마음이 부처요, 이 마음이 곧 법이니, 법과 부처는 둘이 아니니라. 그대는 알겠는가?"

거사가 말했다.

"오늘에야 비로소 죄의 성품이 안에도 밖에도 중간에도 있지 않는 줄 알았습니다. 마음이 그렇듯이 법과 부처가 둘이 아닌 줄 알았습니다."

조사는 그가 법기法器인 줄을 알고 곧 머리를 깎아 주면서 말했다.

"그대는 승보이니 승찬僧璨이라는 이름이 적합하구나."

그리고 구족계를 받게 하고서 일러 말했다.

"여래께서 대법안을 가섭에게 주셨고, 그렇게 점차 이 사람 저 사람에게 전하여 나에게 이르렀는데, 내가 이제 이 법안을 그대에게 주고 아울러 가사를 주어서 법의 신표로 삼노라. 나의 게송을 들어라."

본래 땅이 있었기에
그 땅을 인해 종자가 꽃을 피운다.
본래 종자가 없다면
꽃 또한 필 수 없다.

本來緣有地　因地種花生
本來無有種　花亦不能生

이 게송을 다 말하고는 승찬에게 말하였다.

"나는 업도鄴都로 가서 묵은 빚을 갚으리라."

그리고는 훌쩍 업도로 떠나서 중생을 교화하기를 34년 동안 혹은 저잣거리 어디서나 인연에 따르고, 혹은 남의 심부름을 하되 일이 끝나면 곧 업도로 돌아가니, 지혜 있는 이들이 매양 권했다.

"화상은 덕이 높으신 분이시니 남의 심부름은 하지 마십시오."

조사가 말했다.

"내 스스로 마음을 조복調伏시키기 위한 것이지 다른 일에 관계되는 것이 아니오."

이때 변화辯和 법사라는 이가 업도鄴都 관할에 있는 성城인 안현安縣의 광구사匡救寺에서 『열반경』을 강하고 있었는데, 그때 조사가 그 절에 이르러 설법하니, 조사가 설법하는 곳에는 모인 대중이 많았으나 법사의 강석에는 사람이 적었다. 그러자 변화 법사는 조사를 시기하여 현령인 적중간翟仲侃에게 가서 "사견邪見을 가진 저 사람이 나의 강석을 무너뜨렸습니다" 하고 모함하니, 적중간은 사실을 자세히 알지 못하여 도리에 맞지 않게 손상을 입혀 죽게 하였다. 자주磁州 도양현塗陽縣 동북쪽으로 70리쯤에 장사지내니, 세수 107세였다.

이렇게 멸도함을 보인 때는 수隋의 첫째 임금인 문제文帝의 개황開皇 13년 계축년癸丑年이었다.

당唐의 내공봉內供奉 사문인 법림法琳이 비문을 지었고, 덕종德宗 황제가 대홍大弘 선사라는 시호를 내렸으며, 탑호를 대화大和라 하였다. 수隋의 계축癸丑에 입적하고 나서 지금 당唐의 보대保大 10년 임자壬子에 이르기까지 359년이 된다.

정수 선사가 찬탄하였다.

2대 조사[13]인 큰 학자는
지조가 굳고 단단하였다.
마음은 3승乘을 꿰뚫고
이마는 오악보다 훌륭했다.
二祖碩學　操爲堅確
心貫三乘　頂奇五岳

천하에 하나뿐인 기린麒麟이요
인간 세상의 봉새로다.
팔을 끊고 눈 위에 섰으니
혼연히 하나 되어 외롭지 않다.
天上麒麟　人間鸑鷟
斷臂立雪　混而不獨

13 혜가를 일컫는다. 달마를 초조라 하고, 혜가를 2조라 한다.

제 30 조. 승찬僧璨 선사

제30조 승찬은 수隋나라 때의 3조이며, 어디 사람인지도 알 수 없고, 성도 이름도 모른다. 혜가 대사를 만나 심법을 얻은 뒤에는 대중을 많이 모아 놓고 정법正法을 두루 폈다. 모임 가운데 한 사미가 있었는데, 나이는 겨우 14세이고, 이름은 도신道信이라 했다. 조사에게 와서 절을 하고 물었다.

"어떤 것이 부처의 마음입니까?

조사가 대답했다.

"그대는 지금 무슨 마음인가?"

대답하여 말했다.

"저는 지금 마음이 없습니다[無心]."

"그대도 마음이 없거늘 부처님께서 무슨 마음이 있겠느냐?"

다시 물었다.

"화상께서 저에게 해탈법문을 가르쳐 주시기를 오직 바랄 뿐입니다."

조사가 대답했다.

"누가 그대를 속박했는가?"

대답하여 말했다.

"아무도 속박한 이가 없습니다."

"아무도 속박한 이가 없다면 그대가 바로 해탈한 사람인데, 어찌하여 다시 더 해탈을 구하는가?"

도신道信이 말끝에 크게 깨닫고, 조사의 곁에 8, 9년 있은 후에 길주吉州에 가서 구족계를 받고 돌아와 다시 조사를 뵈니, 조사가 법을 전해 줄 것을 선언하고 다음의 게송을 말하였다.

꽃과 종자는 땅에 의지하는 것이라 하더라도
땅속의 종자에서 꽃이 핀다.
아무도 씨를 뿌리는 이가 없으면
꽃과 종자 모두 생길 수 없도다.

花種雖因地　從地種花生
若無人下種　花種盡無生

조사가 수隋의 둘째 임금인 양제煬帝의 대업大業 2년 병인丙寅 해에 입적한 뒤 지금의 당 보대保大 10년 임자壬子까지는 340년이 된다. 대명大明의 효황제孝皇帝가 지경智鏡 선사라는 시호를 내렸고, 탑호를 각적覺寂이라 하였다.

정수 선사가 찬탄하였다.

3조 대사여,
법왕의 참 아드님이다.
하시는 말씀은 깊고 그윽하고
마음에는 너와 내가 없다.

三祖大師　法王眞子
語出幽微　心無彼此

혹은 산 속에 거처하고
혹은 도시에서 살았다.
땅으로 인해 꽃이 피니
전단 향기가 바람에 실려 퍼졌다.

或處山林　或居廓市
因地花生　栴檀旖旎

제 31 조. 도신道信 대사

화상은 당唐나라에서 4조가 되며, 성은 사마司馬씨이다. 본시 하내河內에서 살다가 기주蘄州의 광제廣濟에서 성장하였다. 승찬 대사의 법을 이어받은 뒤 뜻밖에 황매黃梅의 길에서 한 어린이를 만났는데, 나이는 일곱 살 정도였고, 말하는 것이 특이하였다.

조사가 물었다.

"네 성이 무엇인가?"

동자가 대답했다.

"성姓은 있으나 예사로운 성이 아닙니다."

조사가 말했다.

"그게 무슨 성이더냐?"

동자가 대답했다.

"불성佛性입니다."

조사가 말했다.

"너는 성이 없단 말이냐?"

동자가 대답했다.

"그 성은 공空하기 때문입니다."

이에 조사가 좌우의 사람들에게 말했다.

"이 아이가 예사롭지 않으니, 내가 멸도한 지 20년 뒤에 크게 불사를 이루리라."

동자가 물었다.

"여러 성인들은 무엇에서 증득합니까?"

조사가 대답했다.

"텅 비고도 텅 비었느니라."

"그러면 성이랄 것이 없겠습니다."

조사가 말했다.

"여전히 사람의 티가 남았구나."

조사가 이어 법을 전해 주고, 다음의 게송을 주었다.

꽃의 종자는 나는 성품이 있으니
땅으로 인해 꽃의 성품이 나거니와
큰 연이 이 성품에 계합하면
나되 난다는 생각이 없다.
花種有生性　因地花性生
大緣與性合　當生不生生

조사가 법을 다 전한 때가 고종高宗 영휘永徽 2년 경술庚戌의 윤 9월 4일이었는데, 조용히 열반에 드니, 세수 72세였다. 장사 지낸 지 3년 되는 해 4월 8일에 탑문이 까닭 없이 저절로 열렸는데, 용모 단정함이 생존 시와 조금도 다름없었다. 이로부터 문인들이 다시는 탑을 닫지 않았다.

대력大歷 연간에 이르러 대종代宗이 대의大醫 선사라 시호를 내렸고, 탑호를 자운慈雲이라 하였다. 중서령中書令[14]이자 태자 빈객인 양양공襄陽公 두정륜杜正倫이 비문을 지었다.

정수 선사가 찬탄하였다.

4조는 14세에

14 당唐·송宋 시대의 기무機務·조서詔書·민정民政을 맡은 중앙 관청인 중서성中書省의 장관.

스승에 의해 해탈을 얻었다.
세간에 있으면서 도와 함께하니
자비를 일으킴 넓고 깊었다.

四祖十四　因師解脫
處世道流　興慈量闊

영화와 쇠퇴가 영원히 끊겼고
시작과 마지막이 아득히 사라졌다.
열매는 적고 꽃이 많은 세상에서
홍인이 그의 의발을 전해 받았다.

永絶彫榮　逈祛始末
菓少花多　忍傳衣鉢

제 32 조. 홍인弘忍 화상

화상은 당나라에서 5조이며, 성은 주周씨이고, 본시 여남汝南에서 살다가 남쪽인 기주蘄州 황매黃梅에 옮겨 살았다. 태어난 지 7년째에 출가하여 도신道信 대사를 섬겼다.

어려서부터 총명하여 두 번 묻는 법이 없었다. 어머니가 그를 임신했을 때 빛이 나서 하늘을 관통했고, 항상 이상한 향냄새를 맡고는 몸이 편안해짐을 느꼈다. 이윽고 태어나니, 그 형색이 단엄端嚴하여 관상쟁이가 보고 말하였다.

"이 아이는 일곱 가지 대인大人의 상相이 부족하여 부처님보다는 못합니다."

그때 노盧 행자行者라는 이가 있었는데, 나이 32세에 영남嶺南으로부터 와서 조사를 친견하였다.

조사가 물었다.

"그대는 어디서 왔으며, 무슨 일로 왔는가?"

노 행자가 대답했다.

"신주新州에서 왔는데 부처되기를 바랍니다."

조사가 말했다.

"그대는 영남 사람이라 불성이 없느니라."

노 행자가 말했다.

"사람에게는 남북이 있으나 불성에는 남북이 없습니다."

조사가 말했다.

"그대는 무슨 공덕을 짓겠는가?"

행자가 대답했다.

"힘껏 돌을 지고 방아를 찧어 스승과 스님들께 공양할까 합니다."

조사가 바로 허락하니, 하룻밤 하루 낮에 쌀 열두 섬을 찧으면서 한결같이 시봉하여 8개월이 지나자, 행자가 다시 물었다.

"어떤 것이 대도大道의 근원입니까?"

조사가 대답했다.

"그대는 속인이거늘 나에게 그것을 물어 무엇 하려 하는가?"

대답하여 말하였다.

"세속제〔世諦〕에는 승속僧俗이 있으나, 도道에 어찌 승속이 있겠습니까?"

조사가 말했다.

"그대가 만일 그렇게 안다면 절대 남에게서 찾으려 하지 마라."

다시 말하였다.

"그렇다면 밖에서 얻을 것이 아닙니다."

조사가 대답했다.

"안에서 찾는다 해도 옳지 못하느니라."

조사가 입멸하기 직전에 대중에게 고했다.

"바른 법은 듣기 어렵고, 거룩한 모임은 만나기 어려운데 여러 분들이 그렇게 오랫동안 내 곁에 있었으니, 만약 깨친 바가 있거든 말해 보라. 나의 말만 기억하지 말라. 내가 증명해 주리라."

그때 대중 가운데 신수神秀라는 제자가 있었는데, 조사가 누차 훈고訓告하는 말을 듣고 곧 붓을 들어 벽에다 다음과 같은 게송을 썼다.

> 몸은 보리수菩提樹요
> 마음은 밝은 거울틀이다.
> 때때로 부지런히 털고 닦아
> 먼지가 끼지 않게 하라.
> 身是菩提樹　　心如明鏡臺
> 時時懃拂拭　　莫使有塵埃

조사가 이 게송을 보고 이내 대중에게 말했다.

"여러분이 만일 이 게송에 의지해 수행하면 해탈을 얻게 되리라."

뭇 대중이 모두 이 게송을 외웠는데, 한 동자가 방앗간 곁에서 외우자, 행자가 물었다.

"무엇을 외우시오?"

동자가 대답했다.

“행자님은 모르시는가요? 제1 상좌께서 게송을 지으셔서 조사께 바쳤는데, 조사께서 말씀하시기를 ‘만일 이 게송에 의지해 수행하면 해탈을 얻게 되리라’ 하셨습니다.”

행자가 말했다.

“동자여, 나는 문자를 알지 못하니, 그대는 나에게 한 번 더 외워 주시오. 나도 듣고서 부처님의 회상에 태어나고 싶습니다.”

이때 강주江州 별가別駕인 장일용張日用이란 이가 회중會中에 있었는데, 행자를 위하여 높은 소리로 게송을 외우니, 행자는 곧 장일용에게 청했다.

“나를 대신해서 게송 하나를 받아 써 주시오. 나에게도 졸작이 하나 있습니다.”

이에 장일용이 그를 위해 게송을 써 주니 다음과 같다.

> 몸은 보리수菩提樹가 아니요
> 마음 거울 또한 틀이 아니다.
> 본래 한 물건도 없거늘
> 어디에 먼지가 끼랴.
> 身非菩提樹　心鏡亦非臺
> 本來無一物　何處有塵埃

이때 조사가 다시 가서 보고 지워 버리고는 온 얼굴에 미소를 가득 띠었다. 칭찬은 하지 않았지만 마음속으로는 훌륭함을 인정하였다.

조사는 또 방앗간으로 가서 행자에게 물었다.

“수고하는구나. 행자야, 쌀이 익었느냐?”

행자가 대답했다.

"쌀이 익은 지는 오랩니다만 아직 아무도 까부르지 못했을 뿐입니다."

조사가 말했다.

"3경이 되거든 오거라."

행자가 대답을 하고, 3경이 되자 조사의 처소로 가니, 조사가 그의 이름을 혜능慧能으로 바꾸어 주고, 그날 바로 가사를 전하여 법의 신표信表로 삼게 하니, 마치 석가모니불께서 미륵에게 수기授記를 주시는 것과 같았다.

조사가 게송을 말했다.

유정이 와서 씨를 뿌리니
땅으로 인해 다시 열매가 난다.
무정無情이면 종자가 없고
성품이 없으면 남〔生〕도 없구나.

有情來下種　因地果還生
無情旣無種　無性亦無生

행자는 게송을 듣고 기뻐하면서 가르침을 받아 지니고 행하였다. 조사가 다시 말했다.

"내가 3년 뒤에는 열반에 들 것이다. 그대는 당분간 법을 펴지 말라. 그대에게 손상이 있을 것이다."

행자가 여쭈었다.

"어디로 가야 환난을 피할 수 있겠습니까?"

"회懷를 만나면 멈추고, 회會를 만나면 숨어라."〔회懷는 주州요, 회

會는 현縣이다.]

행자가 다시 물었다.

"이 가사는 계속 전하리까?"

조사가 대답했다.

"후대에는 도를 얻는 이가 항하의 모래 같으리라. 이제 이 신표信表의 옷은 그대에게서 멈추라. 왜냐하면 달마達摩 대사께서 이 옷을 전하신 뜻은 사람들이 믿지 않을까 해서 신표로 삼으신 것이니, 법을 듣는 일이 어찌 옷에 달렸겠는가? 만일 이 옷을 계속 전하면 생명을 해치게 될까 걱정이다. 이 옷을 받은 이는 목숨이 한 낱 실 끝에 매달린 것 같을 것이다. 더구나 달마 대사께서도 말씀하시기를 '한 꽃에 다섯 잎이 펴져 열매가 저절로 맺으리라' 하셨으니, 이는 이 땅에서 그대까지가 다섯 사람이 된다는 것을 인가하신 말씀이다. 또 반야다라般若多羅께서 말씀하시기를 '열매가 가득하니 보리가 원만하고, 꽃이 피니 세계가 일어난다' 하셨으니, 이 두 구절도 역시 지금의 법의法衣가 그대에게 이르러서는 남에게 전하지 말아야 할 것을 인가하신 것이니라."

행자가 분부를 받들고 곧 조사를 하직하니, 조사가 곧장 강가로 가서 조그마한 나룻배에 올라 손수 노를 잡았다. 행자가 말했다.

"제가 노를 잡겠습니다."

조사가 말했다.

"그대는 날 귀찮게 하지 마라. 내가 만일 버티지 못하면 내가 그대에게 부탁하면 되고, 그대가 만일 버티지 못하면 그대가 나에게 부탁하면 된다."

강을 다 건너고서 행자에게 말했다.

"잘 가거라."

행자는 구불구불 이어진 길을 따라 남쪽으로 내려갔는데, 조사는 절로 돌아와 사흘이 지나도록 설법을 전혀 하지 않았다. 나흘째 되는 날 대중이 물었다.

"스승의 법을 누가 전해 받았습니까?"

조사가 대답했다.

"나의 법은 이미 영남嶺南으로 떠났다."

신수神秀가 물었다.

"누가 법을 얻었습니까?"

조사가 대답했다.

"능能이란 자가 얻었다."

대중이 오랫동안 생각에 잠겨 있다가 보니, 행자가 보이지 않은지 며칠이나 되었다.

'아마도 그가 법을 전해 받아 갔을 것이다.'

그때 7백 명 대중이 함께 노 행자의 뒤를 쫓았는데, 대중 가운데 혜명慧明이라는 한 스님이 맨 먼저 대유령大庾嶺까지 쫓아갔다. 가서 보니, 의발은 있는데 행자는 보이지 않았다. 혜명 상좌가 가까이 가서 손으로 의발을 들려 하였으나 의발은 조금도 움직이지 않았다. 그러자 자기의 힘이 부족함을 깨닫고 바로 산으로 들어가서 행자를 찾아다녔는데, 높은 곳에서 멀리 행자가 돌 위에 앉아 있는 것을 보았다.

행자 역시 멀리서 혜명 상좌를 보고, 이내 자기의 의발을 빼앗으러 온 줄을 알고 말했다.

"화상께서 지금 나에게 의발을 주셨는데, 내가 굳이 사양했으나 두세 번 거듭 받으라 하시기에 받지 않을 수 없어서 가지고 오기는 했으나 지금 저 고갯마루에 있으니, 상좌가 원한다면 가져가시오."

혜명 상좌가 말했다.

"의발 때문에 온 것이 아니라 다만 불법을 위해 왔습니다. 행자께서 5조를 하직할 때 5조께서 어떤 밀어密語나 밀의密意가 있으셨는지요? 저에게 말씀해 주십시오."

행자가 상좌의 마음이 간절함을 보고 곧 그에게 말했다.

"생각을 차분하게 하고 사념을 가라앉혀 선도 생각지 말고 악도 생각지 말라. 바로 그렇게 생각이 일어나지 않을 때에 나에게 명 상좌의 본래의 면목을 돌려주시오."

혜명 상좌가 다시 물었다.

"밀어와 밀의가 위에서 말씀하신 그것뿐입니까, 아니면 그 밖에 다른 뜻이 있습니까?"

"내가 이제 그대에게 분명하게 말했으니 비밀이 아니다. 만일 그대가 자기의 면목을 스스로 얻으면 비밀은 도리어 그대에게 있느니라."

상좌가 행자에게 물었다.

"황매黃梅 화상의 회상에 있었던 것은 무엇 때문이었습니까?"

행자가 대답했다.

"화상께서 내가 신수神秀 상좌의 게송에 대답한 것을 보시고서 내가 문 안에 들었음을 아셨고, 그래서 곧 혜능惠能이라 인가하시되 '신수神秀는 문 밖에 있으나 너는 문 안에 들어와 앉아서 옷을 입었다. 후일 스스로 알게 되겠지만 이 의발은 예전부터 반드시 적합한 사람을 만나야 전하는 것이다. 내가 이제 너에게 전하니, 너는 반드시 힘써 노력하되 앞으로 10여 년은 이 교법을 펴지 말라. 난리가 일어날 것이다. 그때가 지난 뒤에 어리석은 사람들을 잘 교화하라' 하셨느니라. 내가 다시 묻기를 '어디로 가야 그 난리를 피하겠습니까?' 하니, 대답하시되 '회懷를 만나면 멈추고, 회會를 만나면 숨어라' 하셨느니라."

혜명이 다시 말했다.

"제가 비록 황매黃梅에서 머리는 깎았으나 실로 종승宗乘의 면목은 얻지 못했었는데, 이제 행자의 가르침을 받아 들어갈 곳을 알았사오니, 마치 사람이 물을 마시매 차가운지 따뜻한지 스스로 아는 것 같습니다. 지금부터는 행자께서 이 혜명의 스승이십니다."

그리고는 곧 도명道明이라 이름을 고치니, 행자가 말했다.

"그대가 그렇듯이 나도 그렇다. 그대와 함께 황매에 있었으니, 다를 것이 없다. 스스로 잘 지키고 간직하라."

도명道明이 말했다.

"행자께서는 속히 영남을 향해 떠나시는 것이 좋겠습니다. 뒤에서 많은 스님들이 행자의 뒤를 쫓아오고 있습니다."

그리고 도명이 다시 물었다.

"저는 어디로 가야 합니까?"

행자가 말했다.

"몽蒙[15]을 만나거든 머물러라〔住〕. 표表[16]를 만나면 끝나리라."

도명이 지극히 공경하는 마음으로 행자를 하직하고, 곧 북쪽으로 길을 돌려 건주虔州에 이르렀다. 그때에 과연 50여 명의 스님들이 행자를 찾아오고 있기에 도명이 보고 그들에게 말했다.

"대유령大庾嶺 마루, 회화진懷化鎭에서 5~6일 동안 기다렸으나 아무런 소식이 없었고, 또 여러 성문들과 나루터에서 북쪽을 향해 행

15 지명地名으로, 몽산蒙山을 가리킨다.

16 지명으로, 표주表州를 가리킨다.

자의 행방을 찾았으나 모두들 '그런 사람을 보지 못했다' 합니다."

모든 사람들이 되돌아갔고, 도명은 혼자서 여산廬山의 포수대布水臺로 갔다. 3년 뒤에 다시 몽산蒙山으로 가서 수행하는데, 무릇 납자가 찾아오면 모두를 영남의 6조에게 보냈다. 지금도 몽산에는 영탑靈塔이 남아 있다.

조사가 법을 전한 뒤 고종高宗 24년 임신壬申 2월 16일에 입적하니, 춘추春秋 74세요, 대종代宗이 대만大滿 선사라 시호하고, 탑은 법우法雨라 하였다. 상원上元의 임신壬申에 입적한 뒤로 지금의 당 보대保大 10년 임자壬子까지는 280년이 된다.

정수 선사가 찬탄하였다.

5조는 7세 때부터
언어 이전의 소식을 깨쳤네.
돌 소가 안개를 토하고
나무 말이 연기를 머금는다.

五祖七歲　洞達言前
石牛吐霧　木馬含煙

몸과 마음, 언제나 고요하고
이理와 사事가 모두 현묘하다.
정情도 없고 종자種子도 없으니
천년 만년 영원하도다.

身心恒寂　理事俱玄
無情無種　千年萬年

제 33 조. 혜능惠能 화상

화상은 당나라에서의 제6조이며, 속성은 노盧씨요, 신주新州 사람이다. 아버지의 이름은 행도行瑫로서, 본적〔貫鄕〕은 범양氾陽이었으나 나중에 신주新州로 옮겨 왔다. 아버지가 일찍 돌아가셔서 편모슬하에서 고생하며 가난하게 살았고, 혜능惠能은 저자에서 나무를 팔아 살림을 꾸려 나갔다.

어느 날 나무를 팔고 있는데, 성은 안安씨요, 이름은 도성道誠이라는 손님이 우연히 찾아와서 혜능에게 나무를 사려 했는데, 그 값이 넉넉해서 나무를 팔고 그의 가게까지 배달해 주었더니, 도성이 나무 값을 주었다. 혜능이 나무 값을 받아 가지고 막 문을 나서려는데, 문득 도성이 외우는 『금강경金剛經』 소리를 듣고 바로 마음이 활짝 열려 깨달았다.

이에 혜능이 물었다.

"나리, 이게 무슨 경입니까?"

도성이 대답했다.

"이는 『금강경』이다."

"어디에서 그 경전을 얻어 읽으셨습니까?"

"나는 기주蘄州의 황매현黃梅縣 동쪽에 있는 풍모산馮母山에 가서 제5조 홍인弘忍 대사께 예배하고 왔는데, 아직도 그 산에서 설법하고 계신다. 문인들이 천 명이 넘는데 내가 거기서 들으니, 대사께서 승속僧俗에게 권하시기를 이 경을 받아 지니면 곧장 견성見性을 하고 성불하리라 하셨다."

혜능이 이 말을 들으니, 숙업宿業의 인연이 깊었는지 도성이 혜능에게 황매산에 가서 5조에게 예배하라고 권했다. 그러자 혜능이 대답했다.

"늙으신 어머니가 계시는데 집이 가난하여 보양할 길이 없으니, 어떻게 노모를 버리겠습니까? 더구나 아무도 도와줄 이가 없습니다."

도성이 은전 백 냥을 주어 어머니의 의식衣食에 쓰게 하면서 혜능에게 빨리 5조에게 가서 예배하라 하였다.

혜능이 그 돈을 받아 노모의 시중에 쓰도록 안배해서 부탁을 하고는 곧 어머니에게 하직하고 한 달이 안 되어서 황매현 동쪽의 풍모산에 이르러 5조에게 예배하니, 5조가 물었다.

"그대는 어디에서 무엇을 구하러 왔는가?"

혜능이 대답했다.

"저는 신주에서 부처가 되기 위해 왔습니다."

조사가 말했다.

"그대 같은 영남 사람에게 불성佛性은 없다."

혜능이 대답했다.

"사람에게는 남북이 있지만 불성에는 남북이 없습니다."

조사가 말했다.

"신주는 사냥하는 오랑캐 땅인데 어찌 불성이 있겠는가?"

혜능이 대답했다.

"여래장如來藏의 성품은 개미에게까지 두루 미치거늘 어찌 오랑캐에게만 없다 하겠습니까?"

조사가 말했다.

"너에게 이미 불성이 있다면 어찌 나의 뜻을 구하는 게냐?"

그리고는 그의 말을 기특하게 여겨 다시는 묻지 않았다. 이 일로부터 심인心印을 얻어 의발과 법을 받고는 스승[慈容][17]의 곁을 떠나 사회四會와 회집懷集[18] 사이에 4년간 숨어 살았다.

의봉儀鳳 원년 정월 8일에 이르러 조사는 남해현南海縣의 제지사制旨寺에서 인종印宗을 만났는데, 인종이 절에서 나와 영접해서 절로 모시고 들어가 자리에 앉혔다.

인종은 원래 경론을 강講하는 강사였다. 어느 날 마침 경을 강론하고 있는데, 비바람이 세차게 일어 깃발이 펄럭이니, 법사가 대중에게 물었다.

"바람이 움직이는가, 깃발이 움직이는가?"

어떤 이는 바람이 움직인다 하고, 어떤 이는 깃발이 움직인다 하여 제각기 다투다가 강주講主에게 와서 증명해 주기를 바랐는데, 강주가 매듭을 짓지 못하고 오히려 행자에게 매듭을 지어 주기를 청하자, 행자가 말했다.

"바람이 움직이는 것도 아니요, 깃발이 움직이는 것도 아닙니다."

강주가 다시 물었다.

"그러면 무엇이 움직이는가?"

행자가 대답했다.

"그대들의 마음이 스스로 움직이는 것입니다."

이로부터 인종이 상석을 피해 자리에 앉았다.

정월 15일에 머리를 깎고, 2월 8일 법성사法性寺에서 지광智光에게 부탁하여 비구계를 받으니, 그 계단戒壇은 원래 송 때의 구나발마求那跋摩 삼장이 세운 것인데, 그가 일찍이 말하기를 "후일 육신

17 자용慈容은 스승의 자비스러운 얼굴을 뜻하는 말로 스승을 의미한다.
18 사회四會는 지금의 광서성에 속하는 지명이고, 회집懷集은 광동성廣東省에 속하는 현縣이다.

肉身 보살이 여기서 계를 받을 것이다" 한 곳이다. 양梁나라 말기에 진제眞諦 삼장이 계단 옆에다 보리수菩提樹 한 그루를 심고 말하기를 "120년 후에 육신 보살이 이 나무 밑에서 설법을 하리라" 하였는데, 과연 조사가 이 나무 밑에서 무상승無上乘의 법을 연설하게 되었다.

이듬해 2월 3일에 제지사를 떠나 조계曹溪의 보림사寶林寺로 가서 설법하고 도를 펴서 한량없는 대중을 제도하되, 한맛의 법 비〔法雨〕로써 학도學徒들을 두루 적셔 주었다. 신표信表의 가사는 전하지 않았으나 마음의 구슬을 분명하게 전해 주니, 도를 얻은 이가 항하의 모래 같아서 제방에 두루 가득했고 뭇별처럼 퍼져갔다.

그때 신룡神龍 원년 정월 15일에 측천효화則天孝和 황제가 대사에게 칙명으로 말하였다.

"짐이 성심으로 도를 흠모하고 간절히 선문禪門을 사모하므로 여러 산문의 여러 선사들을 궁중의 도량에 모으니, 수秀와 안安[19] 두 대덕이 좌중에서 으뜸이었소. 짐이 매양 법을 물으면 재차 사양하여 말하기를 '남방에 능能 화상이라는 이가 있는데, 홍인弘忍 대사의 수기授記를 받았고, 달마達摩의 의발을 신표信表로 받았으며, 최상승의 법을 모두 깨달았고, 불성佛性을 분명하게 보았는데, 이제 소주韶州의 조계산曹溪山에서 중생들에게 마음이 곧 부처라는 법을 보여 깨우치고 있습니다' 하였소.

짐이 듣건대 여래께서 마음의 법을 마하가섭에게 전하셨고, 그렇게 다시 이 사람 저 사람에게 전하여 달마에게 이르러 그 가르침이 동토東土에 전해져서 대대로 이어져 지금껏 끊이지 않고 있

19 신수神秀 대사와 혜안慧安 국사를 말한다.

다 하였소. 대사께서 이미 법을 받으셨고, 또 믿음을 상징하는 가사가 있다 하시니, 서울로 오셔서 교화를 베풀어 승속僧俗이 귀의하게 하고, 천상과 인간이 우러러보게 하시오. 그러므로 이제 중사中使인 설간薛簡을 보내어 영접하니, 바라건대 대사께서는 빨리 왕림하여 주시기를 바라오."

조사가 다음과 같이 표를 올렸다.

"사문 혜능은 변방邊方에서 태어나 성장해서 도를 흠모하다가 송구스럽게도 홍인 대사에게 여래의 심인心印과 서천西天의 의발을 전해 받고, 동산東山의 불심을 이었습니다.

이에 또 천은天恩[20]을 엎드려 받자와 중사인 설간을 보내시어 저를 대궐로 들라 하시나 혜능은 오래 산 속에서 살았고, 나이를 먹어 풍질에 걸렸습니다.

폐하께서는 덕으로 만물을 감싸시고, 도道가 온 나라에 미치고 있으며, 창생蒼生을 양육하시고, 백성들을 인자하게 어루만지시니, 은혜가 천하에 가득하시고, 불문〔釋門〕을 흠모하신다 하니, 혜능으로 하여금 산에서 살면서 병을 고치고 도업道業을 닦아 위로 황제 폐하의 은혜와 여러 왕태자의 은혜를 갚도록 용서해 주시기 바라와 삼가 표를 올리나이다. 석혜능釋慧能은 머리를 조아려 아룁니다."

이때 중사 설간이 조사에게 말했다.

"서울에 계신 여러 대덕들은 사람들에게 가르치시기를 좌선坐禪을 해야 비로소 도를 얻는다 합니다."

조사가 대답했다.

"마음에 의해서 도를 깨닫는 것이지 어찌 앉는 데 있겠는가? 그

20 황제의 은덕을 말한다.

러므로 경[21]에서 말하기를 '누군가가 말하되 여래가 온다거나 간다거나 앉는다거나 눕는다 하면, 그 사람은 삿된 도를 행하는 자로서 내가 말한 뜻을 알지 못한 것이다' 하였고, 또 말하기를 '여래라 함은 오는 곳도 없고 가는 곳도 없기 때문에 여래라 하느니라' 하였고, 또 말하기를 '모든 법이 공하므로 여래라 하니, 필경에는 얻을 수 없고 증득할 수도 없다' 하였거늘, 하물며 앉는 것이겠는가?"

설간이 말했다.

"제자가 대궐에 가면 성상께서 반드시 하문하실 터이니, 바라건대 화상께서 마음의 요체要體를 일러 주시어 성상과 서울의 여러 도를 배우는 이들에게 전할 수 있게 해주십시오. 마치 한 등불이 백천 등불을 비추면 어둡던 등불이 모두 밝아져서 밝음과 밝음이 다함이 없는 것 같게 하소서."

조사가 말했다.

"도에는 밝음과 어두움이 없다. 밝음과 어두움이란 서로 갈마드는 것이다. 밝고 밝음이 다함이 없다는 것 또한 다함이 있는 것이니, 상대해서 이루어진 이름이기 때문이다. 그러므로 경에서 말하시기를 '법은 견줄 곳이 없나니, 상대가 없기 때문이다' 하셨느니라."

설간이 다시 말했다.

"밝음은 지혜에 견주고, 어두움은 번뇌에 견줄 수 있으니, 도를 배우는 사람이 지혜로써 생사의 번뇌를 비추지 않으면 어찌 벗어날 수 있겠습니까?"

---

21 『금강반야바라밀경』 참조.

조사가 대답했다.

"번뇌가 곧 보리이니 둘도 아니고 다름도 아니기 때문이다. 지혜로써 번뇌를 비춘다는 것은 2승(乘 : 소승)들의 견해다. 지혜가 있는 이는 애초부터 그리하지 않느니라."

설간이 물었다.

"어떤 것이 대승인의 견해입니까?"

조사가 말했다.

"『열반경涅槃經』에서 말하기를 '밝음과 어두움을 범부는 둘이라 보지만 지혜로운 이는 그 성품이 다르지 않음을 깨닫는다' 하였으니, 다르지 않은 성품이 바로 참된 성품이니, 범부에게 있어서도 줄지 않고, 성인에게 있어서도 늘지 않고, 번뇌에 머물면서도 어지럽지 않고, 선정에 있어서도 고요하지 않다. 단절하지도 않고 항상하지도 않으며, 감도 아니고 옴도 아니요, 중간과 안팎에 있지도 않으며, 나지도 않고 멸하지도 않는다. 성상性相이 항상 머물러 영원히 변하지 않으므로 도라 한다."

설간이 말했다.

"조사께서도 불생불멸不生不滅을 말씀하시는데, 그것이 외도外道가 말하는 불생불멸과 어떻게 다릅니까?"

"외도가 말하는 불생불멸은 생으로써 멸을 멈추려 하니, 멸해도 여전히 멸함이 아니다. 내가 말하는 불생불멸은 본래부터 나지 않아서 이제도 멸하는 것이 아니니, 그러기에 외도와 같지 않다. 중사中使가 마음자리를 깨치고자 하면 일체의 선과 악을 모두 생각하지 않으면 자연히 마음 바탕이 조용해지고 항상 고요하며 묘한 작용이 항하의 모래 같으리라."

이때 설간이 조사의 설법을 듣고 활짝〔豁然〕 깨닫고는 거듭거듭 조사에게 절을 한 뒤에 말했다.

"제자가 오늘에야 비로소 불성佛性은 본래부터 있는 것임을 알았습니다. 지난날에는 퍽이나 멀다고 여겼었습니다. 오늘에야 비로소 지극한 도는 멀지 않으니 행하는 것 바로 그것임을 알았습니다.

오늘에야 비로소 열반은 멀지 않아서 눈에 띄는 것이 모두가 보리임을 알았습니다. 오늘에야 비로소 불성은 선과 악을 생각지 않으며, 생각도 없고 분별도 없고, 짓지도 않고 만들지도 않으며, 머물지도 않고 함도 없는 것임을 알았습니다. 오늘에야 비로소 불성은 항상하여 변치 않고, 모든 경계에 끄달리지 않는 것임을 알았습니다."

중사가 조사에게 예를 다해 하직하고 표를 가지고 서울로 가니, 신룡神龍 원년 5월 8일이었다. 나중에 9월 3일에 이르러 회답으로 조서가 내려졌다.

"대사께서 늙음과 병을 핑계로 짐을 위해 도를 닦겠다 하니, 나라의 복전福田이로다. 대사는 마치 정명淨名[22]이 병을 핑계하여 금속金粟[23]여래의 후신으로서 거룩한 가르침을 펴고, 모든 부처님들의 마음을 전하여 불이법不二法을 말하되, 비야리〔毘耶〕에서 입을 다무니, 성문은 꾸지람을 듣고 보살은 하직하고 물러난 것과 같소이다. 대사께서도 그러하셔서 설간이 대사의 가르침을 전해 줌으로써 여래의 지견知見을 받들게 되어 온갖 선과 악을 모두 생각지 않으면 자연히 마음의 본체에 들어 적적하고 항상 조용하며, 묘한 작용이 항하의 모래 같음을 알게 하셨소이다.

---

22 유마 거사.

23 유마 거사가 과거세에 이미 성불하여 금속여래라는 부처님이었다고 한다. 『벽암록』 4권 참조.

짐이 전세에 선善을 쌓아 경사가 있음이던가, 숙세에 복된 인연을 심은 공덕인가. 대사께서 세상에 나심을 만나 최상의 불심을 활짝 깨치게 되니, 짐은 첫째로 대사의 은혜에 감사하여 받들어 수행해서 영원히 쇠퇴하는 일이 없게 하리라. 삼가 마납磨納 가사 한 벌과 금 발우 한 벌로써 대사께 공양하오."

그 뒤에 사액寺額을 중흥사重興寺라 칙명으로 하사하고, 또 신주新州의 옛 집을 국은사國恩寺로 다시 짓게 하였다.

조사가 매양 여러 선지식들에게 말했다.

"여러분의 자심自心이 부처이니, 더 이상 의심치 말라. 밖에서는 한 물건도 따로 세워질 수 있는 것이 없다. 근본 마음에서 만 가지 모든 법이 생기는 것이기 때문이다. 그러므로 경에서 말하기를 '마음이 일어나면 갖가지 법이 생겨나고, 마음이 멸하면 갖가지 법이 멸한다' 하였다. 그대들은 모름지기 일상삼매一相三昧와 일행삼매一行三昧를 알아야 한다. 일상삼매라 함은, 모든 곳에서 형상에 머무르지 않고, 그 형상에 대하여 미움도 사랑도 없으며, 취하지도 버리지도 않으며, 이익을 생각지도 않고 흩어져 없어짐을 생각지도 않고, 저절로 안락한 것이다. 그러므로 일상삼매라 한다.

일행삼매라 함은, 모든 곳에 다니고 멈추고 앉고 눕는 것 모두가 하나의 직심直心이고, 바로 그대로가 도량道場이며, 그대로가 정토淨土인 것이다. 이것을 일행삼매라 한다.

마치 땅의 종자가 모든 것을 함장含藏하는 것과 같이 마음의 삼매도 그러하다. 내가 설법하는 것은 마치 비를 내리는 것 같고, 그대들에게 불성佛性이 있는 것은 땅 속에 씨앗이 있는 것 같으니, 만일 법 비〔法雨〕를 만나면 제각기 자랄 것이다.

나의 말을 믿는 이는 반드시 보리를 이룰 것이요, 나를 의지해서 수행하는 이는 반드시 거룩한 과위를 얻을 것이다. 내가 이제 이 의발을 전하지 않으려는 것은 대중이 믿어 마음에 의혹이 없어졌기 때문이다. 마음의 요법을 두루 전하나니, 제각기 힘에 따라 교화를 펴라.

옛날에 나의 스승께서 말씀하시기를 '나의 뒤로부터는 이 가사를 받은 이는 생명이 위태로우리라' 하셨으니, 나는 도로써 교화할지언정 그대들에게 손상이 되는 일은 않겠다. 그대들은 내 법을 받았으니 나의 게송을 들어라."

> 심지心地에 모든 종자를 머금었다가
> 단비에 모두 싹이 돋는다.
> 꽃의 마음을 갑자기 깨닫고 나면
> 보리의 열매는 자연히 맺으리.
> 心地含諸種　　普雨悉皆生
> 頓悟花情已　　菩提果自成

조사는 게송을 읊고 대중들에게 말했다.

"그 성품은 둘이 없고 그 마음도 그렇다. 그 도는 청정하고 여러 형상 또한 없다. 그대들은 그 마음이 깨끗하다거나 텅 비었다고 보지 말라. 이 마음은 본래 깨끗하지만 또한 잡을 수는 없다. 그대들은 제각기 노력하되 인연을 따라 잘들 가거라."

어떤 사람이 물었다.

"황매黃梅의 뜻을 누가 얻었습니까?"

조사가 대답했다.

"불법을 아는 이가 얻었느니라."

스님이 말했다.

"화상께서는 얻으셨습니까?"

조사가 대답했다.

"나는 얻지 않았다."

"화상께서는 어째서 얻지 않으십니까?"

조사가 말했다.

"나는 불법을 알지 못하느니라."

법운法雲 대사가 이 이야기를 듣고 용화龍花 선사에게 물었다.

"불법에 무슨 허물이 있기에 조사께서 알려고 하지 않으시는가?"

용화가 되물었다.

"위로 향하는 사람[向上人]의 몫으로 무슨 일을 해야 마땅하겠습니까?"

다시 물었다.

"위로 향하는 사람의 일이란 어떤 것인가?"

용화 선사가 대답했다.

"하늘이 등을 돌리고 땅이 뒤집히는 것입니다."

오히려 용화가 법운 대사에게 되물었더니, 법운이 대답했다.

"눈에 낀 백태 하나 없애지 못하면서 아무 데나 나서는구나."

용화가 다시 물었다.

"백태를 없앤 사람은 위로 향하는 사람이라 할 수 있습니까?"

법운 대사가 말했다.

"옆으로 자건 바로 자건 무슨 관계가 있겠는가?"

조사가 어떤 스님을 보자 불자拂子를 들어 세우고 말했다.

"아직도 보이는가?"

스님이 대답했다.

"보입니다."

조사가 뒤로 던지고 말했다.

"보이는가?"

대답하였다.

"보입니다."

조사가 말했다.

"몸 앞에서 보이는가, 몸 뒤에서 보이는가?"

대답하였다.

"볼 때에는 앞뒤를 말하지 않습니다."

이에 조사가 말했다.

"그렇다, 그렇다. 이것이 묘공삼매妙空三昧니라."

어떤 사람이 이 이야기를 들어 초경招慶에게 물었다.

"조계曹溪가 불자를 들어 세운 뜻이 무엇입니까?"

초경이 대답했다.

"누군가가 그대에게 갑자기 표주박 자루를 돌린다면 그대는 어찌하겠는가?"

그 스님이 귀를 가리고 "화상이시여" 하니, 초경이 곧바로 그를 때렸다.

그때 조사가 세상에 머물면서 설법한 지 40년 선천先天 원년 7월 6일에 갑자기 제자들에게 분부하여 신주新州의 옛집에 탑을 하나 세우게 하더니, 2년 7월 1일에 문인들에게 하직을 고하였다.

"나는 가야겠다. 신주로 돌아갈 것이다."

대중들이 승속僧俗을 막론하고 슬피 울면서 조사를 만류했으나, 조사가 받아들이지 않고 말했다.

"모든 부처님들도 세상에 나오셨다가 열반에 드시는 각자의 숙명을 어기지 않으셨다. 하물며 나는 아직 변역생사變易生死도 불가능하니, 분단생사分段生死[24]의 과보가 이르는 것은 필연적인 일, 당연히 있을 곳이 있을 따름이다."

문인들이 물었다.

"스님께서 신주로 돌아가시면 언제 돌아오시겠습니까?"

조사가 대답했다.

"잎은 떨어져 뿌리로 돌아가니, 돌아올 때에는 말이 없느니라."

다시 물었다.

"법은 누구에게 전하십니까?"

조사가 말했다.

"도가 있는 이가 얻고, 마음이 없는 이가 얻느니라."

그리고 또 말했다.

"내가 열반에 든 지 70년쯤 뒤에 두 보살이 동쪽으로부터 올 터이다. 하나는 재가在家 보살로서 함께 세상에 나타나 교화를 펴다가 나의 가람伽藍을 중수重修하고 나의 종지宗旨를 다시 세우리라."

이 말을 마치고 바로 신주의 국은사國恩寺로 가서 공양을 들고 가사를 입자, 곧 이상한 향기가 방 안에 가득하고 흰 무지개가 땅에 퍼지더니, 갑자기 천화遷化하였다.

때는 8월 3일, 춘추는 76세이니, 선천先天 2년이었다. 달마達摩대사가 전한 가사 한 벌은 7조條의 굴순포屈眴布로서 푸르고 검은 빛이었고, 푸른 비단으로 안을 받친 것이었으며, 또 발우 한 벌이

24 변역생사란 삼계三界에 생사하는 몸을 여읜 뒤로 성불하기까지의 성자聖者가 받는 삼계 밖의 생사를 가리키는 말이고, 분단생사란 6도道로 윤회하는 범부들의 생사, 즉 한정된 수명과 신체를 받아 윤회하는 것을 가리키는 말이다.

있었다.

중종中宗이 대감大鑑 선사라 시호를 내렸고, 탑호塔號를 원화영조元和靈照라 하였다. 계축癸丑에 천화한 뒤로 지금의 당 보대保大 10년 임자壬子까지는 239년이다.

정수 선사가 찬탄하였다.

조사가 황매산에 가서
바른 뜻을 받아 남으로 왔다.
깃발이 흔들리는 이치로 인해
법의 우레를 크게 떨쳤다.

師造黃梅　得旨南來
奚因幡義　大震法雷

도명道明은 만났지만
신수神秀는 한 걸음 늦게 돌아왔다.
의발은 전하지 않았지만
천하에는 꽃이 만발했다.

道明遭遇　神秀遲廻
衣雖不付　天下花開

조당집 제 3 권

우두牛頭 화상

4조祖의 법을 이었다. 휘諱는 법융法融이요, 윤주潤州의 연릉延陵 사람이며, 성은 문文씨이다.

4조祖가 쌍봉산雙峯山에 있을 적에 대중에게 말했다.

"내가 이 산에 오기 전 무덕武德 7년 가을에 여산廬山 꼭대기에서 동북쪽으로 바라보니, 기주蘄州의 쌍봉산 봉우리에 자줏빛 구름이 마치 일산같이 서리었고, 그 밑에는 흰 기운 여섯 가닥이 가로 퍼져 있었다."

이때 4조가 5조祖에게 물었다.

"그대는 저 상서祥瑞를 알겠는가?"

5조가 대답했다.

"스님 문하에서 옆으로 한 가닥의 불법이 나타날 징조가 아니겠습니까?"

4조가 말했다.

"그대는 내 뜻을 잘 알았다. 잘 있어라. 나는 강동江東으로 가리라."

바로 떠나 우두산牛頭山 유서사幽棲寺[1]에 이르니, 스님이 수백 명 앉았는데 아무도 도기道氣가 있어 보이지 않았다. 그러므로 어떤 스님을 보고 물었다.

"대중이 모두 몇이나 되는가? 그리고 그 가운데는 도인이 있는가?"

스님이 대답했다.

"스님은 사람을 너무나 얕보시는군요. 출가한 사람이라면 어느 누가 도인이 아니겠습니까?"

4조가 물었다.

"그러면 누가 도인인가?"

스님이 대답이 없더니, 이어 말했다.

"산꼭대기에 나융懶融이라는 이가 있는데, 몸에는 베옷 한 벌만 걸쳤으며, 스님을 보아도 합장도 할 줄 모르는 특이한 사람이니, 선사께서 가 보십시오."

4조가 암자 앞으로 가서 왔다갔다하면서 말했다.

"선남자善男子야, 심심삼매甚深三昧에만 들어 있지 말라."

이에 나융이 눈을 뜨니, 4조가 물었다.

"그대의 배움은 구함이 있어서인가, 구함이 없어서인가?"

나융이 대답했다.

"저는 『법화경』에서 '열어 보이고 깨달아 들게 한다'고 한 말에

---

1 강소성江蘇省 강릉현江陵縣 남쪽에 있는 조당산祖堂山에 있다. 유송劉宋 대명大明 연간에 세웠다.

의해 도를 닦습니다."

4조가 말했다.

"연다 함은 누구를 연다는 것이며, 깨닫는다 함은 무엇을 깨닫는다는 말인가?"

나융이 대답이 없으니, 4조가 말했다.

"서천西天에서는 28조사께서 부처님의 심인〔佛心印〕을 전하셨고, 달마達摩 대사께서는 이 땅에 오셔서 서로 전하여 4조에 이르렀는데, 그대는 모르는가?"

나융이 언뜻 이 말을 듣고 이내 말했다.

"저는 항상 쌍봉산을 바라보고 정례하면서 직접 가서 뵙지 못한 것을 한탄하고 있는 중입니다."

4조가 말했다.

"4조를 알고자 하느냐? 바로 내가 4조니라."

나융이 벌떡 일어나 발에 머리를 대며 절하고 말했다.

"스님께서 무슨 인연으로 여기까지 왕림하셨습니까?"

4조가 말했다.

"특별히 방문차 왔노라."

그리고는 다시 물었다.

"여기 말고 다른 거처가 따로 있는가?"

나융이 손으로 암자 뒤를 가리키면서 말했다.

"다른 암자가 더 있습니다."

그리고는 조사를 인도해서 암자 앞으로 가니, 범과 이리가 암자 앞뒤로 둘러 있었고, 사슴 떼가 사방에 뛰고 있었다.

4조가 드 손으로 두려운 시늉을 하면서 "으악" 했더니, 나융이 말했다.

"스님에게는 아직 그런 것이 남아 있습니까?"

조사가 물었다.

"아까 무엇을 보았는가?"

나융이 이 말씀에 의해 현묘한 이치를 깨달았으나 대답은 없었다. 그래서 조사가 다음과 같은 설법을 해주었다.

"무릇 백천 가지 묘한 법문은 모두가 마음으로 돌아가고, 항하의 모래같이 수많은 묘한 공덕은 모두가 마음자리에 있다. 일체 선정과 온갖 지혜가 모두 본래부터 구족하고 신통과 묘한 작용이 모두 그대의 마음에 있다. 번뇌와 업장이 본래부터 비었고, 온갖 과보가 본래부터 갖추어 있다. 벗어날 삼계도 없고 구할 보리菩提도 없으며, 사람과 사람이 아닌 것〔非人〕의 성품은 같은 것이다.

대도大道는 비고 넓어서 생각과 분별이 끊겼나니, 이러한 법을 그대가 이제 이미 얻어서 더는 모자람이 없으므로, 부처와 다름이 없고, 더 이상 성불할 다른 법 따위는 없다. 그대는 다만 마음이 이끄는 대로 자재하되 관행觀行도 짓지 말고, 마음을 모으지도 말고, 탐貪·진瞋·치癡를 일으키지도 말고, 근심을 품지도 말라.

완전히 텅 비어 걸림이 없고 뜻에 맡겨 자재하니, 온갖 선을 지으려 하지도 말고, 온갖 악을 지으려 하지도 말라. 다니고, 서고, 앉고, 누울 때와 눈에 띄고 만나는 인연이 모두가 부처의 묘한 작용이어서 즐겁고 근심 없는 까닭에 부처라 하느니라."

나융이 물었다.

"마음에 이미 모두가 구족하다면 어떤 것이 마음이며, 어떤 것이 부처입니까?"

4조가 대답했다.

"마음이 아니면 마음을 묻지 못할 것이요, 마음을 물으면 마음이 아닌 것이 아니니라."

또 물었다.

"관행을 허락하지 않으셨으니, 경계가 일어날 때에는 어떻게 대치對治하리까?"

조사가 말했다.

"경계의 반연에는 좋고 나쁜 것이 없다. 좋고 나쁨은 마음에서 일어난다. 마음에 굳이 이름 짓지 않으면 망정妄情이 어디서 일어나랴? 망심妄心이 일어나지 않으면 참마음이 마음껏 두루 알아서 마음을 따라 자유자재할 것이요, 더 이상 처음도 끝도 없으므로 상주법신常住法身은 아무런 변역變易도 없다 하느니라.

내가 나의 스승 승찬僧璨 화상에게서 이 돈오법문頓悟法門을 받았는데 이제 그대에게 전하나니, 그대는 잘 받아 지녀서 나의 도를 실현시켜라. 이 산에서 살기만 하면 뒷날엔 다섯 사람이 그대의 뒤를 이어 끊이지 않게 되리니, 잘 간직하라. 나는 떠나리라."

이 말씀에 선사(나융)는 옥의 티 같은 번뇌가 갑자기 몽땅 없어지고, 모든 상이 영원히 없어지니, 이로부터는 신령스런 귀신이 공양을 가지고 오지 않았다. 이것으로써 살피건대 여래의 비밀한 뜻이 어찌 닦아 증득함으로써 능히 조사의 뒤를 이어 나란히 하겠으며, 현묘한 문에 어찌 고요함만으로 나아갈 수 있겠는가? 말을 여의고 이치에 계합하여 현요玄要에 집중한다는 것도 하늘과 땅〔雲泥〕[2]의 차이고, 고요한 생각으로 근원으로 돌아가 선추禪樞를 바람도 초楚와 월越과 같이 멀기만 하다.

나융이 다시 여쭈었다.

2 운雲은 하늘, 니泥는 땅이다.

"무릇 성인은 어떤 법을 끊었으며, 어떤 법을 얻었기에 성인이라 불립니까?"

조사가 대답했다.

"한 법도 끊지 않고 한 법도 얻지 않나니, 이것을 성인이라 하느니라."

다시 여쭈었다.

"끊지도 않고 얻지도 않으면 범부와 무엇이 다릅니까?"

"다름이 있느니라. 왜냐하면 범부는 모두가 끊어야 할 허망한 계교(妄計)가 있다고 여기고, 얻어야 할 참마음이 있다고 여기지만, 성인은 본래 끊을 것도 없고, 또 얻을 것도 없다고 여기니, 그러므로 다르니라."

또 여쭈었다.

"어째서 범부는 얻을 것이 있다 하고, 성인은 얻을 것이 없다 하십니까? 얻음과 얻지 않음에 어떠한 차별이 있습니까?"

"차이가 있느니라. 무슨 까닭인가? 범부는 얻을 것이 있으니 허망함이 있고, 성인은 얻을 것이 없으니 허망함이 없다. 허망함이 있으면 차별이 있고, 허망함이 없으면 차별이 없느니라."

다시 여쭈었다.

"차별이 없다면 성인이란 이름이 어찌하여 생겼습니까?"

조사가 말했다.

"범부와 성인 둘 모두가 거짓 이름이다. 거짓 이름에 둘이 없다면 차별이 없는 것이니라. 마치 거북의 털이나 토끼의 뿔이라 하는 것과 같으니라."

또 여쭈었다.

"성인이 거북의 털이나 토끼의 뿔 같다면 마땅히 없는 것이리니,

사람들로 하여금 무엇을 배우게 합니까?"

조사가 말했다.

"내가 말한 것은 거북의 털이지 거북까지 없다고 한 것은 아닌데, 그대는 어째서 이런 질문을 하는가?"

나융이 다시 말하였다.

"그렇다면 거북은 무엇에 견주었고, 털은 무엇에 견주었습니까?"

조사가 말했다.

"거북은 도에 견주었고, 털은 나[我]에 견주었느니라. 그러므로 성인은 나가 없고 도만 있으며, 범부는 도는 없고 나만 있다. 나에 집착하는 자는 마치 거북의 털이나 토끼의 뿔과 같으니라."

이어 지엄智嚴[3]에게 법을 전하니, 현경現慶 원년元年이었다. 사공司空[4]인 소무선蕭無善이 건초사建初寺[5]로 나오시기를 청했는데, 조사가 사양하다가 못하여 대중에게 말했다.

"지금 떠나면 다시는 이 땅을 밟지 못할 것이니라."

산문을 지나자마자 짐승들이 슬피 울며 한 달이 지나도록 멈추지 않았고, 산골의 못, 개울, 우물에는 자갈과 모래가 솟아서 일시에 메워졌고, 뜰 앞의 오동나무 네 그루가 5월에 번성하더니 하루 아침에 모두 말랐다.

조사가 현경 2년 정사丁巳 윤 정월 23일에 건초사에서 입적하니, 춘추는 64세요, 법랍은 41세였다. 27일에 장례를 지냈다. 탑은 금릉金陵 뒤 호수의 계롱산溪籠山에 있으니, 곧 기사산耆闍山이

3 원문에는 지엄智嚴으로 되어 있으나 지암智巖이 옳다.

4 민사民事를 맡아 보는 벼슬이다.

5 강남江南에서 가장 먼저 세운 절이다. 건업성建鄴城 밖 취보산聚寶山에 있다.

다.

이로부터 우두종의 여섯 가지가 생겼으니, 첫째는 융融 선사요, 둘째는 지암智巖이요, 셋째는 혜방慧方이요, 넷째는 법지法持요, 다섯째는 지위智威요, 여섯째는 혜충惠忠이다.

학림鶴林 화상

우두牛頭 지위智威 선사의 법을 이었다. 선사의 휘諱는 마소馬素인데, 행장行狀을 보지 못해 그 생애의 내용과 시종을 자세히 알 수가 없다. 다만 시호[謚]는 대율大律 선사요, 탑호塔號는 보항寶航인 것만 전한다.

어떤 이가 물었다.

"어떤 것이 서쪽에서 오신 뜻입니까?"

선사가 대답했다.

"아는 것이 곧 모르는 것이요, 의심하는 것이 곧 의심하지 않는 것이니라."

이어 선사가 말했다.

"알지 못하고 의심하지 않는 것이 의심하지 않고 알지 못하는 것이다."

어떤 스님이 와서 문을 두드리니, 선사가 물었다.

"누구냐?"

대답하였다.

"중입니다."

선사가 말했다.
"중뿐이 아니라 부처가 왔더라도 만날 일이 없다."
"어째서 부처님이 오셔도 만나지 않습니까?"
"여기에는 공公이 머물 곳이 없기 때문이니라."

선경산先徑山 화상

학림鶴林의 법을 이었다. 선사의 휘諱는 도흠道欽이며, 대력大歷 때에 대종代宗이 서울로 청해 모셔다가 국일國一 선사라 호를 내렸다.

숙종肅宗 황제가 선사에게 예배하러 왔는데, 선사가 황제가 오는 것을 보고 이내 일어나니, 황제가 물었다.

"대사께서는 짐이 오는 것을 보시고 어째서 일어나십니까?"

이에 선사가 말했다.

"단월檀越께서는 어찌하여 네 가지 위의威儀 가운데서 빈도貧道만을 보십니까?"

어떤 이가 물었다.
"어떤 것이 조사께서 서쪽에서 오신 뜻입니까?"
선사가 대답했다.
"그대의 물음이 온당하지 못하니라."
"어찌하여야 온당하겠습니까?"
"내가 죽은 뒤에야 그대에게 말하리라."

강서江西의 마 대사가 서당西堂으로 하여금 선사에게 묻게 하였다.

“12시 가운데 무엇으로 경계를 삼습니까?”

선사가 다음과 같이 대답했다.

“그대가 먼저 돌아가면 편지로써 대사께 올리겠다.”

서당이 말했다.

“지금 당장 돌아가겠습니다.”

선사가 말했다.

“대사께 ‘조계曹溪에게 물어야 되겠다’고 말씀드려라.”

조과鳥窠 화상

경산徑山 국일國一 선사의 법을 이었고, 항주杭州에 있었다는 것 이외에는 행장을 보지 못해 그의 생애와 시종을 알 수 없다.

어느 날 시자侍者가 하직을 고하니, 선사가 물었다.

“너는 어디로 가려느냐?”

시자가 대답했다.

“제방으로 불법을 배우러 갑니다.”

선사가 말했다.

“그래? 불법이라면 나에게도 조금은 있느니라.”

시자가 이어서 물었다.

“어떤 것이 여기의 불법입니까?”

선사가 한 토막의 베올을 뽑아서 시자에게 보이니, 곧 깨달았다.

또 백白 사인舍人[6]이 친히 심계心戒를 받았는데, 어느 때 마주 앉았어도 전혀 한마디도 없으매, 사인舍人의 셋째 아우가 이를 보고 시를 지었다.

백두白頭 거사가 선사와 마주 앉으니
바로 그것이 능엄삼매의 때로다.
한 물건도 없지만 온갖 맛 구족한 줄을
항하의 모래 같은 세계에서 몇 사람이나 알고 있을까?
白頭居士對禪師　正是楞嚴三昧時
一物也無百味足　恒沙能有幾人知

백 사인이 물었다.
"하루 12시 동안에 어떻게 수행하여야 도道와 상응相應하리까?"
선사가 대답했다.
"모든 악을 짓지 말고, 모든 선을 받들어 행하라."
사인舍人이 말했다.
"그런 것이야 세 살 먹은 아이라도 알겠습니다."
선사가 말했다.
"세 살 먹은 아이라도 알기는 쉬우나, 백 살 먹은 노인도 행하기는 매우 어려우니라."
사인이 이 말씀에 절을 하고 스승으로 섬기고, 찬讚을 하였다.

모습은 야위고 뼈가 앙상하도록 오래 수행했건만
한 벌의 베옷만으로 도의 뜻에 맞도다.
일찍이 띠집 짓고, 푸른 나무에 기대더니

---

6 백낙천白樂天이 사인舍人 벼슬을 하였으므로 이렇게 불렸다.

천하에는 조과 선사의 이름이 있음을 아노라.

形羸骨瘦久修行　一衲麻衣稱道情
曾結草菴倚碧樹　天涯知有鳥窠名

선사가 백 사인에게 물었다.

"그대는 백씨 댁 자손이 아닌가?"

사인이 대답했다.

"예, 성은 백씨이고, 이름은 거이居易입니다."

"그대 아버지 성이 무엇인고?"

사인이 대답이 없었다.

사인이 서울로 돌아가서 어느 절에 갔다가 스님이 경 읽는 것을 보고 물었다.

"나이가 몇이나 되셨습니까?"

대답하였다.

"85세외다."

또 물었다.

"경을 외운 지는 몇 해나 됩니까?"

"60년쯤 됩니다."

이에 사인이 혼잣말처럼 말했다.

"매우 이상하다, 매우 이상하다. 아무리 그렇지만 출가한 이에게는 으레 본분의 일[本分事]이 있을 터인데, 어떤 것이 화상和尙의 본분입니까?"

스님이 대답이 없거늘 이로 인해 사인이 시를 읊었다.

빈 문[空門]에 길이 있건만 방향을 몰라서

머리가 희고, 이가 누렇게 되도록 경만 읽고 있도다.
어느 해에 성문의 술을 마시었기에
아직껏 깨어나지 못하고 있는가?〔이상은 공종空宗이다.〕
空門有路不知處　　頭白齒黃猶念經
何年飮着聲聞酒　　迄至如今醉未醒

5조 홍인 대사의 방계傍系로 한 가닥이 뻗어 나오니, 신수神秀 화상・노안老安 국사國師・도명道明 화상이다. 신수의 문하에서 보적普寂이 나오고, 보적의 문하에서 나찬懶瓚이 나왔다.

나찬懶瓚 화상

남악南岳에 있었으며, 선사에게 다음과 같은 낙도가樂道歌가 있다.

우두커니 일없어 바꾸고 고칠 일 없나니
일없는데 한 토막의 이야기가 어찌 필요하리오.
참마음은 산란散亂함이 없으니
다른 일 끊을 필요가 없다.
兀然無事無改換　　無事何須論一段
眞心無散亂　　他事不須斷

과거는 이미 지나갔고
미래는 이루 셀 수 없다.
우두커니 일없이 앉았으니
누가 언제 부른 적이 있던가?

過去已過去　　未來更莫算
兀然無事坐　　何曾有人喚

밖을 향해 공부를 찾으려 하나니
모두가 어리석은 무리로다.
양식이란 한 알도 모으지 못하면서
밥을 보면 먹을 줄만은 안다.
向外覓功夫　　總是癡頑漢
粮不畜一粒　　逢飯但知餐

세상의 일 많은 사람들은
서로 뒤쫓아도 전혀 따르지 못한다.
나는 하늘에 나기도 좋아하지 않고
복밭도 사랑하지 않는다.
世間多事人　　相趁渾不及
我不樂生天　　亦不愛福田

시장하면 밥을 먹고
고단하면 잠을 잔다.
어리석은 사람은 나를 비웃지만
지혜로운 이라야 현자를 알 수 있으리.
飢來卽喫飯　　睡來卽臥瞑
愚人笑我　　智乃知賢

어리석은 것이 아니라
근본체가 본래 그러하니
가려면 가고

멈추려면 멈춘다.
몸에는 해진 누더기 한 벌 입었고
다리에는 엄마가 만들어 준 바지를 걸쳤다.

不是癡鈍　本體如然
要去卽去　要住卽住
身被一破納　脚着孃生袴

말이 많고 또 말이 많은 것은
원래부터 오히려 잘못된 것이니
중생을 건지려 하면
우선 스스로를 제도하는 것만한 것 없다네.

多言復多語　由來反相悞
若欲度衆生　無過且自度

참 부처를 부질없이 구하지 말라.
참 부처는 볼 수가 없느니라.
묘한 성품과 신령한 마음 바탕에
어찌 닦아서 길들임이 있으랴.

莫謾求眞佛　眞佛不可見
妙性及靈臺　何曾受勳煉

마음은 일없는 마음이요
얼굴은 엄마가 낳아 준 얼굴이다.
겁석劫石[7]은 옮길 수 있으나

---

7 긴 시간을 재는 단위가 되는 돌. 1겁劫 동안 한 방울의 물이 계속 떨어져서 없어지는 돌을 말한다.

그 속의 소식은 고치기 어렵다.

心是無事心　　面是孃生面
劫石可移動　　箇中難改變

일없음이란 본래 일없음이니
글을 읽을 필요가 무엇 있으랴.
너와 나의 근본을 깎아 버리면
이 안의 소식에 명합冥合하리라.

無事本無事　　何須讀文字
削除人我本　　冥合箇中意

갖가지로 육신을 힘들게 하는 짓
차라리 숲 속에서 조는 것만 못하니
오뚝이 고개를 들어 높은 해를 보거든
밥을 빌어다가 모조리 먹여 준다.

種種勞筋骨　　不如林間睡兀兀
擧頭見日高　　乞飯從頭餧

공부를 가지고 공부를 하면
점점 더 어두워지나니
취하고자 하면 얻지 못하고
취하지 않으면 저절로 통한다.

將功用功　　展轉冥朦
取則不得　　不取自通

나에게 한마디 말이 있어
생각과 반연 잊었으니

교묘한 말로도 얻을 수 없고
다만 마음으로만 전해야 한다.

吾有一言　絶慮忘緣
巧說不得　只用心傳

또 한마디 말이 있는데
바로 주는 것만 못하다.
가늘기가 털끝 같아서
본래 일정함이 없다네.
본래 원만히 이루어졌으니
베틀을 쓸 필요가 없다.

更有一語　無過直與
細如毫末　本無方所
本自圓成　不勞機杼

세상의 일은 끝없는 것
산과 구릉만 못하니
푸른 잎이 해를 가리고
푸른 시냇물이 끊임없이 흐르거든

世事悠悠　不如山丘
青松蔽日　碧澗長流

등 넝쿨 밑에 누워서
돌덩이로 베개를 삼고
뜬구름으로 휘장을 삼고
초승달로 갈고리를 삼아라.

臥籐蘿下　塊石枕頭

山雲當幕　夜月爲鉤

천자에게 조회하지 않으니,
어찌 왕후王侯를 부러워하며
죽고 삶을 근심하지 않거니
무엇을 더 걱정하리오.

不朝天子　豈羨王侯
生死無慮　更須何憂

물속의 달이 그림자 없는지라
내 항상 이러할 뿐이요,
만 가지 법이 다 그러한지라
본래부터 태어남이 없도다.
우두커니 일없이 앉으니
봄이 오면 풀이 저절로 푸르러진다.

水月無形　我常只寧
萬法皆爾　本自無生
兀然無事坐　春來草自青

노안老安 국사

5조 홍인弘忍 대사의 법을 잇고, 숭산嵩山에 있었다.
탄연坦然이라는 선사가 물었다.
"어떤 것이 조사께서 서쪽에서 오신 뜻입니까?"
선사가 대답했다.
"자기의 뜻은 묻지 않고 남의 뜻만 물어서 무엇 하려는고?"

다시 물었다.

"어떤 것이 탄연坦然의 뜻입니까?"

선사가 대답했다.

"그대는 비밀한 작용이 필요하니라."

"어떤 것이 비밀한 작용입니까?"

이에 선사가 눈을 감았다가 다시 눈을 뜨니, 탄연이 곧바로 깨달았다.

등등騰騰 화상

안安 국사의 법을 이었다. 선사가 지은 낙도가樂道歌가 있으니, 다음과 같다.

도를 물으나 도는 닦을 수 없고
법을 물으나 법은 물을 수 없다.
미혹한 사람은 성품의 공함을 모르지만
지혜로운 이는 본래 어김도 순함도 없다.
問道道無可修　　問法法無可問
迷人不了性空　　智者本無違順

8만 4천 법문이지만
지극한 이치는 마음을 여의지 않는다.
널리 배우고, 많이 들을 필요 없고
말 재주와 총명에도 있지 않다.
八萬四千法門　　至理不離方寸

不要廣學多聞　　不在辯才聰俊

자기네 성곽을 알아볼지언정
부질없이 남의 고을 쏘다니지 말라.
언어는 성품의 공함을 여의지 않았고,
광채를 융화함은 먼지와 함께하지 않는다.
識取自家城廓　　莫謾遊他州郡
言語不離性空　　和光不同塵坌

번뇌가 곧 보리菩提요
청정한 꽃은 진흙에서 난다.
누군가가 문답하기를 요한다면
누가 그와 토론을 하랴.
煩惱卽是菩提　　淨花生於泥糞
若有人求問答　　誰能共他講論

달이 크고 작음도 알 수 없고
해와 윤달의 있고 없음도 모른다.
새벽에는 죽으로 배를 채우고
낮에는 다시 한 끼를 때운다.
亦不知月之大小　　亦不知歲之餘閏
晨時以粥充飢　　仲時更飡一頓

오늘도 마음대로 자유로이 늦장 부리고
내일도 느릿느릿 자유로이 마음대로 한다.
마음속에 또렷또렷 모두 알건만
다만 어리석은 속박에 빠진 척할 뿐이다.

今日任運騰騰　明日騰騰任運
心中了了總知　只沒佯癡縛鈍

파조타破竈墮 화상

안安 국사의 법을 이었고, 북방에서 살 때 어떤 선사가 조왕신〔竈神〕만을 잘 섬겨서 조왕신이 나타나는 감응을 자주 얻으니, 그 지방에서 공경하고 소중히 여기기를 부처님보다 더하였다.

이때 화상이 그곳에 가서 조왕신에게 설법을 하니, 조왕신이 법을 듣고 곧 하늘에 태어나게 되어 본래의 몸을 나투어 화상에게 하직을 고하러 와서 말했다.

"화상의 지중하신 설법을 듣고 다시금 하늘에 태어나게 되었으므로 일부러 하직을 고하러 왔습니다. 곧 하늘나라로 갑니다."

말을 마치기도 전에 홀연히 사라지더니 조왕신의 상이 저절로 와르르 무너졌다.

화상은 본래부터 이름이 없이 살았는데, 이로 인해 파조타破竈墮[8] 화상이라고 부르게 되었다.〔이상은 북종北宗이다.〕

정거靖居 화상

6조의 법을 이었고, 길주吉州[9]에서 살았다. 화상의 휘諱는 행사行思요, 속성은 유劉씨이며, 여릉廬陵[10] 사람이다. 조계의 법을 받

8 조왕단을 파괴하여 무너뜨렸다는 뜻이다.
9 강서성 길안吉安이다.

은 뒤로 바로 여릉으로 돌아가서 중생들을 교화하였다.

어떤 스님이 물었다.

“어떤 것이 불법佛法의 대의大意입니까?”

선사가 대답했다.

“여릉廬陵의 쌀값이 얼마던가?”

선사가 신회神會에게 물었다.

“어디서 오는가?”

신회가 대답했다.

“조계산曹溪山에서 옵니다.”

“무엇을 가지고 왔는가?”

이에 신회가 몸을 흔들어 보이니, 선사가 말했다.

“아직도 기와 조각을 가지고 있구나.”

신회가 물었다.

“스님께서 이곳에서 진금眞金을 사람들에게 주시는 게 아니었습니까?”

“설사 그런 일이 있다 한들 그대에게 무슨 관계가 있겠는가?”

선사가 개원開元 28년 12월 13일에 입적하니, 시호는 홍제弘濟대사라 하사하였고, 탑호塔號는 귀진歸眞이었다.

정수淨修 선사가 찬탄하였다.

조계의 문인으로서
여릉廬陵에서 출세했네.

---

10 지금의 강서 길안이다.

오직 한 맥의 법만으로
3승乘의 법보다 훨씬 뛰어났다.
曹溪門人　出世廬陵
唯提一脈　逈出三乘

못 속의 외로운 촛불이요
불 속의 한 조각 얼음인가.
그대 묘하게 깨쳤다면
말씀하신 도리에 상응相應하리라.
澤中孤燭　火裏片氷
許君妙會　說底相應

하택荷澤 화상

6조의 법을 이었고, 서경西京의 하택사荷澤寺에서 살았다. 선사의 휘諱는 신회神會요, 성은 고高씨이며, 양양襄陽 사람이다.

화상이 처음으로 6조의 처소에 이르니, 6조가 물었다.

"멀리서 오느라고 수고했다마는 본래의 것을 가지고 왔는가? 만일 본래가 있다면 의당 주인을 알아볼 터이니, 그대가 한 번 말해 보아라."

선사가 대답했다.

"신회神會는 머무름 없음으로써 근본을 삼았으니, 보는 것이 곧 주인입니다."

이에 6조가 말했다.

"이 사미沙彌가 어찌 하찮은 말을 하느냐?"

그리고는 주장자로 마구 때리니, 선사는 매를 맞으면서 생각했다.

'큰 선지식은 여러 겁을 지나도 만나기 어려운데 이제 만났으니, 어찌 목숨을 아끼랴?'

6조가 그의 말이 뜻 깊고, 감정이 지극히 간절했음을 살폈기 때문에 시험한 것이다. 이로 인해 친히 심인心印을 전해 주니, 심인을 전해 받고 동도東都에서 교화를 펴면서 종지宗旨를 다지니, 남쪽의 혜능慧能, 북쪽의 신수神秀의 뜻이 신회神會로 인해 드날려졌고, 조계의 한 가지가 비로소 우주宇宙 안에 향기를 피웠다.

천보天寶 때에 어사御史로 있던 노액盧液은 북종 보적普寂의 문도였는데, 신회가 낙양에서 무리를 모아 교화한다는 사실을 상소로 아뢰니, 현종玄宗이 불렀다. 황제의 부름에 응하여 궁에 이르러서 황제〔天顔〕의 질문에 응대하는 그 말과 이치가 황제의 심정에 부합하여 황제가 정중히 대하였다. 유사有司의 재량으로 균주均州로 옮기게 했는데, 지덕至德 2년에 숙종肅宗의 명으로 형주荊州 개원사開元寺에서 살게 되었다.

이때 선사의 고향에서 소식이 전해 왔는데, 부모가 모두 돌아가셨다는 것이었다. 이에 선사가 승당僧堂에 들어가서 백추〔槌〕[11]를 치면서 말했다.

"우리 부모가 모두 돌아가셨다니, 대중께 모두 마하반야摩訶般若를 읽기를 청합니다."

대중이 모두 자리에 앉자마자 다시 말했다.

"스님들이여, 수고하셨소. 잘들 돌아가시오."

---

11 '백白'은 공고公告, '추槌'는 종을 치는 나무망치를 뜻한다. 선사禪寺에서 수행자들의 주의를 끌게 하기 위해 조그만 나무망치로 나무판을 치는 것을 '백추'라 하는데, 주로 설법의 전후에 쓴다.

선사가 상원上元 원년 5월 13일에 입적하니, 시호는 진종眞宗 대사였고, 탑호塔號는 반야였다.

혜충慧忠 국사

6조의 법을 이었다. 성은 염冉씨요, 월주越州의 제기현諸暨縣 사람이다.

어릴 적 속가에 있을 때 전혀 말을 하지 않았고, 문 앞의 다리를 건넌 적도 없었다. 16세에 이르러 어느 날 한 선사가 오는 것을 멀리서 보자마자 문 밖으로 나아가 다리를 건너 영접하고 절을 한 뒤에 문안을 하니, 부모와 이웃 사람들이 보고 모두가 깜짝 놀라 말했다.

"희한한 일이구나. 이 아이는 기른 지 16년이 되도록 남과 이야기하는 것이나 문 앞의 다리를 건너는 것을 본 적이 없는데, 오늘은 화상和尙을 보자마자 이렇게 예의바르게 응대하니, 아마도 이 아이는 보통 아이와는 다른 것 같구나."

이때 아이가 얼른 선사에게 물었다.

"바라건대 자비를 베푸시어 이 한 중생을 제도해 주십시오. 저는 선사께 귀의하여 출가할 것을 간절히 바랍니다."

선사가 대답했다.

"나의 종문에는 은륜왕銀輪王의 맏아들이거나 금륜왕金輪王의 손자 정도는 되어야 후계자로서 이 문풍門風을 떨어뜨리지 않을 것인데, 그대는 서너 집이 모여 사는 시골 촌뜨기들의 등에 업히거나 소 등에 업혀 키워진 아이인데, 어찌 이런 종문에 출가할 수 있으랴? 분수에 맞지 않는 일이다."

아이가 선사에게 말했다.

"이 법은 평등하여 높고 낮음이 없다 했는데, 어찌 그런 말씀을 하셔서 저의 착한 마음을 막으십니까? 다시금 바라건대 선사께서 자비를 베푸시어 받아 주소서."

선사는 아이가 이렇게 예의바르게 응대하는 것을 보고 곧 아이에게 말했다.

"네가 그렇더라도 나에게 출가할 수는 없다."

아이가 말하였다.

"그러면 누구에게 의지하여 출가해야 합니까? 선사께서 저에게 종사宗師를 가르쳐 주십시오."

"그대는 조계산曹溪山이란 소문을 들었는가?"

"조계산이 어느 주州에 있는지 모릅니다."

"광남廣南의 조계산에 선지식 한 분이 계신다. 6조라고 하시며 거느리고 있는 대중이 6백 명이니, 그대는 거기로 가서 출가하라. 나는 아직 천태산을 가보지 못했으니 그대는 혼자 가야 할 것이다."

아이가 곧 풀숲 샛길로 숨어들어 부모의 눈을 피해 길을 떠나서 사흘 길을 이틀에 걷고, 이틀 길을 하루에 걸어 조계산에 다다르니, 마침 6조가 설법을 하고 있었다. 앞에 나아가 절을 하니, 조사가 물었다.

"어디서 왔느냐?"

동자가 대답했다.

"퍽 가깝습니다."

조사가 말했다.

"태어나서 자란 곳은 어디지?"

동자가 대답했다.

"5음陰을 얻은 뒤로는 잊었습니다."

이에 조사가 손을 들어 가까이 오라 한 뒤 물었다.

"사실을 말하라. 그대는 어느 곳 사람인가?"

동자가 대답했다.

"예, 절강성浙江省 사람입니다."

"그렇게 멀리서 예까지 무엇 하러 왔는가?"

동자가 대답했다.

"첫째는 밝은 스승을 만나기 어렵고 정법正法을 듣기 어렵기에 특별히 와서 조사를 뵙는 것이요, 둘째는 스님께 의지하여 출가코자 함이니, 자비를 내려서 받아 주소서."

조사가 말했다.

"내 그대에게 이르나니, 출가하지 말라."

동자가 물었다.

"어째서 그렇게 말씀하십니까?"

6조가 말했다.

"그대는 성명聖明하여 전쟁을 일으키지 않고도 60년 동안 천자가 될 사람이니, 그대는 천자가 되어 불법을 위하는 임금이 되라."

동자가 말했다.

"60년뿐만 아니라 1백 년의 천자라도 원치 않으니, 오직 스님께서 자비로 거두어 주시기만 하소서. 저는 출가를 원합니다."

이에 조사가 이마를 만지면서 수기授記하였다.

"그대는 출가하면 천하에 우뚝 홀로 선 부처가 되리라."

그리고는 곧 거두었다.

선사가 일찍이 남양南陽 백애산白崖山에서 40여 년 동안 수행하였는데, 상원上元 2년 정월 16일에 숙종肅宗 황제의 부름을 받아 서울의 천복사千福寺 서선원西禪院으로 가서 머물렀다가 나중에 광택사光宅寺로 돌아갔다.

숙종肅宗과 대종代宗이 앞뒤를 이어 친히 보살계를 받고, 국사의 예를 바쳤다.

어떤 스님이 물었다.

"어떤 것이 불법의 대의입니까?"

국사가 대답했다.

"문수당文殊堂 안의 1만 보살이니라."

학인學人이 말했다.

"학인은 잘 모르겠습니다."

선사가 말했다.

"대비大悲보살은 눈이 천이요, 손이 천이니라."

국사가 앉아 있는데, 숙종肅宗이 물었다.

"국사가 어떤 법을 얻으셨습니까?"

국사가 대답했다.

"폐하께서는 허공의 한 조각 구름이 보이십니까?"

"보입니다."

국사가 말했다.

"못으로 박아 놓았습니까, 줄로 걸어 놓았습니까?"

황제가 다시 물었다.

"어떤 것이 10신身[12]을 갖추어 중생을 이끄는 것입니까?"

국사가 일어서면서 물었다.

"아시겠습니까?"

황제가 대답했다.

"모르겠습니다."

"노승에게 깨끗한 물 한 병을 주소서."

탐원耽源이 국사에게 물었다.

"돌아가신 뒤에 누군가가 법칙의 지극한 자리를 묻는다면 그에게 무어라 이르리까?"

국사가 말했다.

"참으로 딱한 일이로다. 몸을 보호하는 부적 따위는 얻어서 무엇 하려는가?"

숙종이 시종과 함께 국사를 어깨에 메어서 법상에 오르게 하니, 국사가 얼굴을 쳐들고 바라보면서 말했다.

"아시겠습니까?"

황제가 대답했다.

"모르겠습니다."

"노승이 오늘 피곤하군요."

황제가 물었다.

"어떤 것이 무쟁삼매無諍三昧[13]입니까?"

---

12 『화엄경』에서 설하는 열 가지 불신佛身으로, 보살의 수행으로 완성한 부처의 경계를 가리킨다.

13 공空에 머물러 남과 다투지 않는 삼매를 말한다.

"단월(檀越 : 시주)이 비로자나부처님의 머리를 밟고 가는 것입니다."

"어떤 것이 비로자나부처님의 머리를 밟고 가는 것입니까?"

"자기의 청정법신을 잘못 아시는군요."

국사가 어느 날, 탐원耽源이 법당으로 들어오는 것을 보자 곧 한 발을 올리니, 탐원이 나가 버렸다. 한참 있다가 다시 돌아오니, 국사가 물었다.

"아까의 뜻이 무엇이던가?"

탐원이 대답했다.

"누구에게 말해야 합니까?"

"내가 그대에게 묻노라."

"어디서 저를 보셨습니까?"

숙종 황제가 문안을 하는데 국사가 황제를 보지 않으니, 황제가 말했다.

"짐은 한 나라의 천자이거늘 국사께서는 어째서 짐을 전혀 보시지 않습니까?"

국사가 말했다.

"황제께서는 눈앞에 있는 허공을 보셨습니까?"

"보았습니다."

이에 국사가 말했다.

"그가 폐하께 눈을 깜박거린 적이 있었습니까?"

어군용魚軍容이 물었다.

"스님께서 백애산白崖山에 계실 때 어떻게 수행하셨습니까?"

국사가 동자를 불러서 동자가 오니, 국사가 손으로 동자의 머리를 만지면서 말했다.

"성성惺惺하면 바로 성성하다 말하고, 역력曆曆하면 바로 역력하다고 말하라. 이후에는 남의 속임을 당하지 마라."

남양南陽의 장분張濆이 물었다.

"내가 듣기에는 무정無情[14]설법이 있다는데 그 이치를 알지 못하오니, 스님께서 가르쳐 주시기 바랍니다."

국사가 대답했다.

"무정설법이란 그대가 들을 때 바야흐로 무정설법을 듣게 되는 것이고, 그로 인하여 무정들도 비로소 나의 설법을 듣게 된다. 그대는 오직 무정설법만 물어라."

"다만 현재 유정들의 방편에 준하여 어떤 것이 무정無情의 인연입니까?"

국사가 말했다.

"다만 지금의 온갖 활동 가운데서 범부와 성인의 두 흐름이 조금도 일었다 꺼졌다 하지 않으면, 이것이 알음알이에서 벗어나서 유정有情들의 치성致誠한 견각見覺에 속하지 않고, 치성하게 견각하여 그저 그런 얽매임이 전혀 없는 상태이다. 그러므로 6근根이 색色에 대해 분별하면서도 식識이 아니니라."

국사가 당자곡黨子谷에 있을 때, 마곡麻谷이 와서 국사를 세 바

14 산천초목과 솔바람까지도 수행인에게 설법을 하는 존재라고 본 것이다.

퀴 돌고 석장을 한 번 흔드니, 국사가 말했다.

"정히 그렇다면 무엇 하러 다시 나를 보러 왔는가?"

다시 석장을 한 번 흔들자, 국사가 꾸짖었다.

"이 들여우의 정령아."

이에 장경長慶이 대신 말했다.

"어른께서 어찌 마음 씀이 그러하십니까?"

또 대신 말했다.

"만약 이렇게 하지 않으면 어떻게 화상을 알아뵙겠습니까?"

국사가 자린紫璘 법사와 토론을 하기 위해 각각 자리를 정하고 앉았다. 이에 법사가 말했다.

"스님께서 논제를 세우십시오. 제가 깨뜨리겠습니다."

국사가 대답했다.

"어찌 그런 일이 있을 수 있겠는가?"

법사가 말했다.

"그래도 주장을 세우십시오."

국사가 말했다.

"논제를 다 세웠소."

"어떤 논제를 세우셨습니까?"

"과연 보지 못하는군. 공의 경계가 아니오."

장경이 대신 말했다.

"스님의 논제는 진 것입니다."

어떤 좌주座主[15]가 와서 뵈려 하자 국사가 물었다.

"무슨 일을 하고 있는가?"

"『금강경金剛經』을 강하는 일을 하고 있습니다."
"최초의 두 글자가 무슨 자이던가?"
"이와 같이〔如是〕입니다."
"이것〔是〕이 무엇인가?"

국사가 인공봉璘供奉에게 물었다.
"부처란 무슨 뜻인가?"
인공봉이 대답했다.
"부처란 깨달았다는 뜻입니다."
선사가 말했다.
"부처가 언제 헤맨 적이 있었던가?"
"헤맨 적이 없었습니다."
"헤맨 적이 없었다면 깨달아서 무엇에 쓰려는가?"
인공봉이 대답이 없었다.

인공봉이 또 물었다.
"어떤 것이 실상實相[16]의 뜻입니까?"
국사가 대답했다.
"허상을 가져오너라."
인공봉이 대답했다.
"허상虛相은 없습니다."

15 선가에서 경을 강의하는 스님을 지칭하는 말이다.
16 여기서는 '빈 것'의 반대로 '채워진 것'을 뜻한다. 이것은 실상이 빈 것의 반대가 되는 모습이라고 새길 수 있는 한문漢文의 전의법轉義法을 이용하여 전개한 논리이다.

"허상이 없는데 실상은 물어 무엇에 쓰려는가?"

국사가 한번은 또 스님이 오는 것을 보고 손으로 원상圓相을 그린 다음, 그 속에다 일日 자를 써 보이니, 스님이 대답이 없었다.

어느 때 왕영王詠이 물었다.

"어찌하여야 해탈합니까?"

국사가 대답했다.

"모든 법이 이르지 못하는 그 자리에서 얻느니라."

"그렇다면 그것은 단멸斷滅이지, 어찌 해탈이 되겠습니까?"

이에 국사가 할喝을 하고 말했다.

"이놈아, 내가 너에게 '모든 법이 이르지 못하는 자리'라 했지, 누가 너에게 단멸이라 했더냐?"

왕영이 더 이상 말이 없었고, 국사도 그가 3교敎[17]의 공봉供奉임을 알고 있었다.

왕영의 문도인 지심志心이 물었다.

"어찌하여야 부처가 되겠습니까?"

국사가 대답했다.

"부처와 중생을 몽땅 버려야 그 자리에서 해탈을 얻느니라."

"어찌하여야 상응相應할 수 있겠습니까?"

"선과 악 모두를 생각하지 말아야 자연히 불성을 볼 수 있느니라."

17 불교 · 유교 · 도교를 말한다.

또 물었다.

"어찌하여야 법신法身을 증득하겠습니까?"

"비로자나의 경계를 초월해야 하느니라."

"어떻게 해야 청정법신을 초월합니까?"

"부처에 매달려 구하려 하지 마라."

또 물었다.

"어느 것이 부처입니까?"

"마음이 곧 부처이니라."

"마음에 번뇌가 있는데, 어떻게 부처가 됩니까?"

국사가 말했다.

"번뇌의 성품은 절로 여의느니라."

다시 여쭈었다.

"어째서 번뇌를 끊지 않습니까?"

"번뇌를 끊는 것은 성문·연각이요, 번뇌를 생기지 않는 것으로 보는 것은 큰 열반이니라."

대종代宗이 대백산인大白山人이란 사람을 데리고 화상을 만나러 와서 말했다.

"이 사람은 아는 것이 퍽 많소이다."

"무슨 재주를 가지고 있습니까?"

"산도 알고 땅도 알고, 글자도 알고 산수算數도 안답니다."

이에 국사가 산인山人에게 물었다.

"산인이 살고 계신 산은 암컷인가, 수컷인가?"

산인이 오랫동안 침묵하여 대답하지 못하니, 국사가 다시 물었다.

"땅은 아시오?"

산인이 대답했다.

"압니다."

국사가 대궐 앞의 땅을 가리키면서 물었다.

"여기는 무슨 땅인가?"

"제자에게 산수할 시간을 주셔야 알겠습니다."

또 물었다.

"글자는 아는가?"

"예, 압니다."

이에 국사가 흙 위에 일一 자를 긋고 물었다.

"이것은 무슨 자인가?"

"예, 일一 자입니다."

"흙 토土에 일一을 더하면 왕王 자가 되지, 어찌 일 자라 하는가?"

또 물었다.

"산수를 아는가?"

"예, 압니다."

"3·7은 얼마인가?"

"21이 됩니다. 화상께서는 제자를 놀리시는군요."

"산인이 도리어 빈도貧道를 놀리는구려. 3·7이면 10인데 21이라니, 이 어찌 나를 놀리는 것이 아닌가?"

또 물었다.

"이 밖에 더 무엇을 알고 있는가?"

"더 있지만 감히 대답하지 못하겠습니다."

"설사 그대가 모든 것을 다 안다 하여도 귀할 것이 없느니라."

이어 대종에게 말했다.

"산을 물어도 산을 모르고, 땅을 물어도 땅을 모르고, 글자를 물어도 글자를 모르고, 산수를 물어도 산수를 모르니, 어디서 저런 멍텅구리를 데리고 오셨습니까?"

이에 대종代宗이 산인에게 말했다.

"짐이 비록 국왕의 지위를 가지고 있으나 그것은 보배라 할 것이 없고, 화상만이 참 보배이노라."

산인이 말했다.

"폐하께서는 참으로 보배로운 사람을 바로 아시나이다."

어느 해 10월 중순에 여러 좌주座主들이 국사에게 예배하러 왔는데, 국사가 물었다.

"성 밖의 풀이 어떤 빛깔이던가?"

좌주들이 대답했다.

"누른빛이었습니다."

국사가 곧 어린 동자를 불러 물었다.

"성 밖의 풀이 어떤 빛깔이더냐?"

"누른빛이었습니다."

국사가 말했다.

"좌주들은 경을 알고 논論을 안다면서 이 어린애의 견해와 무엇이 다른가?"

이에 좌주들이 물었다.

"화상께서는 성 밖의 풀이 어떤 빛깔이라고 여기십니까?"

국사가 대답했다.

"하늘 위의 새를 보았는가?"

좌주들이 말했다.

“화상께서는 점점 더 선법과 상관없는 말을 하시니, 바라건대 화상께서는 저희들이 어찌해야 할지 가르쳐 주십시오.”

국사가 갑자기 좌주座主들을 불러 앞으로 다가오라 하여, 좌주들이 함께 앞으로 다가가니, 국사는 좌주들이 이해하지 못하는 꼴을 보고는 웃으면서 말했다.

“좌주들아, 우선 절로 돌아갔다가 다음 날 다시 오라.”

좌주들이 잠자코 물러갔다가 다음 날 또 와서 말했다.

“바라건대 화상께서는 저희들에게 말씀해 주십시오.”

국사가 대답했다.

“보려면 곧 보아야지, 보지 못하는 이에게는 말을 하여도 보지는 못할 것이니라.”

여러 공봉供奉들이 말했다.

“전의 국사들께서는 화상과 같은 기지와 변재가 없으셨습니다.”

국사가 말했다.

“그들은 나라를 스승으로 섬겼고, 나는 나라의 스승이니라.”

여러 공봉들이 말했다.

“우리들은 거짓되게 공봉으로 있으면서 경을 안다, 논論을 안다 했는데, 저 선종에 의하면 전혀 맞지가 않구나.”

남방에서 온 선객 하나가 물었다.

“어떤 것이 옛 부처님의 마음입니까?”

국사가 대답했다.

“담·벽·기와 조각 같은 무정물無情物 모두가 옛 부처님의 마음이니라.”

"경전의 말과는 매우 어긋나는군요. 왜냐하면 『열반경涅槃經』에서 말하기를 '담·벽·기와 조각 등 무정물을 여의었으므로 불성佛性'이라 했는데, 지금 말씀하시는 것은 '온갖 무정물이 모두가 부처의 마음'이라 하시니, 마음과 성품이 같은지 다른지 모르겠습니다."

"미혹한 사람에게는 다르지만 깨달은 사람에게는 다르지 않느니라."

선객이 또 말했다.

"이것도 경과 어긋납니다. 경에서 말하기를 '선남자야, 마음은 불성佛性이 아니니 불성은 항상함이요, 마음은 항상하지 않다' 했는데, 오늘 다르다 말씀하시니, 그 이치를 모르겠습니다."

국사가 갈했다.

"그대는 말에만 의지하고, 뜻에는 의지하지 않는구나. 마치 겨울에 물이 얼어서 얼음이 되었다가 봄이 되면 얼음이 풀리어 물이 되는 것같이, 중생이 미혹할 때에는 성품을 묶어 마음을 이루고, 중생이 깨달을 때에는 마음이 풀려 성품을 이룬다. 그대가 만일 무정물에는 불성佛性이 없다고 꼭 집착한다면, 경전에서도 '삼계가 마음일 뿐이요 만법이 식識일 뿐이다'라고 하지 않았을 것이다. 그러므로 『화엄경華嚴經』에서 말하기를 '삼계의 모든 법이 모두가 오직 마음으로 지어진 것일 뿐이다'라고 하였느니라.

이제 그대에게 묻노니, 무정물은 삼계의 안에 있는가, 삼계의 밖에 있는가? 그것은 마음인가, 마음이 아닌가? 만일 마음이 아니라면 경전에서 '삼계가 마음일 뿐이다'라고 하지 않았어야 할 것이요, 만일 마음이라면 '무정물은 불성이 없다' 하지 말았아야 할 것이니라.

그러므로 그대 자신이 경을 어겼을지언정 내가 어긴 것은 아니니라."

선사가 말했다.

"무정물에도 마음이 있다면 설법도 할 줄 알겠습니다."

"그들은 열심히 설하고 항상 설하며 계속 설하되 잠시도 쉬는 바가 없느니라."

"저는 어째서 듣지 못합니까?"

"그대가 듣지 않을 뿐, 다른 이가 듣는 것을 방해해서는 안 된다."

"그러면 누가 듣습니까?"

"성인들이 듣느니라."

"그렇다면 중생은 들을 자격이 없겠습니다."

"나는 중생을 위해 말했을지언정 성인들을 위해서 말한 것이 아니니라."

"저는 어리석고 둔해서 무정물의 설법을 듣지 못하지만 화상께서는 인간과 하늘의 스승으로서 반야바라밀다를 설법하시니, 무정의 설법을 들으셨습니까?"

"나도 듣지 못했느니라."

"화상께서는 어째서 듣지 못하셨습니까?"

"내가 무정無情의 설법을 듣지 못한 것을 다행으로 여겨야지, 내가 만일 무정의 설법을 듣는다면 성인들과 같아질 것이니, 그대가 어떻게 나를 보거나 나의 설법을 들을 수 있으리."

선객이 물었다.

"모든 중생은 끝내는 무정설법을 들을 수 있습니까, 없습니까?"

선사가 말했다.

"중생이 듣는다면 중생이 아니니라."

"무정의 설법이란 말이 근거가 있습니까?"

"말이 전고典故에 맞지 않으면 군자의 이야기가 아니니라. 그대는 보지 못했는가? 『아미타경阿彌陀經』에서 말하기를 '물·새·나무·숲이 모두가 부처님을 생각하고 법을 생각하고 스님들을 생각한다' 하였으니, 새는 유정이지만 물과 나무는 어찌 유정이라 하겠는가? 또 『화엄경』에서 말하기를 '국토의 말씀과 중생의 말씀이 3세 일체의 말씀이다' 하였으니, 중생은 유정이지만 국토야 어찌 유정이겠는가?"

선객이 말했다.

"무정에 불성이 있다면 유정은 어떻습니까?"

선사가 말했다.

"무정도 그러할진대 하물며 유정이랴."

선객이 다시 물었다.

"유정과 무정에 모두 불성佛性이 있다 칩시다. 유정을 죽여서 그 몸뚱이〔身分〕를 먹으면 죄와 원한을 맺어 과보를 받지만, 무정無情을 해쳐서 오곡이나 채소나 과일 따위 물건을 먹으면 죄의 과보를 부른다는 말은 듣지 못했습니다."

국사가 대답했다.

"유정은 정보正報이니, 끝없는 예로부터 허망하고 뒤바뀌어 나〔我〕와 내 것〔我所〕을 계교計較하여 원한을 맺었으므로 원한의 과보가 있지만, 무정無情은 의보依報인지라 전도되고 원한을 맺은 마음이 없으므로 과보가 있다고 말하지 않느니라."

"경전에서 유정들만이 보리의 수기授記를 받아 오는 세상에 부처가 되고, 명호는 무엇 무엇이라 하리라 한 것은 보았을지언정 무정無情들이 성불하리라는 수기를 받는 것은 보지 못했습니다. 예컨대 현겁賢劫의 천 부처님 중에 어느 분이 무정물로 성불하신 분입니까? 저에게 말씀해 주십시오."

"내가 그대에게 묻노니, 마치 황태자가 왕위를 물려받을 때에 태자 한 몸만 왕위를 받는가, 국토 안의 전체가 왕위를 받는가?"

"황태자 하나만 왕위를 받으면 국토 안의 모든 것은 저절로 왕에게 속합니다. 어찌 따로따로 받겠습니까?"

"지금의 이 경우에도 그러하니, 다만 유정들이 수기를 받아 부처가 되기만 하면 삼천대천세계의 온갖 국토 모두가 비로자나부처님의 몸에 속한다. 부처님의 몸 이외에 어찌 또 다른 무정물이 있어 수기를 받겠는가?"

선객이 다시 물었다.

"일체 대지가 부처님 몸이라면 온갖 중생들이 부처님의 몸 위에서 살면서 부처님 몸에다 똥오줌을 싸서 더럽히고, 부처님의 몸을 파고 뚫고 밟으니, 어찌 죄가 없겠습니까?"

국사가 말했다.

"일체 중생이 그대로 부처의 몸이거늘 누가 죄를 받으랴?"

"부처님의 몸은 함이 없고 걸림이 없는데, 이제 함이 있고 걸림 있는 물질로써 부처의 몸이라 하니, 그 어찌 성인의 취지에 어긋난다 하지 않을 수 있습니까?"

"그대는 보지 못했는가? 『대품경大品經』에서 말하기를 '유위有爲를 떠나서 무위無爲를 말하지 말라. 또 무위를 떠나서 유위를 말하지도 말라' 하였느니라. 그대는 색이 공함을 믿는가?"

"부처님의 진실한 말씀을 어찌 감히 믿지 않겠습니까?"

국사가 말했다.

"색이 본래 공하다면 어찌 걸림이 있겠는가?"

선객이 또 물었다.

"부처와 중생이 같은 것이라면 한 부처님만 수행하여도 온갖 중생이 모두 함께 해탈을 얻어야 할 것인데, 지금 보니 그렇지 않습니다. 같다는 뜻이 어디에 있겠습니까?"

국사가 말했다.

"『화엄경華嚴經』 가운데 6상의相義에 '같음〔同〕 가운데 다름〔異〕이 있고, 다름 가운데 같음이 있으며, 이룸〔成〕 가운데 무너짐이 있고, 무너짐 가운데 이룸이 있으며, 전체 가운데 부분이 있고, 부분 가운데 전체가 있다' 하심을 그대는 보지 못하였는가? 확실히 제각기 스스로가 수행해서 스스로가 얻는 것이어야 한다. 남이 밥 먹는 것을 구경한다 해도 끝내 내 배가 부르지는 않느니라."

선객이 또 물었다.

"고덕古德이 말씀하시기를 '푸르디푸른 대나무 모두가 진여眞如요, 성대하게 핀 국화꽃은 반야般若 아닌 것이 없다' 했는데, 어떤 사람은 이 말씀을 인정하지 않고 삿된 말이라 하고, 또 어떤 사람은 이 말씀을 믿어 부사의不思議하다고 하는데, 어찌해야 할지 모르겠습니다."

국사가 대답했다.

"이는 보현普賢 · 문수文殊 등 대인大人의 경지이다. 범부와 소인들이 믿어 받들 수 있는 것이 아니다. 모두가 『대승요의경大乘了義經』의 뜻과 부합되나니, 그러므로 『화엄경』에서 말하기를 '부처님 몸이 법계에 충만하여 온갖 중생들 앞에 두루 나타나신다. 인연 따라 응하지 않는 곳 없으시지만 항상 여기 보리좌를 여의지 않으신다' 하였다. 푸른 대나무가 이미 법계에서 벗어나지 않았으니,

어찌 법신法身이 아니겠는가?

또 『마하반야경摩訶般若經』에서 말하기를 '색色이 끝이 없으므로 반야가 끝이 없다' 하였나니, 국화꽃이 색色에서 벗어나지 않았을진대 어찌 반야가 아니겠는가. 이 깊고 넓은 이치를 알지 못하는 이는 이 말에 유의하지 않느니라."

또 물었다.

"어떤 선지식이 말하기를 '도를 배우는 사람은 다만 본마음을 알기만 하면 죽음이 닥쳐왔을 때에 한쪽으로 껍질을 홀쩍 벗어 던지고, 영대靈臺인 각성覺性만이 거뜬히 떠나는 것이 해탈이다'라고 한다 하는데, 이것은 어떠합니까?"

"이는 아직도 2승乘과 외도의 소견을 면치 못했다. 2승은 모두가 유위有爲의 생사를 싫어하여 여의려 하고 무여열반無餘涅槃[18]을 즐겨 구한다. 노자가 말하기를 '나에게 큰 걱정이 있으니, 내 몸이 있기 때문이다' 하였고, 명제冥諦[19]를 좋아하여 지극한 도라 여기고 마침내는 명제에 나아갔다.

수다원須陀洹은 8만 겁, 사다함斯陀含은 6만 겁, 아나함阿那含은 4만 겁, 아라한阿羅漢은 2만 겁, 벽지불辟支佛은 만 겁 동안 선정에 머무르고, 외도도 역시 8만 겁 동안 비상비비상천非想非非想天에 머문다.

2승乘은 그 겁劫이 차면 대승大乘으로 회향하나 외도는 그 겁이

---

18 제약이 완전히 없어진 열반. 즉 육체 등 생존의 제약과 미래의 세계에서 받을 생사의 원인 등이 완전히 없어지고, 마음속의 미혹이 없어 심신心身이 함께 무無로 돌아간 열반을 말한다.

19 고대 인도의 6파 철학 가운데 수론數論 철학파들이 세운 25제諦 가운데 제1제이다. 물질적 본체, 만물의 근원으로서 명성冥性 또는 명초冥初라고도 한다.

차도 생사윤회를 면치 못하느니라."

선객이 또 물었다.

"모든 사람들의 불성佛性은 한 종류인가요, 아니면 차별된 종류인가요?"

국사가 대답했다.

"똑같을 수가 없느니라."

"어째서 차별이 있습니까?"

"어떤 사람의 불성은 전혀 생멸하지 않고, 어떤 사람의 불성은 반은 생멸하되 반만 생멸하지 않느니라."

"누구의 불성은 전부 생멸하지 않고, 누구의 불성은 반은 생멸하고 반은 생멸하지 않습니까?"

국사가 말했다.

"나의 불성은 전혀 생멸하지 않지만, 남방의 불성은 반은 생멸하고 반은 생멸하지 않느니라."

선객이 다시 물었다.

"화상의 불성은 어찌하여 전혀 생멸하지 않고, 남방의 불성은 어찌하여 반은 생멸하고 반은 생멸하지 않습니까?"

"나의 불성은 몸과 마음이 한결같아서 몸 밖에 다른 것이 없나니, 그러므로 전혀 생멸하지 않거니와, 남방의 불성佛性은 몸은 무상하다 하고 마음은 항상하다 하니, 그러기에 반은 생멸하고 반은 생멸이 없느니라."

"화상의 몸은 색신色身인데 어찌 법신法身과 같이 생멸하지 않을 수 있겠습니까?"

"그대는 어째서 사도邪道에 빠졌느냐?"

"제가 언제 사도에 빠졌다고 그러십니까?"

"『금강경金剛經』에서 말하기를 '만일 색色으로 나를 보거나 소리로 나를 구하는 사람은 삿된 도를 행하나니, 여래를 보지 못한다' 하였는데, 그대가 색色으로 나를 보니, 어찌 사도에 빠진 것이 아니겠는가?"

그리하여 선객이 절을 하고 찬탄했다.

"화상의 이 말씀은 사법事法으로도 다하지 않음이 없고, 이법理法으로도 치밀하지 않음이 없습니다. 제가 만일 화상을 만나지 못했더라면 일생을 헛되이 보낼 뻔하였습니다."

숙종 황제가 물었다.

"온갖 중생의 조급한 업의 성품이 본래 의거할 근거가 없거늘 날마다 쓰면서도 알지 못한단 말이 무슨 뜻입니까?"

국사가 금화金花 방석을 들어 올려 황제에게 보이면서 물었다.

"이것을 무엇이라 부릅니까?"

황제가 대답했다.

"금화 방석이라 합니다."

국사가 말했다.

"확실히 일체 중생이 날마다 쓰면서 모르는구나."

복우伏牛 화상이 마馬 대사의 심부름으로 편지를 들고 국사에게 왔는데, 국사가 물었다.

"마 대사가 어떤 법으로 사람들을 지도하시는가?"

복우가 대답했다.

"마음이 곧 부처라 하십니다."

이에 국사가 말했다.

"그게 무슨 말인가?"

그리고는 이어서 또 물었다.

"다른 말씀은 없던가?"

"부처도 아니요 마음도 아니라 하시고, 또 마음도 아니요 부처도 아니요, 물건도 아니라 하십니다."

이에 국사가 웃으면서 말했다.

"아직 멀었구나."

복우가 물었다.

"여기서는 어떻게 하십니까?"

국사가 말했다.

"삼점三點[20]이 흐르는 물 같은데 굽기는 낫 같으니라."

나중에 어떤 사람이 이 이야기를 앙산仰山에게 전했더니, 앙산이 말했다.

"물속에 반달이 드러나는구나."

앙산이 또 말했다.

"삼점三點은 영원히 흐르는 물이요, 몸은 고기와 용의 옷과 같도다."

숙종肅宗 황제가 또 물었다.

"모든 중생의 조급한 업의 성품이 의거할 수 있는 근거가 없거늘 날마다 쓰면서도 알지 못하여 삼계를 벗어나 여윌 길이 없다 하니, 스승께서 방편을 베푸시어 제자와 중생들이 생사에서 벗어나게 해주소서."

---

20 마음 심心의 세 점을 말한다. 때로는 마음을 뜻한다.

이에 국사가 세 개의 대야[鈔羅][21]를 가져오라 하고는 물을 가득히 붓게 하고 개미를 찾아서 물 위에 던지니, 개미가 물 위에서 뱅뱅 두세 바퀴 돌다가 지쳐서 물 위에 떠 있는데, 죽었는지 살았는지 알 수 없었다.

이에 황제가 절을 하면서 말하였다.

"스승이시여, 자비를 베풀어주소서."

국사가 풀 한 잎을 주어 물 위에 던지니, 개미가 깜짝 놀라 풀에 의지해 대야 밖으로 기어 나왔다. 이를 본 황제는 활짝 깨달았다.

대종代宗 황제가 물었다.

"스님께서 열반하신 뒤에 무엇을 해 드리오리까?"

국사가 대답했다.

"노승을 위해 무봉탑無縫塔을 만들어 주시오."

황제가 곧 꿇어앉아 말했다.

"스님께서 탑의 본을 보여 주소서."

국사가 양구良久하니, 황제가 어찌할지 몰라 하였다. 국사가 말했다.

"제가 법을 전한 제자가 있는데, 탐원耽源이라 합니다. 그가 이 일을 알고 있으니, 그에게 물으소서."

국사가 세상을 뜬 뒤에 황제가 탐원을 조서[詔]로 불러 이 인연을 말하고, 그 뜻이 무엇인가를 물었더니, 탐원이 다음과 같은 게송을 보였다.

---

21 징의 일종이며, 때로는 술동이를 말한다. 여기서는 대야로 번역한다.

상湘의 남쪽, 담潭의 북쪽 중간에
황금이 온 나라를 가득 채운다.
그림자 없는 나무 밑에서 같은 배를 탔는데
유리 대궐 위에는 아는 이 없도다.

湘之南潭之北　　中有黃金充一國
無影樹下合同舡　　瑠璃殿上無知識

대력大歷 10년 12월 9일에 입적하니, 대종代宗이 대중大衆 선사라 시호를 내렸다. 정수淨修 선사가 찬탄하였다.

당조唐朝의 국사로서
큰 도를 널리 폈고
조계에서 해를 찾고
위수渭水에서 배를 탔다.

唐朝國師　　大播洪猷
曹溪探日　　渭水乘舟

두 황제가 게송을 청하고
사부대중은 구제를 받았다.
법 재주가 매우 드높아
대이大耳 삼장三藏이 창피를 당했다.

二天請偈　　四衆抛籌
法才極瞻　　大耳慙着

굴다崛多 삼장 법사

6조의 법을 이었고, 천축 사람이다. 대원大原의 정양현定襄縣 역촌曆村에 이르러 신수神秀 대사의 제자가 초막을 지어 홀로 앉아서 마음을 관하는 것을 보고 물었다.

"무엇을 하는가?"

스님이 대답했다.

"고요함을 지켜봅니다."

"지켜보는 이는 누구이며, 고요함이란 무엇인가?"

스님이 얼른 일어나 절을 하고 물었다.

"그 말씀의 뜻이 무엇입니까? 스님께서 지시해 주소서."

삼장이 말했다.

"왜 스스로를 보지 않고, 스스로 고요하지 않는가?"

스님이 대답이 없었다.

삼장은 그의 근성이 매우 둔한 것을 보고 물었다.

"그대의 스승은 누구인가?"

"신수神秀 화상이십니다."

"그대의 스승은 이 법만을 가르치던가, 아니면 다른 뜻이 있던가?"

"저더러 그저 고요함만을 지켜보라 하셨습니다."

"그것은 서천西天의 하열한 외도들이 익히는 법이다. 이 땅은 선종인 줄로 알았는데, 역시 사람들을 대단히 그르치고 있구나."

스님이 물었다.

"스님의 스승은 누구십니까?"

"6조이시니라."

이어 다시 말했다.

"바른 법은 듣기 어려운 것인데 그대는 어째서 거기로 가지 않는가?"

그 스님이 삼장의 충고를 받자 바로 조계로 가서 6조를 뵙고, 위의 일을 자세히 말하니, 6조가 말했다.

"굴다의 말이 옳다. 그대는 어찌하여 스스로를 보지 않고, 스스로 고요해지려고 하지 않고, 누구더러 그대를 고요하게 하라 하는가?"

그 스님이 이 말씀에 크게 깨달았다.

지책智策 화상

6조의 법을 이었고, 무주務州에서 살았다.

6조의 법을 이어받은 뒤에 세상 밖에 소요하면서 대수롭지 않은 일에 구애받지 않았으나, 교화한 인연의 처음과 끝의 사연은 자세하지 않다.

선사가 북쪽 지방을 지나다가 5조祖 밑의 지황智皇 선사라는 이가 20년 동안 선정을 닦고 있음을 보고 물었다.

"여기에서 무엇을 하는가?"

지황이 대답했다.

"선정에 듭니다."

"선정에 드는 이는 마음이 있는 상태에서 선정에 들었는가, 마음이 없는 상태에서 선정에 들었는가? 만일 마음이 있는 상태에서 선정에 들었다면 온갖 유정 모두에게 마음이 있으니 역시 선정에 들 것이고, 만일 마음이 없는 상태에서 선정에 들었다면 온갖 무정물들도 역시 선정을 얻었어야 하리라."

지황智皇이 대답했다.

"내가 선정에 들 때에는 있다 없다 하는 마음이 전혀 없습니다."

"만일 있다 없다 하는 마음을 보지 않는다면 이는 항상한 정定이니, 더는 들고 나는 일이 없어야 하리라."

지황이 대답이 없었다. 그리고는 도리어 선사에게 물었다.

"스님의 스승은 누구십니까?"

"6조이시니라."

"6조께서는 어떤 법을 선정이라 가르치십니까?"

"묘하고 밝고 둥글고 고요하여 본체와 작용이 여여하고 5음이 본래 공하며 6진塵이 있는 것 아니니, 들지도 않고 나지도 않으며, 안정도 아니요 어지러움도 아니다. 선의 성품은 머묾이 없으니 머묾을 여읜 이를 선가禪家라 하고, 선의 성품은 생이 없으니 생을 여의어야 선의 모습이다. 마음은 허공과 같으나 허공이라는 자취도 없다."

지황이 이 말을 듣고도 의문이 멈추지 않아 벌떡 일어나 석장을 끌고 곧장 남쪽으로 가서 조계를 뵙고 절을 하니, 6조도 이와 같이 말하매, 지황이 이 말씀에 크게 깨달았다.

그날 밤 용신이, 본래 살던 암자의 단월檀越의 꿈에 나타나서 말하기를 "지황智皇 선사께서 오늘 밤 도를 이루셨습니다" 하였다.

사공산司空山 본정本淨 화상

6조의 법을 이었다. 성은 장張씨이며, 강주絳州 사람이다.

어떤 스님이 물었다.
"기특한 일은 어떠합니까?"
선사가 말했다.
"한 생각조차 마음에 기쁨이 없느니라."
스님이 말했다.
"어찌 기쁨이 없을 수 있습니까?"
선사가 말했다.
"기쁨은 누구의 몫인가?"

천보天寶 3년에 왕이 명하여 중사中使[22] 양광정楊光庭으로 하여금 사공산司空山에 가서 항춘등恒春藤을 캐어 오게 하였는데, 그가 절에 이르러 선사원禪師院에 가서 말을 나누던 차에 선사에게 물었다.

"제자는 생사의 일이 크옵기에 일심으로 도를 사모하오니, 원컨대 화상께서는 자비로써 구제하시어 제도하여 주소서."

선사가 말했다.

"대부大夫는 경성에서 왔으니 제왕의 땅이라, 선을 하는 이〔禪伯〕[23]가 심히 많으리니, 그곳에 가서 물어보라. 나는 늙고 병들어 아무것도 아는 것이 없노라."

중사가 예를 올리고 거듭 청하니, 선사가 말했다.

"부처 구하기를 위함인가, 아니면 도를 묻고자 하는가? 만약 부처가 되기를 구한다면 마음이 부처이며, 만약 도를 묻고자 한다면 무심無心이 바로 도이니라."

---

22 궁중에서 보내는 사신, 내밀內密히 보내는 사신이므로 내사內使라고도 한다.
23 선수행의 대가를 지칭한다.

중사가 말뜻을 알지 못하여 말해 줄 것을 거듭 청하니, 선사가 또 말했다.

"만약 부처를 구하고자 한다면 마음이 바로 부처이다. 부처는 마음을 인하여 있음이니, 만약 무심無心임을 깨달을 것 같으면 부처 또한 있을 리가 없으며, 만약 도를 알려고 한다면 무심이 바로 도이니라."

중사가 말했다.

"서울의 대덕들은 모두 보시布施·지계持戒·인욕忍辱·고행苦行 등으로 부처를 구하게 하는데, 이제 화상께서는 무루無漏의 지혜 성품이 본래부터 갖추어져 본디 청정하여 수행을 빌리지 않는다고 말씀하시니, 그런고로 전에는 헛되이 공만 허비했음을 알겠습니다."

중사가 서울에 돌아가 왕에게 향춘등을 바쳐 올리고 나서 선사와 있었던 위와 같은 일들을 낱낱이 아뢰니, 왕이 듣고 나서 명을 내려 중사로 하여금 다시 가서 조칙을 전하고 선사를 모셔 오게 하였다.

천보天寶 3년 12월 17일에 선사가 서울에 이르러 수인사를 마치니, 왕이 백련화정자白蓮花亭子에 있게 하였다.

정월 15일에 조칙이 있어 서울 안 대사와 대덕들로 하여금 선사와 더불어 도를 논論하도록 하였다.

선사가 말했다.

"산승은 오랫동안 병들어 있어 담론할 여가가 없으므로 번거로운 말을 빌릴 것 없이 요점만 말하여 질문에 대답만 하겠습니다."

태평사泰平寺의 원遠 선사가 물었다.

"성인 앞에서 번거로운 말을 감히 못하겠습니다. 무엇을 도라 하겠습니까?"

선사가 말했다.

"도란 본래 이름이 없는 것이나 마음을 인하여 도라고 이름하는데, 만약 마음이 있다 한다면 도를 끝까지 궁구한 것이 못 되고, 또 마음이 만약 없다고 한다면 도가 무엇을 의지하여 있겠습니까? 둘 다 허망한 것이어서 모두 거짓 이름일 뿐입니다."

"현재 있는 몸과 마음이 도가 아니겠습니까?"

"소승의 몸과 마음은 본래 도입니다."

"아까는 무심無心이 바로 도라 하고, 지금은 몸과 마음이 본래 도라고 하니, 어긋나는 것이 아닙니까?"

"무심無心이 바로 도道이니, 마음이 없어지면 도道도 없어집니다. 마음과 도道는 하나이므로 무심이 바로 도道라 하였습니다. 몸과 마음이 바로 도道라는 것은 도道 또한 본래 이 몸과 마음인 것입니다. 몸과 마음이 원래 공허하니, 도道 또한 근원이 없습니다."

원공遠公이 말했다.

"아둔하고 모자란 산승도 이러한 도리를 알 수 있습니다."

선사가 말했다.

"대덕께서는 다만 산승의 상相만 보고 무상無相은 보지 못하니, 상으로 보는 것은 대덕의 소견입니다. 그런 까닭으로 이르되 '무릇 있는 상은 다 허망한 것이다. 만약 모든 상이 상 아닌 줄로 보면 곧 그 도를 깨달으리라' 했으니, 만약 상을 실實로 삼는다면 겁이 다하여도 결코 얻을 수 없습니다."

다시 물었다.

"지금 산승의 상相만 보고 산승의 무상無相은 보지 못한다 하오니, 청하옵건대 상相 중에서 무상無相의 이치를 말씀하여 주옵소서.”

“정명淨名이 말하되 ‘4대大는 주인이 없고 몸 또한 나라 할 것이 없다’고 했으니, 이는 무아소견無我所見이 도道와 더불어 상응相應함입니다. 대덕이시여, 만약 4대大에게 주인이 있다면 그 주인이 곧 나일 것이고, 만약 나라는 견해가 있다면 항하의 모래와 같이 많은 겁 중에도 알 수가 없을 것입니다.”

이 날 성상은 크게 기뻐하였고, 조정의 선비들도 모두 기뻐하였다.

선사가 이에 사대무주게四大無主偈를 읊었다.

4대大 무심하기가 저 물과 같아서

굽어진 곳에 이르든 곧은 곳에 이르든 이것이다 저것이다 함이 없다.

깨끗하고 더러운 두 곳에 마음 내지 않으니

막히고 뚫림에 언제 두 뜻이 있은 적이 있으리오.

경계에 닿으매 다만 물같이 무심하면

세상에서 종횡縱橫한들 무슨 일이 있으리오.

四大無心復如水　遇曲逢直無彼此
淨穢兩處不生心　壅決何曾有二意
境觸但似水無心　在世縱橫有何事

또 향산의 스님 혜명慧明이 물었다.

“무심이 바로 도라고 한다면 자갈돌도 무심하니 이 또한 도라고 해야 마땅하며, 몸과 마음이 바로 도라고 한다면 사생육류四生六類가 다 몸과 마음이 있으니 모두 도라고 해야 하지 않겠습니까? 만일 이에 관해 견해가 있으시거든 성상 앞에서 말씀해 주십시오.”

선사가 말했다.

"대덕이시여, 만약 보고 듣고 느끼고 아는 것 따위를 짓는 사람이라면 도를 구하는 사람이 아니니, 도와는 전혀 상응相應하지 못할 것입니다. 경에 '눈·귀·코·혀·몸·뜻이 없다' 했으니, 눈과 귀조차 없거늘 보고 듣고 느끼고 아는 것이 무엇을 의지해 있다고 말할 수 있겠습니까? 근본을 추궁하여도 있지 않거늘 어느 곳에 마음이 있으리오. 만약 무심을 안다 할 것 같으면 초목草木과 다를 것입니다."

혜명慧明이 대답이 없었다.

선사가 이어서 견문각지게見聞覺知偈를 읊었다.

> 보고 듣고 느끼고 아는 것 걸릴 데 없고
> 소리, 냄새, 맛, 닿음 늘 삼매라네.
> 새가 공중에서 다만 힘써 나는 것과 같이
> 가질 것도 버릴 것도 없고, 미워할 것도 사랑할 것도 없어라.
> 만약 처소에 따라 본래 무심함을 알면,
> 바야흐로 관자재觀自在라 이름할 수 있으리라.
>
> 見聞覺知無障碍　　聲香味觸常三昧
> 如鳥空中只沒氣　　無取無捨無憎愛
> 若會應處本無心　　方得名爲觀自在

또 백마사白馬寺[24]의 혜진惠眞이 물었다.

"선사께서 무심이 바로 도라고 말씀하셨지요?"

선사가 대답했다.

"그러합니다."

---

24 하남河南 낙양현洛陽縣 동쪽에 있는 절이다.

"도가 무심이라면 부처는 유심입니까? 부처는 도와 하나입니까, 둘입니까?"

"하나도 아니고 둘도 아닙니다."

"부처님께서 중생을 제도하심은 유심인 까닭이요, 도가 사람을 제도하지 못함은 무심인 까닭입니다. 하나는 제도하고 하나는 제도하지 못하니, 둘입니까, 둘이 아닙니까?"

"이는 대덕께서 망령되이 둘이란 견해를 내는 것입니다. 산승은 그렇지 않습니다. 어째서인가? 부처란 헛된 이름뿐이요, 도라는 것 또한 망령되이 세움이라, 둘 다 진실하지 않은, 도무지 거짓 이름뿐이거늘 한결같은 거짓 가운데에 어찌 둘을 세우십니까?"

다시 물었다.

"부처와 도가 비록 거짓 이름이라고 하나 이름을 세웠을 때에는 누가 세웠으며, 만약 세운 자가 있다면 어찌 없다고 말할 수 있겠습니까?"

"부처와 도는 마음으로 인하여 세워졌으나 마음의 근원을 추궁해 보면 마음 또한 없습니다. 둘이 다 허망한 것이 마치 허공꽃과 같아서 본래 비어 있는 곳에 억지로 부처와 도를 세웠음을 알게 됩니다."

이에 혜진이 찬탄하여 말했다.

"사법事法에 있어서는 다하지 못함이 없고, 이법理法에 있어서는 갖추지 않은 것이 없으니, 이는 진문眞門을 문득 보아서 마음이 바로 부처라 함이니, 가히 후세 중생에게 모범이 되어 줌이라."

그러자 선사가 무수게無修偈를 읊었다.

도를 보아야 도를 닦을 수 있는 것

도를 보지 못하고 어찌 닦으리.
도의 성품은 저 허공과 같거늘
허공 어느 곳을 닦는다 하겠는가?
見道方修道　不見復何修
道性如虛空　虛空何處修

도 닦는 사람들을 두루 보니
불을 쑤셔서 뜬 거품을 찾는도다.
다만 꼭두각시 놀리는 것을 보라.
줄이 끊어지면 한꺼번에 쉬는도다.
遍觀修道者　撥火覓浮漚
但看弄傀儡　線斷一時休

법공法空 선사가 물었다.

"부처와 도가 다 거짓 이름을 허망하게 세운 것이라면 12부部의 경도 또한 실답지 않아야 마땅하며, 예부터 존숙尊宿들께서 대대로 이어오면서 다 말하기를 도를 닦는다 하는데, 그런 것들이 다 망령된 것이지 않겠습니까?"

선사가 말했다.

"그러나 12부의 교敎[25]가 다 도에 부합符合합니다. 선사께서 잘못 알아 도를 등지고 교를 따라갑니다. 도란 본래 닦을 것 없는데 선사께서 억지로 닦으며, 도란 본래 지음이 없는데 선사께서 억지로 지으며, 도란 일이 없는데 억지로 많은 일을 내며, 도란 본래 함이 없거늘 그 가운데서 억지로 하며, 도란 본래 앎이 아니거늘

25 12부경部經, 즉 12분교分敎라 한다. 또한 12분경分經이라고도 한다.

그 가운데서 억지로 알려 하나니, 이와 같은 견해는 본래 알지 못해 그런 것이니, 모름지기 스스로 잘 생각해야 할 것입니다."

선사가 배도축교게背道逐敎偈를 읊었다.

도의 체는 본래 닦음 없으니
닦지 않아도 절로 도에 부합하도다.
만약 도 닦을 마음을 일으키면
이 사람은 도를 알지 못하는 것이다.

道體本無修　不修自合道
若起修道心　此人未會道

하나의 참 성품을 버려 버리고
도리어 끝없이 시끄러움 속에 들어서
홀연히 도 닦는 사람 만나면
절대 도를 향하지 말라.

棄却一眞性　却入鬧浩浩
忽逢修道人　第一莫向道

또 복선사福先寺의 안安 선사가 물었다.

"도가 거짓 이름이라 한다면 부처님 또한 망령되이 12부의 교로 중생을 제접하는 방편을 세우신 것입니다. 일체가 모두 망妄이라 한다면 무엇을 참이라 하겠습니까?"

선사가 말했다.

"망이 있는 까닭으로 참으로 망에 상대하게 되는데, 망의 성품을 추궁하여 보면 본래 공적한 것입니다. 참 또한 그러할진대 어찌 실체가 더 있다 하겠습니까? 따라서 진과 망이 모두 거짓 이름임을 알 수 있습니다."

자리에 있던 모든 사람들이 모두 다 문득 깨달았다.

또 물었다.

"일체가 다 망이라 한다면 망 또한 진과 같을 것이니, 진과 망이 다름이 없다면 다시 무엇이겠습니까?"

선사가 말했다.

"만약에 무엇인지를 말한다면 이 또한 망입니다. 도는 비슷한 것 없고, 도는 견줄 것 없으며, 도와 비유할 것도 없고, 도는 대치對治할 것도 없으니, 도라고 함은 말로써 이치를 설명한 것이므로, 이치를 얻어서 말을 잊으면 말의 성품이 비어 있는 줄 알게 됩니다. 이런 사람은 도를 깨달은 사람입니다. 그래서 경에서 말하기를 '언어의 길이 끊어지고 마음 쓸 곳도 멸한 것'이라 했습니다."

선사가 진망게眞妄偈를 읊었다.

진을 궁구해 보니 진은 모양 없고
망을 궁구해 보아도 망 또한 모양이 없네.
돌이켜 미루어서 마음을 궁구해 보니
그 마음 또한 거짓 이름인 줄을 알겠네.
도 알기를 이와 같이 알기만 하면
마침내 그저 조용하리라.

窮眞眞無相　　窮妄妄無形
返觀推窮心　　知心亦假名
會道旣如此　　到頭也只寧

조성사照成寺의 달성達性 선사가 찬탄하고 물었다.

"그 이치가 심히 미묘하여 진과 망을 쌍으로 민멸泯滅시켜 부처와

도道 둘 다를 없앱니다. 수행하는 성품이 비어 있고 이름과 모양이 실답지 못합니다. 이와 같이 이해하는 때에는 저 중생들의 선악 두 뿌리〔二根〕를 끊을 수 없는 것을 보리라 할 수 있는 것입니까?"

선사가 말했다.

"선악의 두 뿌리는 마음으로 인하여 있는 것이라, 마음을 궁구하여 만약 있다고 한다면 근根 또한 없지 않으리니, 미루어 생각해 보건대 마음이 비어 있다면 근은 무엇을 인하여 서겠습니까? 경에서 말하기를 '선과 불선不善은 마음을 따라 변하여 난다' 했으니, 선업과 악업의 연緣이란 본래 실다움이 없는 것입니다. 비록 실답지 않으나 불공심不共心과는 함께합니다."

선사가 선악이근불실게善惡二根不實偈를 읊었다.

선이 마음을 따라서 생긴 것이라면
악인들 어찌 마음을 떠나서 있다 하리오.
선악이라는 것은 밖의 연緣이라
마음에는 실로 있지 않네.

善旣從心生　　惡豈離心有
善惡是外緣　　於心實不有

악을 버려 어디로 보내며
선을 가진다면 누구로 하여금 지키게 하리오.
슬프다, 선과 악을 보는 이여,
연緣에 끌려 양쪽으로 달음질치누나.
홀연히 무생의 근본을 깨달으면
비로소 전부터의 허물을 알게 되리라.

捨惡送何處　　取善令誰守
傷嗟二見人　　攀緣兩頭走
忽悟無生本　　始會從前咎

또 선비인 손체허孫體虛가 물었다.

"이 몸은 어디서 나왔으며, 죽은 뒤에는 다시 어느 곳으로 돌아갑니까?"

선사가 대답했다.

"마치 어떤 사람이 잠이 들어 홀연히 꿈을 꾸는데, 꿈은 어디서 나왔으며 잠을 깬 뒤에 어디로 갑니까?"

"꿈꿀 때는 없다고 말할 수 없으나 홀연히 깨어난 뒤에는 있다고 말할 수 없습니다. 비록 왕래함이 있으나 왕래한 곳이 없습니다."

선사가 말했다.

"빈도貧道의 몸 또한 그 꿈의 체가 허한 것과 같아서, 이 몸이 실로 꿈과 같은 줄을 문득 깨달았습니다."

선사가 내왕여몽게來往如夢偈를 읊었다.

마치 꿈속에 있는 것과 같음을 역시 아나니
잠 속은 실로 시끄러운데
홀연히 깨달아 만사를 쉼이
잠자다가 깨어난 것과 같음이다.

亦知如在夢　　睡裏實是鬧
忽覺萬事休　　還同睡時覺

지혜 있는 자는 꿈임을 깨달아 알지만
미혹한 사람은 꿈속의 시끄러움을 믿네.

꿈인 줄 알면 둘로 나뉨이 없고
한번 깨달으면 따로 깨달을 일 없도다.
부귀와 빈천,
다시 또 다른 이치가 아니로다.

智者會悟夢　　迷人信夢鬧
會夢無兩般　　一悟無別悟
富貴與貧賤　　更亦無別道

선사가 상원上元 3년 5월 5일에 입적하였으니, 춘추가 95세였다. 왕이 시호를 내려 대효大曉 선사라 하였다.

일숙각一宿覺 화상

6조의 법을 이었고, 온주溫州에서 살았다. 선사의 휘諱는 현각玄覺이요, 자는 도명道明이며, 속성은 대戴씨이며, 온주溫州의 영가현永嘉縣 사람이다. 내외의 경전을 널리 통달하고, 밭 갈지 않고 먹으며 누에를 치지 않고 입으니, 그의 평생의 공업功業은 사람들이 헤아릴 수 없는 것이었다.

일찍이 온주의 개원사開元寺에 있으면서 편모에게 효순하고, 더하여 누이까지 있어 두 사람을 시봉하니, 온 절과 마을 사람들이 모두 그를 비방하였다.

어느 날 어머니가 별세하여 상복을 입고서도 누이를 버리지 못하니, 더욱 사람들의 비방을 받았으나 그는 전혀 그러한 눈치를 채지 못했다.

어느 날 복도에 신책神策이라는 선사가 지나가고 있었는데, 나이는 60여 세였다. 이들 오누이가 발[簾] 밖으로 그 노숙老宿을 보자 누이가 말했다.

"저 노숙을 방으로 청해서 차를 대접하면 좋겠다."

동생이 얼른 나가서 노숙老宿을 청했더니, 노숙은 들어오지 않으려다가 그 스님의 간절한 청에 못 이겨 허락하였다.

노숙이 방으로 들어오자, 여인이 나와 맞으면서 말했다.

"제 동생이 노스님을 모시는 예의가 경솔한 것 같으나 허물하지 마십시오."

그리고는 노숙과 함께 자리를 마주하여 앉고, 동생도 앉으라 하여 세 사람이 이야기를 나누던 끝에 노숙은 그 스님의 기상이 다른 사람들과 다름을 느끼고, 또 그 누이도 대장부의 기개가 있음을 느껴 그 스님에게 권했다.

"부모와 형제에 효순하는 일도 한 가지 길이며, 불법의 이치를 밝히기는 했으나 스승의 인가를 얻지 못했구나. 과거의 부처님들도 성인과 성인이 서로 전하시고 부처와 부처가 서로 인가하였으니, 석가여래께서도 연등불의 수기授記를 받으셨다. 만일 그렇게 하지 않으면 자연히 퇴전한다. 남방에 큰 스승이 있으시니, 혜능慧能 선사이시다. 그리로 가서 예배하고 스승으로 섬겨라."

스님(영가)이 대답했다.

"엊그제 어머니께서 별세하시고 홀로 있는 누이 하나뿐이어서 아무도 보살필 이가 없거늘 어찌 버리고 떠나겠습니까?"

이때 누이가 아우에게 말했다.

"동생, 내 걱정은 말고 혼자 떠나시오. 나는 혼자 몸이지만 의지해 머무를 곳이 있을 터이니, 그저 떠나기만 하소."

동생 스님이 이로부터 짐을 꾸려 놓고, 주지에게 가서 앞의 일을 자세히 이야기하니, 주지가 말했다.

"사형에게 그러한 선심이 있으시면 나도 몸소 가지는 못하지만 좋은 인연만은 함께 지읍시다. 사형은 마음 놓고 떠나기만 하시고 누님은 걱정을 마시오. 나도 성격이 효순합니다. 그저 여기까지 불러다 주기나 하시오."

그 스님이 주지의 분부대로 낱낱이 처리하고, 누이를 불러 주지의 방으로 데려다 주어 안배를 마치고는 떠났다.

그때 그 스님의 나이는 31세였다. 걷고 걸어 시흥현始興縣 조계산曹溪山에 이르니, 때마침 대사가 상당上堂하여 있었다. 석장을 들고 올라가 선상을 세 번 돌고는 우뚝 서 있으니, 6조가 물었다.

"무릇 사문은 삼천위의三千威儀와 팔만세행八萬細行을 갖추어서 행과 행이 이지러짐이 없어야 사문이라 하는데, 대덕은 어디서 왔기에 도도히 아만我慢을 부리는가?"

스님이 대답했다.

"나고 죽음의 일이 크고, 무상함이 너무나 빠릅니다."

"그렇다면 어째서 남[生]이 없음을 체득해 본디 빠르지 않은 도리를 터득하지 않는가?"

"체득에는 본래 남이 없고, 터득함에는 빠름이 없습니다."

"그대는 남이 없는 뜻을 매우 잘 알고 있도다."

"남이 없음에 어찌 뜻이 있겠습니까?"

"뜻이 없다면 누가 분별할 수 있겠는가?"

"분별하는 것, 역시 뜻이 아닙니다."

"그렇다. 옳은 말이다."

이때 천여 명의 대중이 모두 깜짝 놀랐다. 선사(영가)는 다시 동랑東廊으로 가서 석장을 걸어 놓고 위의를 갖추어 상당하여 정중히 절하고 잠자코 눈을 들어 두 눈이 마주치게 하고는 바로 나가, 곧장 승당僧堂으로 가서 대중을 찾아뵙고는 다시 올라와서 조사께 하직을 고하니, 조사가 말했다.

"대덕은 어디서 왔기에 서둘러 돌아가는가?"

선사가 대답했다.

"본래 움직이지 않았거늘, 어찌 빠름이 있겠습니까?"

"움직임이 아닌 줄을 누가 아느냐?"

"스님 스스로가 분별을 냅니다."

조사가 한 번에 뛰어내려 등을 어루만지면서 말했다.

"장하다, 옳은 말이다. 손에 무기〔武〕를 들었구나. 하룻밤만 묵어가라."

이튿날 조사에게 하직을 고하니, 조사가 대중을 거느리고 그를 전송하는데, 그가 열 걸음쯤 걸어 나와 석장을 세 차례 구르고 말했다.

"조계를 한 차례 만난 뒤로는 생사와는 전혀 상관없음을 분명히 알았노라."

선사가 본고장으로 돌아오니, 그의 소문은 먼저 와서 퍼져 있었으니, 부사의한 사람이라 하였다. 그에게 다녀간 이가 무수하며, 공양한 이가 한둘이 아니었다. 이로부터 있었던 그의 모든 노래와 게송은 모두가 그의 누이가 수집한 것이었다.

선사는 선천先天 2년 10월 17일에 입적하였으니, 춘추는 39세였다. 시호는 무상無相 대사라 하사되었고, 탑호塔號는 정광淨光이라 하였다.

회양懷讓 화상

6조의 법을 이었고, 남악에서 살았다. 속성은 두杜씨이며, 금주金州 사람이다. 처음 태어날 때, 여섯 가닥의 흰 서기가 하늘로 뻗치더니, 의봉儀鳳 2년 4월 초파일에 탄생하였다.

이러한 상서祥瑞를 본 자사刺使 섬견贍見이 왕에게 고하니, 고종高宗 황제가 물었다.

"이 서기瑞氣는 어떤 상서로움인가?"

태사가 대답했다.

"나라의 법보가 속세에 있지 않고, 귀한 사람이 안강安康의 금주金州 지방에 있다는 뜻입니다."

이때 금주 태수 한해韓偕가 자세히 기록해서 보고하니, 황제가 분부하였다.

"승가의 상서이니, 더욱 경사로운 일이다."

한해에게 칙령을 내려 직접 가서 양육하는 것을 살펴보고 후하게 상을 내려 위로하게 하였다.

이때 성은 두杜씨요 이름은 광기光奇라는 이의 집안에 세 아들이 있었는데, 세 아들 중 이 상서祥瑞에 응해 태어난 아들이 다섯 살이 되자, 생김새가 다른 사람보다 훨씬 뛰어나고 마음에는 은혜와 겸양을 갖추어 남과 다투는 일이 없었으므로 그의 부모는 그를 양讓이라 이름 지었다.

그가 10세가 되기까지 오직 불경佛經만을 좋아하였는데, 때마침 지나가던 삼장 현정玄靜이 설법을 하고, 이어 그 부모에게 일렀다.

"이 아이는 출가하여 최상승의 법을 얻어 지극히 미묘한 경지에 이를 것이며, 불법의 이치를 터득할 것입니다."

수공垂拱 4년에 15세가 되자, 문득 부모를 하직하고 형주荊州의 옥천사玉泉寺로 가서 홍경弘景 율사를 섬기어 8년이 지나자, 회양懷讓이라 이름하였다. 지통至通 원년 4월 12일에 그 절에서 구족계를 받고, 구시久視 원년 7월 18일에 이르러 스스로 탄식했다.

"내가 지금 계를 받은 지 다섯 해를 지나는 동안 위의를 널리 배워 겉모양은 점잖게 되었지만, 진리는 배우려 해도 깨달을 길이 없구나."

또 말했다.

"출가라는 것은 무위법을 위해서이니, 천상과 인세에 이보다 나은 일이 없으리라."

이때 탄연坦然이라는 선사가 있다가 선사가 한탄하는 것을 보고, 함께 행각行脚을 떠나 여러 선지식을 찾아뵙자고 하여 숭산嵩山 안安 화상에게로 갔다.

탄연은 조사가 서쪽에서 온 뜻을 물어 깨닫고 이어 안 화상을 섬기었으나, 선사는 바로 조계로 가서 6조에게 의지했다.

6조가 물었다.

"그대는 지금 어디에서 오는 길인가?"

선사가 대답했다.

"숭산嵩山에서 일부러 화상께 예배하러 왔습니다."

"무슨 물건이 이렇게 왔는가?"

"한 물건이라고 말해도 맞지 않습니다."

그리고는 6조의 곁에서 12년 동안을 모시고 경운景雲 2년에 조사에게 절하고 하직을 고하니, 조사가 물었다.

"한 물건이라 해도 맞지 않다 했는데, 그것을 닦아 증득할 수 있겠는가?"

"닦아 증득하는 것이야 없지 않으나 더럽힐 수는 없습니다."

"그 더럽힐 수 없는 것이 부처님들께서 보호하시는 바이니, 그대도 그렇고 나도 그러하니라. 서천西天의 27조 반야다라般若多羅께서 그대에 관해 예언하셨는데, 불법이 그대로부터 융성하리라 하셨느니라. 이 뒤에는 망아지(마조를 가리키는 말)가 천하 사람을 밟아 죽이리니, 그대는 이 법을 너무 일찍 말해 주지 말라. 병폐가 그대에게 있게 되리라."

마馬 화상이 한쪽에 앉았는데, 선사가 벽돌을 가지고 그 앞으로 가서 돌에다 갈았다. 이를 본 마 화상이 물었다.

"무엇을 하십니까?"

선사가 대답했다.

"벽돌을 갈아 거울을 만들려 하오."

"벽돌을 갈아서 어찌 거울을 만들 수 있습니까?"

"벽돌을 갈아 거울을 만들 수 없다면 좌선하여 어찌 부처를 이루리오?"

"그러면 어찌하여야 옳습니까?"

"사람이 수레를 몰고 가는 것과 같소. 수레가 가지 않으면 수레를 때려야 되겠는가, 소를 때려야 되겠는가?"

그리고는 다시 말했다.

"그대는 좌선坐禪을 배우려는가, 좌불坐佛을 배우려는가? 만일 좌선을 배우려 한다면 선은 앉거나 눕는 것이 아니요, 좌불을 배우려 한다면 부처는 일정한 모습이 아니어서 법에 머묾도 없고 취할 수도 없거늘 어찌해야 하는가? 그대가 만일 앉는 것이 부처라 한다면 부처를 죽이는 것이요, 앉는 모습에 집착한다면 해탈의 이치가 아니니라."

마 화상이 선사의 설법을 듣자, 곧 자리에서 일어나 절을 하고 물었다.

"어떻게 마음을 써야 선정의 무상삼매無相三昧[26]에 부합되겠습니까?"

선사가 대답했다.

"그대가 심지법문心地法門[27]을 배우는 것은 마치 종자를 뿌리는 것 같고, 내가 법요法要를 말해 주는 것은 단비와 같다. 그대는 인연이 계합하는 까닭에 도를 보게 될 것이니라."

또 물었다.

"화상께서 도를 본다 하시는데, 어떤 도를 봅니까? 도는 색色이 아니거늘 어떻게 봅니까?"

선사가 대답했다.

"심지를 보는 법안法眼으로 도를 볼 수 있나니, 무상삼매도 역시 그러하니라."

"이루어짐과 무너짐이 있겠습니까?"

"만일 도에 계합하면 시작도 끝도 없고, 이룸도 무너짐도 없으며, 모아짐도 흩어짐도 없고, 길지도 짧지도 않으며, 고요하지도 않고 어지럽지도 않으며, 급하지도 않고 느슨하지도 않느니라. 이렇게 알면 바야흐로 도라 이름하니, 그대는 나의 가르침을 받아

---

26 차별상差別相을 떠난 삼매. 이때의 무상無相은 모양이 없다는 뜻이 아니라, 본래면목本來面目의 실상實相을 말하여 본래 면목을 실증하는 수행을 가리켜 이같이 말한 것이다.

27 '심지心地'는 사람에게 본래 갖추어져 있는 진심眞心을 대지大地에 비유해서 한 말. 마음은 일체의 근원으로서 일체의 온갖 사상事象을 낳기 때문에 모든 것을 싹트게 하는 대지에 비유해서 말한 것이다.

나의 게송을 들어라."

그리고는 다음과 같이 읊었다.

마음 땅에 여러 종자를 머금었으니
비를 만나면 모두가 싹이 튼다.
삼매의 꽃은 형상이 없거늘
어찌 무너짐과 이루어짐이 있으랴?

心地含諸種　　遇澤悉皆萌
三昧花無相　　何壞復何成

어떤 대덕이 물었다.

"거울로 형상을 주조하여 형상이 만들어지면 거울의 밝음은 어디로 갑니까?"

선사가 대답했다.

"마치 대덕이 출가하기 전의 모습과 같으니, 그 모습이 어디로 갔는가?"

"형상이 이루어진 뒤에는 어찌하여 비추지 못합니까?"

"비추지는 않으나 조금도 속일 수는 없느니라."

선사가 천보天寶 3년 8월 12일에 입적하니, 시호는 대혜大慧 선사라 하사하였고, 탑호塔號는 최승륜最勝輪이었다.

조당집 제4권

석두石頭 화상

길주吉州 행사行思 화상의 법을 이었고, 남악南嶽에서 살았다. 휘諱는 희천希遷이요, 속성은 진陳씨이며, 단주端州의 고요高要 사람이다.

태중에 있을 때에 어머니가 비린내와 누린내 나는 음식을 끊었다. 탄생하는 날 저녁 방 안에 광명이 가득하여서 부모가 이상하게 여겨 무당〔巫祝〕에게 물으니, 무당이 대답했다.

"이는 길하고 상서로운 징조입니다. 풍골이 단정하고 수려하며, 턱이 모지고 귀가 크며, 극히 조용하여 잡되지 않으니, 예사 아이들과는 다릅니다."

7, 8세 무렵〔齠齔〕[1] 절에 갔는데, 불상을 보자 어머니가 절을 하게 하면서 "이것이 부처님이시다" 하니, 선사가 절을 하고, 한참 바

---

1 젖니가 빠지고 영구치가 날 무렵을 가리킨다.

라보다가 말했다.

"이 사람의 형상이나 손발 어디가 사람과 다른가? 이가 부처라면 나도 부처가 되리라."

이에 승속이 모두 그의 말을 기이하게 여겼다. 이때 친척과 마을에서는 모두가 미신을 숭상하여 희생물을 가지고 가서 복을 빌었는데, 동자가 불쑥 따라가서 보고는 제단을 헐고 희생물을 빼앗아 가지고 오기를 10여 년 동안 하니, 친족들 모두가 절을 돌면서 더욱 깨끗한 업을 닦기 시작했다.

이때 6조가 바야흐로 바른 법을 펴고 있었는데, 선사는 대대로 신주新州 가까이 살았으므로 바로 가서 6조를 뵙게 되었다. 6조가 한 번 보자마자 기뻐하며 머리를 만지면서 말했다.

"네가 나의 참 법을 잇게 될 것이니라."

그리고는 밥상을 함께하면서 출가하기를 권하니, 이에 머리를 깎고 속세를 떠났다.

개원開元 16년에 나부산羅浮山에서 구족계를 받고 율부律部를 뒤지다가 장점과 단점을 발견하고 분연히 탄식했다.

"자성自性 청정함이 계戒의 본체이다. 여러 부처님은 지음〔作〕이 없거늘 어찌 남〔生〕이 있으랴?"

이로부터는 사소한 일에는 구애받지 않고 문자를 숭상하지도 않았다.

또 승조僧肇의 『열반무명론涅槃無名論』을 보다가 "만상萬像을 망라해서 자기를 삼는 것은 성인뿐이시다"라고 한 곳에 이르러 다음과 같이 찬탄했다.

"성인은 자기가 없되 자기 아닌 것이 없고, 법신法身은 한량이 없거니 누가 나와 남이라 말하랴. 둥근 거울이 그 사이에 비치면

만상萬像의 현묘한 본체가 저절로 나타난다. 경계와 지혜가 진실로 하나이거니, 누가 있어 가고 오는가? 참으로 훌륭하도다. 이 말씀이여."

일찍이 산골 초막에서 잠시 졸다가, 자신이 6조와 한 마리의 거북을 타고 깊은 못 안을 헤엄쳐 가는 꿈을 꾸었다. 꿈에서 깨어나 다음과 같이 말했다.

"거북은 신령한 지혜요, 못은 성품의 바다이니, 나와 우리 스님은 함께 신령한 지혜를 타고 성품의 바다에 왕래한 지가 오래되었구나."

6조가 임종할 때 선사가 물었다.

"화상께서 돌아가신 뒤에 저는 누구를 의지하리까?"

6조가 대답했다.

"행사行思 스님을 찾아가거라."

6조가 입적하자, 바로 청량산淸凉山 정거사靖居寺 행사行思 화상을 찾아가 절을 하고, 곁에 모시고 섰으니, 화상이 물었다.

"어디서 왔는가?"

"조계에서 왔습니다."

이에 화상이 화양자(和痒子 : 효자손)를 들어 올리고 물었다.

"거기에도 이런 것이 있던가?"

"거기뿐만 아니라 서천西天에도 없습니다."

"그대는 서천에 가 본 모양이구나?"

"만약 갔었다면 거기에는 있었을 것입니다."

"틀렸으니 다시 말하라."

"화상께서도 반쯤은 말씀하십시오. 어째서 저더러만 말하라 하십니까?"

"그대에게 말하기는 어렵지 않으나 뒷날 이를 감당할 수 있는 이가 없을까 걱정이니라."

화상이 또 물었다.

"그대가 조계에 갔었다는데, 무엇을 얻어 가지고 왔는가?"

"조계에 간 적도 없고 잃은 적도 없습니다."

그리고는 선사가 오히려 화상에게 물었다.

"화상께서 일찍이 조계에 계실 적에 큰스님을 아셨습니까?"

행사 화상이 물었다.

"그대는 지금 나를 아는가?"

"안다고 해도 어떻게 안다고 할 수 있겠습니까?"

그리고 물었다.

"화상이 영남에서 나오신 뒤, 여기에 얼마나 계셨습니까?"

행사 화상이 대답했다.

"나도 모른다. 그대는 언제 조계를 떠났느냐?"

"저는 조계에서 오지 않았습니다."

"나는 그대가 온 곳을 안다."

"화상께서는 어른이신데 경솔한 말씀을 마십시오."

행사 화상은 선사가 예사 사람과는 다르다는 것을 알고, 서협西俠[2]에 안배하니, 아침저녁으로 오로지 화상의 곁을 떠나지 않았다.

선사는 겉모양이 단정하고 남들의 시비를 잘 판정하니, 이 소문이 곧장 화상에게 들렸다. 화상이 이 소식을 듣고 선사에게 말했다.

"그대의 때는 바로 이때이니라."

---

2 가까이에서 시봉侍奉할 수 있도록 마련된 시자실侍者室이다.

선사가 응낙하였다. 이튿날 죽 먹는 북이 울리자 선사가 서협西俠 안에서 앉아 팔을 뻗어 죽을 받으려는데, 부엌에서 일하는 스님이 그의 발우를 보고 찾아와 보니, 선사가 화상의 죽을 받으려는 것이었다. 대중들이 모두 그가 선사임을 알고 범부로 취급했으며, 성인을 알지 못하는 까닭에 화상을 비방하고 또 선사도 헐뜯었다. 모두가 일제히 올라와서 선사로 하여금 화상 앞에서 잘못을 참회하게 하였다. 행사 화상이 선사에게 말했다.

"지금부터는 절대로 이런 일을 하지 말라. 만일 이런 일을 하면 그대의 바른 안목이 가려지기 쉬우리라."

선사가 계를 받고 나니, 화상이 물었다.

"그대는 이미 계를 받았다. 여전히 율을 듣고자 하는가?"

"율을 들을 필요가 없습니다."

행사 화상이 말했다.

"여전히 계를 기억하려 하는가?"

선사가 대답했다.

"계를 기억할 필요조차 없어졌습니다."

"그대가 회양 화상께 편지를 전해 주어야 되겠는데, 하겠는가?"

"그리하겠습니다."

"빨리 갔다가 빨리 오라. 그대가 만일 조금이라도 늦으면 나를 보지 못할 것이요, 그대가 나를 보지 못하면 내 평상 밑의 큰 도끼를 받지 못하리라."

선사는 곧 남악의 회양 화상에게 가서 편지도 전달하기 전에 먼저 절을 하고 물었다.

"성현들을 흠모하지도 않고 자기의 영혼을 소중히 여기지도 않는다면 어떠합니까?"

회양 화상이 대답했다.

"그대의 물음이 매우 도도하구나. 나중에 사람들을 천제闡提[3]로 만들겠구나."

"차라리 영원토록 지옥에 빠질지언정 성현들에게 벗어나기를 구하지는 않겠습니다."

선사가 인연도 맺지 않고, 서신도 전하지 않은 채, 바로 스승의 처소로 돌아오니, 화상이 물었다.

"그쪽에서 전하는 편지가 있던가?"

"그쪽에서 아무런 전갈도 없었습니다."

"회답은 있었는가?"

"소식도 전하지 못하고 글도 건네지 못했습니다."

그리고는 이어 물었다.

"제가 떠날 때에 화상께서 말씀하시기를 '빨리 와서 평상 밑의 큰 도끼를 가져라' 하셨는데, 지금 왔으니 큰 도끼를 주십시오."

화상이 양구良久하니, 선사가 절을 하고 물러갔다.

이러한 깊은 뜻을 어찌 하열下劣한 근기들이 감당할 바이겠는가. 이는 부처님과 부처님들이 마음의 등불을 밝히시던 것이며, 조사와 조사가 비밀하게 전하던 법인法印이다.

선사가 이미 계합하여 오랫동안 화상의 장실丈室을 모시다가 떠나기에 임하여 세상 밖의 진리를 이어받으니, 장한 일을 다 갖추어 도를 펼 만하게 되었다.

이에 화상이 말하였다.

---

3 생사의 세계를 탐하여 떠나려고 하지 않는 사람. 이런 사람은 선천적으로 부처가 될 가능성이 없는 사람이다. 때문에 이런 사람은 도저히 교화될 수 없는 사람이며, 아무리 수행을 해도 깨달음을 얻을 수 없다.

"나의 법문은 옛 성인들이 차례차례 전하고 받으시던 바이니, 그대는 끊이지 않게 하라. 조사께서 그대에게 미리 수기授記하셨으니, 그대는 잘 보존해 가져라. 잘 가거라."

오래지 않아 행사 화상이 입적하니 선사가 초상을 다 치르고, 천보天寶 초엽에 이르러서야 형악衡岳으로 가서 골짜기들을 두루 살피다가 남대사南臺寺 동쪽에 대臺 같은 반석이 있음을 발견하고 그 위에 암자를 짓고 머무르니, 사람들이 석두 화상이라 부르게 되었는데, 이 석대石臺는 양梁의 해海 선사가 도를 얻은 곳이었다.

선사가 처음으로 이 남대에 왔을 때 남대사南臺寺의 스님이 새로 온 선사를 발견하고 회양에게 가서 말했다.

"엊그제 화상께 건방지게 불법을 묻던 후생이 와서 동쪽 돌 위에 앉았습니다."

이에 회양이 되물었다.

"사실인가?"

"사실입니다."

회양이 곧 시자를 불러 말했다.

"너는 곧 동쪽 대에 가서 자세히 보거라. 돌 위에 앉은 것이 분명 엊그제 왔던 후생이거든 부르되, 만일 대답을 하거든 그에게 '돌 위에 앉은 믿음직한 이, 이리로 옮겨 심을 만하다'고 전하라."

시자가 이 게송을 선사에게 전하니, 선사가 대답했다.

"그대의 통곡 소리, 아무리 슬퍼도 끝내 저 산을 넘어오지는 못하리."

시자가 다시 이 게송을 회양 화상에게 전하니, 회양이 말했다.

"그 스님의 자손들이 뒷날 천하 사람들의 입을 막아 버릴 것이니라."

또 시자에게 가서 법을 물어보라 했더니, 시자가 가서 물었다.

"어떤 것이 해탈입니까?"

선사(석두)가 대답했다.

"누가 너를 속박했더냐?"

"어떤 것이 정토淨土입니까?"

"누가 너를 더럽히더냐?"

"어떤 것이 열반입니까?"

"누가 너에게 생사를 주었더냐?"

시자가 이 말을 화상에게 전하니, 화상이 곧 합장하고 받들었다.

이때 견고堅固라는 선사와 난蘭과 양讓, 세 사람이 세상의 추앙을 받고 있었는데, 모두가 똑같이 말했다.

"저 돌 위에서 진짜 사자후師子吼가 난다."

이에 화상이 주사승主事僧을 불러 이제까지 있었던 일을 자세히 이야기해 주니, 주사승이 말했다.

"스님께서 이 일을 처리해 주십시오."

이에 화상이 대중을 거느리고 동쪽 대臺로 가서 석두 선사를 보니, 선사도 어쩔 수 없이 억지로 일어나 영접하고 인사를 나누었다. 회양 화상이 선사를 위해 절을 짓고 맡아보게 하였다.

어떤 스님이 물었다.

"어떤 것이 조사께서 서쪽에서 오신 뜻입니까?"

선사가 대답했다.

"기둥〔露柱〕에게 가서 물어봐라."

"잘 모르겠습니다."

"나는 더 모른다."

태전太顚이 물었다.

"옛사람이 말하기를 '있다고 말하는 것과 없다고 말하는 것 두 가지 모두 비방이다' 하였으니, 스님께서 없애 주십시오."

선사가 대답했다.

"바야흐로 한 물건도 없는데, 무엇을 없애 달라는 것이냐?"

이어 선사가 태전에게 다그쳐 되물었다.

"목구멍과 입술을 통하지 말고 속히 말하라."

스님이 대답했다.

"그런 것은 없습니다."

선사가 말했다.

"만약 정녕 그렇다면 그대는 문門에 들어섰느니라."

스님이 물었다.

"어떤 것이 본래의 일입니까?"

선사가 대답했다.

"그대는 어찌하여 내게 와서 찾는가?"

"스님께 찾지 않으면 어찌해야 됩니까?"

"언제 잃었기에 그러느냐?"

약산藥山이 앉았는데, 선사가 물었다.

"여기서 무엇을 하는가?"

약산이 대답했다.

"아무것도 하지 않습니다."

"그렇다면 한가히 앉은 것이로구나."

"한가히 앉았다면 그 역시 하는 것입니다."

"그대는 하지 않는다 하는데, 무엇을 하지 않는다는 것이냐?"

"천 성인도 알지 못합니다."

이에 선사가 게송으로 찬탄하였다.

> 전부터 함께 지내면서 이름조차 모르는 채
> 마음 내키는 대로 서로 잡고 어디로 가는가.
> 예부터의 높은 현인도 알지 못했거늘
> 경솔한 예사 무리야 어찌 알아차릴 수 있으랴.
> 從來共住不知名　任運相將作麼行
> 自古上賢猶不識　造次常流豈可明

어떤 스님이 이 일을 들어서 장남漳南에게 물었다.

"천 성인이라면서 어찌 알지 못합니까?"

장남이 대답했다.

"천 성인이라니, 그 무슨 찻잔이 부딪치는 소리냐?"

선사가 어떤 스님에게 물었다.

"어디서 오는가?"

"강서에서 옵니다."

"강서에서 마조를 뵈었는가?"

"보았습니다."

선사가 곁의 말뚝 하나를 가리키면서 물었다.

"마조와 이것을 비교하면 어떠한가?"

스님이 대답이 없었다. 그리고는 마조에게로 돌아가서 그 뜻을 풀어 주기를 청하니, 마조가 물었다.

"그대가 보건대 말뚝이 크던가, 아니면 작던가?"

"몹시 컸습니다."

"그대는 힘이 몹시 세구나."

"어째서 그런 말씀을 하십니까?"

"그대가 남악에서 말뚝 하나를 지고 예까지 왔으니, 어찌 힘이 센 것이 아니겠느냐?"

선사가 참동계參同契를 저술했으니, 다음과 같다.

천축의 큰 선인의 마음이
동서에서 비밀히 전해진다.
사람의 근기에는 둔함과 영리함이 있지만
도에는 남·북의 조사가 없다.

竺土大仙心　　東西密相付
人根有利鈍　　道無南北祖

신령한 근원은 밝고도 맑고
가지 친 가닥은 가만히 흐른다.
형상에 집착하면 원래 미혹이요
진리에 계합해도 깨달음은 아니다.

靈源明皎潔　　枝派暗流注
執事元是迷　　契理亦非悟

문門마다의 온갖 경계가
엇바뀐 듯하면서도 엇바뀌지 않는다.
엇바꾸지만 다시 서로 어울리고
그렇지 않으면 제자리에 머문다.

색 근본은 물질의 모습과는 다르고
소리의 근원 역시 고락苦樂과 다르네.

門門一切境　　廻互不廻互
廻而更相涉　　不爾依位住
色本殊質像　　聲源異樂苦

상품・중품의 말씀과
밝고 어둡고 맑고 흐린 구절에 가만히 부합하여
4대大의 성품이 저절로 회복되면
아들이 엄마를 만난 것 같으리.

暗合上中言　　明暗淸濁句
四大性自復　　如子得其母

불은 뜨겁고 바람은 흔들리며
물은 습하고 땅은 견고하다.
눈으로 색을, 귀로는 소리를
코로는 냄새를, 혀로는 맛을 안다.

火熱風動搖　　水濕地堅固
眼色耳聲音　　鼻香舌鹹醋

이러한 낱낱 법이
뿌리에 의해 잎을 펴니
근본과 지말 모두 조종朝宗으로 돌아가고
높은 이 낮은 이가 이 말씀 따라야 한다.

然於一一法　　依根葉分布
本末須歸宗　　尊卑用其語

밝음 가운데 어둠이 있거든
밝음으로써 만나려 하지 말고
어둠 가운데 밝음이 있거든
어둠으로써 보려 하지 말라.

當明中有暗　　勿以明相遇
當暗中有明　　勿以暗相覩

밝음과 어둠이 상대됨은
마치 앞뒤의 발걸음 같은 것
만물은 제각기 공능功能이 있으니
용도에 맞는 곳을 말해야 한다.

明暗各相對　　譬如前後步
萬物自有功　　當言用及處

형상은 그릇과 뚜껑 맞듯 해야 하고,
이치는 화살과 칼끝이 맞듯 하여서
말을 들을 때에는 취지를 알려 할지언정
제멋대로 다른 법도를 세우지 말라.

事存函蓋合　　理應箭鋒拄
承言須會宗　　勿自立規矩

눈에 띄는 것마다 도를 보지 못하면
발을 옮길 때 어찌 앞길을 알리오.
걸음을 옮기면 멀지도 가깝지도 않거니와
미혹하면 강산이 막히느니라.
삼가 공부하는 분들께 알리나니

세월을 허송치 말라.

觸目不見道　運足馬知路
進步非遠近　迷隔山河耳
謹白參玄人　光陰勿虛度

선사가 등은봉鄧隱峰과 풀을 깎는데 뱀을 보자, 낫을 은봉에게 주니, 은봉이 낫을 받아 가지고는 겁이 나서 감히 손을 쓰지 못하고 있었다. 이에 선사가 낫을 받아 들고 두 토막을 내고는 은봉에게 말했다.

"생사의 경지境地도 건너지 못했으면서 무슨 불법을 배운단 말인가?"

그리고는 다시 낫을 들고 풀을 깎는데, 은봉이 물었다.

"이것만 깎으시나요, 아니면 그것도 깎으시나요?"

선사가 낫을 은봉에게 주니, 은봉이 받아 들고 선사 쪽을 향해 한바탕 깎는데, 선사가 말했다.

"그대는 이것만 깎는구나."

동산洞山이 은봉을 대신하여 말했다.

"풀더미가 어디에 또 있습니까?"

선사가 당의 정원貞元 6년 경오庚午 12월 6일에 입적하니, 춘추는 91세요, 승랍은 63세였다. 희종僖宗 황제가 무제無際라 시호를 내렸고, 탑호塔號는 견상見相이라 하였다.

탐원耽源 화상

혜충慧忠 국사의 법을 이었다. 본래는 마 대사의 문인이었는데,

서울에 들어가서 국사의 시자侍者가 되었다.

나중에 다시 마 대사를 만났는데, 대사 앞에서 한 바퀴 돌고는 원을 그린 후 그 복판에 서서 절을 하니, 마 대사가 말했다.

"그대는 부처가 되기를 바라는구나."

선사가 대답했다.

"저는 눈을 비빌 줄 모릅니다."

이에 마 대사가 말했다.

"내가 그대보다 못하구나."

백장百丈이 늑담에서 수레를 미는데, 선사가 물었다.

"수레는 여기에 있는데, 소는 어디에 있을까?"

백장이 손으로 이마를 치니, 선사는 손으로 눈을 닦았다.

천황天皇 화상

석두의 법을 이었고, 형남荊南에서 살았다. 휘諱는 도오道悟이며, 행장行狀을 보지 못해서 중요한 생애를 기록할 수 없다.

선사(천황)가 처음으로 석두에게 참례하고 물었다.

"지혜를 떠나서 어떤 법으로 사람들을 가르치십니까?"

석두가 대답했다.

"노승에게는 하인이 없는데, 무엇을 여윈단 말인가?"

"어찌하여야 현묘한 뜻을 얻겠습니까?"

"그대는 바람을 움켜잡을 수 있겠는가?"

"만일 그렇다면 오늘부터 가지 않겠습니다."

"그대가 언제 거기서 떠나왔는지 모르겠구먼."

"저는 그쪽 사람이 아닙니다."

"나는 벌써 그대가 온 곳을 알고 있느니라."

"화상께서는 사람을 속이시면 안 됩니다."

"그대의 몸이 현재 여기에 있지 않은가?"

"비록 그렇다고는 하나 필경에는 어떻게 뒷사람들을 가르치십니까?"

"그대는 누구를 뒷사람이라 부르는가?"

이에 선사가 깊고 묘한 뜻을 깨닫고, 절하며 물러갔다.

어떤 스님이 선사에게 물었다.

"어떤 것이 현묘한 말씀입니까?"

"내가 불법을 안다고 말하지 말라."

"학인이 의문에 막혀 있는 것을 어떻게 합니까?"

"그렇다면 왜 노승에게 묻지 않느냐?"

"묻기는 벌써 물었습니다."

이에 선사가 말했다.

"물러가거라. 그대가 어정거릴 곳이 아니니라."

선사가 어느 날, 갑자기 전좌典座[4]를 불러 전좌가 오니, 선사가 물었다.

"알겠는가?"

---

4 선원禪院에서 승려들의 상좌床座 · 이부자리 · 음식 등을 담당하는 소임을 맡은 사람이다.

"모르겠습니다."

그러자 선사가 얼른 퇴침을 들어 전좌의 얼굴 앞에다 던지고, 그대로 입적하였다.

시려尸黎 화상

석두의 법을 이었다.

순종順宗 황제가 선사에게 물었다.

"온 누리의 모든 중생들이 성품을 보면 부처를 이룹니까?"

선사가 대답했다.

"부처 성품은 마치 물속의 달과 같아서 볼 수는 있으나 잡을 수는 없습니다."

이에 대의大義 선사가 말했다.

"부처 성품은 보는 것이 아니지만 반드시 보아야 한다면 물속의 달은 어째서 건지지 못하겠습니까?"

황제가 잠자코 그럴 듯이 여기면서 다시 대의에게 물었다.

"어떤 것이 부처 성품입니까?"

"폐하께서 물으시는 것에서 떠나 있지 않습니다."

황제는 현묘한 관문에 잠자코 계합하였고, 한마디에 부합되었다.

단하丹霞 화상

석두의 법을 이었으며, 휘諱는 천연天然이었다. 어릴 적에 유교와 묵자墨子를 전공하여 9경經을 통달하였다.

처음으로 방龐 거사와 함께 서울에 가서 과거에 응하려고 한남도漢南道 거리의 주막에서 묵는데, 어느 날 꿈에 흰 광명이 방 안에 가득함을 보았다.

해몽하는 이가 이에 대해 말했다.

"이는 공空의 이치를 잘 알게 될 징조입니다."

또 행각行脚하는 스님을 만나 차를 마시는데, 스님이 물었다.

"수재秀才[5]는 어디로 가시오?"

"과거를 보러 갑니다."

"공부가 아깝구나, 어째서 부처를 뽑는 곳에는 가지 않는가?"

"부처를 어디서 뽑는가요?"

이에 그 스님이 찻종지를 들어 올리면서 말했다.

"알겠소?"

"높은 뜻을 헤아릴 수 없습니다."

"그렇다면 강서에 마조께서 지금 생존하셔서 설법하시는데, 도를 깨친 이가 이루 헤아릴 수 없소. 거기가 참으로 부처를 고르는 곳이오."

두 사람은 전세부터 근기가 날카로운 이들인지라, 곧 길을 떠나 큰스님에게 가서 절을 하니, 마조가 말했다.

"이 사람들 무엇 하러 왔는가?"

---

5 수재秀才는 수隋나라 때부터 과거에 급제한 사람을 말했는데, 수나라 38년간 도합 천 명 정도에 불과했으므로 확실히 뛰어난 인재임에는 틀림없다. 그 뒤 당唐나라 때에는 아예 과거에다 수재과秀才科를 설치했는데, 워낙 어려워 응시생이 없자 폐지하고 말았다. 그 결과 이때부터는 오히려 급제 여부와 관계없이 과거에 응시한 사람이면 모두 수재秀才라고 불렀다. 그러다가 송宋나라 이후부터는 아예 공부하는 사람이면 모두 수재라고 불렀다. 지금의 학생에 해당한다.

수재가 복건을 벗어 보이니, 마조가 근기를 살피고는 웃으며 말했다.

수재가 말했다.

"그러시다면 석두께서 계신 곳을 저에게 가르쳐 주십시오."

"여기서부터 남악으로 7백 리를 가면 희천希遷 장로가 돌 끝에 앉아 계신다. 그대는 그리로 가서 출가하라."

수재가 그날로 길을 떠나 석두에게 가서 화상(석두)을 뵈니, 화상이 물었다.

"어디서 왔는가?"

"예, 아무 곳에서 왔습니다."

"무엇 하러 왔는가?"

수재가 전의 마조와 같이 대답하니, 석두가 고개를 끄덕이면서 말했다.

"부엌으로 보내라."

이로부터 불 피우고, 밥 지으며 2년을 보내니, 석두 화상이 생각하기를 '내일 아침에는 수재秀才의 머리를 깎아 주리라' 하였다. 그날 저녁 동자들이 저녁 문안을 드리러 왔을 때, 다음과 같이 말했다.

"불전 앞의 한 무더기 우거진 풀을 내일 아침 죽 공양을 마치고는 깎아 버려라."

이튿날 새벽에 동자들은 제각기 낫과 괭이를 들고 나왔는데, 수재만은 삭도와 물을 가지고 화상 앞에 와서 꿇어앉아 머리를 감으니, 화상이 웃으면서 머리를 깎아 주었다.

선사(수재)의 정수리에 봉우리가 우뚝 솟아 있는데, 화상이 이를 만지면서 "천연天然이로다" 했다. 머리를 다 깎고 나서 화상에게 절을 하면서 머리를 깎아 주신 것과 이름을 지어 주신 것에 대해서 감사하였다.

이에 화상이 물었다.

"내가 그대에게는 무슨 이름을 지어 주었는가?"

"화상께서 '천연'이라 하시지 않으셨습니까?"

석두 화상이 몹시 신기하게 여겨 설법을 해주니, 선사는 귀를 가리고 외쳤다.

"너무 많습니다."

"그러면 그대가 활용해 보라."

이에 선사가 성승聖僧의 머리에 올라타니, 화상이 말했다.

"저 중이 뒷날 불상과 탁자를 모두 부술 것이니라."

선사가 계를 받고 나니, 대적(大寂 : 마조)이 강서에서 마니摩尼 구슬을 한창 빛내고 있었다.

선사가 남악을 내려와 다시 강서로 가서 대적을 뵈니, 대적이 물었다.

"어디서 왔는가?"

"석두에서 옵니다."

"석두의 길이 미끄러운데 미끄러져 넘어지지나 않았는가?"

"넘어졌으면 여기 오지 못했습니다."

대적이 몹시 기특하게 여겼다.

이로부터 선사는 생각을 활짝 풀어놓고, 순順과 역逆의 경계를 초월하여 운수雲水에 노닐기를 좋아하고 가고 옴에 자유자재하였다.

낙경洛京[6]에 이르러 혜충慧忠 국사를 뵙고자 찾아가서 먼저 시자를 보고 물었다.

"화상께서 계시는가?"

시자가 대답했다.

"계시기는 하지만 객을 만나지는 않습니다."

"퍽이나 멀리 계시는구나."

"불안佛眼으로 봐도 볼 수 없습니다."

"용龍은 용의 새끼를 낳고, 봉鳳은 봉의 새끼를 낳는구나."

시자가 이 일을 국사에게 말하니, 국사가 시자를 때려 주었다.

선사가 얼마 지나지 않아 등주鄧州의 단하산으로 올라갔는데, 격조가 높고 험준하여 찾아오는 이가 별로 없었다.

이에 어떤 선덕禪德이 단하를 찾아오다가 산 밑에서 선사를 보자 얼른 물었다.

"단하산이 어디에 있습니까?"

선사가 손으로 가리키면서 말했다.

"푸른 듯 검은 듯한 것이 바로 그것입니다."

선덕이 다시 물었다.

"단지 이것뿐만은 아니겠지요."

선사가 대답했다.

"참 사자는 한 번 퉁기면 이내 뛰느니라."

다음에 천태산 화정봉花頂峯에서 3년을 지내고는 다시 국일國一 선사를 뵙고, 원화元和 연간 초에 용문龍門의 향산香山에 올라 복우

6 낙양洛陽의 옛 이름이다.

伏牛 선사와 절친한 도반이 되었다.

그 뒤 혜림사惠林寺에서 추운 날씨를 만나 목불木佛을 태워 추위를 막는데, 주인이 와서 꾸짖으니, 선사가 말했다.

"다비茶毘를 해서 사리舍利를 얻으려던 참이었소."

"나무토막에서 무슨 사리가 나오겠소?"

"그렇다면 어찌 나를 꾸짖으시오."

주인은 이로 인해 앞 눈썹이 몽땅 빠져 버렸다.

어떤 사람이 진각眞覺 대사에게 물었다.

"단하가 목불을 태웠는데, 주인에게 무슨 허물이 있었습니까?"

"주인은 부처만을 보았느니라."

"단하는 어떻습니까?"

"단하는 나무토막만을 태웠느니라."

선사가 한번은 어떤 토굴에서 묵게 되었는데, 노장이 행자와 자리를 같이하고 앉아 있는 것을 보았다.

선사가 곧 짐을 내려놓고 두 사람 곁으로 가서 문안을 했더니, 두 사람은 전혀 눈길도 돌리지 않았다. 이튿날 아침에 보니, 행자가 한 냄비의 밥을 가지고 와서 방바닥에 놓고 노장과 둘이 먹으면서 역시 선사를 보지도 않고 부르지도 않았다.

이에 선사도 스스로 다가가서 같이 먹으려 하니, 행자가 노장을 돌아보면서 말했다.

"첫새벽에 일어났다고 할 수는 없겠습니다."

이에 선사가 노장에게 말했다.

"저 행자는 어찌 가르치지 않아서 저토록 무례한가?"

노장이 대답했다.

"멀쩡한 남의 아들딸들에게 무슨 허물이 있단 말이오? 남을 몹쓸 놈으로 만들어서 무엇하리오."

이에 선사가 말했다.

"아까부터 하마터면 몰라볼 뻔하였구려."

선사가 고적음孤寂吟을 지었으니, 다음과 같다.

사람들은 내가 고적을 즐기는 것을 보고
한평생 아무런 이익도 없으리라 하지만
나는 고적음을 한가히 읊고 있노라면
세월을 헛되이 보내지 않았음을 아노라.

時人見余守孤寂　　爲言一生無所益
余則閑吟孤寂章　　始知光陰不虛擲

시간을 헛되이 보내지 말고 노력하란 말,
누구나 이 말을 하지만 알지는 못한다.
알았다면 모두가 길동무가 되거늘,
그 어찌 가시덤불에 빠져들 수 있으랴.

不棄光陰須努力　　此言雖說人不識
識者同爲一路行　　豈可顚墜緣榛棘

가시덤불 무성하니 어디가 끝인가?
그저 온 대중이 종일토록 떠드는구나.
무리들 소음을 알지 못함이 끝없으니
가엾다, 진실은 공연空然히 전하지 않으리.

榛棘忙忙何是邊　　只爲終朝盡衆喧

衆喧不覺無涯際　　哀哉眞實不虛傳

전하는 것, 메아리치는 것, 모두 듣지 못하니
마치 촛불과 등잔에 주발과 동이를 덮어 씌운 것 같도다.
모두가 빛나는 줄은 다 알지만
볼 때는 어두컴컴 면할 수 없네.

傳之響之只不聞　　猶如燈燭合盂盆
共知總有光明在　　看時未免暗昏昏

어두컴컴 깨닫지 못하고 일생을 마치니
이런 무리, 티끌이나 모래와 비교해도 적지가 않네.
마치 낚시에 걸린 고기와 같고
그물에 걸려드는 새와 무엇이 다르리.

昏昏不覺一生了　　斯類塵沙比不少
直似潭中呑鉤魚　　何異空中盪羅鳥

이 걱정의 유래는 참으로 오래되었으니
사방과 상하 끝없이 멀어도
잠깐 사이에 미혹하여 병들고 죽으면
번뇌를 벗어나지 못한 채 곡소리만 애절하다.

此患由來實是長　　四維上下遠茫茫
倏忽之間迷病死　　塵勞難脫哭愴愴

애달프게 서러워해도 끝내 이익은 없고
다만 이 몸을 고통의 옥에 가둘 뿐이다.
이럴 때에 이르러 후회한들 무엇 하랴.
하늘과 땅 어디서도 고적은 못 찾는다.

愴愴哀怨終無益　　只爲將身居痛室
到此之時悔何及　　雲泥未可訪孤寂

고적은 우주宇宙에서 가장 좋은 경지境地이니
늘 읊으면서 한가한 방에 누웠노라면
찬바람이 낙엽을 휘몰아도 걱정 없거늘
그 어찌 잡초들이 서리 만남을 근심하랴.

孤寂宇宙窮爲良　　長吟高臥一閑堂
不慮寒風吹落葉　　豈愁桑草遍遭霜

송죽松竹이 추위를 이기는 뜻만을 지켜보나니
사시四時에 변함없이 맑은 바람 뿜어낸다.
봄과 여름은 잠시 동안 뭇 나무에 가려지나
가을과 겨울에야 비로소 울창한 숲 이룬다.

但看松竹歲寒心　　四時不變流淸音
春夏暫爲群木映　　秋冬方見鬱高林

그러므로 세상일에는 강유剛柔가 있음을 알겠느니
무엇 하러 마음을 맑거나 탁한 흐름에 따르게 하리.
두 끼니의 거친 음식으로 인연 따라 지내니
한 몸 가리는 것은 베옷과 솜옷이다.

故知世相有剛柔　　何必將心淸濁流
二時麤糖隨緣過　　一身遮莫布毛裘

바람과 물결 따라 마음대로 동서에 머무르니
그 어찌 땅 좁음과 하늘 낮음을 근심하랴.
사람들은 알지 못하여 틀렸다 하거니와

나는 분명히 알아 미혹하지 않는다.

隨風逐浪住東西　　豈愁地迮與天低
時人未解將爲錯　　余則了然自不迷

미혹하지 않으려면 미혹하지 않는 맘 있어야 하니
볼 때는 얕게 하고 쓸 때는 깊이 하라.
이러한 보물을 얻기만 하면
그 어찌 나무꾼이 황금을 얻은 것에 비기랴.

不迷須有不迷心　　看時淺淺用時深
此个眞珠若採得　　豈同樵夫負黃金

황금은 담금질할수록 진금이 되고
맑은 구슬은 광채를 머금고도 남에게 보이지 않네.
깨치면 털끝의 물방울에 바다를 넣으니
땅덩이가 하나의 먼지임을 알겠네.

黃金烹煉轉爲眞　　明珠含光未示人
了卽毛端滴巨海　　始知大地一微塵

먼지와 물방울이란 생각 있으면 허물을 면하지 못하나니
이것을 버리고 저것에 머물려 하지 말라.
바로 먼 하늘에서 새 발자국을 찾는 것 같아야
현묘한 가운데서도 더욱 현묘하리라.

塵滴存乎未免愆　　莫棄這邊留那邊
直似長空搜鳥跡　　始得玄中又更玄

하나를 들어 모든 것에 비기면 족히 알 것이거늘
무엇 하러 중언부언 설명을 하겠는가.

주린 이가 와서 배 채우는 것은 보았으나
음료수가 목 타는 이를 좇는다는 말 듣지 못했네.

擧一例諸足可知　何用諵諵說引詞
只見餓夫來取飽　未聞漿逐渴人死

여러 사람, 도를 말하나 도를 행하지 않으니
그들은 깨닫지 못하여 거짓으로 밝은 체한다.
세 치의 날카로운 칼로 넓은 길을 개척하나
만 그루의 가시나무 몸을 둘러싸고 자라난다.

多人說道道不行　他家未悟詐頭明
三寸利刀開曠路　萬株榛棘擁身生

티끌과 찌꺼기 많아도 전혀 알지 못하고
공연히 입으로만 현묘함을 쏟아내니
이런 이가 그 어찌 크게 쓰일까.
천생 만겁에 거지꼴을 못 면한다.

塵滓茫茫都不知　空將辯口瀉玄微
此物那堪爲大用　千生萬劫作貧兒

애오라지 고적음을 쓰는 뜻, 깊고도 머니
종자기鐘子期가 백아伯牙의 거문고를 듣는다.
도 있는 이라야 그 뜻을 알기를 손바닥 가리키듯 하여
귀중하게 여기겠기에 고적음孤寂吟이라 부르노라.

聊書孤寂事還深　鍾期能聽白牙琴
道者知音指其掌　方貴名爲孤寂吟

선사가 또 완주음翫珠吟을 읊었으니, 다음과 같다.

옷 속의 보배를 알아내면
무명의 취기가 저절로 깬다.
백 토막의 뼈는 무너져 없어지나
한 물건은 영원히 신령하도다.

識得衣中寶　　無明醉自惺
百骸俱潰散　　一物鎭長靈

경계를 알아도 모두가 본체 아니요
구슬은 찾아도 형체를 보지 못하네.
깨달으면 3신身의 부처요
미혹하면 만 권의 경전이로다.

知境渾非體　　尋珠不見形
悟卽三身佛　　迷疑萬卷經

마음에 있다지만 마음으로 어찌 헤아리랴.
귀에 있으나 귀로는 들을 수 없나니
형상이 없어 천지天地보다 앞에 있고
깊고 깊어서 묘명杳冥[7]을 벗어났네.

在心心豈測　　居耳耳難聽
罔像先天地　　淵玄出杳冥

본래 견고하여 단련한 것이 아니요
원래 맑아서 맑힌 것 아니다.
뚜렷하기는 아침 해보다 더하고
영롱하기는 샛별보다 빛난다네.

7 깊고 아득하여 어두운 세계를 말한다.

本剛非鍛鍊　元淨莫澄停
盤泊逾朝日　玲瓏映曉星

서광瑞光이 흘러 꺼지지 않고
참 밝음은 흐린 것도 맑힌다.
공동산崆峒山[8]의 적막함을 거울같이 비추고
노롱勞籠은 법계를 밝힌다네.

瑞光流不滅　眞澄濁還淸
鑑照崆峒寂　勞籠法界明

범부를 꺾으니 공이 없어지지 않고
성인을 초월하나 과果가 채워진 것은 아니네.
용녀는 마음껏 몸소 바쳤고
뱀이 직접 입으로 토해내기도 했다네.

剉凡功不滅　超聖果非盈
龍女心親獻　蛇王口自傾

거위를 두둔하니 사람까지 살았고
참새의 의리는 오히려 가볍다.
말을 하나 혀에서 나는 것이 아니고
말할 수 있되 소리가 아니다.

護鵝人却活　黃雀義猶輕
解語非關舌　能言不是聲

---

8 장자莊子는 '공동空同'이라고 했는데, 이 산에서 황제黃帝가 광성자廣成子에게 도를 물었다고 한다. 원래 이 산은 전설에 나오는 산인데, 후대에 와서 그 소재를 여러 가지로 이야기하고 있다.

끝이 없으니 누리에 가득하고
3세가 평등함이 공空하도다.
교법을 펴나 교법이라 여기지 않고
이름을 드날리나 그 명성 인정하지 않는다.

絶邊彌瀚漫　三際等空平
演教非爲教　聞名不認名

양쪽의 어디에도 서지 않고
중도中道도 행하지 않는다.
달을 보되 손가락은 보지 말고
집에 돌아왔거든 길을 묻지 말라.

二邊俱不立　中道不須行
見月休看指　歸家罷問程

알음알이로 어찌 부처를 헤아리며
어떤 부처를 이룰 수 있단 말인가.

識心豈測佛　何佛更堪成

또 다음과 같은 게송이 있다.

단하에게 한 보배가 있으니
간직한 지 많은 세월 지났다.
사람들은 전혀 알지 못하니
나 혼자 깊이 간직하였다.

丹霞有一寶　藏之歲月久
從來人不識　余自獨防守

산하에 걸림이 없고
광명이 곳곳으로 뻗는다.
본체가 고요하여 항상 맑으니
맑게 사무쳐 티가 없도다.
山河無隔碍　　光明處處透
體寂常湛然　　瑩徹無塵垢

세간에서 이를 구하려는 이
미친 듯이 먼 길로 달리나
나는 그에게 말하리라.
손뼉을 치면서 깔깔 웃으리라고.
世間採取人　　顚狂逐路走
余則爲渠說　　撫掌笑破口

홀연히 공空을 아는 이를 만나면
숲 속에서 자유자재하리라.
서로 만나 아무런 표현 않아도
뜻을 내비치면 즉시 알아듣는다.
忽遇解空人　　放曠在林藪
相逢不擎出　　擧意便知有

선사가 또 이룡주음驪龍珠吟을 읊었으니, 다음과 같다.

이룡주驪龍珠, 이룡주여,
광명이 찬란하니 세간 것과 다르다.
시방세계에서 구할 곳 없고

설령 구해서 얻는다 해도 이 구슬은 아니다.

驪龍珠驪龍珠　　光明燦爛與人殊
十方世界無求處　　縱然求得亦非珠

구슬은 본래 뜨고 잠김 없나니
사람들 알지 못하고 밖에서 찾는다.
하늘 끝까지 다 다니어 스스로 피곤만 더할 뿐
자기의 마음에서 찾는 것만 못하네.

珠本有不昇沈　　時人不識外追尋
行盡天涯白疲極　　不如體取自家心

찾기 위해서 헛수고를 말라.
찾으면 찾을수록 더욱 숨으리라.
목마른 사슴이 아지랑이 쫓듯 하고
미친 사람 길거리를 헤매듯 하네.

莫求覓損功夫　　轉求轉覓轉元無
恰如渴鹿趁陽燄　　又似狂人在道途

모름지기 스스로 분명히 체험하라.
분명히 체험하면 더 이상 연마할 필요 없다.
인간 세계에서 얻어질 것 아님을 깊이 아나니
6류類와 생령들은 말할 것도 없다.

須自體了分明　　了得不用更磨瑩
深知不是人間得　　非論六類及生靈

헛되이 신경을 쓰면 정신을 소모하니
한가한 곳에서 번뇌를 쉼만 못하리.

마음 멈추고 뜻 쉬면 구슬 항상 있나니
길거리에 나서서 다른 사람에게 묻지 말라.

虛用意損精神　　不如閑處絶纖塵
停心息意珠常在　　莫向途中別問人

스스로가 미혹했을 뿐 구슬은 원래 있나니
이 이룡驪龍은 시종 변함이 없다네.
비록 오음산五陰山에 묻혔으나
사람들 스스로가 게으름을 피워

自迷失珠元在　　此个驪龍終不改
雖然埋在五陰山　　自是時人生懈怠

구슬을 알지 못해 매양 던져 버리니
도리어 이룡驪龍 앞에서 나그네가 되노라.
이 몸이 주인공인 줄 알지 못하고
이룡을 버리고 다른 곳에서 찾으려 하네.

不識珠每抛擲　　却向驪龍前作客
不知身是主人公　　棄却驪龍別處覓

보물을 알아보라. 자기의 보물이니
이 구슬 원래 본래인本來人이다.
들어서 희롱하기 다함없나니
이룡驪龍을 아는 그 순간부터 가난하지 않으리.

認取寶自家珍　　此珠元是本來人
拈得翫弄無窮盡　　始覺驪龍本不貧

만일에 이룡주를 분명히 알면

그 뒤에는 그 구슬이 나에게만 있으리.
若能曉了驪珠後　　只這驪珠在我身

선사는 또 농주음弄珠吟을 읊었으니, 다음과 같다.

반야 구슬 신묘하여 헤아리기 어려운데
법성法性의 바다에서 친히 알아내었네.
숨었다 나타났다 오온산五蘊山에 노닐면서
안팎으로 광명 놓아 큰 신력을 가졌다네.
般若神珠妙難測　　法性海中親認得
隱現時遊五蘊山　　內外光明大神力

이 구슬은 형상도 없고 크지도 작지도 않으니
밤낮으로 원만히 밝아 모두에게 비친다.
활용할 땐 장소 없고, 자취마저 없으나
다니거나 머무를 때, 항상 따라 분명하다.
此珠無狀非大小　　晝夜圓明悉能照
用時無處復無蹤　　行住相隨常了了

옛 성인들 서로 전해 일러 주었으나
이 구슬을 믿는 이 세상에는 드물다.
지혜로운 이는 밝은 줄 알아 항상 여의지 않지만
미혹한 이는 구슬을 가지고도 알지 못해 헤맨다.
先聖相傳相指授　　信此珠人世希有
智者号明不離珠　　迷人將珠不識走

우리 스승, 방편으로 마니摩尼에다 견줬는데

캐려는 이, 무수하여 봄 못으로 뛰어드네.
앞 다퉈 기와 조각을 보배라 하였으나
약은 이는 편안하게 그것을 얻어낸다.
吾師權指喩摩尼　　採人無數入春池
爭拈瓦礫將爲寶　　智者安然而得之

끝 있는지라 멀지도 않고 가깝지도 않으니
체體와 용用이 여여하여 굴려도 구르지 않네.
만 가지 형태의 구슬, 마음속에 달렸으니
어느 때나 교묘한 방편을 일으킨다.
言下非近亦非遠　　體用如如轉無轉
萬機珠對寸心中　　一切時中巧方便

황제께서 일찍이 적수赤水에 노니셨으나
보거나 들음으로는 전혀 얻지 못했네.
망상罔像[9]은 무심하여 구슬을 얻었으나
본다거나 듣는다는 것 모두가 거짓이다.
黃帝曾遊於赤水　　視聽爭求都不遂
罔像無心却得珠　　能見能聞是虛僞

자기 마음도 아니요 인연도 아니니
묘한 중에도 묘하고 현현한 중에도 현현하다.
삼라만상이 광명 속에 나타나나
찾으면 그의 근원 찾을 수 없다.
非自心非因緣　　妙中之妙玄中玄

9 푸른 얼굴에 몸과 털이 붉은 물귀신을 말한다.

森羅萬像光中現　尋之不見有根源

여섯 도적 불태우고, 네 마군〔四魔〕을 무너뜨리니
아만의 산 꺾고 애욕의 강 말린다.
용녀는 영산靈山에서 부처님께 바쳤고
거지 아이는 옷 속에 품고 미쳐 헤매 다녔네.

燒六賊爍四魔　能摧我山竭愛河
龍女靈山親獻佛　貧兒衣裏狂蹉跎

성품도 아니고 마음도 아니니
성품도 마음도 아니어서 고금을 초월했다네.
본체에 이름을 끊었으니 이름을 붙일 수 없어
방편으로 농주음弄珠吟이라 제목하노라.

亦非性亦非心　非性非心超古今
體絶名言名不得　權時題作弄珠吟

선사가 마곡麻谷과 산 구경을 하다가 개울가에 이르러 이야기를 하던 끝에 마곡麻谷이 물었다.

"어떤 것이 큰 열반입니까?"

선사가 고개를 돌리면서 대답했다.

"급하다."

"무엇이 급합니까?"

"개울물이니라."

선사가 처음으로 개당開堂했을 때에 어떤 이가 물었다.

"어떤 이야기를 하여야 문풍門風을 추락시키지 않겠습니까?"

"마음대로 이야기해도 문풍을 추락시키지 않느니라."
"화상께서 말씀해 보여 주소서."
"청산靑山과 녹수綠水는 닮지 않았느니라."

선사가 어떤 스님을 시험하기 위해 물었다.
"어디서 오는가?"
"산 밑에서 옵니다."
"밥은 먹었는가?"
"먹었습니다."
"그대에게 밥을 먹으라고 준 이도 눈이 있던가?"
스님이 대답이 없었다.

어떤 스님이 이 이야기를 위산潙山에게 하니, 위산이 그 스님을 대신하여 말했다.
"있습니다."
스님이 거듭 물었다.
"눈이 어디에 있습니까?"
"눈은 정수리에 있느니라."

어떤 스님이 또 이 이야기를 동산洞山에게 하니, 동산이 말했다.
"만일 위산이 아니었다면 어찌 그렇게 말할 줄을 알겠는가?"
스님이 다시 물었다.
"어떤 것이 정수리에 있는 눈입니까?"
동산이 대답했다.
"위로 향하는 길을 잘 아는 것이다."

초경招慶이 이 이야기를 들어 보복保福에게 물었다.

"밥을 주어서 먹게 한 이는 사례를 받아야 마땅하겠거늘 어째서 안목 없는 사람이 되어 버린 것입니까?"

보복이 대답했다.

"준 이나 받은 이가 모두가 눈먼 놈이기 때문이니라."

"갑자기 어떤 사람이 그의 기봉을 다한다 해도 여전히 눈먼 놈이겠습니까?"

보복이 말하였다.

"화상께서는 그러면서도 사람을 위한다 합니까?"

"저더러 누구랑 의논하라 하십니까?"

며칠 뒤에 보복保福이 말했다.

"내가 눈먼 놈인가?"

선사가 여의송如意頌을 읊었으니, 다음과 같다.

> 진여眞如는 여의보如意寶요
> 여의보는 진여이니
> 삼라森羅와 만상萬像이
> 한 법이요 더 이상은 없다.
> 眞如如意寶　　如意寶眞如
> 森羅及萬像　　一法更無餘

> 바다가 밝아 외로운 달 비추니
> 하늘과 땅 사이가 훤하게 비었다.
> 적적하니 빈 형체와 그림자요
> 명명하니 한 가닥의 진여로다.

海澄孤月照　　天地洞然虛
寂寂空形影　　明明一道如

선사는 장경長慶 3년 계묘癸卯 6월 23일에 문인들에게 목욕물을 준비하라 하여 목욕을 마치고 말했다.

"나는 길을 떠나야 되겠다."

그리고는 삿갓을 쓰고 주장자를 짚고 신을 신으려 한 발을 드리워 그 발이 땅에 닿기 전에 떠나니, 춘추는 86세요, 시호는 지통智通 대사이며, 탑호塔號는 묘각妙覺이다. 유가劉軻가 비문을 지었다.

초제招提 화상

석두石頭의 법을 이었다. 휘諱는 혜랑惠朗이요, 성은 구양歐陽이며, 소주韶州의 곡강曲江 사람이다. 13세에 등림사鄧林寺의 모模 선사에 의해 출가하고, 17세에 형악衡岳을 유람하고, 20세에 계를 받고, 건주虔州 공공산龔公山으로 가서 대적을 뵈니, 대적이 물었다.

"무엇을 얻으러 왔는가?"

"부처의 지견知見을 얻으러 왔습니다."

"부처는 지견이 없나니, 지견은 마의 경계니라. 그대가 남악에서 왔다고는 하나 석두의 조계심요曹溪心要[10]를 보지 못한 것 같으니, 다시 석두로 돌아가라."

초제 선사가 말씀에 따라 곧 석두에게로 돌아가니, 과연 대적의

10 조계 혜능이 깨달은 마음의 진수를 말한다.

말과 같이 인연이 부합하여 깨달았다. 이로부터 초제산招提山을 30년 동안 떠나지 않으니, 이 까닭에 초제 혜랑이라 부르게 되었다.

원화元和 15년 경자庚子 정월 22일에 입적하기까지 춘추는 83세요, 승랍은 64세였다.

약산藥山 화상

석두의 법을 이었고, 낭주朗州에서 살았다. 휘는 유엄惟儼이요, 성은 한韓씨이며, 강주絳州 사람이다. 나중에 남강南康으로 옮겼는데, 17세에 조주潮州 서산西山 혜조慧照를 섬기다가 대력大歷 8년에 형악衡岳에서 희조希澡 율사에게 계를 받았다.

어느 날 아침에 선사가 말했다.

"대장부가 마땅히 법을 떠나 스스로 청정해질지언정 어찌 형식적인 세행〔屑屑事〕[11]에 얽매이겠는가?"

그 길로 석두 대사를 뵙고, 현묘한 뜻을 은밀히 이어받았다.

선사는 정원貞元 초에 예양澧陽의 작약산芍藥山에서 살았으므로 약산 화상이라 불리게 되었다. 선사가 처음 머물 때, 촌장에게 가서 외양간을 얻어 승당僧堂을 만들었는데, 얼마 지나지 않아 스무 명의 스님이 모였다. 이때 갑자기 어떤 스님이 나서서 자진하여 원주院主 소임을 보니, 차츰차츰 40~50사람이 모여서 장소가 협소하게 되었다. 이에 뒷산에 올라가 조그마한 집을 지어 놓고 와

11 자질구레한 일이라는 뜻이다.

서 약산 화상에게 윗자리에 앉기를 청하여 윗자리에 모시고, 차례차례 대중이 그 집의 일을 주관해서 원주를 봤다. 원주가 선사에게 설법해 주기를 두세 차례 청하니, 화상이 한두 차례는 허락하지 않았으나 세 번째에야 비로소 허락을 하였다.

이에 원주가 기뻐하면서 대중에게 알리자, 대중은 기쁨을 이기지 못해 종을 치고 모였다. 대중이 모이자마자 화상이 문을 닫아 버리고 방장으로 돌아가니, 원주가 밖에서 꾸짖었다.

"화상께서는 아까 저희들에게 설법해 주실 것을 허락해 주셨는데, 이제 어째서 중생들을 위하지 않으시고 저를 속이십니까?"

선사가 말했다.

"경에는 경사經師가 있고, 논論에는 논사論師가 있고, 율에는 율사律師가 있거늘 원주는 나의 어떤 점을 나무라는가?"

이로부터 한가한 며칠이 지난 뒤에 선사가 법당에 오르니, 어떤 이가 물었다.

"화상은 누구의 법을 이으셨습니까?"

선사가 말했다.

"옛 부처님의 전각에서 글을 한 줄 주웠느니라."

"그 한 줄에 무엇이 쓰여 있었습니까?"

"'그는 나를 닮지 않고, 나는 그를 닮지 않았다' 했느니라. 그러므로 그 글자를 인정했느니라."

상공相公인 이고李翺가 화상을 뵈러 왔는데, 마침 화상이 경을 보고 있던 까닭에 전혀 돌아본 체도 하지 않으니, 상공은 절을 할 생각도 않고 비꼬는 말을 하였다.

"만나 보니 천 리 밖에서 소문을 듣는 것만 못하구나."

이에 선사가 상공을 불렀다.

"상공!"

상공이 대답하니, 선사가 말했다.

"어째서 귀만 소중히 여기고 눈은 천히 여기는가?"

상공이 얼른 절을 하고 나서 물었다.

"어떤 것이 도입니까?"

선사가 하늘을 가리켰다가 다시 물병을 가리키고서 말했다.

"구름은 하늘에 있고, 물은 병에 있느니라."

상공이 절을 한 뒤에 다음과 같은 게송을 읊어 찬탄하였다.

> 고상히 연마한 몸 학과 같으시고
> 천 그루의 솔밭 속의 두어 상자 경經이로다.
> 스승께 도를 물었더니 다른 말씀 없으시고
> 구름은 하늘에 있고 물은 병에 있다 하시네.
> 練得身形似鶴形　　千株松下兩函經
> 我聞師道無餘說　　雲在青天水在甁

선사가 어느 달 밝은 밤에 약산에 올라 밤하늘을 향해 큰 소리로 한바탕 웃었는데, 동쪽으로 90리 밖 예양까지의 사람들이 그날 밤 모두가 자기네 동쪽 이웃에서 웃음소리가 들렸다고 하면서 차츰차츰 동쪽으로 찾아와서 약산에까지 이르니, 대중들이 말하였다.

"지난밤에 화상께서 산마루에서 웃으시는 소리를 들었노라."

이에 상공 이고가 다음과 같이 찬讚했다.

조용한 삶 선택하여 소탈한 마음 흐뭇하구나.
한 해가 저물도록 맞고 보낸 일 없도다.
때로는 외로운 봉우리에 곧장 올라서
달 아래, 구름 헤치고 한바탕 웃으셨네.

選得幽居愜野情　終年無送亦無迎
有時直上孤峯頂　月下披雲笑一聲

상공이 따로 선사에게 물었다.

"어떤 것이 계戒·정定·혜慧입니까?"

"빈도貧道의 처소에는 그런 소용없는 살림살이는 없느니라."

"저의 할 일을 아직 밝히지 못했으니, 화상께서 지시해 주십시오."

선사가 한동안 잠자코 침음沈吟하더니 말했다.

"내가 지금 그대에게 한마디 말해 주기는 어렵지 않으나 그대가 오직 말끝에 알아보아야 하느니라."

선사가 사미沙彌를 부르니, 도오道吾가 물었다.

"사미 동자는 불러서 무엇 하시렵니까?"

"이것이 있기 때문이니라."

"어째서 버리지 않으셨습니까?"

"그것이 있은 지 얼마나 되었는가?"

선사가 석두가 설법한 "말과 동작조차도 상관없는 일이다"는 말을 인하여 말했다.

"말과 동작이 없더라도 상관없는 일입니다."

이에 석두가 말했다.

"여기는 바늘 끝으로 찔러도 들어가지 않는다."

선사가 대꾸했다.

"여기는 마치 돌 끝에다 꽃을 재배하는 것 같습니다."

어떤 사람이 이 일을 들어 장남漳南에게 물었다.

"옛사람이 돌 위에 꽃을 재배한다는 뜻이 무엇입니까?"

"그대의 대담大膽함에 졌느니라."

그리고는 또 말했다.

"알겠는가?"

"모르겠습니다."

"문둥이가 돼지고기를 먹느니라."

선사가 어떤 스님에게 물었다.

"근래에 어디를 떠나서 여길 왔는가?"

"백장百丈에게서 왔습니다."

"회해懷海 사형이 하루 종일 그대들에게 어떤 법을 말씀하시던가?"

"때로는 3구句 밖에서 알아차리라 하시고, 6구句 밖에서 깨치라 하시고, 때로는 현현한 거울을 얻지 못한 이는 잠시 요의교(了義教 : 완전한 가르침)에 의지하면 가까워질 가능성이 있다 하시더이다."

이에 선사가 말했다.

"3천 리 밖의 쓸모없는 짓이 우습기만 하구나."

선사가 칼을 차고 다니는데, 도오道吾가 물었다.

"등 뒤의 것이 무엇입니까?"

이에 선사가 칼을 뽑아들고 입을 찍었다.

선사가 밤에 불을 켜지 않고 있었는데, 그 자리에 있던 스님이 일어나려고 할 때 말했다.

"나에게 한 구절이 있는데, 황소가 새끼를 낳은 후에 너에게 말해 주겠다."

스님이 말했다.

"황소가 새끼를 낳았습니다만 단지 화상께서 말씀하지 않으실 뿐입니다."

선사가 곧 불을 켜라 하여 불을 켜자 스님이 곧 몸을 돌려 대중 속으로 들어가 버렸다.

후에 운암雲巖이 이 일을 동산洞山에게 말해 주니, 동산이 말했다.

"그 스님이 도리를 보았지만 다만 예배하려 하지 않았을 뿐이다."

스님이 이 이야기를 들어 장경長慶에게 물었다.

"이미 도리를 보았다면 어째서 예배하려 하지 않았을까요?"

장경이 말했다.

"그저 예의가 없었을 뿐이다."

백련白蓮이 이 이야기를 들어 스님에게 물었다.

"이미 도리를 보았다면 어째서 예배를 하려고 하지 않았는가?"

스님이 대답이 없자, 백련이 대신하여 말했다.

"더는 나서려 하지 않기 때문이다."

선사가 또 어느 때 사미沙彌를 부르니, 운암이 말했다.

"그를 불러 무얼 하려고 그러십니까?"

선사가 말했다.

"내게 다리 부러진 솥이 있는데, 그로 하여금 들었다 놓게 하려고 그런다."

"만약 그렇다면 제가 화상께 한 사람 몫으로 한 손을 내어 드리지요."

선사가 언젠가 스님에게 물었다.

"그대는 제방을 행각行脚하고 왔는데, 얻기 어려운 물건을 찾아 가지고 왔는가?"

스님의 대답이 맞지 않자 선사가 말했다.

"그래서 무엇에 쓰겠는가?"

그리고는 대신 말했다.

"살림살이에 끄달리지 않았더라면 찾은 지 오래일 것이니라."

선사가 운암에게 물었다.

"무엇을 하는가?"

"물을 길어 옵니다."

"그 친구는?"

"있습니다."

"그대가 왔다갔다함은 누구를 위해서인가?"

"그 사람을 대신해서 움직입니다."

"어째서 그 사람보고 함께하자고 하지 않는가?"

"화상께서는 남을 속이지 마십시오."

"그렇게 말하는 것이 옳지 않다."

선사가 대신 대답하였다.

"'짐을 짊어져 본 일이 있기는 하십니까?' 하라."

선사가 언젠가 말했다.

"내게 한마디 말이 있는데, 남에게 말한 적이 없다."

이에 도오道吾가 말했다.

"따라왔습니다."

선사가 어떤 스님에게 물었다.

"그대는 어디서 왔는가?"

"남전南泉 스님의 회상에서 왔습니다."

"거기에 얼마나 있었는가?"

"겨울과 여름을 지냈습니다."

"그렇다면 한 마리의 물소가 되었겠구나."

"거기에 있었으나 남의 식당에는 올라가지 않았습니다."

"입으로 동서의 바람만 마셔서는 안 될 터인데……."

"화상은 잘못 알지 마십시오. 수저를 잡을 사람은 따로 있습니다."

운암이 물었다.

"한 구절이란 어떠한 말입니까?"

선사가 대답했다.

"말이 아니니라."

이에 도오가 말했다.

"벌써 말씀하셨습니다."

운암이 백장에게 공양거리를 빌러 갔는데, 선사가 물었다.
"음계陰界는 먹지 않거늘 누구를 위해서 구걸하는가?"
"누군가 한 사람이 요구합니다."

상공 우적于迪이 자옥紫玉에게 물었다.
"불법의 지극한 이치가 어떠합니까?"
이에 자옥이 "상공이여" 하고 불러 상공이 대답하니, 자옥이 말했다.
"더 이상 다른 것을 구하지 말라."
선사가 이 말을 전해 듣고 말했다.
"그 놈을 박살을 냈어야 했을 것이니라."
그 말을 전한 스님이 물었다.
"화상께서는 어찌하시겠습니까?"
"'이게 무엇인고?' 했어야 하느니라."

원주가 와서 말했다.
"화상이시여, 종을 쳤습니다. 법상에 오르십시오."
선사가 말했다.
"그대는 나를 위해 발우를 갖다다오."
원주가 알아듣지 못하니, 운암이 말했다.
"화상은 손발이 없이 지내신 것이 얼마입니까?"
선사가 대꾸했다.
"그대는 다만 허황되게 가사만 걸쳤을 뿐이로다."
"저는 그렇거니와 화상은 어떠하십니까?"
"나에게 그런 식구는 없느니라."

선사가 원두園頭에게 물었다.
"무엇을 하고 오는가?"
"채소를 심고 옵니다."
"심는 것이야 관계없으나 뿌리가 돋지 않게 하라."
"뿌리가 돋지 않게 하면 대중은 무엇을 먹습니까?"
"그대는 아직도 입이 있는가?"

선사가 불佛 자 하나를 써서 도오에게 물었다.
"이게 무슨 글자인가?"
"부처 불 자입니다."
"에잇, 이 말 많은 중아, 천 불이 대신 손을 모으고 뒤로 물러서는구나."

또 약산의 둘째 기연을 대신하여 말하기를 "틀렸다" 하였다.

어떤 스님이 약산에서 3년 동안 공양주를 했는데, 선사가 물었다.
"그대는 여기에 얼마나 있었는가?"
"3년 있었습니다."
"나는 줄곧 그대를 몰랐도다."
그 스님이 알지 못하고, 원망하여 떠나려 하면서 물었다.
"학인學人에게 의심이 있으니, 스님께서 풀어 주십시오."
"상당上堂하기까지 기다려라."
선사는 그날 저녁에 상당하여 말했다.
"오늘 의심을 풀어 달라고 하던 중이 어디에 있는가? 나오라."
그 스님이 나오자마자 선사가 그를 끌어내고는 방장으로 들어가 버렸다.

선사가 길을 가는데 운암이 길가로 피해서 옆으로 섰다가 선사가 이르자 말했다.

“뒤의 것입니다, 뒤의 것입니다.”

선사가 갑자기 입을 쥐어지르며 물었다.

“어떻게 하여야 여러 경계에 홀리지 않겠습니까?”

“그들이 왜 그대를 막는지를 들어 보아라.”

“학인은 이 뜻이 무슨 의미인지 알지 못하겠습니다.”

“어떤 경계가 그대를 홀리던가?”

어떤 이가 물었다.

“어떤 것이 도중에서 보배를 가리키는 것입니까?”

선사가 대답했다.

“아첨하거나 굽실거리지 말라.”

“아첨하거나 굽실거리지 않을 때는 어떠합니까?”

“나라를 주어도 바꿀 수 없느니라.”

도오道吾 화상은 46세가 되어서야 출가했으니, 속성은 왕王씨요, 종릉鍾陵의 건창현建昌縣 사람이다.

운암 화상은 도오의 친동생으로, 형보다 먼저 출가하여 백장百丈에게서 시자侍者로 있었는데, 도오는 집에 있다가 보탐관報探官이 되어 하루에 5백 리를 걸어 우연히 백장의 농막에 이르러 밥을 달라고 하였다.

이때 마침 시자도 농막에 일이 있어 내려갔더니, 장주(莊主 : 농막 주인)가 시자에게 손님 접대를 하라고 하였다. 시자가 와서 수인사를 마치고 물었다.

"장군께서는 어느 곳 사람이시오?"

"종릉鍾陵의 건창建昌 사람이오."

"성은 무엇입니까?"

"왕씨입니다."

시자는 이 말에 얼른 친형임을 알고 손을 덥석 잡고 울면서 물었다.

"어머니는 생존하신가요?"

"스님(동생)을 그리워하시어 지나치게 울다가 한쪽 눈을 잃으시더니, 아주 별세하셨소."

시자는 이 소식을 듣자, 그날로 백장에게 형을 데리고 가서 친견하게 한 뒤 말하였다.

"이 사람은 저의 형인데 화상께 의지해 출가하고자 하는데, 가능하겠습니까?"

백장이 말했다.

"나를 의지해 출가할 수는 없다."

"그러면 어찌하면 됩니까?"

"사백師伯께 의지해 출가하도록 해라."

시자가 형을 데리고 사백에게 가서 앞서 있었던 일을 자세히 말하니, 사백이 이를 허락하여 형이 출가하게 되었다.

나중에 시자가 사제師弟가 된 속가의 친형을 데리고 서울로 가서 계를 받게 한 뒤에 다시 백장으로 돌아오던 중에 둘이서 길가에 앉아 쉬었다. 그러다 도오 시자가 일어나 절을 하고 물었다.

"내게 의심되는 일이 하나 있어 여러 번 물으려 했는데 짬을 얻지 못했소. 오늘 다행히 기회가 있으니, 사형께 묻겠는데 괜찮겠습니까?"

운암이 되물었다.

"무슨 일입니까?"

도오가 물었다.

"이 몸이 껍질을 벗어버린 뒤엔 어디서 사형과 만날 수 있을까요?"

운암이 대답했다.

"불생불멸不生不滅하는 곳에서 만날 것입니다."

도오가 말했다.

"풀밭에 아무도 없다고 말하지 마시오. 누군가가 살피고 있습니다."

운암이 말했다.

"그대의 복건 자국이 아직 있는데, 그런 말과 태도를 취하다니 무엇 하는 것입니까?"

도오가 말했다.

"사형은 그런 말을 마시오. 불법은 승속에 관계가 없습니다."

이에 운암이 얼른 물었다.

"그렇게 이치가 구구절절하다면 사제의 견해는 어떠합니까?"

도오가 대답했다.

"불생불멸하는 곳도 아니요, 만나기를 바랄 것도 아닙니다."

운암이 다음과 같이 말했다.

"분명 당신의 안목은 그토록 섬세하십니다. 만일 산으로 돌아가거든 서로서로 이끌고 제도합시다."

그들은 바로 백장산百丈山으로 돌아가서 한 해를 지내고 도오가 백장을 하직하고 약산藥山으로 가니, 선사(약산)가 물었다.

"한 구절의 말을 어떻게 이야기하던가?"

"어떤 사람은 전혀 말을 하지 않더이다."

"큰 장경藏經, 작은 장경은 어디서 생겼을까?"

"곁가지에서 나왔습니다."

선사가 매우 기특하게 여겼다. 이로 인해 선을 배워 선열〔滋味〕을 얻고는 항상 사형이 오는가를 기다리게 되었다.

어느 날 다음과 같은 편지를 썼다.

"석두는 순금 가게요, 강서 마조는 잡화 가게인데, 사형은 거기에 뿌리를 내리고서 무엇을 하시려오? 제발 속히 오시오."

운암이 이 편지를 받고, 끝없는 근심에 사로잡혔다.

어느 날은 화상 곁에서 3경更까지 모시고 섰으니, 화상이 말하였다.

"가서 쉬라."

그래도 운암이 가지 않으니, 화상이 물었다.

"네게 무슨 일이 있기에 얼굴이 거칠고 야위었느냐? 마치 배에 탈이 있는 듯하구나. 일이 있으면 그저 말만 하여라."

"아무 일도 없습니다."

"원지(圓智 : 도오의 법명) 사리闍梨의 편지를 받은 것이 아니냐?"

"감히 말씀드리기 어렵습니다."

이에 백장이 도오의 편지를 달라 하매 운암이 찾아다 바치니, 백장 화상이 받아서 읽고 말했다.

"과연 나를 낳은 이는 부모요, 나를 이루는 이는 벗이란 말이 맞는구나. 그대는 내게 있을 필요가 없으니 빨리 가거라."

운암이 대답했다.

"차마 갈 수가 없습니다."

화상이 말했다.

"내가 약산에게 보낼 편지와 신물信物이 있으니, 그대는 이를 가지고 빨리 떠나라."

운암이 스승의 분부를 받고 약산으로 가니, 도오가 화상에게로 인도하였다. 운암이 백장이 전하는 편지와 신물을 모두 전달하니, 약산이 물었다.

"회해懷海 사형이 평상시에 무엇이라 설법을 하시던가?"

운암이 대답했다.

"3구 밖에서 알아차리라 하시고, 혹은 6구 밖에서 알아야 한다 하십니다."

이에 약산 선사가 말했다.

"3천 리 밖의 쓸모없는 짓이 우습기만 하구나."

그리고는 또 물었다.

"그 밖에 어떤 설법이 계셨는가?"

"언젠가 설법을 마치시고 대중이 흩어지려는데, 화상께서 '대중들이여' 하셔서 대중이 고개를 돌리니, 화상께서 '이것이 무엇인고?' 하셨습니다."

이에 선사가 말했다.

"왜 회해 사형이 여전히 건재하시다고 일찍 말하지 않았는가? 그대를 인하여 백장을 알게 되었구나."

선사가 운암에게 물었다.

"눈앞의 생사를 어찌해야 하는가?"

운암이 대답했다.

"눈앞에 생사가 없습니다."

"20년 동안이나 백장에 있었다면서 속기俗氣를 제거하지 못했구나."

운암이 다시 물었다.

"저는 그렇거니와 화상께서는 어떠하십니까?"

"어리석고 약하고 못나고 둔하니, 1백 가지가 추하고 1천 가지가 옹졸하며, 그저 이렇게 세월을 보내느니라."

이로부터 사제(도오)와 더불어 서로 부축하여 공부를 이룬 뒤, 어느 날 운암이 선사에게 하직을 고하니, 선사가 물었다.

"어디로 가려는가?"

"위산潙山에게로 가겠습니다."

"위산에게는 무슨 일 때문에 가려는가?"

"제가 위산과 함께 백장에 있을 때에 서로 서원誓願한 일이 있기 때문입니다."

"무슨 서원이었는가?"

"저희들 두 사람이 백장에 있을 때, 위산은 전좌典座를 맡고 저는 시자를 맡으며, 화상의 좌우를 뜨지 않고 잘 모시기로 하였는데, 나중에 이 서원을 어겼기 때문에 이 일을 이야기하려는 것입니다."

선사가 허락하여, 운암이 산을 내려가는데 도오는 바랑을 짊어지고 다리까지 전송해 주고 돌아가서 선사에게 인사를 드리니, 선사가 물었다.

"사형을 전송하였는가?"

"예, 전송해 주었습니다."

그리고는 도오가 다시 물었다.

"사형이 스님의 곁을 떠나도 됩니까?"

"원지圓智 사리闍梨야, 어째서 그런 질문을 하느냐? 몇 해 동안이나 무릎을 마주한 도반이었으니, 무슨 일인들 도모하지 못하겠으며, 무슨 일인들 헤아리지 못하겠는가? 물을 필요가 없느니라."

도오가 말했다.

"후세 사람들이 표준을 삼을 만한 화상의 한 말씀이 없으셨으니, 화상의 한 말씀을 바라나이다."

이에 선사가 말했다.

"만일 그렇다면 내가 그대에게 말하리라. 안목은 있으나 도태淘汰할 일만이 모자라느니라."

도오가 이 말을 듣고, 그날 밤으로 길을 떠나 이튿날 새벽 마을 여관에 가서 사형을 만나 선사의 말씀을 전하고는 함께 돌아와서 영영 곁을 떠나지 않았다.

진각眞覺 대사가 이 일을 들어 현오玄晤 대사에게 물었다.

"눈으로부터 광명을 놓아 산하를 비추면 산하와 대지가 그 안광眼光을 가리지 못하는데, 이 사람의 허물이 어디에 있기에 도태할 일만이 모자란다고 하였겠습니까?"

현오 대사가 대답했다.

"두 사람을 제외하고 그 아래로는 대오의 법을 맡기려면 반드시 도태를 해야 하느니라."

"그게 누구누구입니까?"

"서역에 한 사람이요, 당토唐土에 한 사람이니라."

"서역의 한 사람이란 누구입니까?"

"유마維摩 거사居士니라."

"당토의 한 사람이란 누구입니까?"

"쌍림雙林 부傅 대사大士니라."

"이 두 사람은 어떤 시절과 인연을 만났기에 도태가 필요하지 않습니까?"

"깎고 다듬기는 그대보다 낫느니라."〔조당朝堂의 거자擧者에 의하면 이 이야기는 용화龍花가 든 것이라 한다.〕

운암이 편찮을 때, 도오가 물었다.

"이 껍질을 벗은 다음에 다시 어디서 만날까요?"

운암이 대답했다.

"불생불멸하는 곳에서 만납시다."

이에 도오가 말했다.

"어째서 불생불멸하는 곳도 아니요, 만나기를 바랄 것도 아니라고 말하지 않습니까?"

선사가 운암에게 물었다.

"말에 뿔 난 것을 본 적이 있습니까?"

"있다 한들 봐서 무엇 합니까?"

"그렇다면 좋은 말이군요."

"좋은 말이거든 끌고 나가야 되겠습니다."

선사가 어느 날 경을 보는데, 백안白顔이 물었다.

"화상이시여, 경 보는 일을 그만두신다면 사람에게 펼 필요가 없겠습니다."

선사가 경을 덮고 백안에게 물었다.

"계합하면 무엇과 같게 되는가?"

"마치 정오와 같습니다."

"아직도 그런 문채 자취가 남았구나."

"없다는 것도 없습니다."

"그대는 몹시도 총명하구나."

"저는 그렇거니와 화상은 어떠하십니까?"

"어리석고, 둔하고, 못생기고, 졸하니, 1백 가지가 추하고 1천 가지가 옹졸한 채 그저 그렇게 세월을 보내느니라."

명계茗溪 화상이 선사와 이야기를 나누고 떠난 뒤에 선사가 운암에게 말했다.

"명계의 지난날이 매우 현달했었느니라."

운암이 다시 물었다.

"화상의 지난날은 어떠하셨습니까?"

"어리석고, 둔하고, 못생기고, 졸하니, 그저 그렇게 세월을 보냈느니라."

운암이 절을 하고 물러나서 도오에게 이 인연을 이야기했더니, 도오가 말했다.

"퍽 좋은 이야기이나 꼭 한 가지 질문을 빠뜨린 것이 흠이오."

이에 운암이 물었다.

"어떤 질문인가?"

"'왜 그렇습니까?' 했어야 합니다."

운암이 물을 거리를 얻자 곧 화상에게 가서 앞의 일에 이어 물었다.

"왜 그렇습니까?"

선사가 대답했다.

"책을 편 적이 없느니라."

나중에 어떤 사람이 이 일을 들어 석상石霜에게 이야기하니, 석상이 말했다.

"일찍이 그 책을 편 적이 없느니라."

또 언젠가 시자侍者가 화상에게 약식을 들라 청하니, 선사가 말했다.

"안 먹겠다."

"어째서 드시지 않으십니까?"

"그것을 소화시킬 수 없기 때문이니라."

"어떤 사람이 소화시킬 수 있습니까?"

"범하지 않는 우바이優婆夷니라."

"화상은 어째서 소화를 못 시킵니까?"

이에 선사가 솜 보푸라기를 들어 올리고 말했다.

"이것을 어찌하겠는가?"

운암이 선사에게 목욕을 하라고 청하니, 선사가 대답했다.

"나는 목욕을 않겠다."

"어째서 목욕을 안 하십니까?"

"때가 없다."

"때가 없어도 목욕은 하셔야 합니다."

"이 중생아, 때가 없는데 목욕은 해서 무엇 하겠는가?"

이에 운암이 말했다.

"그렇게 많은 구멍이 있는 것이야 어찌합니까?"

선사가 동국東國에서 온 스님을 시험하기 위해 물었다.

"그대 나이가 몇 살인가?"

"78세입니다."

"참으로 78세인가?"

"그렇습니다."

이에 선사가 때렸다.

나중에 어떤 스님이 이를 들어서 조산曺山에게 물었다.

"어떻게 대답해야 약산의 매를 면할 수 있었겠습니까?"

"바야흐로 천자天子의 칙서를 올바르게 받들고 가면 제후들은 길을 피하느니라."

"그러면 그 상좌의 허물이 무엇이기에 매를 맞았습니까?"

"앞에서 요란한 소리로 밀고 들어가는 것은 얕고, 뒤에서 화살을 쏘는 사람은 깊이 들어가느니라."

어떤 이가 물었다.

"학인學人이 고향으로 돌아가고자 하는데 어떻습니까?"

선사가 대답했다.

"어떤 사람이 온몸이 불에 데어 문드러진 데다 가시밭에 누워 있는데, 그가 살아서 돌아가겠는가?"

"그렇다면 저는 돌아가지 않겠습니다."

"아니다, 그렇더라도 돌아가거라. 그대가 만일 돌아가게 된다면 내가 그대에게 휴량방(休糧方 : 곡식을 끊는 법)을 가르쳐 주리라."

"화상이시여, 휴량방을 가르쳐 주소서."

"두 때에 발우를 들고 당堂에 올라 먹되, 한 톨의 쌀도 씹어 터뜨리지 말지니라."

선사가 요일송曜日頌을 읊었으니, 다음과 같다.

온몸이 불에 데어 문드러진 이 또한 누구이던가?

우거진 가시밭에 누웠으니 그 지혜 참되다.
여러분에게 알리노니 묘함을 체험하라.
하루 종일 아무것도 하지 않아도 완연히 새롭다.

遍身烘爛更何人　　臥棘森森一智眞
爲報爾來須體妙　　時中不擬宛然新

석실의 고高 사미가 서울로 계를 받으러 가다가 낭주朗州를 지나는 도중에 약산 근처에서 한 노인을 만나 물었다.

"노인은 만복萬福하십니까?"

이에 노인이 대꾸했다.

"법공法公께서도 만복하십니까?"

사미가 다시 물었다.

"앞길이 어떻습니까?"

노인이 대답했다.

"법공法公이여, 왜 서두르시오? 약산에는 육신肉身 보살이 나타나셨고, 나한羅漢인 스님이 원주를 맡고 있으니, 산에 올라가서 예를 갖춰 절을 하는 것이 좋지 않겠소?"

사미가 이 소식을 듣고, 곧장 약산으로 가서 옷을 갈아입고 법당으로 가 약산 화상에게 절을 하니, 화상이 물었다.

"어디서 오는가?"

"남악南嶽에서 옵니다."

"어디로 가는가?"

"강릉江陵으로 계를 받으러 갑니다."

"계는 받아서 무엇 하려는가?"

"생사를 면하려는 것입니다."

"어떤 사람은 계를 받지 않고도 생사를 멀리했는데, 그대는 알고 있는가?"

"그렇다면 부처님께서 250조목의 계를 제정하신 것은 무엇 때문이십니까?"

이에 선사가 꾸짖었다.

"에잇, 저 말 많은 사미가 아직도 입술과 이에 걸려 있도다."

그리고는 바로 그를 대중에 참여하게 하니, 사미가 고두庫頭 소임을 맡아 일을 보기로 했는데, 도오가 와서 화상에게 문안을 했다.

이때 화상이 도오에게 물었다.

"그대는 아까 온 절름발이 사미를 보았는가?"

"네, 보았습니다."

화상이 말하였다.

"이 사미에게 기색이 있다."

"촌뜨기에게 무슨 기미가 있겠습니까? 아직 충분히 살펴보지 못했으니, 더 지켜봐야 되겠습니다."

선사가 시자에게 그 사미를 불러오라 하여 그 사미가 올라오니, 선사가 말했다.

"듣건대 장안長安이 퍽 시끄럽다는데 그대도 알고 있는가?"

"모릅니다. 우리나라는 매우 태평한 것으로 압니다."

"그대는 경을 봐서 알았는가, 남에게 물어서 알았는가?"

"경을 봐서 안 것도 아니요, 남에게 물어서 안 것도 아닙니다."

"대부분의 경우에 어떤 사람은 경을 보지도 않고 남에게 묻지도 않았는데도 어째서 알지 못하는가?"

"그런 일이 없다고 말하진 않겠지만, 다만 스스로 기꺼이 받아

들여 감당하려 하지 않기 때문입니다."

이에 선사가 도오에게 말했다.

"그래도 믿지 않겠는가? 노승은 헛소리를 하지 않느니라."

그리고 법상에서 내려와 등을 어루만지면서 말했다.

"참 사자 새끼로다."

사미가 이어 화상에게 하직을 고하니, 선사가 물었다.

"어디로 가려는가?"

"암자로 살러 갑니다."

"생사의 일이 큰데 어째서 계를 받으러 가지 않는가?"

"거기나 여기나 모두 같은 것인데, 무엇을 일러 계를 받는다 하는 것입니까?"

"그렇다면 내 곁에 있으면서 가끔 만나도록 하라."

이로 인하여 약산에서 반半 리쯤 떨어진 곳에 암자를 짓고 일생을 지내니, 석실의 고 사미라 부르게 되었다.

스님이 물었다.

"목숨이 몹시 급한 곳은 어떠합니까?"

선사가 대답했다.

"잡곡을 심지 말라."

"그러면 무엇을 공양하시겠습니까?"

"입 가진 이가 없느니라."

선사가 설법하였다.

"여러분들이 보임하는 일을 알고자 한다면, 높고 높은 산꼭대기에 올라가서 서고, 깊고 깊은 바다 밑에 들어가서 걸어야 하나니, 여기서 다니기와 조금도 다름이 없어야 비로소 약간 상응相應할 몫이 있다 하느니라."

어떤 사람이 이 말을 들어 순덕順德에게 물었다.

"옛사람이 말하기를 '높고 높은 산꼭대기에 가서 서고, 깊고 깊은 바다 밑으로 다니라' 했는데, 어떤 것이 높고 높은 산꼭대기에 서는 것입니까?"

"거기는 가파르니라."

"어떤 것이 깊고 깊은 바다 밑으로 다니는 것입니까?"

"깊고 밝은 데를 밟고 걷는 것이니라."

선사가 경을 보는데, 어떤 스님이 물었다.

"화상께서 평소에 경을 보지 못하게 하시더니, 어째서 자신은 경을 보십니까?"

"내 눈을 가려야겠군."

"학인學人도 화상을 따라 경을 보아도 되겠습니까?"

"그대가 나를 따라서 경을 본다면 쇠가죽도 뚫을 것이니라."

장경長慶이 이 이야기를 들어 어떤 스님에게 물었다.

"옛사람이 눈을 가린다 하였는데, 눈에 무슨 허물이 있는가?"

이에 대답하는 이는 많았으나 모두가 장경의 뜻에 부합되지 못하므로 스스로 대답하여 말했다.

"또 하나 눈의 티는 어찌할 것인가?"

선사가 태화太和 8년 갑인년(甲寅歲) 11월 6일에 대중에게 외치기를 "법당이 쓰러진다, 법당이 쓰러진다" 했지만, 대중이 그 뜻을 헤아리지 못하여 물건을 들고 나가 버리니, 선사가 손뼉을 치면서 깔깔 웃고 말했다.

"그대들은 나의 뜻을 모르는구나."

그리고는 열반에 드니, 춘추는 84세요, 법랍은 65세이며, 시호는 홍도弘道 대사, 탑호塔號는 화성化城이다.

조당집 제5권

태전太顚 화상

석두石頭 화상의 법을 이었고, 조주潮州에서 살았다. 원화元和 13년 무술년〔戊戌歲〕에 원화元和 황제가 안원문安遠門에 나아가 진신사리眞身舍利를 맞아들여 몸소 향을 피우고 정례하니, 황제와 백관들이 오색 광명을 보고 모두가 부처님의 광명이라 하여 백관들이 거룩한 감응에 예배하고, 하례했으나 시랑侍郎 한유韓愈만은 부처님의 광명이 아니라 하여 절도 하지 않고 거룩한 공덕을 하례하지도 않았다.

이에 황제가 물었다.

"부처님의 광명이 아니라면 무슨 광명인가?"

그러나 시랑이 대답을 못 하자 조주潮州로 귀양을 보냈다. 시랑이 조주에 이르자, 곧 좌우의 사람들에게 물었다.

"이 근처에 어떤 도덕이 높은 선객이 있는가?"

"태전太顚 화상이라는 분이 계십니다."

시랑이 세 차례나 사람을 보내어 초청했으나 모두 응하지 않더니, 나중에 부처님의 광명이 있었다는 소문을 전해 듣고 스스로 찾아왔다. 이때 시랑은 만나 주지 않고, 사람을 시켜 다음과 같이 물었다.

"세 차례나 초청해도 오시지 않더니, 이젠 어째서 부르지도 않았는데 오셨습니까?"

이에 선사가 대답했다.

"세 번 초청해도 오지 않은 것은 시랑을 위하지 않기 때문이요, 부르지 않아도 온 것은 부처님의 광명을 위해서입니다."

시랑이 이 말을 듣고 기뻐하면서 전에 있었던 사실을 고하고, 이어 다음과 같이 물었다.

"제자가 그때 부처님의 광명이 아니라 했는데 이치에 맞습니까?"

선사가 대답했다.

"그렇습니다."

시랑이 물었다.

"부처님의 광명이 아니라면 그 당시 그것은 무슨 광명이었습니까?"

선사가 답하였다.

"그것은 천룡팔부天龍八部와 제석·범왕 등이 부처님의 덕화德化를 돕는 광명입니다."

이에 시랑이 말했다.

"그때에 서울에 스님 같으신 분이 한 사람만 있었더라도 제자가 이리로 귀양을 오지 않았을 것입니다."

그리고 다시 물었다.

"부처님도 광명이 있습니까?"

"있습니다."

"어떤 것이 부처님의 광명입니까?"

선사가 시랑을 불러 시랑이 대답하자, 선사가 말했다.

"보시오. 보셨지요?"

시랑이 말했다.

"제자는 이러한 경지境地를 전혀 모르겠습니다."

"이 경지를 알면 그것이 진짜 부처님의 광명입니다. 그러므로 불도는 한 가닥으로서 청색·황색·적색·백색이 아니고 수미산을 꿰뚫고, 산·강·땅덩이를 두루 비추지만 귀나 눈으로 보거나 들을 수 있는 것이 아닙니다. 따라서 다섯 개의 눈으로도 그 모습을 볼 수 없고, 두 개의 귀로도 그 소리를 들을 수 없습니다. 만일 이 부처님의 광명을 알면 온갖 범부나 성인이라는 허깨비가 홀리지 못합니다."

선사가 산으로 돌아가려 하면서 다음과 같은 게송을 한 수 읊었다.

> 그대에게 하직하나니 너무 빨리 산으로 돌아간다 흉보지 말라.
> 송라松蘿가 달빛 사이에 있음이 그리워서이다.
> 집과 방은 자물쇠를 잠그지 않았건만
> 올 때에 절로 흰 구름에 감추어졌노라.
>
> 辭君莫怪歸山早　爲憶松蘿對月宮
> 臺殿不將金鏁閉　來時自有白雲封

그 뒤에 시랑이 특별히 산으로 찾아가서 다시 절을 하고 물었다.

"제자는 공무에 바쁘니, 불법 가운데서 요점이 되는 곳을 지시해 주십시오."

선사가 양구良久하니, 시랑이 어찌할 바를 몰라 하였다. 때마침 시자侍者인 삼평三平이 등 뒤에 있다가 선상을 치니, 선사가 돌아보면서 말했다.

"뭐하는가?"

삼평이 대답했다.

"빛은 먼저 정定으로써 움직이고 뒤에 지혜로써 합니다."

시랑이 삼평을 향해 말했다.

"화상의 문풍門風이 격조가 높으셔서 제자는 어리둥절했는데, 지금 시자에 의해 들어갈 곳을 얻었습니다."

그리고는 삼평에게 절하여 하직하고 다시 조주로 돌아갔다.

다음날 산에 올라와 선사에게 절을 하려 하니, 선사가 낮잠을 자다가 오는 것을 보고 일어나지 않은 채 물었다.

"산 구경을 하러 왔는가, 나에게 절을 하러 왔는가?"

"화상께 절을 하러 왔습니다."

"그러면 절을 하지 않고, 어느 때를 더 기다리는가?"

시랑이 곧 절을 하였다.

또 어느 날 산에 올라오니, 선사가 물었다.

"산 구경을 왔는가, 나에게 절을 하러 왔는가?"

"산 구경을 하러 왔습니다."

"그러면 유산장(遊山杖 : 지팡이)을 가지고 왔는가?"

"가지고 오지 못했습니다."

"그것을 가지고 오지 않았다면 빈손으로 와서 무슨 이익이 있겠는가?"

또 어느 날 선사가 말했다.

"노승이 지난해에 석두를 뵈었더니, 석두 스님께서 물으셨다.

'어떤 것이 너의 마음인가?'

그래서 바로 다음과 같이 대답하였다.

'화상께 말하는 것이 바로 그것입니다.'

이에 석두 스님께서 할喝을 하셨다. 이로부터 며칠이 지나 다시 화상에게 다음과 같이 물었다.

'전날 말씀드린 것이 어째서 옳지 못합니까? 그것을 떠나서 어느 것이 제 마음입니까?'

석두 스님께서 대답하셨다.

'눈썹을 치켜 눈알을 움직이는 따위 온갖 일을 빼고서 마음을 가져와야 한다.'

'마음을 가져올 수가 없습니다.'

그랬더니 석두 스님께서는 말씀하셨다.

'아까까지는 마음이 있다고 하더니, 이제는 어째서 마음이 없다고 하는가? 마음이 있다거나 마음이 없다거나 모두가 나를 속이는 짓이니라.'

내가 그때 이 말씀에 이 경지를 크게 깨닫고 다시 다음과 같이 물었느니라.

'저로 하여금 눈썹을 치켜 올리고 눈동자를 움직이는 등 온갖 일을 제거하라고 하셨는데, 화상께서는 제거하셨습니까?'

'나는 모두 제거하였느니라.'

그래서 나도 말하였다.

'저도 이미 화상께 보였습니다.'

석두 스님께서 물으셨다.

'그대가 이미 나에게 보인 그것은 어떠한 것이더냐?'

'화상과 다르지 않습니다.'

그러자 석두 스님께서 말씀하셨다.

'그대와는 관계없는 일이니라.'

'본래 아무 물건도 없었습니다.'

'그대 역시 없는 물건이니라.'

'물건이 없다는 것이 참 물건입니다.'

'참 물건을 얻을 수 없는 것이 그대 마음의 현량現量이다. 뜻이 이러하니, 잘 보호하여 지녀라.'"

어떤 스님이 선사에게 물었다.

"그 가운데(마음)의 사람을 만난 때는 어떠합니까?"

"이미 가운데가 아니니라."

"이 가운데는 어떠합니까?"

"그는 이러한 질문을 하지 않느니라."

장자長髭 화상

석두石頭의 법을 이었고, 담주潭州 수현攸縣에서 살았다. 행장을 보지 못해 그 생애의 시작과 끝을 알 수 없으나 선사(장자)가 처음 석두를 참배하고 현묘한 뜻을 비밀히 전해 받고, 이어 조계로 가서 탑에 예배한 뒤에 다시 석두에게로 돌아오니, 석두가 물었다.

"어디서 오는가?"

"영남嶺南에서 왔습니다."

이에 석두가 물었다.

"대유령大庾嶺 마루의 한 폭 찬란한 공덕은 이루었는가?"

"모든 일은 이미 준비되었고 점안點眼만이 빠졌을 뿐입니다."

"점안을 해야 하지 않겠는가?"

"점안해 주십시오."

석두가 한 다리를 번쩍 들어 보이자, 선사가 수십 차례 절을 거듭하기를 그치지 않으니, 석두가 말했다.

"저놈이 어떤 도리를 보았기에 절만 하는고?"

그래도 선사가 절하기를 그치지 않으니, 석두가 앞으로 걸어 나와 꽉 붙들고 말했다.

"그대는 무슨 도리를 보았기에 절만 하는가?"

"마치 뜨거운 화로 위의 한 점의 눈송이와 같습니다."

"그렇다, 그렇다."

선사가 10세가량 되는 아이를 얻어서 8년이나 길렀는데, 어느 날 그 아이가 화상에게 말했다.

"저는 계를 받으러 가고자 하는데 가도 좋겠습니까?"

"계는 받아서 무엇 하려는가?"

"저의 할아버지〔祖公〕[1]께서 남악南嶽에 계시는데, 거기에 가서 뵙고자 하나 계를 받지 않은 탓으로 갈 수가 없습니다."

"계를 받으려면 20세가 되어야 하니, 우선 가만히 있거라."

선사는 이렇게 말한 뒤에 갑자기 느낀 바 있어 그를 불러 계

1 여기서는 석두石頭 희천希遷 화상을 일컫는다.

받으러 갈 것을 허락하였다. 이튿날 아침에 어린 스님〔少師〕이 선사에게 하직하니, 선사가 말했다.

"너, 돌아올 때에는 꼭 석두 화상이 계신 곳에 들렀다가 오너라."

어린 스님이 대답하고 곧 남악 반야사般若寺로 가서 계를 받았다.

나중에 석두에게 가서 뵈니, 석두가 물었다.

"어디서 오는가?"

"장자長髭의 회상에서 왔습니다."

"오늘 저녁에 여기서 묵어라. 그래도 괜찮겠는가?"

"모든 것을 화상의 분부대로 따르겠습니다."

어린 스님이 이튿날 아침에 올라와서 문안을 드리니, 화상(석두)이 곧 새로 계를 받은 이〔新戒〕를 데리고 산 구경을 갔다. 가는 도중 길가에 한 그루의 나무가 있는데, 이를 보자 화상이 말했다.

"나의 앞길을 막고 있는 이 나무를 네가 베어 버려라."

"저는 도끼를 가지고 오지 않았습니다."

"내게 칼이 있느니라."

"그러시면 제게 주십시오."

이에 화상이 칼을 꺼내어 칼자루를 쥐고 건네주니, 새로 계를 받은 어린 스님이 말했다.

"어찌 칼자루 쪽을 주시지 않으십니까?"

"그쪽 끝을 가지고 무엇을 하려고 그러는가?"

이에 새로 계를 받은 어린 스님이 크게 깨달으니, 화상이 어린 스님에게 본래의 곳으로 돌아가라 하였다. 어린 스님이 석두 화상의 곁을 물러나서 선사(장자)에게로 돌아오니, 선사가 물었다.

"그대가 떠날 때에 석두에게 들르라고 했었는데, 들렀던가?"
"들르기는 했으나 제자로서의 폐백幣帛은 드리지 않았습니다."
"그러면 누구에 의해 계를 받았는가?"
"남을 의지하지 않았습니다."
"그대가 거기서는 그랬거니와 여기서는 어떻게 하겠는가?"
"중요한 것은 어기지 않으려는 것뿐입니다."
"너무 아는 것이 많구나."
"혀끝을 더럽힌 적이 없습니다."
그러자 선사가 곧 꾸짖었다.
"에끼, 새로 계를 받은 이 말 많은 어린 중아, 나가거라."
이가 후일의 석실石室 화상이다.

용담龍潭 화상

천황天皇의 법을 이었고, 예랑주澧郎州[2]에서 살았다. 휘諱는 숭신崇信이요, 성은 알려지지 않았다. 속가에 있을 적에 대대로 떡 장사를 하면서 천황天皇 남쪽 마을에서 살았는데, 천황 화상이 절 안의 조그마한 방 하나를 차지하고 문을 꽉 닫고 좌선坐禪만 하므로 온 천하〔四海〕의 선객들이 가까이할 수 없었다. 그러나 떡 장수(선사)만은 밥 때만 되면 몸소 호떡 열 개를 가지고 와서 공양하였다. 이렇게 하기를 몇 해 동안 계속하였는데, 천황은 때마다 떡 하나를 남겼다가 떡 장수에게 주면서 말했다.
"내가 그대에게 이렇게 주어서 자손의 공덕을 쌓노라."

2 호남성湖南省 북부에 있는 예현澧縣의 속칭이다.

날마다 이렇게 하기를 습관처럼 하였는데, 용담 선사는 어느 날 갑자기 의문이 나서 물었다.

"이 떡은 제가 가지고 온 것인데 어째서 돌려주십니까?"

이에 천황이 말했다.

"네가 가져온 것을 네게 돌려주는데 무슨 잘못이 있겠는가?"

선사가 이 말을 듣자 무엇인가 조금 느껴지는 듯하여 다시 물었다.

"제자의 덧없는 삶이 분주하기만 하니, 어찌하면 좋겠습니까?"

천황이 대답했다.

"집에 있으면 감옥이라 옹색하고, 출가하면 자유롭고 넓으니라."

이 말을 듣고 바로 천황에 의해 출가하니, 천황이 말했다.

"그대가 옛날에는 복福과 선善을 숭상하다가 이제 내 말을 믿으니, 숭신崇信이라 이름하라."

이렇게 하여 계를 받고, 몇 년 동안 시봉하다가 어느 날 갑자기 천황에게 물었다.

"제가 승려의 무리에 끼이게 되어 묵은 소원은 풀었다 하나 화상의 심요(心要 : 마음을 가리키는 중요한 법문)에 대한 가르침을 받지 못했습니다. 이제 가르쳐 주십시오."

"네가 내게로 온 이래, 너에게 심요를 보여 주지 않은 적이 없느니라."

"어디가 화상께서 저에게 심요를 보여 주신 곳입니까?"

"네가 차를 가져오면 나는 차를 마시고, 네가 밥을 가져오면 나는 밥을 먹고, 네가 인사를 하면 나는 고개를 끄덕였으니, 어디가 그대에게 심요를 보이지 않은 곳인가?"

선사가 고개를 숙이고 잠깐 동안 생각에 잠겨 있는데, 천황이 말했다.

"보려면 당장에 봐야지 생각하려 들면 어긋나느니라."

선사가 이 말을 듣자 그 참뜻을 얼른 깨닫고, 다시 물었다.

"끝내 어떻게 보임保任하여야 처음부터 끝까지 걱정이 없겠습니까?"

천황이 대답했다.

"성품에 맡겨 자유롭게 하고 인연을 따라 걸림 없이 할지언정 선禪에 안주하거나 정定을 익히지 마라. 성품은 본래 거리낌이 없으니, 귀를 막거나 눈을 감을 필요도 없으며, 신령한 광채가 환하게 빛나지만 어리석은 듯, 어눌한 듯하여야 행行이 세상을 놀라게 하는 일이 없느니라. 오직 범부의 마음을 다할지언정 별달리 성스런 견해가 없나니, 그대가 능히 그럴 수 있다면 무슨 근심 될 일이 있으리오."

선사가 종요宗要를 얻고 나니, 눈에 띄는 일마다 환하여 마치 객지의 나그네가 집으로 돌아와서 다시는 집을 떠날 생각을 그만둔 것과도 같고, 가난한 이가 보배 창고를 차지하여 부족하거나 더 이상 구하는 바가 없이 된 것과 같았다.

형저荊渚로부터 예양澧陽, 용담龍潭에 이르러 머묾에 그의 행동이 속세를 놀라게 하지 않았으니, 세상 사람들이 아무도 눈치를 채지 못했고, 그의 기봉을 일으켜 드러낸 적이 없으니, 진리를 배우려는 무리들이 묻고 뵈올 기회를 얻지 못했다. 선사가 살던 암자가 조그마한 개울가의 연못 곁에 있었는데, 때마침 시절이 몹시 가물어서 군민들 모두가 여기에 모여서 비를 빌었기 때문에 용담龍潭 화상이라 부르게 되었다.

어떤 스님이 선사에게 물었다.

"상투 속의 여의주(如意珠 : 심성에 대한 비유)를 누가 얻습니까?"

"즐겨 갖고 놀지 않는 이가 얻느니라."

"어디에다 갈무리합니까?"

"장소가 마련되면 그대에게 말해 주리라."

어떤 비구니가 선사에게 물었다.

"어찌하여야 스님이 될 수 있습니까?"

"그대는 비구니가 된 지 얼마나 되는가?"

"스님이 될 때가 있기는 하겠습니까?"

"그대는 지금 무엇인가?"

"현재에 여자인 것을 어째서 모르십니까?"

"누가 그대를 알겠는가?"

취미翠微 화상

단하丹霞의 법을 이었고, 서경西京에서 살았다. 휘諱는 무학無學이다. 희종僖宗 황제의 조칙으로 대궐에 들어가 깊은 진리를 크게 펼치니, 황제가 몹시 기뻐하여 자색 가사와 광조廣照라는 법호를 내렸다. 이 밖에는 행장을 보지 못해서 중생을 제도한 인연의 처음과 끝을 결단해 기록할 수 없다.

선사가 나한羅漢에게 공양을 올리는데, 어떤 스님이 물었다.

"오늘 나한에게 공양을 올리시면 나한께서 오시겠습니까?"

"그대가 매일 먹고 마시는 것은 무엇인가?"

운암雲巖 화상

약산藥山의 법을 이었고, 담주潭州의 예릉현澧陵縣에서 살았다. 휘諱는 담성曇晟이요, 성은 왕王씨이며, 본시 종릉鍾陵의 건창현建昌縣 사람이었다. 그가 태어날 때, 저절로 태를 왼쪽 어깨에 걸쳐 마치 가사를 입은 것 같았다. 석문石門에게 출가하고 처음으로 백장百丈에게 참문하여 십수 년 동안 입실하였다가 다음으로 약산에게 참문했다. 약산이 물었다.

"그대의 스승 백장은 그대들에게 어떤 것을 가르치시던가?"

선사가 대답했다.

"스승께서는 요즘 무슨 물건을 보이십니까?"

약산이 말했다.

"그대를 인하여 백장을 알게 되었노라."

선사가 약산의 법을 이어받은 뒤에 심수현心攸縣[3]에서 크게 법화法化를 폈다.

선사가 어느 때 대중에게 말했다.

"어느 집 자식이든 묻기만 하라. 대답하지 못할 것이 없노라."

이에 동산洞山이 물었다.

"그 집에는 서적이 얼마나 있습니까?"

"한 글자도 없느니라."

---

3 수현攸縣이라야 맞는다. 수현은 호남성 다릉현茶陵縣의 서북쪽이다.

"그러면 어떻게 그렇게 많이 알게 되었습니까?"

"밤낮으로 잔 적이 없기 때문이니라."

동산이 말했다.

"묻기만 하면 대답하지 못할 것이 없다 하셨는데, 한 가지 일을 물으려 하는데, 대답해 주시겠습니까?"

"말할 수 있는 것이 곧 말할 수 없는 것이니라."

선사가 어떤 스님에게 물었다.

"그대는 어디에서 왔는가?"

"석두 화상과 이야기를 하다가 왔습니다."

"석두 스님께서 머리를 끄덕여 주시던가?"

"스님께서 묻기 전에 벌써 머리를 끄덕이셨습니다."

선사가 경을 보는데, 동산이 말했다.

"스님의 눈동자를 얻고자 합니다."

선사가 말했다.

"그대의 것은 누구를 주었느냐?"

"저에게는 없습니다."

선사가 말했다.

"있다면 그대는 그것을 어디에다 둘 것인가?"

동산이 대답이 없자, 선사가 말했다.

"빌릴 수 있는 눈동자를 눈이라고 할 수 있는가?"

동산이 말했다.

"눈이 아닙니다."

선사가 꾸짖었다.

"에끼, 나가거라."

도오道吾가 선사에게 물었다.
"초조께서 이 땅에 오시기 전에도 조사의 뜻이 있었습니까?"
"있었습니다."
"있었다면 다시 와서 무엇을 하시려는 것입니까?"
"단지 있기 때문에 오셨습니다."

선사가 종자粽子[4]를 나누어 주는데, 동산이 받고 나서는 또 손을 벌리며 말했다.
"한 사람이 더 있습니다."
선사가 말했다.
"그 사람도 먹는가?"
"주기만 하면 먹습니다."

동산이 하직을 고하니, 선사가 물었다.
"어디로 가는가?"
"비록 화상을 하직하나 머무를 곳을 정하지는 못했습니다."
"호남湖南으로 가려는 것이 아닌가?"
"그것도 아닙니다."
"속가로 돌아가려는 것이 아닌가?"

4 다른 이름으로 각서角黍라고도 한다. 찹쌀·대추 따위를 넣어 갈잎이나 댓잎에 싸서 쪄 먹는 단오 음식이다. 원래는 초楚나라 굴원屈原이 강에 빠져 죽은 것을 애도하기 위해 음식을 강에 던져 물고기가 굴원의 시신을 건드리지 못하게 한 데서 유래하였다.

"아닙니다."

이에 선사가 소리를 높여 말했다.

"언제 돌아오겠는가?"

"화상께서 머무르실 곳이 생기면 돌아오겠습니다."

"이제 이렇게 헤어진 뒤로는 다시 만나기 어렵겠구나."

이에 동산이 응수했다.

"이제 이렇게 헤어진 뒤로는 만나지 않기 어렵겠습니다."

동산이 위산潙山에 도착했다. 위산은 곧 대원大圓 선사이다. 그는 당시 영근郢近 지방에서 대중을 모으고 있었는데, 천 명의 무리가 모여 삼상三湘 지방에까지 그 위세가 떨쳤다.

그(위산)는 동산이 오는 것을 보자 단번에 특이한 사람임을 알았다. 다음 날 위산이 가만히 방을 떠나 숲 샛길을 거니니, 동산이 불지佛地의 서쪽에 있는 일터까지 그의 뒤를 급히 쫓아와서는 앞으로 나아가 절을 하고 말했다.

"제가 들으니 국사께서 무정無情설법을 하셨다고 하는데, 그 말씀을 들은 뒤로는 항상 그 깊은 뜻을 궁구하면서 매일 마음으로 격려했더니, 이제 그 소원이 여기서 다하게 되었습니다."

위산이 돌아보고 빙그레 웃으면서 말했다.

"그대는 어디서 그 말을 들었는가?"

동산이 처음과 마지막을 자세히 설명하였다. 설명을 끝내니, 위산이 말했다.

"나에게도 그것이 약간은 있다. 다만 인연 있는 이를 만나지 못했을 뿐이다. 내가 법에 인색해서가 아니니라."

"지금 저에게 보여 주십시오."

"부모의 인연으로 생긴 입으로는 말할 수 없느니라."

이에 동산이 절도 하지 않고 물었다.

"스님과 더불어 같은 때에 도를 흠모하신 분이 계십니까?"

위산이 대답했다.

"여기서 예릉현澧陵縣의 옆으로 가면 석실과 마주 인접한 곳에 운암雲巖이라는 도인이 있으니, 만일 거친 먼 길을 마다하지 않고 찾아가면 반드시 그대가 그를 존중하게 되리라."

동산이 얼른 선사에게 물었다.

"무정설법을 어떤 사람이 듣습니까?"

"무정설법은 무정의 중생이 듣느니라."

"화상께서는 들으셨습니까?"

"내가 만일 들었다면 그대는 나를 보지 못했을 것이니라."

"그렇다면 저는 화상의 설법을 들어서는 안 되겠습니다."

"나의 설법조차 듣지 못하거늘 하물며 무정 중생의 설법이겠는가?"

동산이 이로 인하여 의심을 끊고는 다음과 같은 게송을 읊었다.

참으로 기이하구나, 참으로 기이하구나.
무정물이 설법할 줄 안다 하니 부사의하여라.
만일에 귀로 들으면 소리가 안 나타나고
눈으로 소리를 들어야 알 수 있으리.

可笑奇可笑奇　　無情解說不思議
若將耳聽聲不現　　眼處聞聲方得知

선사가 어떤 비구니에게 물었다.

"그대의 부모께서는 살아 계시는가?"

"계십니다."

"연세가 몇이신가?"

"80세이십니다."

"어떤 이의 아버지는 나이가 80세가 아닌 이도 있다는데, 그대는 알고 있는가?"

"그렇게 연세 들어 오신 이가 바로 그가 아니겠습니까?"

"이는 아직 어린 아기니라."

이에 동산洞山이 말했다.

"설사 아니라고 해도 역시 아기니라."

어떤 이가 선사에게 물었다.

"한 생각을 문득 일으켜 당장 마계魔界에 떨어질 때는 어찌합니까?"

선사가 대답했다.

"그대는 어찌하여 부처님 세계에서 올 수 있었는가?"

그리고는 다시 말했다.

"알겠는가?"

"모르겠습니다."

"모른단 말을 말라. 설사 안다 하여도 역시 갈팡질팡하리라."

선사와 도오道吾와 선자舡子[5] 세 사람이 산 밑 단월檀越의 공양청을 받고 가는데, 한 사람은 말하기를 "공양하는 곳에 가려면 해

5 선舡은 선船의 이체자로서 덕성德性 선사를 일컫는다.

가 지겠다" 하였고, 한 사람은 "가까우니 걸음을 떼기만 하면 곧 도착한다" 하였다. 이에 선사가 말했다.

"어느 한 사람은 발걸음을 떼지 않고도 바로 이르나니, 어찌된 것인가?"

얼마 후 동산이 이 이야기를 전해 듣고 말했다.

"이 말씀에 가장 힘을 주어야 하나니, 마치 어떤 사람이 확탕鑊湯・노탄爐炭 지옥에 들어가서도 타거나 데이지 않는 것 같아야 한다. 여기에서 영원히 잃지 않을 수 있으면 다른 곳에서도 잠시 동안 휴식을 얻게 된다. 간절히 바라나니, 무엇보다도 혀끝으로만 판단하지 말라. 남의 말이나 일을 기억해서 무엇에 쓰겠는가? 그러한 공부는 남에게서 얻는 것이 아니며, 총명과 기억을 말미암는 것도 아니다. 한가한 곳에서 공부를 버려두고 한 걸음도 돌아보지 않고 어둡게 여러 겁을 보내지 말라. 그러므로 운암 화상께서 말씀하시기를 '그러한 모습 안에서 사람의 몸을 잃는 것이 가장 괴로우니, 이보다 더한 괴로움이 없다' 하셨느니라."

선사가 어떤 스님에게 물었다.

"어디를 갔다 오는가?"

"향을 더 사르고 옵니다."

"부처님을 뵈었는가?"

"뵈었습니다."

"어디서 뵈었는가?"

"하계下界에서 뵈었습니다."

이에 선사가 말했다.

"옛 부처님이로다, 옛 부처님이로다."

선사께서 차를 달이는데, 도오가 와서 물었다.

"무엇을 하십니까?"

선사가 말했다.

"차를 달인다."

"누구와 드시려고 차를 달입니까?"

"어떠한 사람이 달라고 하는구나."

"어째서 그 사람더러 스스로 달이라 하지 않으십니까?"

이에 선사가 마지막으로 대답했다.

"마침 내가 있었기 때문이니라."

약산藥山이 선사에게 물었다.

"듣건대 그대가 사자師子를 놀릴 줄 안다던데 몇 가지나 되는가?"

선사가 대답했다.

"여섯 가지로 놀립니다."

"나도 놀릴 줄 아노라."

"스님께서는 몇 가지나 놀릴 줄 아십니까?"

"나는 한 가지로 놀리느니라."

이에 선사가 말했다.

"하나가 곧 여섯이요, 여섯이 곧 하나입니다."

위산이 선사에게 물었다.

"듣건대 장로(선사를 가리킴)가 약산에 있을 때 사자를 놀릴 줄 안다고 들었는데 사실인가?"

"사실입니다."

위산이 다시 물었다.
"계속 놀리는가, 아니면 그만둘 때도 있는가?"
"놀리려면 놀리고 쉬려면 쉽니다."
"쉴 때 사자는 어디에 있는가?"
이에 선사가 대답했다.
"쉽니다, 쉽니다."

선사가 어떤 노숙老宿의 방을 엿보니, 노숙이 말했다.
"그렇게 엿봐서 무엇을 하겠다는 것이오?"
이에 선사가 대답했다.
"많은 사람들이 그렇게 말하지 못합니다."

선사가 도오에게 물었다.
"노형의 가풍家風이 어떠한가?"
도오가 대답했다.
"그대에게 점검이나 받아서 무엇 할 수 있겠습니까?"
"그것(주인공)이 없이 지낸 지가 얼마나 되었는가?"
이에 도오가 대답했다.
"이가 아직도 떨떠름합니다."

어떤 이가 선사에게 물었다.
"어떤 것이 수행의 바른 길입니까?"
이에 선사가 대답했다.
"수행함은 담〔墻〕과 참호〔塹〕요, 수행하지 않음은 머리를 싸맨 사람이니라."

선사가 대중에게 물었다.

"세상에서 무엇이 가장 괴로운가?"

모두가 대답했다.

"지옥이 가장 괴롭습니다."

이에 선사가 대답했다.

"지옥이 괴로운 것이 아니라 금생에 이러한 몰골로 있다가 사람의 몸을 잃는 것이 가장 괴로우니, 이 괴로움보다 더한 괴로움은 없느니라."

선사가 동산과 생강 밭을 매다가 옛 어른들의 일을 이야기해 주었더니, 동산이 물었다.

"이 사람은 지금 어디에 있습니까?"

이에 선사가 잠깐 동안 양구했다가 말했다.

"무엇이라고, 무엇이라고?"

동산이 다시 말을 받았다.

"너무 늦으십니다."

이때 어떤 스님이 나서서 두세 마디의 말을 선사에게 말하니, 선사가 다시금 깊이 생각한 끝에 말했다.

"나는 아까부터 그대의 소리만 들었고 그대의 모습은 보지 못했으니, 나서라. 그대를 보고자 하노라."

그 스님이 다섯 손가락을 세우니, 선사가 말했다.

"몹시도 사람을 괴롭히는구나. 하마터면 잘못해서 저 놈을 놓칠 뻔하였구나."

이에 동산이 물었다.

"저 스님이 다섯 손가락을 세운 뜻이 무엇입니까?"

"오분법신五分法身[6]을 나타낸 것인데 지금의 것은 어느 분分이겠는가?"

선사가 열반에 들 시기가 임박하였을 때 동산이 물었다.

"화상께서 열반에 드신 지 1백 년 뒤에 누군가가 '화상의 초상을 그릴 수 있겠는가?' 하고 묻는다면, 그에게 무엇이라 대답하리까?"

선사가 대답했다.

"다만 그에게 '그저 그런 놈이었느니라' 하라."

동산이 깊이 생각에 잠기자, 선사가 말했다.

"이 한 물건이 까칠하여서 삼켜도 넘어가지 않나니, 제발 그만두어야 한다. 사리 그대가 한 생각 깜빡 일으켜도 풀이 한 길이나 깊을 터인데 하물며 말로써 표현함이겠는가?"

선사는 동산이 깊은 생각에 잠기는 것을 보고 속마음을 설파하려 하자, 동산이 말했다.

"설파하실 필요는 없습니다. 그저 사람 몸을 잃지 않기 위해서 이 일에 애를 씁니다."

선사가 입적한 뒤에 태상太相의 재를 지내기 위해 사형과 함께 위산潙山으로 가려고 하는데, 담주潭州에 이르러 큰 개울을 건널 때 사형은 먼저 건너고 동산은 이 언덕을 떠나 아직 저 언덕에 이르기 전에 물속의 자기 그림자를 보고 예전 일을 크게 깨달으

6 계戒·정定·혜慧·해탈解脫·해탈지견解脫知見의 다섯 가지 덕성德性을 신체身體로 한 것이다. 궁극의 깨달음을 얻은 이나 부처님은 이 다섯 가지를 갖추고 있다.

니, 얼굴빛이 화창하게 변하여 깔깔거리고 웃었다.

이에 사형이 물었다.

"아우님, 무슨 일인데 웃으시오?"

"돌아가신 스승님의 정중하신 힘을 얻었습니다."

"그렇다면 말이 있어야 하리라."

이에 동산이 다음의 게송을 읊었다.

절대로 남에게서 찾으려 말라.
멀고멀어서 나와는 서먹하다.
나 이제 홀로 가지만
곳곳에서 그를 만난다.
切忌隨他覓　　迢迢與我疎
我今獨自往　　處處得逢渠

그는 바로 지금 나이건만
나는 이제 그가 아니다.
마땅히 이렇게 알아야
비로소 여여하게 계합하리라.
渠今正是我　　我今不是渠
應須與摩會　　方得契如如

나중에 어떤 사람이 동산에게 물었다.

"운암께서 말씀하시기를 '그저 그런 놈이었느니라 하라'고 하신 뜻이 무엇입니까?"

이에 동산이 대답했다.

"하마터면 나도 처음에 잘못 알아들을 뻔하였느니라."

보자報慈가 이 일을 들어서 동산에게 물었다.

"허물이 어디에 있습니까?"

또 앞의 물음에 이어서 물었다.

"지금은 어떠합니까?"

또 동산에게 물었다.

"운암께서 말씀하시기를 '그저 그런 놈이었느니라 하라' 하셨는데, 그가 일이 있는 줄은 알았습니까?"

동산이 대답했다.

"스승께서 일이 있는 줄 알지 못하셨다면 어찌 그렇게 말할 줄 알았으리오?"

양구良久했다가 다시 말했다.

"만일 일이 있는 줄 알았다면 어찌 그렇게 말하였겠는가?"

보복保福이 이 일을 들어서 장경長慶에게 물었다.

"이미 일이 있음을 안다면 어째서 그렇게 말하는 것이 옳지 않습니까?"

장경이 대답했다.

"이는 매우 당연한 질문이다."

"옛날에 운암은 또 어째서 그리하였습니까?"

"자식을 길러 봐야 부모의 자애로움을 아느니라."

선사가 비색완(比色垸 : 아름다운 그릇)에다 감귤을 담고 있는데, 동산이 와서 인사를 하고 서 있자, 선사가 물었다.

"거기에도 이런 것이 있는가?"

"있어도 이것보다 더 쓸모가 없습니다."

"있어도 그대에게 준 적이 없거늘 무슨 쓸모가 있다 없다 따지는가?"

동산이 그때는 대답이 없다가 사흘이 지나서 말했다.

"화상께서 저에게 주실까 걱정했습니다."

이에 선사가 인정하였다.

선사가 황벽의 시자侍者에게 물었다.

"그대의 화상께서도 설법을 하시던가?"

"그도 설법을 하십니다."

"그대도 들었는가?"

"저도 들었습니다."

"말씀하실 때야 듣겠지만 말씀하시지 않을 때에도 듣는가?"

"듣습니다."

"말씀하실 때야 그대 뜻대로 듣겠지만 말씀하시지 않을 때엔 무엇을 듣는가?"

"그 사람(설법 듣는 사람)이 없다고 할 수는 없을 것입니다."

"잠자코 있는 것이 그 사람인가, 말하는 것이 그 사람인가?"

"잠자코 있는 것이 그 사람입니다."

이에 선사가 말했다.

"하마터면 저 놈을 놓칠 뻔했구나."

선사가 대중에게 설법하였다.

"문으로 들어오는 이는 보배가 아니요, 설사 설법을 해서 돌이 고개를 끄덕이게 되더라도 역시 자기와는 관계가 없는 일이니라."

그리고 또 말했다.

"마음으로 하려 해도 어긋나거늘 하물며 말을 해서야 되겠는가? 보이는 바가 있으면 더욱 멀어질까 걱정이다."

어떤 스님이 석두에게 물었다.
"어떤 것이 조사의 뜻입니까?"
"노승의 눈앞에 있는 한 뭉치 풀은 30년 동안 아무도 뽑지를 않았느니라."
어떤 사람이 이 이야기를 들어서 선사에게 물으니, 선사가 대답했다.
"소는 난간 곁의 풀을 뜯지 않느니라."

남전이 말했다.
"지혜로 이르지 못하는 곳은 말로 할 수 없나니, 말하면 뿔이 생긴다."
어떤 사람이 이 일을 들어 선사에게 물었다.
"옛사람이 그렇게 말한 뜻이 무엇입니까?"
"형제들이여, 말하지 마라. 그 일을 말하면 말하는 사람이 손상을 입는다."
어떤 사람이 이 일을 들어 동산에게 물었다.
"운암이 그렇게 말한 뜻이 무엇입니까?"
"아직도 길 가는 도중이니라."
어떤 사람이 이 일을 들어 운거雲居에게 물었다.
"동산이 그렇게 말한 뜻이 무엇입니까?"
"말해 버렸느니라."
어떤 사람이 이 일을 들어 소산疎山에게 물었다.
"운거가 그렇게 말한 뜻이 무엇입니까?"

"한 방에 용과 뱀을 모두 때려죽이느니라."

선사가 마당을 쓸다가 소리를 지르니, 원주가 물었다.
"스님께서는 무엇 때문에 스스로 그렇게 혹사하십니까?"
이에 선사가 대답했다.
"혹사하지 않는 어떤 사람도 있느니라."
"어디에 두 번째 달이 있습니까?"
이에 선사가 빗자루를 세워 보이면서 물었다.
"이것은 몇 번째 달인가?"
원주가 대답이 없었다. 이에 현사玄沙가 대신 말했다.
"그것 역시 두 번째 달입니다."

동산洞山이 선사에게 물었다.
"한량없는 겁 동안 남은 업을 다하지 못했을 때에는 어찌합니까?"
"지금까지 여전히 짓고 있지는 않겠지?"
"더 수승하고 묘한 것이 있더라도 짓지 않습니다."
"그렇다면 아직도 기뻐하는가?"
"쓰레기 더미에서 한 개의 밝은 구슬을 얻은 것 같아서 감히 기뻐할 수 없습니다."

선사가 어떤 스님에게 물었다.
"그대가 점을 칠 줄 안다는데 사실인가?"
"그렇습니다."
"그렇다면 노승의 점을 쳐 보아라."

스님이 대답이 없었다. 동산이 대신 말했다.

"화상의 생년월일을 말씀해 주십시오."

선사가 회창會昌 신유년辛酉年 초부터 갑자기 병환을 보이다가 12월 17일에 이르러 입적하니, 시호는 무주無住 대사요, 탑호塔號는 정승淨勝이었다.

화정華亭 화상

약산藥山의 법을 이었고, 소주蘇州에서 살았다. 휘諱는 덕성德誠이었는데, 성도 알 수 없고, 그의 생애도 짐작할 수 없다.

선사와 운암雲巖과 도오道吾, 이 세 사람은 함께 약산의 비밀한 법을 깨달았다. 약산이 입적한 뒤에 세 사람은 많건 적건 가지고 있는 양식과 도구를 가지고 예원澧源의 깊은 골짜기, 인적이 끊긴 곳을 찾아가 세상을 피해 도를 기르면서 여생을 보내기로 동의하였다.

세 사람은 의논을 마치고 새벽에 떠나기로 하였다. 이 세 사람 중 화정華亭 선사가 가장 연장자이고, 도오가 막내였는데, 밤중이 되자 도오가 3의衣를 갖추고 두 사형에게 와서 다음과 같이 말했다.

"아까 의논한 일은 우리들 세 사람의 본뜻에는 꼭 맞는 일입니다. 그러나 석두石頭의 종지宗枝가 끊기는 일은 없게 해야 되지 않겠습니까?"

이에 선사가 말했다.

"어째서 끊긴다고 하는가?"

"두 사형과 내가 깊은 산, 인적이 이르지 않는 곳에 숨어 도를 닦으면서 여생을 보낸다면 어찌 끊기게 하는 것이 아니겠습니까?"

"사제에게 이제 보니 그런 뜻이 있었구려. 그렇다면 산으로 들어갈 것이 아니라 제각기 흩어져서 갑시다. 그러나 사제께 부탁할 일이 있소. 나는 헤어진 후 소주蘇州의 화정현花亭縣으로 가서 조그만 배를 구해 물 위에 띄우고 즐길 터이니, 그동안 영리한 이를 만나거든 그를 내게로 보내 주시오."

"사형의 분부를 따르겠습니다."

이로부터 세 사람이 제각기 나뉘어서 길을 떠났다.

도오가 세상에 나온 지 몇 해가 지났건만 영리한 이를 전혀 만날 수 없더니, 어느 날 새로 온 스님이 문안 인사를 하기에 물었다.

"어디서 오는가?"

"천문산天門山에서 옵니다."

"누가 주지로 계시던가?"

"아무개 화상입니다."

"어떤 불법 인연이 있으시던가?"

이에 그 스님이 두세 가지 인연을 들어 전하니, 도오는 이 말에 몹시 기뻐하면서 있을 곳을 정해 주고는 밤중에 원주院主를 불러내어 말했다.

"내가 천문산으로 가려는데 이런 소문을 절대로 입 밖에 내지 말라."

그리고는 그날 밤으로 길을 떠났다. 어느덧 천문산에 이르러

삼문三門에 막 들어서는데, 화상이 멀리서 도오를 보고는 이내 내려와 법당으로 맞이하였다. 모든 수인사의 절차를 마친 뒤에 물었다.

"화상께서 무슨 일로 여기까지 오셨습니까?"

도오가 대답했다.

"특별히 장로를 뵈러 왔습니다. 듣건대 내일 개당開堂을 한다는데 사실입니까?"

"개당은 무슨 개당입니까? 그런 일 없습니다."

이에 도오가 다그쳤다.

"그런 말씀 마십시오. 내일까지 기다릴 것 없이 오늘 저녁에 속히 개당하십시오."

주인은 굳이 사양하다가 마지못해서 법상에 올라 두어 가지 화두를 설파했는데, 어떤 사람이 나서서 물었다.

"어떤 것이 참 부처입니까?"

주인이 대답했다.

"참 부처는 형상이 없느니라."

"어떤 것이 법안法眼입니까?"

"법안은 티가 없느니라."

도오가 이 대답을 듣고는 귀를 막았다. 경구京口가 법당에서 내려와 도오를 불렀다. 도오가 방에 이르자 경구가 물었다.

"내 대답 어디에 허물이 있기에 귀를 막고 나가 버리시는 것입니까?"

도오가 대답했다.

"스님의 뛰어남을 살피니 참으로 법기法器입니다만 마땅한 인연을 만나지 못했음이 아쉽습니다. 우리 사형께서 지금 소주蘇州

의 화정현에서 작은 배를 강 위에 띄우고 즐기시니, 장로께서 거기에 가시기만 하면 꼭 이익이 있을 것입니다. 그리고 여기에 영리한 사람이 있거든 두 사람만 데리고 가시되, 좌주(座主 : 강사)의 복장을 입히고 가십시오."

주인이 그날 밤으로 길을 떠나 곧장 강가에 이르러 서 있자, 선사가 두 좌주를 보고 물었다.

"좌주께서는 어느 절에 머무시는가?"

좌주가 대답했다.

"절이라면 머물지 않고, 머무르면 절이 아닙니다."

"어째서 머무르지 않는가?"

"눈앞에 절이 없습니다."

"어디서 공부를 했는가?"

"눈과 귀로 이르지 못하는 곳입니다."

이에 선사가 말했다.

"한 구절의 의식적인 말[頭意]은 만 겁의 나귀 매는 말뚝이니라."

그리고는 몇 차례 때려 주었다. 선사가 비록 때리긴 했지만 그의 근성이 영리함을 보았기에 또 다음과 같이 말했다.

"나의 말을 의심하지 말고 배에서 내려라."

천문(天門 : 좌주)이 배에서 내리면서 물었다.

"날마다 곧은 낚시로 고기를 낚는다는 말은 무슨 뜻입니까?"

선사가 대답했다.

"천 길의 실을 드리움은 그 뜻이 깊은 못에 있나니, 유有와 무無를 평정하고 세 치의 혀를 여읜 구절을 그대는 어째서 묻지 못하는가?"

천문이 화상에게 물으려 하는데, 선사가 삿대를 갑자기 휘둘렀다.

이에 천문이 피하면서 말했다.

"말은 현묘함을 띠었으되 나아갈 길이 없고, 혀는 말을 하되 말한 것이 아닙니다."

선사가 말했다.

"날마다 곧은 낚시로 고기를 낚다가 오늘에야 한 마리 낚았도다."

그리고는 혼잣말로 중얼거렸다.

"대나무 끝의 실이야 맘대로 희롱할 수 있지만 함부로 물속에 넣지 않음은 뜻이 다를까 봐여서이니라."

선사가 다시 천문 좌주에게 물었다.

"좌주는 떠나려는가?"

"가겠습니다."

"가기는 마음대로 가라마는 그 일을 보았는가?"

"보았습니다."

"무엇을 보았는가?"

"풀을 보았습니다."

이에 선사가 당부하였다.

"그대는 이후부터 몸을 숨기는 곳에서는 자취를 없애고, 자취가 없는 곳에서는 몸을 숨겨라. 이 두 곳에 머무르지 않는 것이 진실로 나의 가르침이니라."

어떤 사람이 이 일을 들어서 화엄華嚴에게 물었다.

"어떤 것이 몸을 숨기는 곳에서 자취를 없애는 것입니까?"

"협산夾山이 친히 화정花亭의 수기授記를 받는 것이니라."

"어떤 것이 자취가 없는 곳에서 몸을 숨기는 것입니까?"
"오늘 아침 홀연히 어리석은 사내를 만난 것이니라."
화엄이 이어서 다음과 같이 읊었다.

몸 숨길 때 자취 없애라 스승이 당부하니
자취 없는 데 몸 숨길 줄 스스로 알았네.
지난날에는 종종 검객을 만나더니
오늘 아침에는 시시때때 멍청이를 만난다네.
藏身沒跡師親囑　　沒跡藏身自可知
昔日時時逢釖客　　今朝往往遇癡兒

도오가 협산에게 스승을 찾으라고 지시한 일을 택擇 선사가 읊었다.

경구京口는 현묘한 이치 말한 일로 이름 높아
도오와 협산이 애써서 먼 길을 떠났네.
법안法眼에는 티가 없다 하기는 해도
그 사람 귀를 막고 들었음을 어이하랴?
京口談玄已有名　　吾山特地涉途程
雖云法眼無瑕翳　　爭奈其人掩耳聽

배우려면 모름지기 참 종장을 찾아야 하고
머리를 맞대고 사기 치는 이들은 들을 필요 없다.
이 길로 또다시 스승을 찾아가려 하면
반드시 잠시 형체를 바꿔야 한다네.
參學須參眞心匠　　合頭虛詐不勞聆

此來更欲尋師去　　決至應當暫改形

지난날 도반과 서로의 뜻 깊이 맞아
노승이 오늘 와서 입 쓰도록 당부한다.
운수雲水의 선지식들에게 특별히 고하나니
한 가을의 외로운 달이 화정花亭 물에 잠겼도다.

道友當年深契會　　老僧今日苦叮嚀
特報水雲知識道　　半秋孤月落花亭

또 협산夾山이 갑자기 화정花亭을 만난 일을 다음과 같이 읊었다.

작은 배 띄운 지 몇십 년 동안
바람과 파도 따라 인연因緣에 맡기었네.
그저 종자기鍾子期가 풍류를 안다는 말을 할 뿐
좌주座主가 선을 참구할 줄이야 뉘 알았으리오.

一泛輕舟數十年　　隨風逐浪任因緣
只道子期能辨律　　誰知座主將參禪

눈앞에 절이 없대서 말뚝이 되었으나
말끝에 서로 계합한 일은 그렇지 아니하였네.
푸른 못에 낚시 드리운 늙은이를 멀리서 가리키니
스승의 호된 꾸지람에 순간 방편 법을 모두 버렸네.

目前無寺成椿橛　　句下相投事不然
遙指碧潭垂釣叟　　被師呵退頓忘筌

비수椑樹 화상

약산藥山의 법을 이었다. 실록實錄을 보지 못해서 생애의 시종을 기록할 수 없다.

도오道吾가 누워 있는데, 선사가 물었다.

"무엇을 하는가?"

"뚜껑을 덮습니다."

"누워 있는 쪽인가, 눕지 않은 쪽인가?"

"그 양쪽에 있지 않습니다."

"그렇지만 뚜껑을 덮고 있으니 어찌하랴?"

이에 도오가 소매를 털고 나가 버렸다.

복선福先이 어떤 스님에게 들어 물었다.

"뚜껑을 덮는다는 뜻이 무엇이겠는가?"

스님이 대답이 없으니, 스스로 양구良久하는 것으로 대답을 대신하였다.

선사가 도오에게 물었다.

"무엇 하러 왔는가?"

"인사차 왔습니다."

"인사차 왔다면 주둥이는 왜 놀리는가?"

"빌리는 법이야 어찌 없겠습니까?"

"빌려준 일이 없는데 무엇을 빌린단 말인가?"

이에 석상石霜이 말했다.

"이는 남의 입이니라."

선사가 마당을 쓰는데, 조주趙州가 물었다.

"반야般若는 무엇이 바탕이 됩니까?"

이에 선사가 대답했다.

"그저 그러하니라."

조주는 이튿날 선사가 마당을 쓰는 것을 보고 어제처럼 그렇게 물으니, 선사가 말했다.

"그 질문을 되레 그대에게 물으면 대답해 주겠는가?"

"물으십시오."

이에 선사가 물으니, 조주가 손뼉을 치면서 물러갔다.

도오道吾 화상

약산藥山의 법을 이었고, 유양현劉陽縣에 있었다. 휘諱는 원지圓智, 성은 왕王씨로서 종릉鍾陵의 건창建昌 사람이다.

열반涅槃 화상의 지시에 따라 약산을 찾아뵈었을 때, 약산이 대중에게 다음과 같이 설법했다.

"법신法身이 4대大를 갖춘 일을 누가 설명하겠는가? 누군가 설명할 수 있다면 그에게 바지를 한 벌 주리라."

이에 선사가 대답했다.

"성지性地는 바람이 아니요, 바람은 성지性地가 아니니, 이것이 풍대風大요, 지대地大·수대水大·화대火大도 그러합니다."

약산이 인정하고 약속대로 바지 한 벌을 주었다.

석상石霜이 물었다.

"돌아가신 뒤에 누군가가 갑자기 극칙極則의 일을 물으면 그에게 무엇이라 대답하리까?"

이에 선사가 사미沙彌를 불렀다. 사미가 대답하니, 선사가 말했다.

"깨끗한 병에 물을 담아 두어라."

그리고는 되레 석상에게 물었다.

"아까 무엇을 물었던가?"

석상이 아까같이 다시 물으니, 선사가 곧 일어나 자리를 떴다.

선사가 산을 내려가 오봉五峯에 이르니, 오봉이 물었다.

"그곳의 노숙老宿을 아십니까?"

"모른다."

"어째서 모르십니까?"

"모른다, 몰라."

어떤 스님이 물었다.

"어떤 것이 화상의 가풍家風이십니까?"

선사가 평상에서 내려와 절하는 시늉을 하면서 말했다.

"그대가 멀리서 온 것은 고마우나 아무것도 대답할 것이 없소이다."

"만 리에 구름이 없다 해도 이 역시 곁가지의 해〔日〕입니다. 어떤 것이 본래의 해입니까?"

이에 선사가 대답하였다.

"오늘은 보리 말리기에 딱 좋구나."

위산이 운암에게 물었다.

"보리菩提는 무엇으로 자리〔座〕를 삼습니까?"

운암이 대답했다.

"자리 없음을 자리로 삼는다."

운암이 되레 위산에게 물으니, 위산은 다음과 같이 대답했다.

"모든 법이 공함으로 자리를 삼습니다."

이에 위산이 다시 선사에게 물으니, 선사가 대답했다.

"앉을 대에도 그의 말을 듣고 앉으며, 누울 때에도 그의 말에 따라 눕는다. 어떤 사람은 앉지도 않고 눕지도 않나니, 빨리 말해 보아라."

선사가 삿갓을 가지고 나가니, 운암이 물었다.

"이것을 가지고 무엇 하려 하십니까?"

"쓸 데가 있다."

"검은 비바람이 몰아칠 때는 어찌합니까?"

"뚜껑을 덮는다."

"그가 뚜껑을 덮으려 합니까?"

"비록 그렇다 하나 오히려 새지는 않는다."

어떤 이가 선사에게 물었다.

"어떤 것이 지금 힘을 써야 할 곳입니까?"

"천 사람이 불러도 고개를 돌리지 않아야 비로소 상응相應할 몫이 조금 있느니라."

"갑자기 불이 났을 때에는 어찌합니까?"

"온 누리를 다 태울 수 있느니라."

비수椑樹가 불을 쪼이는데, 선사가 물었다.

"무엇을 하는가?"

"화합和合하고 있습니다."

"그렇다면 당장에 해탈을 얻겠구나."

"막힌 지 얼마나 되셨습니까?"

이에 선사가 소매를 떨고 나가 버렸다.

선사가 운암에게 물었다.

"천수천안千手千眼이란 어떤 것이오?"

운암이 대답했다.

"마치 어두운 밤에 베개를 잡고 있는 것과 같소. 당신도 아십니까?"

이에 선사가 말했다.

"나도 압니다. 나도 알아."

운암이 다그쳐 물었다.

"어떻게 압니까?"

"온몸이 눈입니다."

이에 신산神山이 말했다.

"온몸이 눈이었다."

선사가 언젠가 대중에게 말했다.

"세상에 나왔든 나오지 않았든 모두가 세상에 나온 쪽에서 하는 말이다."

이에 어떤 스님이 말했다.

"어떤 사람은 인정하지 않을 것입니다."

선사가 말했다.
"설사 인정하지 않더라도 역시 곁가닥이니라."

선사가 위산을 하직하니, 위산이 "지智 두타頭陀여" 하고 불렀다. 이에 선사가 말했다.
"그 안의 일이 어떻습니까?"
위산이 또 "지 두타여, 지 두타여" 하니, 선사가 말했다.
"참으로 졸렬하군."

선사가 새로 참문 온 스님을 보자, 북을 치고 방장으로 돌아가니, 그 스님도 북을 치고 승당僧堂으로 들어갔다. 이에 주사(主事 : 책임자)가 선사에게 와서 책망을 했다.
"화상께서 북을 치는 것은 당연하지만 새로 온 이는 어째서 까닭 없이 북을 칩니까?"
선사가 말했다.
"법답게 차와 떡을 준비하라. 내일 내가 그를 감정해 보리라."
이튿날 차와 떡을 준비해서 그를 불러 먹이다가 선사가 동자에게 지시하여 그 스님의 곁으로 가라 하니, 동자가 얼른 가서 그 스님의 곁에 섰다. 그 스님이 동자의 머리를 쓰다듬으며 다음과 같이 말했다.
"화상께서 부르십니다."
이에 선사가 방장으로 돌아가 버렸다. 주사主事는 다시 화상에게 와서 말했다.
"그가 어제 까닭 없이 북을 친 것만으로도 꾸중을 들어야 하거늘 어째서 아까 되레 동자의 머리를 때립니까?"

이에 선사가 말했다.

"나는 그대를 위해 꾸짖었고, 또 감정도 끝냈느니라."

어느 고승이 비를 무릅쓰고 상당하니, 약산이 웃으면서 말했다.

"그대 왔는가?"

고승이 대답했다.

"오줌 속입니다."

"흠뻑 젖었겠군."

"그러한 북 피리 장단은 치지 않습니다."

이에 운암이 말했다.

"가죽도 없는데, 무슨 북을 친다는 말인가?"

이에 선사가 말했다.

"뼈도 없는데, 무슨 가죽을 친다는 것이오?"

약산이 말했다.

"매우 좋은 곡조로다."

태화太和 9년 을해乙亥 9월 11일에 어떤 사람이 물었다.

"화상이시여, 4대大가 고르지 못하면 몹시 아프실 터인데, 그 아픔을 줄일 수 있겠습니까?"

"그렇게 해서 아프지 않은들 무엇 하겠는가? 그러므로 옛사람이 말하기를 '이 몸으로 다 갚을지언정 악도惡道에 드는 보를 받지 않기를 바란다' 했느니라."

선사가 또 말했다.

"갚지도 않고, 받지도 않는 이가 있는 줄 아는가?"

"그렇다면 물이 파도를 여의지 않고, 파도가 물을 여의지 않았겠습니다."

그러자 선사가 갑자기 얼굴에다 침을 뱉고 양구良久했다가 다시 대중에게 물었다.

"몇 시경이나 되었느냐?"

"미시未時입니다."

"그러면 종을 쳐라."

종을 세 번 치자 홀연히 입적하니, 춘추는 67세였다.

선사가 떠나면서 대중에게 다음과 같이 말했다.

"나는 비록 서쪽으로 가나 진리는 동쪽으로 옮겨가지 않으리라."

다비荼毘한 뒤에 사리舍利 하나를 얻으니, 뛰어나게 맑고 밝았으며, 그 빛은 금과 같고, 그 소리는 구리와 같았다. 석상산石霜山에 탑을 모시니, 시호는 수일修一 대사요, 탑호塔號는 보상寶相이었다.

정수淨修 선사가 찬탄하였다.

장사의 도오道吾 선사는
대중을 거느리지 않았다.
세상에 나오셨건 나오시지 않았건
나무 쓰러지면 등나무 넝쿨도 마른다.

長沙道吾　多不聚徒
出世不出　樹倒藤枯

싸늘한 바위 위 오래된 전나무

푸른 은하수에 금까마귀
가르침을 내리심이 높고도 험준하나
석상石霜이 그것을 감당했다네.

寒巖古檜　碧漢金烏
垂機巉峭　石霜是乎

삼평三平 화상

태전太顚 선사의 법을 이었고, 장주漳州에서 살았다. 휘諱는 의충義忠이요, 성은 양楊씨이며, 복주福州의 복당현福唐縣 사람이다. 태전 선사에게 입실하여 깊은 계합을 얻은 뒤에 무종武宗의 사태沙汰[7]를 만나 삼평산에 은닉해 있었다.

나중에 선종宣宗이 다시 불법을 드높이는 때를 만났으나 그 바다 어귀에 찾아오는 도반은 아주 끊어졌다.

나중에 서원西院의 대위大潙가 세상에 나오자 대중 가운데 일 벌이기 좋아하는 열 몇 사람이 가서 굳이 청하니, 비로소 현묘한 관문을 열게 되었다. 이때 특별히 황대구黃大口라 불리는 어떤 스님에게 선사가 물었다.

"대구(大口 : 입이 크다는 뜻) 화상의 소문을 들은 지 오래인데 스님이시오?"

그 스님이 대답했다.

"별말씀을요."

7 위魏나라 무제(武帝, 569~579) 때 전후 네 차례에 걸쳐 불교를 탄압한 폐불정책廢佛政策을 말한다.

선사가 말했다.
"입이 얼마나 큽니까?"
"온몸이 입입니다."
"그러면 똥은 어디로 누시오?"
그 당시 스님이 대답을 못하자, 이로부터 선사의 명성이 천하에 퍼져 진리를 배우고자 하는 무리들이 전염병〔瘴癘〕을 꺼리지 않고 멀리서 모여들었다.

선사가 대중에게 다음과 같이 설법하였다.
"요즘 출가한 이들은 모두가 널리 구하는 것으로써 자기의 안목으로 삼으니, 상응相應할 시기가 어디 있겠는가? 그대들이 현묘한 진리를 배우고자 한다면 여타의 것에서 구할 것이 아니라 여러분 각자에게 본분의 일이 갖추어져 있으니, 직접 체험해 얻지 않고 무엇을 하는가? 마음을 분주히 하거나 입을 중얼거린다고 거기에 구슨 이익이 있겠는가? 분명히 말하나니, 수행하는 방법이나, 여러 성인들이 교화를 펴시던 길은 대장경에 자연히 들어 있다. 다만 종문宗門의 일은 잘못 생각해서는 안 된다."
이때 어떤 사람이 물었다.
"배울 길이 있습니까?"
"미끄럽기가 이끼와 같은 길이 한 가닥 있기는 하다."
"학인學人도 밟을 수 있습니까?"
"마음에 의탁하려 하지 말고 그대 스스로 보라."
다시 물었다.
"3승의 12분교는 학인이 의심하지 않거니와 화상께서는 조사께서 서쪽에서 오신 뜻을 바로 보여 주십시오."

이에 선사가 대답했다.

"대덕大德아, 거북 털의 불자拂子와 토끼 뿔의 지팡이는 어디에 다 숨겨 두었는가?"

"거북의 털과 토끼의 뿔이 어찌 있을 수 있겠습니까?"

이에 선사가 나무랐다.

"살덩이는 천 근이나 되지만 지혜는 한 푼의 무게도 안 되는구나."

이에 하옥荷玉이 송했다.

거북 털의 불자와 토끼 뿔의 지팡이를
들고 와서 아무 데나 둔다.
옛사람의 일을 말끝에 알아들으면
유有뿐만 아니라 무無까지도 없어진다.

龜毛拂兎角杖　拈將來隨處放
古人事言下當　非但有無亦喪

왕王 시랑侍郎이 선사에게 물었다.

"검정콩이 싹이 트지 않을 때는 어떠합니까?"

"부처님들도 모르신다."

선사가 이에 대해 송했다.

보리 지혜의 해는 아침마다 비치고
반야의 시원한 바람, 저녁마다 분다.
여기에는 잡된 나무는 나지 않나니
산에 가득한 밝은 달이 선법禪法의 나무라네.

菩提慧日朝朝照　　般若涼風夜夜吹
此處不生聚雜樹　　滿山明月是禪枝

선사가 또 다음과 같이 말했다.

"여러분이 아직 선지식을 만나지 못했다면 안 될 일이고, 만일 이미 만났다면 의당 조금이라도 그 의도를 알아차려 깊은 골짜기 우아한 봉우리 바위 밑에서 외로이 잠을 자고, 나무뿌리를 먹고 풀 옷을 지어 입을지니, 그렇게 해야만 조금 상응相應할 수 있으리라. 만일 여전히 설치면서 알음알이로 뜻과 말만 구한다면 만리 밖에서 고향을 바라보는 격이리라. 진중珍重하라."

선사가 게송 세 수를 남겼다.

이 견문이 견문이 아니고
그대에게 바칠 빛과 소리도 없다네.
그 속에서 아무것도 없는 소식 분명히 안다면
체와 용이 나뉘든, 나뉘지 않든 무방하리라.

卽此見聞非見聞　　無餘聲色可呈君
个中若了全無事　　體用無妨分不分

보고 듣고 느끼고 아는 것, 본래 티끌 아니나
심식心識의 바다에 파도가 일면 절로 자신을 잊나니
그 형상은 푸른 못이 얼음과 거품에 덮인 것 같고
영특한 왕이 도리어 나그네 신세된 것과도 같네.

見聞覺知本非塵　　識海波生自昧身
狀似碧潭氷沫覆　　靈王翻作客中賓

보고 듣고 느끼고 아는 것, 본디 원인이 아니니
그 자리는 비고 깊어서 망妄도 진眞도 끊겼네.
성품 보아 어리석은 업 짓지 않으면
훤하게 밝고 희어서 자기의 소중한 보배이리라.

見聞覺知本非因　　當處虛玄絶妄眞
見性不生癡愛業　　洞然明白自家珍

선사가 함통咸通 13년 11월 6일에 입적하니, 춘추는 92세였다. 이부시랑吏部侍郎 왕풍王諷이 탑명塔銘을 지었다.

석실石室 화상

장자長髭 화상의 법을 이었고, 담주潭州의 수현攸縣에서 살았다. 휘諱는 선도善道이며, 사태沙汰가 일어나는 동안에 모습을 바꾸어 행자 노릇을 했는데, 사태가 지난 뒤에 대중이 모였으나 그 자신은 다시 스님이 되지 않고, 날마다 방앗간에서 쌀을 찧어 대중을 시봉하였다.

이때 목구木口 화상은 행자가 날마다 방아를 찧어 대중에게 공양하는 것을 보고 방앗간에 와서 말했다.

"행자가 고생하는 것을 보니 소화시키기가 매우 어렵구나."

이에 선사(행자)가 대답했다.

"속이 빈 그릇(위) 속에 담았다가 소용돌이(창자) 속으로 내려 보내는 일인데 무슨 어렵다 쉽다는 말씀을 하십니까?"

이에 목구가 대답을 하지 못했다. 어떤 스님이 이 일을 들어 운거雲居에게 말하니, 운거가 말했다.

"통달한 사람이 겉모습을 바꾸고 의복을 바꾼 것이니라."

목구 화상이 또 물었다.
"행자는 오대산五臺山에 가 본 적이 있는가?"
"갔었습니다."
"문수文殊보살을 뵈었는가?"
"뵈었습니다."
"행자에게 무어라 말씀하시던가?"
"그대의 부모가 마을의 풀숲에 있다고 했습니다."
목구가 또 대답이 막히자, 장경長慶이 대신 말했다.
"행자께서는 그를 구제해 내실 수 있겠소?"
나중에 조산曺山이 이 일을 들어서 강强 상좌에게 물었다.
"그것은 칭찬하는 말인가, 나무라는 말인가?"
"나무라는 말입니다."
"어디가 잘못되어 나무라는가?"
"있음〔有〕을 알므로 나무랍니다."
"어느 곳이 그가 있음〔有〕을 아는 곳인가?"
"산중의 일답지 않게 문수文殊를 굳이 알아보았기 때문입니다."
"어떤 것이 산중의 일인가?"
"문수를 알아보지 못하는 것입니다."
이에 조산이 말했다.
"그렇다, 그렇다."
뒤에 목구가 세상에 나온 지 몇 해 후 입적하니, 주사主事가 두 사람의 스님을 보내어 동산洞山에게 비보를 전했는데, 스님이 서신을 가지고 동산에게 이르러 모든 인사 절차를 마치니, 동산이 두 스님에게 물었다.

"화상께서 열반에 드신 뒤에 어찌했는가?"

"다비荼毘를 했습니다."

"다비를 한 뒤에는 어찌했는가?"

"2만 8천 개의 사리舍利를 얻었는데, 1만 개는 관가에 바치고, 1만 8천 개는 세 곳에다 탑을 세웠습니다."

"이상한 상서祥瑞는 없었는가?"

"세상에서 드문 일이었습니다."

"어째서 세상에 드문 일이라 하는가?"

"눈으로 볼 수 없고 귀로 들을 수 없으니, 그 어찌 드문 일이 아니겠습니까?"

"온 천하가 모두 너희 화상의 사리투성이가 된다 해도 오히려 당시 석실 행자의 두어 마디 말씀을 알아듣는 것만이야 하겠는가?"

위산潙山이 앙산仰山으로 하여금 선사를 방문케 하니, 앙산이 선사에게 가서 하루를 묵은 뒤에 물었다.

"어떤 것이 부처입니까?"

선사가 주먹을 쥐어 보이자 다시 물었다.

"어떤 것이 도입니까?"

선사가 다시 손을 폈다.

"마침내는 어느 것이 바로 그것입니까?"

선사가 손을 털고 가 버리면서 말했다.

"그런 일은 없다."

앙산이 돌아와서 이 일을 자세히 전하니, 위산이 자리에서 내려와 석실 쪽을 향해 합장을 했다.

선사가 앙산과 달구경을 하는데, 앙산이 물었다.

"저 달이 뾰족할 때에 둥근 모습은 어디로 갑니까?"

선사가 대답했다.

"뾰족할 때에는 둥근 모습이 숨고, 둥글 때에도 뾰족한 모습은 있느니라."

운암이 말했다.

"뾰족할 때에도 둥근 모습은 있지만 둥글 때에는 뾰족한 모습이 없다."

도오道吾가 말했다.

"뾰족할 때에도 뾰족하지 않고, 둥글 때에도 둥글지 않다."

그 밖의 것은 기록을 보지 못했다.

덕산德山 화상

용담龍潭의 법을 이었고, 낭주郎州에서 살았다. 휘諱는 선감宣鑒이요, 성은 주周씨이며, 검남劍南[8] 서천西天 사람이다.

날 때부터 훈채葷菜를 먹지 않았고, 어릴 때부터 매우 영리하였다. 20세가 되자 스승을 맞이하여 그 해 구족계를 받고, 율장을 정교하게 연구하였으며, 또한 해탈의 상종相宗[9]에 있어서는 단연코 독보적이었다. 그는 항상 이런 말을 했다.

---

8 고려대장경에는 '일남釰南'으로 되어 있으나 '검남劍南'의 오자인 듯하다.

9 주로 법상종法相宗을 말한다.

"한 터럭이 큰 바다를 삼키되 바다의 성품은 줄지 않고, 작은 터럭을 바늘 끝에 던지면 바늘 끝은 까딱도 않는다. 그러나 배울 것과 배우지 않을 것은 오직 자신만이 알 뿐이다."

마침내 천하에 행각行脚 길을 떠나 제방의 종사를 찾았으나 이르는 곳마다 제접하는 방법이 모두 변변하지 못했다. 나중에 용담이 석두石頭의 두 잎사귀 중 하나라는 것을 듣고, 옷깃을 여미고 찾아갔다. 처음 뵈니 단칸방에 문도門徒도 없이 혼자 지내기에 며칠 동안 시봉을 드렸다.

어느 날 밤, 참문한 끝에 용담이 말했다.

"어째서 돌아가지 않는가?"

선사(덕산)가 대답했다.

"어둡습니다."

용담이 촛불을 켜서 선사에게 주자 선사가 받으려는데, 용담이 불어 확 꺼 버렸다. 이에 선사가 절을 하니, 용담이 물었다.

"무슨 도리를 보았는가?"

"지금부터는 절대로 천하 노화상들의 말씀을 의심하지 않겠습니다."

그리고는 이어서 다음과 같이 물었다.

"용담의 소문을 들은 지 오래인데 막상 와서 보니, 못도 보이지 않고 용도 보이지 않을 때에는 어찌합니까?"

용담이 대답했다.

"그대가 몸소 용담에 왔느니라."

선사가 이 순수한 말씀을 듣자 기쁨에 넘쳐 찬탄하였다.

"설사 온갖 현묘한 변재를 다한다 하여도 한 터럭으로 허공을 재는 것 같고, 세상의 중요한 기틀을 다한다 하여도 한 방울을 큰 골짜기에 던진 것 같도다."

그리고는 마침내 금아의 용적〔金牙之勇敵〕[10]을 거두고, 경덕의 웅정을 간직하며〔藏敬德之雄征〕[11], 눈〔雪〕 위에 섰던 현묘한 무리[12]를 뒤따르고, 의발을 전하는 비밀한 뜻을 이으며, 시중을 들면서 날마다 묻고 배우기를 더욱 정미精微하게 하여 다시는 다른 곳으로 가지 않고, 예원澧源에 30여 년간 머물렀다.

사태가 가라앉은 뒤, 함통 원년에 무릉武陵 태수 살정망薩廷望의 청원으로 비로소 덕산德山에 머무르니, 이로부터 천하의 납자들이 모여들어 여름 겨울 없이 항상 5백 명이 넘었다.

선사가 언젠가 대중에게 다음과 같이 설법하였다.

"여러분, 누가 능히 내 얼굴[13]을 그리겠는가? 있거든 나오라. 내가 그를 알고자 하노라."

이 말을 들은 이는 모두가 겁에 질려 아무도 대꾸하는 이가 없었다.

선사가 또 말했다.

"그대들이 마음에 아무 일도 없고 일에 처해도 무심하다면 그제야 비어서 묘하게 되리라. 만일 털끝만치라도 생각에 매이면 모두가 스스로 속이는 것이요, 잠깐이라도 망정을 일으키면 만겁에 얽매이리라."

---

10 금아는 부처님의 말씀을 일컫고, 적敵은 육사외도六師外道를 의미한다. 따라서 위 글은 "육사외도를 용맹하게 논파한 부처님의 말씀을 섭렵하고"란 뜻인 것 같다.

11 "웅대하게 정벌되듯이 중국에 전해진 경전을 갈무리하고"의 뜻인 것 같다.

12 달마에게서 법을 이어받은 신광神光을 가리킨다.

13 용모를 말한다.

선사가 유나維那[14]에게 물었다.

"오늘 새로 온 이가 몇인가?"

"여덟 사람이 왔습니다."

이에 선사가 말했다.

"함께 오라고 해라. 단안을 내어 처리하리라."

어떤 스님이 화산禾山에게 물었다.

"'함께 오라고 해라. 단안을 내어 처리하리라' 하신 뜻이 무엇입니까?"

화산이 대답했다.

"문 밖에 나서자마자 이내 허름한 나그네임을 아느니라."

"어찌하여야 그런 허물을 면합니까?"

"만 리 길을 오지 않아야 도리어 그를 인정하는 것이리라."

흠산欽山이 선사에게 물었다.

"천황天皇 또한 그러하였는데, 화상께서는 어떻게 말씀하시겠습니까?"

선사가 대답했다.

"천황과 용담의 이야기를 해 보라."

흠산이 절을 하자 선사가 곧바로 때렸다. 운雲 대사가 대신 말했다.

"'그렇게 하시면 헛소리하시어 실수한 것을 스스로 헤아리는 꼴이 됩니다' 해야 하느니라."

---

14 절의 일을 주관主管하는 직책. 선원禪院에서는 특히 스님들의 기강을 바로잡는 임무를 수행한다.

선사가 또 언젠가 다음과 같이 말했다.

"물으면 허물이 있고 묻지 않아도 어긋난다."

이에 어떤 스님이 얼른 절을 하자 선사가 때렸다. 이에 스님이 말했다.

"제가 막 절을 하였는데 어째서 때리십니까?"

"그대 입 열기를 기다려서 무엇을 하겠는가?"

선사가 스님이 오는 것을 보자, 얼른 문을 닫아 버렸다. 스님이 와서 문을 두드리니, 선사가 물었다.

"누구냐?"

"사자 새끼올시다."

이에 선사가 문을 여니, 그 스님이 절을 했다. 이에 선사가 그의 목덜미에 올라타고 외쳤다.

"이 짐승아, 어디를 갔다 오는가?"

선사가 병환으로 누웠는데, 누군가가 물었다.

"화상께서 병이 드셨는데 병이 들지 않는 이도 있습니까?"

"있다."

"어떤 이가 병이 들지 않는 사람입니까?"

이에 선사가 대답했다.

"아야, 아야."

용아龍牙가 물었다.

"학인學人이 막야검鏌鎁劍[15]을 짚고 와서 스님의 목을 베려 하면 어찌하겠습니까?"

"그대는 어떻게 손을 쓰려 하는가?"

"그러시면 스님의 머리가 땅에 떨어집니다."

선사가 대답하지 않았다. 나중에 용아가 동산洞山에게 가서 위의 일을 자세히 진술하니, 동산이 말했다.

"떨어진 덕산德山의 머리를 가져오너라."

용아가 대답이 없었다.

어떤 이가 물었다.

"어떤 것이 보리菩提입니까?"

선사가 꾸짖으며 말했다.

"가거라. 여기다 똥 싸지르지 말고."

암두巖頭가 선사에게 물었다.

"범부와 성인의 거리가 얼마입니까?"

선사가 외마디 할을 하였다.

남전南泉 화상의 제1좌第一座가 고양이를 길렀는데, 옆자리의 스님의 의자 다리가 부러졌다. 이로 인해 싸움이 났는데, 누군가가 화상에게 말하니, 화상이 당장 내려와서 고양이를 번쩍 들고 외쳤다.

"누군가 할 말이 있는가? 만일 누군가 할 말이 있다면 이 고양이의 목숨이 구제될 것이다."

---

15 큰 칼. 이 칼은 칼날이 매우 날카로워 영리한 근성을 비유하여 칭찬하는 말로 쓰인다.

대중에서 대답하는 이가 없자 화상이 칼을 들어 고양이를 두 토막으로 끊어 버렸는데, 설봉雪峰이 이 일을 들어 선사에게 물었다.

"옛사람이 고양이를 벤 뜻이 무엇입니까?"

선사가 갑자기 설봉을 때리니, 설봉이 달아났다.

이에 선사가 다시 설봉을 불러 세우고 말했다.

"알겠는가?"

"모르겠습니다."

"내가 그대를 위해 그토록 애쓰는데 그대는 모르는구나."

선사가 암두에게 물었다.

"알겠는가?"

"모르겠습니다."

"모르는 것을 잘 지니는 것이 좋겠도다."

"모르는데 무엇을 잘 지닙니까?"

이에 선사가 말했다.

"그대는 마치 무쇠 말뚝 같구나."

설봉이 덕산德山에 있을 때, 법당에 올라갔다가 화상을 뵙고는 이내 뒤돌아섰다. 이를 본 선사가 말했다.

"방심할 수 없는 인물이군."

장경長慶이 이 일을 들어 스님에게 물었다.

"어디가 설봉과 덕산이 만났던 곳인가?"

스님이 대답이 없었다. 장경이 대신 말했다.

"'그래도 옳은 것입니까?' 했어야 한다."

그 밖에 긴요한 일이 있으니, 광회廣誨에 간단히 수록되어 있다.

함통咸通 6년 을유 12월 3일에 갑자기 문인들에게 고했다.

"허공을 더듬고 메아리를 뒤쫓으면서 그대들의 정신만 괴롭히누나. 꿈을 깨면 잘못을 깨달으리니, 깨달은 뒤에는 무슨 일이 있겠는가?"

이렇게 말을 마치고는 단정히 앉아 조용히 열반에 드니, 춘추는 84세요, 승랍은 65세이다. 시호는 견성見性 대사요, 사문 원회元會가 비문을 지었다.

정수淨修 대사가 찬탄하였다.

덕산德山은 낭주 사람,
굳센 뼈대, 짝할 이 없다.
조사도 부처도 물리쳤거늘
어찌 닦아 증득함을 세우랴.

德山朗州　　剛骨無儔
尙袪祖佛　　豈立證修

불법의 하늘의 밝은 해요
괴로운 바다의 자애로운 배다.
누가 그 참된 발자취를 따라 오르리.
설봉과 암두로다.

釋天杲日　　苦海慈舟
誰攀眞躅　　雪峰巖頭

조당집 제 6 권

투자投子 화상

취미翠微의 법을 이었고, 서주舒州의 상성현相城縣에서 살았다. 그의 휘諱는 대동大同이며, 서주의 회녕현懷寧縣 사람으로서 성은 유劉씨이다. 동도東都 보당사保唐寺 만滿 선사 밑에서 처음에 소승小乘의 법을 배웠는데, 잘못된 줄 알고는 그것을 버리고 삼장을 두루 궁구하여 그윽한 진리를 널리 깨달아서 곧장 취미翠微에게 가서 물었다.

"2조祖가 처음 달마達摩를 뵙고 얻은 것이 무엇입니까?"

취미가 대답했다.

"그대가 지금 나를 만나서는 무엇을 얻었는가?"

선사는 그의 문하에 귀의하여 마음을 쉰 뒤에 다른 곳으로 갔다.

또 하루는 취미가 법당에서 행도行道하는데, 선사가 그의 앞으로 다가가 절을 하고 물었다.

"서쪽에서 오신 비밀한 뜻을 화상께서는 어떻게 사람들에게 가르치십니까?"

취미가 잠시 걸음을 멈추자, 선사가 재차 물었다.

"화상이시여, 가르쳐 주십시오."

취미가 대답했다.

"옳지 않다. 두 번째 것은 마치 더러운 흙탕물을 뿌리는 것과 같은데 얻어서 무엇 하리오."

선사가 말끝에 진리를 깨달아 절을 하고 물러갔다.

취미가 말했다.

"감추지 마라[挅][1]."

선사가 대답했다.

"때가 되면 뿌리와 싹이 저절로 납니다."

다시 물었다.

"듣건대 단하丹霞가 목불을 태웠다는데, 화상께서는 무엇으로 나한羅漢에게 공양하시렵니까?"

취미가 대답했다.

"태워도 태워지지 않으니, 공양하려면 또한 마음대로 공양하느니라."

선사가 가르침을 받고, 진리를 깨달은 뒤에는 본성[性]에 따라 소요逍遙하면서 인간 세계에 거리낌 없이 다니며 좋은 경치를 구

1 타挅는 췌揣와 같다.

경하다가 이내 고향으로 돌아와 투자산投子山 밑에다 자리를 잡고, 평생을 마칠 뜻으로 암자를 지어 마음을 쉬고자 자취를 감추었더니, 건부乾符와 중화中和 연간에 이르러 난리가 일어나 물이 끓듯, 고래가 바닷물을 삼키듯 월越나라와 초楚나라와 오吳나라의 전쟁이 치열하며, 미친 오랑캐가 날뛰고 도적떼가 설치니, 어찌 나라만이 어지러우랴. 심지어 절까지도 파괴되었다.

이때에 폭도들의 괴수가 칼을 들고 암자 앞에 나타나 소리를 높여 외쳤다.

"화상은 여기서 무엇을 하는가?"

선사가 대답했다.

"나는 여기서 마음을 전하오."

괴수가 다시 물었다.

"무슨 놈의 마음을 전한다는 것인가?"

선사가 대답했다.

"부처님의 마음이오."

괴수는 잠시 고개를 떨어뜨리고 있다가 얼굴빛을 펴고 말했다.

"화상의 가풍家風은 참으로 부사의하여서 우리 따위가 헤아릴 바 아닙니다."

그러고는 이내 칼을 다시 칼집에 넣고 입었던 옷과 지녔던 보배 장식품들을 풀어서 시주하고 물러갔다.

이로부터 날마다 선객들이 찾아왔는데, 어떤 사람이 물었다.

"범부와 성인의 거리가 얼마입니까?"

선사가 승상繩床을 내려와 서니, 다시 물었다.

"한 물건도 가지고 오지 않았거늘, 어째서 도리어 놓아두라고 하십니까?"

선사가 대답했다.

“이렇게 왔으니 수고했다.”

“선법을 알 수 있도록 한 말씀 해주십시오.”

선사가 주장자로 때리니, 다시 물었다.

“어째서 말해 주시지 않습니까?”

선사가 대답했다.

“그대는 어찌하여 그토록 좋고 나쁨을 모르는가?”

“고인이 말하되, ‘죽은 뒤에는 산 밑에 가서 한 마리의 물소가 되리라’ 하였는데, 그 뜻이 무엇입니까?”

선사가 대답했다.

“고삐가 항상 있느니라.”

“고삐가 항상 있지 않을 때에는 어떻습니까?”

선사가 대답했다.

“또다시 속인을 끄느니라.”

“대유령大庾嶺까지 따라갔건만 어째서 발우를 들지 못했습니까?”

선사가 누더기를 들어 올리니, 스님이 다시 물었다.

“그것을 물은 것이 아닙니다.”

선사가 대답했다.

“그대가 들지 못하는 꼴을 봐라.”

“부처님들과 조사들이 대대로 전했다 하는데, 전한 것이 무엇입니까?”

선사가 대답했다.

“늙은이가 어찌 그런 헛소리를 다 들어 주리.”

“목구멍 입술을 떠나서 한 말씀 일러 주십시오.”

선사가 대답했다.

"그대는 내가 말이 막히기만을 바라는구나."

"달마達摩께서 오시기 전에는 어떠하였습니까?"

선사가 대답했다.

"온 하늘과 땅에 두루 하였느니라."

"온 뒤에는 어떠합니까?"

"덮거나 가릴 수 없었느니라."

"여러 성인들은 무엇으로 인해서 깨달았습니까?"

"병이 있어도 약을 먹을 필요가 없느니라."

"그렇다면 닦고 증득할 필요가 없겠습니다."

"영원히 기뻐할 수도 없고, 영원히 성낼 수도 없느니라."

"요긴한 곳에도 소식이 통할 수 있겠습니까?"

"그대가 나에게 그렇게 물은 것이구나."

"어떻게 알 수 있습니까?"

"알 수 없느니라."

"끝내 어찌하여야 합니까?"

"그것이 바로 긴요한 곳이니라."

"어찌하여야 눈앞의 사물에 걸리지 않겠습니까?"

"벌써 범했느니라."

"어디가 범한 곳입니까?"

"아까 무어라 했는가?"

"옛사람이 말하기를 '빨리 상응相應하려면 다만 불이不二만을 말하라' 하였는데, 화상께서는 어떻게 하십니까?"

"네가 물으니, 내 다시 말해 주리라."

"어떻게 말씀하시겠습니까?"

"불이不二만을 말하느니라."

선사가 언젠가 말했다.

"제방에서는 일체의 구절을 한 구절로 다 말하는데, 노승은 그렇지 않아서 한 구절로써 일체 구절을 다 말하노라."

어떤 스님이 나서서 물었다.

"어떤 것이 화상께서 한 구절로써 일체 구절을 다 말해 버리는 구절입니까?"

"오늘 법당에 오를 때 밥을 약간 먹었느니라."

"옛사람이 말하기를 '말을 하되 혀에 관계치 않고, 이야기를 하되 소리가 아니니라' 했는데, 어떤 것이 말할 줄 아는 것입니까?"

"모든 것을 몽땅 다 말할 수 있는 것이다."

"어떤 것이 혀에 관계치 않는 것입니까?"

"소리를 들을 귀가 없느니라."

"옛사람이 '눈앞에 법이 없으나 뜻이 눈앞에 있다' 했는데, 어떤 것이 눈앞에 뜻을 둔 것입니까?"

"미치지 않는 것이다."

"어째서 그렇습니까?"

"그것은 눈앞의 법이 아니니 귀와 눈으로 미칠 바가 아니니라."

조주趙州가 투자投子를 찾아갔는데, 산 아래에 가게가 있기에 사람에게 물었다.

"투자는 어디에 있습니까?"

가게를 보던 속인이 대답했다.

"왜 물으시오?"

조주가 대답했다.

"화상의 성화를 오래전부터 들었기에 뵙고 예배하려는 것이오."

속인이 말했다.

"가깝기는 하나 산에 오를 필요가 없소. 내일 아침에 돈을 얻으러 올 터이니 그때 만나시오."

조주가 말했다.

"그렇다면 화상께서 오실 때에 어떤 납자가 여기에 와 있다고 말하지 마시오."

속인이 승낙하였다.

이튿날 과연 내려와서 돈을 얻으니, 조주가 나서서 붙들고 말하였다.

"투자의 성화를 들은 지 오래인데 요것뿐인가?"

투자가 이 말을 듣자마자 이내 옆으로 비켜섰다. 그리고 다시 조리笊籬를 들어 올리고 말했다.

"소금 값 조금 주시오."

조주가 곧 그 속으로 머리를 들이미니, 투자는 산으로 향했다.

조주가 좀 뒤떨어져 가면서 투자에게 물었다.

"죽음 속에서 살아날 길을 얻을 때가 어떠합니까?"

투자가 대답했다.

"밤중에 다니지 말고 날이 밝거든 가라."

조주는 그만 내려와서 곧장 달아나 버렸다.

투자가 사미沙彌를 시켜 "내 뜻이 무엇인가?" 하고 묻게 하였다.

사미가 가서 조주를 불러 세웠다. 조주가 고개를 돌리자 사미가 물었다.

"화상께서 그렇게 말씀하신 뜻이 무엇입니까?"

"태백太伯을 만났구나."

사미가 돌아가서 투자에게 이야기를 하니, 투자가 크게 웃었다.

어떤 스님이 설봉雪峰에게 가서 이 일을 들어 물었다.

"옛사람이 그렇게 말한 뜻이 무엇입니까?"

설봉이 대답하였다.

"내가 호백胡伯이라 여겼더니, 다른 호백이 여기 있었구나."

어떤 스님이 황룡黃龍에게 물었다.

"옛사람이 말하기를 '밤중에 다니지 말고 날이 밝거든 가라' 하신 뜻이 무엇입니까?"

황룡이 대답하였다.

"밥을 씹고 노백魯伯을 맛보느니라."

다시 물었다.

"4조祖를 보기 전에는 어떠하였습니까?"

황룡이 대답하였다.

"있느니라."

"4조를 본 뒤에는 어떠합니까?"

황룡이 답하였다.

"있느니라."

황룡이 어떤 스님에게 물었다.

"어디서 오는가?"

"운거雲居에서 옵니다."

"여기와 비교하니 어떠하던가?"

스님이 대답을 못 하고, 운거에게 돌아가서 고하니, 운거가 말하였다.

"남쪽에는 설봉雪峰이 있고, 북쪽에는 조주가 있구나."

투자가 잠시 문을 열고 동쪽 서쪽을 두루 살피니, 대중이 함께 몰려서 올라오거늘 투자가 얼른 문을 닫았다.

이에 어떤 스님이 석문石門에게 물었다.

"투자가 문을 연 뜻이 무엇입니까?"

투자가 대답하였다.

"문을 닫는 것이야 그만두더라도 문을 닫지 않은 때에 그대는 어디서 알아차리겠는가?"

선사가 어느 때 다음과 같이 말했다.

"그대들이 □□[2] 한가한 데서 벗어나 상응하지 못할 때 무량겁으로부터 모든 곳에서 마음을 다급히 써서 자신의 대사大事를 오히려 부질없는 일로 만들어 서로 상응하기 어렵게 한다. 닦아서 각자의 일을 마치려 하지 말라. 옷을 □할 때 비로소 □□하면 서둘러도 소용이 없게 된다.

노승이 이곳에는 교묘한 말이 없으니 마치 □□□한 사람이 음식을 씹는 것처럼 오직 그대들의 물음에 따라 대답할 뿐이다. 그대들이 만약 □□□□□하지 않는다면 어느 곳을 향해 얻을 수 있겠는가?

만약 또다시 그대들에게 향상向上한 것을 말해 주어 □□□ 향해 아무 일 없게 한다 해도 모두가 치달려 짓는 것이니, 그대들에겐 깨달을 때가 없느니라. 너희들은 이름을 쫓아 □□□ 치달려 짓지 마라. 그리하면 깨달음의 일 또한 그대들이 관장하지 못하고 오히려 □□□□□하니 모두가 허물이로다. 비록 그렇다 하나

2 이하의 □ 부분들은 고려대장경 원문에서 글자 식별을 할 수가 없는 것들이다.

천지를 감싸 □□□□□□□□□□□□□□한 법에로 의지 □□□□□□."

어떤 스님이 물었다.
"화상이여, 바로 가르쳐 주십시오."
선사가 "와!" 하니, 스님이 물었다.
"이것뿐입니까, 아니면 다른 것도 있습니까?"
선사가 대답했다.
"부질없는 말을 하지 마라."
선사는 갑술년 4월 6일에 가부좌를 하고 단정히 앉아서 초연히 세상을 떴으니, 춘추는 96세요, 승랍은 76세였다.

종밀宗密 화상

하택荷澤의 제자는 자주磁州의 법여法如요, 법여의 제자는 익주益州의 유충惟忠이요, 유충의 제자는 수주遂州의 도원道圓이요, 도원의 제자가 초당사草堂寺의 종밀宗密 화상이다.

스님의 휘는 종밀이며, 행장을 볼 수 없어 다 기록할 수는 없으나 내외가 모두 우러러보았고, 조야朝野가 공경했다. 몇 부의 대승경론의 소초(강의본)와 『선원제전집禪源諸詮集』 1백 권과 예참禮懺 등을 저술하여 지금도 국내에 퍼지고 있다. 대신인 배휴裴休가 매우 공경하여 그의 비문을 지었으니, 당시 사람들에게 널리 알려진 일이다. 시호는 정혜定慧 선사이며, 탑호는 청련靑蓮이다.

언젠가 사史 산인山人이 초당 화상에게 열 가지 질문을 했는데, 첫째 질문은 다음과 같다.

"어떤 것이 도입니까, 어떻게 닦아야 합니까, 반드시 닦아서 이루어야 합니까? 아니면 아무런 공부도 필요하지 않은 것입니까?"

선사가 대답했다.

"걸림 없는 것이 도요, 허망을 깨닫는 것이 닦음이다. 도는 본래부터 원만한 것이지만 허망이 일어나면 누累가 된다. 허망한 생각이 모두 다하면 이것이 곧 닦아 이루는 것이다."

둘째 질문에서 말했다.

"도라는 것이 만일 닦아서 이루어지는 것이라면 이는 곧 조작이니, 세상의 법과 다를 바 없이 거짓되고 진실하지 않아서 이루어졌다가는 다시 무너질 것이니, 어찌 출세간의 법이라 하겠습니까?"

"조작도 역시 업을 짓는 것일 뿐이니 거짓된 세간이라 하고, 작위 없음이 곧 수행이니 진실한 출세간이라 하느니라."

셋째 질문에서 말했다.

"그 닦는다는 것은 돈(頓 : 단박)입니까, 점(漸 : 점차)입니까? 점이라면 앞의 것과 뒤의 것을 잊으리니, 어찌 한데 모아 이룰 수 있겠습니까? 돈이라면 만행이 여러 방법인데, 어찌 한꺼번에 원만해지겠습니까?"

"진리는 깨닫자마자 단박에 원만해지고, 망정妄情을 쉬어 점차로 다하나니, 단박에 원만히 나타나는 것은 갓 태어난 아이와 같이 하루 만에 사지가 다 갖추어지는 것이며, 점차로 닦는다 함은 마치 자라서 어른이 되기까지 여러 해 만에 뜻과 힘이 차츰 장대해지는 것 같으니라."

넷째 질문에서 말했다.

"무릇 마음 닦는 법이라 함은, 마음을 깨달으면 그만입니까, 아니면 다른 수행문이 있습니까? 만일 따로 수행할 부문이 있다면 어찌 남종南宗의 돈지頓旨라 하겠으며, 만일 깨달으면 곧 부처와 같아진다고 하면 어째서 신통 광명을 발하지 못합니까?"

"얼음이 물인 줄 아나 햇볕을 받아야 녹고, 범부 그대로가 진실인 줄 깨달으나 법력에 의하여서 닦아 익히나니, 얼음이 녹아 물이 출렁이면 비로소 물을 대고 씻는 공이 있고, 허망이 다하여 심령이 트이면 비로소 신통과 광명을 발휘하게 되나니, 마음을 닦는 것밖에는 다른 수행의 문이 없느니라."

다섯째 질문에서 말했다.

"만일 마음을 닦아서 부처가 된다고 하면 어째서 여러 경에서 반드시 '불국토를 장엄하게 하고 중생을 교화하여야 비로소 불도를 이룬다' 하였습니까?"

"거울이 맑을 때에 그림자는 천 가지 차별이 생기고, 마음이 맑을 때에 신통은 만 가지로 응한다. 그림자는 불국토를 장엄하게 하는 데 견주고, 신통은 중생을 교화하는 데 견주나니, 장엄은 장엄이 아니요, 그림자 또한 색이 아니니라."

여섯째 질문에서 말했다.

"여러 경에 모두 중생을 제도하라 말씀하시고, 또 중생은 곧 중생이 아니라 하시는데, 어째서 수고로이 제도해야 합니까?"

"중생이 만일 진실한 것이라면 제도하기에 수고롭겠지만, 이미 중생을 중생이 아니라 했으니, 어찌 제도하되 제도할 것이 없지 않겠는가?"

일곱째 질문에서 말했다.

"여러 경에 부처님께서 영원히 계신다 하고, 또 때로는 열반에 드셨다 하는데, 항상하다면 열반에 들지 않아야 하고, 열반에 들었다면 항상하지 않은 것이니, 이 어찌 어긋나는 말씀이 아니겠습니까?"

"온갖 모습을 여읜 것을 부처라 한다 했으니, 어찌 세상에 나시거나 열반에 드시는 실체가 있겠는가? 들고 나는 것을 보는 것은 시기와 인연 때문이니, 시기와 인연이 맞으면 보리수菩提樹 밑에 나타나시고, 시기와 인연이 다하면 사라나무 숲에서 열반에 드신다. 마치 맑은 물이 무심하되 드러내지 않는 그림자가 없고, 그림자가 나라는 주체가 없되 바깥 물체의 가고 옴에 의하는 것과 같다. 모습은 부처님 몸이 아니거늘 어찌 부처님에게 들고 남이 있겠는가?"

여덟째 질문에서 말했다.

"어찌하여 부처님을 변화로 태어났다 합니까? 나도 그의 태어남과 같이 태어났거늘 부처님은 남〔生〕이 없다 하였으니, 남이란 무슨 뜻입니까? 만일 '마음이 나기 때문에 법이 나고, 마음이 멸하기 때문에 법이 멸한다' 한다면, 이 법에 남이 없는데, 어찌 이름하여 무생법인無生法忍이라 합니까?"

"화생化生이라고 말한다면 화생은 곧 허깨비요, 공空이다. 공은 남이 없거늘 어찌 난다는 뜻으로 질문하는가? 생멸이 다 사라진 뒤에는 적멸이 참되게 되나니, 이 법의 무생을 확실히 아는 것을 무생법인이라 하느니라."

아홉째 질문에서 말했다.

"부처님들이 도를 이루어 설법하심은 오직 중생을 제도하기 위함인데, 중생에게 여섯 갈래의 세계가 있지만 부처님께서는 어째서 인간 세계에만 태어나셔서 교화를 펴셨습니까? 또 부처님께서 열반에 드신 뒤, 가섭에게 법을 전하셨고, 그 뒤로 마음과 마음으로 전하여 중국의 7조에 이르기까지 매양 한 사람에게만 전했으니, 일체 중생을 외아들같이 생각하는 것이 부처님의 뜻이거늘 부처님의 교화는 어찌 두루 하지 못합니까?"

"일월이 중천에 밝아 6합合을 두루 비춰도 소경은 보지 못하고, 엎어진 그릇 속은 밝히지 못하니, 일월이 두루 하지 못한 것이 아니라 막힘의 허물 때문이니라. 제도함과 제도하지 않음의 이치도 이런 것이니, 인간이나 하늘을 선택하여 귀신이나 축생을 버린 것이 아니라 결집해서 끊이지 않고 전할 수 있는 곳은 인간의 세계뿐이므로 부처님께서 인간 세계에 태어나셨다. 부처님께서 열반에 드신 뒤에 가섭에게 전했다가 차례로 한 사람씩 이어간 것은 대체로 그 당시에 교법을 대신한 이를 말하되, 마치 땅 위에는 두 임금이 있을 수 없다는 것같이 했을 뿐이요, 제도를 받은 이가 그 분들뿐이라는 것이 아니니라."

열째 질문에서 말했다.

"화상께서는 무엇으로 인해 발심하셨고, 무슨 법을 흠모하여 출가하셨습니까? 지금은 어떤 수행을 하시며, 어떤 법미法味를 얻으셨고, 어떤 경지境地에 이르셨습니까? 지금은 마음에 머무르십니까, 마음을 닦으십니까?

만일 마음에 머무르신다면 마음 닦음에 방해가 될 것이요, 만일 마음을 닦으신다면 마음이 흔들려 불안하실 터이니, 어떻게 도를 배운다 하겠습니까? 만일 마음을 한 곳에 안정시켰다면 정성定性의 무리와 무엇이 다르겠습니까? 대덕께서 큰 자비를 베푸시어 이치에 맞게 똑똑히 차례차례 대답해 주소서. 장경長慶 4년 5월에 사제성史制誠은 삼가 문사옵니다."

선사가 대답했다.

"4대大가 망가지는 허깨비 같은 줄 알고, 6진塵이 허공 꽃 같은 줄 알며, 내 마음이 부처의 마음임을 깨닫고, 본 성품이 법의 성품임을 보는 것이 발심이다. 마음이 머무를 곳 없음을 아는 것이 수행이요, 머묾이 없되 역력히 아는 것이 법미이고, 법에 머물러 생각을 움직이나니, 그러므로 사람이 어둠 속에 들면 보이는 것이 없는 것과 같다. 지금 머무는 바가 없고 물들지 않고 집착하지 않으니, 마치 사람이 눈이 있고 일월의 광명이 있어 갖가지 물건을 보는 것 같은데, 어찌 정성의 무리와 같다 하리? 이미 집착한 바가 없거늘 어찌 처소와 계급을 말하랴. 같은 해, 같은 달, 2일에 사문 종밀은 삼가 답하노라."〔사 산인이 이 뒤에도 자주 심지心地에 대하여 토론했는데, 선정에서 나오는 것이 도라는 데까지 이르렀다.〕

신산神山 화상

운암雲巖의 법을 이었고, 휘諱는 승밀僧密이다. 그의 행적이 없어 생애를 알 길이 없다.

선사가 동산洞山과 차밭을 매는데, 동산이 호미를 던지면서 말했다.

"나는 오늘 고단해서 힘이 조금도 없다."

선사가 말했다.

"힘이 없다면 어떻게 그런 말을 할 수 있겠는가?"

이에 동산이 말했다.

"기력이 있는 사람이 바로 그라고 말할 참이었다."

배裵 대부大夫가 어떤 스님에게 물었다.

"공양을 올리면 부처님께서 잡수십니까?"

스님이 대답했다.

"마치 대부大夫께서 조상에게 제사 지내는 것과 같습니다."

어떤 이가 이 일을 운암에게 고하니, 운암이 말했다.

"그 사람은 아직 출가하지 못했구나."

이에 선사가 나서서 물었다.

"화상께서 한 말씀 해주십시오."

운암이 말했다.

"몇 가지 음식이든지 그저 몽땅 가져오너라."

그리고는 선사에게 도리어 물었다.

"갑자기 가져왔다면 어찌하겠는가?"

선사가 대답했다.

"발우를 거두어야 되겠습니다."

이에 운암이 인가하였다.

어떤 행자가 물었다.

"나고 죽는 일이 큰데 스님께서 한 말씀 해주십시오."

선사가 대답했다.

"행자는 언제 죽었었는가?"

행자가 대답했다.

"모르겠습니다. 스님께서 말씀해 주십시오."

이에 선사가 말했다

"만약 그렇다면 한번 죽어봐야겠구나."

선사가 동산과 행각行脚을 하다가 어느 절에 도착하였는데, 동산은 좌선坐禪을 하고 선사는 졸기만 했다. 이에 동산이 걱정되어 큰 소리로 선사를 불러 선사가 대답하자, 동산이 말했다.

"상좌께서는 알겠소이까?"

선사가 대답했다.

"모르겠소."

동산이 다시 말했다.

"모르면서 어찌 잠만 자시오?"

선사가 대답했다.

"아는 사람도 잠을 잡니까?"

동산이 말이 없자, 선사가 말했다.

"노끈 한 가닥으로 스스로를 묶는구나."

선사가 바느질을 하는데, 동산이 물었다.

"무엇을 하시오?"

"바느질을 합니다."

동산이 다시 물었다.

"어떻게 바느질을 하시오?"

선사가 대답했다.

"낱낱이 그와 비슷하게 합니다."

이에 동산이 말했다.

"만일 낱낱이 있다면 비슷하지 않습니다."

선사가 오히려 동산에게 물으니, 동산이 대답했다.

"대지大地에 일제히 불이 일어납니다."

조산曹山이 어떤 스님에게 물었다.

“어떤 것이 대지에 큰 불이 이는 것인가?”

스님이 대답했다.

“가까이 갈 수 없습니다.”

조산이 말했다.

“가까이 갈 수 없는 것이 큰 불이라면 그럴 때에 한 올은 남겠는가?”

스님이 대답했다.

“한 올도 남지 않습니다.”

조산이 말했다.

“어찌하여 한 올도 남지 않는가?”

“한 올이라도 남았으면 큰 불이라 할 수 없습니다.”

조산이 수긍하지 않자 때마침 막邈 상좌가 있다가 말했다.

“바로 그러한 때 오히려 한 올이 남습니다.”

조산이 말했다.

“막 사리는 과연 드문드문 태어나는 현자로다.”

선사가 동산과 함께 촌원村院에 갔다가 불을 쬐던 차에 동산이 물었다.

“물은 어디서 나오는 것이오?”

선사가 대답했다.

“나오는 곳이 없소이다.”

이에 동산이 말했다.

“30년을 같이 수행했건만 아직도 저런 말을 하다니.”

선사가 말했다.

“이치에 합당하면 곧 행할 뿐이오. 노형은 어찌하시겠소?”

동산이 말했다.

"철철 흐르는 것만 보았지 어디서 나오는 줄을 모르겠소."

동산洞山 화상

운암雲巖의 법을 이었고, 홍주洪州 고안현高安縣에 있었다. 스님의 휘諱는 양개良价요, 성은 유兪씨이며, 월주 저기현諸暨縣 사람이다. 처음에 촌원村院의 원주院主에게 출가하였는데, 원주는 선사를 감당하지 못했으나 선사는 싫어하거나 꺼리는 생각이 전혀 없이 그곳에서 2년을 지냈다. 원주는 그의 효순孝順함을 보고 『심경心經』을 외우라고 했는데, 하루 이틀도 못 가서 훤하게 외워 버렸다. 스승이 다시 다른 경을 외우게 하려 하니, 선사가 대답했다.

"이미 외운 『심경』의 뜻도 아직 모르니, 다른 경을 배우지 않겠습니다."

원주가 말했다.

"전에 신통하게도 잘 외웠는데, 왜 모른다 하는가?"

선사가 대답했다.

"『심경』 안의 딱 한 구절을 모릅니다."

원주가 다시 물었다.

"모른다는 구절이 어디인가?"

선사가 대답했다.

"눈・귀・코・혀・몸・뜻이 모두 없다[無眼耳鼻舌身意]는 구절을 모릅니다. 화상께서 설명해 주십시오."

원주는 말이 막혔다. 이로부터 이 법공法公이 예사 사람이 아님을 알게 되었다.

원주는 곧 선사를 데리고 오설五洩 화상에게 가서 위의 일을 자세히 이야기하고 말했다.

"이 법공法公은 나로서는 감당하기 어려우니, 화상께서 거두어 주십시오."

오설이 허락하니, 선사는 오설이 거두어들인 지 3년이 지나자 계를 받고 모든 것을 다 깨친 뒤에 화상에게 말했다.

"스승께 말씀드립니다. 제가 행각行脚을 떠나고 싶으니, 화상께 허락을 청합니다."

오설이 말했다.

"결택決擇을 찾고자 한다면 남전南泉에게 가서 물으라."

선사가 말했다.

"한번 떠나면 반연攀緣이 끊어질 것이니, 외로운 학은 둥우리로 돌아오지 않습니다."

그리고는 오설을 하직하고, 남전에게로 갔다.

남전이 귀종歸宗의 재를 올리는 자리에서 다음과 같은 법어를 내렸다.

"오늘 귀종을 위해 재를 지내는데, 귀종이 오겠는가?"

아무도 대답을 못 하자, 선사가 나서서 절하고 말했다.

"스님, 다시 물어 주십시오."

남전이 물으니, 대답했다.

"길동무가 있으면 올 것입니다."

이에 남전이 뛰어내려 등을 어루만지면서 말했다.

"비록 후생이지만 다듬을 만한 재목이구나."

이에 선사가 말했다.

"양민을 천민 취급하지 마십시오."

이로부터 이름이 천하에 퍼져 작가作家라 불리게 되었다.

나중에 운암을 참례하여 현묘한 뜻을 모두 깨우쳤다. 대중大中 말년에 신풍산新豊山에 머물면서 선의 요지를 크게 폈는데, 이때 어떤 사람이 와서 물었다.

"학인 화상의 본래 스승을 뵙고자 할 때는 어떠합니까?"

선사가 대답했다.

"나이가 비슷하니 걸릴 것이 없느니라."

학인이 다시 의문 나는 바를 물으니, 선사가 대답했다.

"앞의 발자취를 따라 밟지 말고, 새로운 질문을 하라."

이에 운거雲居가 대신 말했다.

"그렇다면 나는 화상의 본래의 스승을 만날 수 없겠군요."

나중에 상좌를 시켜 장경長慶에게 가서 이 이야기를 들어 묻게 하였다.

"어떤 것이 나이가 비슷한 것입니까?"

장경이 말했다.

"옛사람이 그렇게 말한 것을 그대로 하여금 여기까지 와서 무엇을 물으라 하는가?"

다시 물었다.

"스님은 남전을 뵈었으면서 어째서 운암의 제사를 지냅니까?"

선사가 대답했다.

"나는 운암의 도덕을 소중히 여기는 것이 아니고, 또한 불법을 소중히 여기는 것도 아니다. 그가 나에게 설파해 주지 않은 것이 귀중할 뿐이니라."

"어떤 것이 비로자나불의 스승이며, 법신法身의 주인입니까?"

선사가 대답했다.

"벼 줄기와 조 줄기니라."

선사가 백안百顔에게 이르니, 백안이 물었다.

"요즘 어디서 떠나왔는가?"

선사가 대답했다.

"근래에 호남湖南을 떠나왔습니다."

백안이 다시 물었다.

"관찰사의 성이 무엇이던가?"

"그의 성을 알지 못합니다."

"이름은 무엇이던가?"

"그의 이름도 알지 못합니다."

"일터에 나온 적은 있는가?"

"나온 적이 없습니다."

"일을 합당하게 처분하던가?"

"낭막郎幕[3]들이 따로 있습니다."

이에 백안이 말했다.

"비록 나오지는 않았으나 일은 바로 처리했어야 하느니라."

선사가 소매를 떨치고 나와 버리니, 백안은 하룻밤이 지나서야 겨우 자신의 문답이 온당하지 못했음을 알아차리고 식당에 들어가 물었다.

"어제의 두 명의 두타는 어디로 갔는가?"

3 현재의 비서나 참모 역할을 담당했던 관리를 말한다.

선사가 대답했다.

"저올시다."

"지난밤 비록 그대를 상대했었으나 밤새도록 불안하였으니, 불법이 퍽 어려운 것임을 알겠소. 두타가 만약 여기서 여름을 지낸다면 나는 두 두타를 곁에서 모시겠소."

그리고 대신 대답하기를 청하니, 선사가 대신 말했다.

"너무나 존귀하십니다."

운암이 원주가 석실로 떠나려는 것을 알고 말했다.

"석실에 가거든 그대로 돌아와서는 안 되느니라."

원주가 대답이 없으므로 선사가 말했다.

"그곳에는 벌써 누군가가 미리 자리를 차지해 버렸습니다."

운암이 다시 물었다.

"그대는 다시 가서 무엇을 하려는 것인가?"

선사가 대답했다.

"인정을 끊어 버릴 수는 없습니다."

"어떤 것이 서쪽에서 오신 뜻인가?"

"흡사 해계서解雞犀[4]와 같습니다."

어떤 사람이 동산에게 물었다.

"때때로 부지런히 닦으란 말씀이 대단히 좋은데, 어째서 의발을 얻지 못했습니까?"

동산이 대답했다.

---

4 무소뿔의 이름이다.

"설사 본래 한 물건도 없다고 대답했더라도 의발을 얻지는 못했을 것이니라."

다시 선사에게로 와서 물었다.

"그렇다면 어떤 사람이 의발을 얻겠습니까?"

선사가 대답했다.

"문에 들어오지 않는 이가 얻느니라."

"그 사람은 받겠습니까?"

선사가 대답했다.

"비록 받지 않지 않는다 해도 그에게 주지 않을 수는 없느니라."

다시 물었다.

"뱀이 개구리를 삼키는데, 구해야 합니까, 구하지 말아야 합니까?"

선사가 대답하였다.

"구하면 두 눈이 보이지 않고, 구하지 않으면 형상과 그림자가 나타나지 않느니라."

운암의 재齋에 어떤 이가 물었다.

"화상은 돌아가신 스승에게서 어떤 가르침을 받으셨습니까?"

선사가 대답했다.

"내가 비록 거기에 있었으나 가르침을 받은 것은 없느니라."

"받은 것이 없다면 재는 차려서 무엇 합니까?"

선사가 대답했다.

"가르침을 받은 것은 없으나 그를 저버릴 수는 없느니라."

또 재齋를 차리는데 물었다.

"화상께서 돌아가신 스승의 재를 차리시니, 그 스승을 인정하시는 것입니까?"

"반은 인정하고 반은 인정하지 않느니라."

스님이 다시 물었다.

"어째서 전부를 인정하지 않으십니까?"

선사가 대답했다.

"만일 전부를 인정하면 돌아가신 스승을 저버리는 것이 된다."

스님이 이 일을 들어 안安 국사에게 물었다.

"전부를 인정하면 어째서 저버리는 것이 됩니까?"

안 국사가 대답했다.

"금 부스러기가 비록 귀중하나 백련白蓮이 말하기를 '아들을 아버지라고 할 수는 없다' 했느니라."

어떤 사람이 이 일을 들어 봉지鳳池에게 물었다.

"어떤 것이 반만 인정하는 것입니까?"

봉지가 말했다.

"오늘부터 들어가되 친히 뵙는 것은 잠시 보류하는 것이다."

"어떤 것이 반은 인정하지 않는 것입니까?"

봉지가 대답했다.

"여전히 그대가 인정한 일인가?"

"전부를 긍정하는 것이 어찌하여 도리어 돌아가신 스승을 저버리는 것이 됩니까?"

봉지가 말했다.

"안(合頭)[5]을 지키고 있으니 내 몸을 빼돌릴 길이 없느니라."

---

5 서북 지역의 어휘, '안' 또는 '속', 즉 '이두裡頭'와 같은 뜻이다.

스님이 다시 물었다.

"3신身 가운데 어느 몸이 수효에 떨어지지 않습니까?"

선사가 대답했다.

"내가 항상 이 일에 간절하였느니라."

그 스님이 조산에게 물었다.

"돌아가신 스승께서 말씀하시기를 '내가 항상 이 일에 간절했다' 하셨는데, 그 뜻이 무엇입니까?"

조산이 대답했다.

"머리를 원하면 베어 가라."

그 스님이 설봉雪峰에게 가서 물으니, 설봉이 주장자로 입을 쥐어지르면서 말했다.

"나도 일찍이 동산에 다녀왔느니라."

어느 날 밤에 등불을 켜지 않고 있는데, 어떤 스님이 나서서 질문을 하자, 선사가 시자侍者에게 "등불을 켜라" 하였다. 시자가 등불을 켜니, 선사가 말했다.

"아까 질문하던 스님은 앞으로 나오너라."

그 스님이 나서자, 선사가 말했다.

"두서너 홉의 밀가루를 이 스님에게 갖다 주어라."

스님이 소매를 털고 나갔는데, 그 후 이 일로 인해 깨친 바 있어 의발로 한 차례 공양을 차렸다. 3년에서 5년이 지나 화상을 하직하매 화상이 말했다.

"잘 가라, 잘 가라."

이에 설봉雪峰이 곁에 모시고 있다가 물었다.

"저 납자가 아까 여길 떠났는데 언제 다시 옵니까?"

선사가 대답했다.

"갈 줄만 알지 다시 올 줄은 모른다."

이 스님이 승당僧堂으로 가서 의발을 자리에 풀어 놓고, 천화(遷化 : 죽음)하였는데, 설봉이 그 스님이 천화함을 보고 선사에게 알리니, 선사가 말했다.

"그렇다 해도 오히려 노승으로 하여금 3생을 더 있게 할 것이다."

또 다른 이야기가 있다. 두 스님이 길동무가 되어 행각行脚을 하다가 한 사람은 병이 나서 열반당涅槃堂[6]에서 쉬고, 한 사람은 그를 간호했다. 어느 날 병난 스님이 길동무에게 말했다.

"내가 떠나려는데 같이 갑시다."

이에 간호하던 스님이 대답했다.

"나는 병도 없는데 어떻게 같이 갑니까?"

병든 스님이 다시 말했다.

"아직까지는 동행했다 할 수 없고, 이제 같이 가야 비로소 동행입니다."

간호하던 스님이 대답했다.

"좋소. 그렇다면 내가 화상께 가서 하직을 고하고 가겠소."

그리고는 화상에게 가서 앞의 일을 자세히 고하니, 선사가 말했다.

"모든 것은 그대가 할 일이니 잘 다녀오라."

그 스님이 다시 열반당으로 가서 둘이 마주 앉아 온갖 일을 이야기하고서 가슴에 두 손을 모으고 초연히 떠났다.

---

6 스님이 병들어 죽게 되었을 때 들어가서 열반을 기다리는 방을 말한다.

설봉雪峰이 법상에 있는데, 공양주 스님이 그들이 차례로 떠난 것을 보고, 화상에게 가서 말했다.

"아까 와서 하직을 고하고 간 스님이 열반당에서 둘이 마주 앉아 죽었으니 매우 기이한 일입니다."

선사가 말했다.

"이 두 사람은 그렇게 갈 줄만 알았고 전해 올 줄은 몰랐다. 만일 노승에게 견준다면 아직 3생이 남았다."

선사가 어느 때 대중에게 고했다.

"나의 헛소문이 세상에 떠도는데, 누가 있어 그것을 없애 줄 수 있는가?"

어떤 사미沙彌가 나서서 말했다.

"화상께서 법호를 하나 주시기 바랍니다."

이에 선사가 백추白槌하고 말했다.

"나의 헛소문이 벌써 사라졌도다."

이에 석상石霜이 대신 말했다.

"아무도 그의 인정을 얻지 못할 것입니다."

누군가가 다시 물었다.

"아직도 헛소문이 세상에 남아 있는 것을 어찌하겠습니까?"

석상이 말했다.

"장삼이사張三李四[7]는 남의 일이니라."

7 장씨張氏 성을 가진 사람 서넛과 이씨李氏 성을 가진 사람 서넛이란 뜻이다. 장씨나 이씨는 중국에 흔한 성으로 평범하고 무지하며 하천한 서민을 가리킨다. 선가禪家에서는 불법佛法도 깨달음도 잊어버리고 사는 깨달음의 극치에 이르러 일상日常이 평범하고 허심虛心하게 사는 선사禪師를 비유해서 말한다.

운거雲居가 대신 말했다.

"만일 헛소문이 난다면 우리 스승이 아니다."

조산이 대신 말했다.

"예부터 오늘까지 아무도 그를 가리지 못했습니다."

소산疎山이 말했다.

"용은 물에서 나오는 기능이 있건만 사람은 그것을 가려낼 능력이 없습니다."

어떤 이가 물었다.

"어떤 것이 바르게 묻고 바르게 대답하는 것입니까?"

선사가 대답했다.

"입으로 말하지 않는 것이니라."

"혹 화상께서는 대답하시겠습니까?"

"그대가 물은 적이 없었다."

다시 물었다.

"어떤 것이 병입니까?"

선사가 대답했다.

"순식간에 한 생각이 일어남이 병이니라."

"어떤 것이 약입니까?"

"계속하지 않음이 약이니라."

동산이 어떤 스님에게 물었다.

"어디서 오는가?"

스님이 대답했다.

"3조의 탑전에서 옵니다."

선사가 다시 말했다.

"조사의 곁에서 왔다면 무엇 하러 이 노승을 만나려 하는가?"

스님이 말했다.

"조사는 다르지만 학인과 화상은 다르지 않습니다."

선사가 다시 물었다.

"그대의 본래 스승을 만나고 싶은데 되겠는가?"

스님이 대답했다.

"그 또한 선사께서 스스로 나와야 가능합니다."

이에 선사가 말했다.

"조금 전에 내가 잠시 자리를 비웠었느니라."

스님이 다시 물었다.

"듣건대 경전에 말씀하시기를 '맹세코 일체 중생을 다 제도하여야 내가 성불하리라' 하셨다는데, 이 뜻이 무엇입니까?"

선사가 대답했다.

"마치 열 사람이 함께 과거에 응시하였는데, 한 사람이 급제하지 못하면 아홉 사람이 모두 급제하지 못하고, 한 사람이 급제하면 아홉 사람이 모두 급제하는 것과 같으니라."

스님이 다시 물었다.

"화상께서는 급제를 하셨습니까?"

선사가 대답했다.

"나는 글을 읽지 않았느니라."

선사가 어떤 스님에게 물었다.

"그대의 이름이 무엇인가?"

스님이 대답했다.

"아무개라 합니다."

이에 선사가 다시 물었다.

"어느 것이 그대의 주인인가?"

스님이 대답했다.

"지금 화상 앞에서 응대하는 것이 바로 그입니다."

선사가 말했다.

"애달프구나. 요즘 학인學人들은 한결같이 이렇구나. 그저 당나귀 앞과 말 뒤만을 알아서 자기의 안목을 삼고 있으니, 불법이 침체되는 것은 바로 이 때문이다. 객 가운데 주인도 가릴 줄 모르는데, 어떻게 주인 가운데 주인을 가려내랴."

스님이 물었다.

"어떤 것이 주인 가운데 주인입니까?"

"사리 스스로 대답해 보아라."

스님이 말했다.

"제가 스스로 말할 수 있다면 이는 객 가운데 주인입니다."

선사가 말했다.

"그렇게 말하기는 쉬우나 계속하기는 퍽이나 어려울 것이니라."

운거雲居가 대신 말했다.

"저라면 '객 가운데 주인은 아닙니다'라고 대답했을 것입니다."

선사가 설봉雪峰에게 물었다.

"그대는 어디로 가는가?"

설봉이 대답했다.

"영남으로 가려 합니다."

선사가 다시 물었다.

"그대는 비원령飛猿嶺을 지나가지 않는가?"

설봉이 대답했다.

"지나갑니다."

"올 때에는 어찌하겠는가?"

"역시 그리로 와야 합니다."

"누군가가 비원령을 지나지 않고 여기에 이르는 이가 있다면 어찌하겠는가?"

"그 사람은 가고 옴이 없습니다."

"그대는 이 사람을 아는가?"

"모릅니다."

"알지도 못하면서 어찌 가고 옴이 없는 줄을 아는가?"

설봉이 대답을 못 하니, 선사가 대신 말했다.

"그저 모르기 때문이다. 그러기에 가고 옴이 없는 것이다."

선사가 언젠가 말했다.

"부처님의 위로 향하는 일을 체득해야 겨우 이야기를 나눌 자격이 있느니라."

스님이 물었다.

"어떤 것이 말할 자격이 있는 것입니까?"

선사가 대답했다.

"이야기를 해도 그대는 듣지 못하느니라."

"화상께서는 들으십니까?"

"내가 말을 하지 않을 때에는 듣느니라."

선사가 어느 때 말했다.

"만 리에 한 치의 풀도 없는 곳에 가서 서야 하느니라."

어떤 스님이 이를 석상에게 가서 말하니, 석상이 말했다.

"문 밖에 나서면 모두가 풀이니라."

선사가 이 말을 전해 듣고 말했다.

"당唐나라 안에 몇이나 그런 이가 있을꼬?"

선사가 이 일을 들어 말했다.

"염관鹽官의 회상에 어떤 스님이 불법佛法의 이치는 알면서도 몸이 지사知事의 소임에 얽매여 있어서 수행을 못한 채 죽음에 이르렀다. 저승사자가 와서 그 스님을 잡아가려 하니, 그 스님이 말하였다.

'내가 소임을 보느라고 수행을 못했으니, 7일만 말미를 주시오.'

저승사자가 말하였다.

'내가 가서 염라대왕께 아뢰어 왕이 허락하면 7일 뒤에 올 것이고, 허락하지 않으면 바로 올 것이오.'

7일 뒤에 사자가 다시 와서 찾으니 찾을 수 없었다."

어떤 스님이 물었다.

"그가 왔을 때에는 어떻게 대꾸해야 됩니까?"

선사가 대답했다.

"벌써 그에게 잡혔느니라."

어떤 스님이 조계에서 왔는데, 선사가 물었다.

"듣건대 6조께서 황매黃梅에서 여덟 달 동안 방아를 찧으셨다는데 사실이던가?"

스님이 대답했다.

"여덟 달 동안 방아를 찧지 않았을 뿐 아니라 황매에도 오지 않왔습니다."

선사가 다시 물었다.

"오지 않았다면 그렇게 어마어마한 불법은 어디에서 얻었는가?"

"화상께서는 불법을 남에게 주십니까?"

선사가 대답했다.

"얻기는 얻었으나 너무 대드는 사람이로군."

그리고는 다시 말했다.

"어느 겁부터 잃었는가?"

초경招慶이 대신 말했다.

"화상은 어디서 받으셨습니까?"

어떤 스님이 물었다.

"어떤 것이 옛사람의 '백 가지 대답을 해도 한 물음도 없다'는 것입니까?"

선사가 대답했다.

"맑은 하늘에 밝은 달이니라."

다시 물었다.

"어떤 것이 지금의 '백 가지를 물어도 한 대답도 없다'는 뜻입니까?"

"검은 구름이 뭉게뭉게 자욱하게 끼었구나."

"화상께서 어떤 도리를 보셨기에 이 산에서 머무십니까?"

"두 마리의 진흙 소가 싸우다 바다로 들어가는 것을 보았는데, 아직까지 소식이 없구나."

"백천의 부처님께 공양하는 것보다 하나의 수행도 없는 스님에게 공양하는 것이 낫다는데, 백천의 부처님께는 어떤 허물이 있습니까?"

"허물은 없느니라. 그저 공덕을 쌓는 편에서 한 말이니라."

"공덕을 쌓지 않는다는 것은 무슨 뜻입니까?"

"잘 간직할 줄 모르는 것이니라."

"듣건대 스님께서 말씀하시기를 '새의 길을 걸으라' 하셨다는데, 어떤 것이 새의 길입니까?"

"한 사람도 만나지 않는 것이니라."

"어떤 것이 걷는 것입니까?"

"발밑에 실오라기 하나도 없는 것이니라."

"그러면 본래의 사람이 아니겠습니까?"

"그대는 어째서 뒤바뀌는가?"

"저에게 무슨 뒤바뀜이 있다 하십니까?"

"만일 뒤바뀌지 않았다면 어째서 하인을 상전으로 잘못 아느냐?"

"어떤 것이 본래의 사람입니까?"

"새의 길을 걷지 않는 것이니라."

"6국國이 편치 않을 때에는 어떠합니까?"

"신하에게 공이 없느니라."

"신하에게 공이 있을 때에는 어떠합니까?"

"나라가 평안하니라."

"평안해진 뒤에는 어떠합니까?"

"군신의 도가 합하느니라."

"신하가 죽은 뒤에는 어찌됩니까?"

"임금이 있는 줄 모르느니라."

"선지식이 세상에 나오면 학인學人은 의지할 곳이 있거니와 열반에 드신 뒤에는 어찌하여야 모든 경계에 미혹되지 않겠습니까?"
"마치 허공 속의 바퀴 같으니라."
"그러나 지금도 끝없이 허망하게 일어나는 것이야 어찌하겠습니까?"
"태워 버리는 것이 좋으니라."
"화상께서 세상에 나오셔서 몇 사람이나 불법을 소중히 여기게 되었습니까?"
"한 사람도 소중히 여기는 이가 없느니라."
"어째서 소중히 여기지 않습니까?"
"그들은 제각기 기상이 왕과 같기 때문이니라."

선사가 운거雲居에게 물었다.
"그대는 물질[色]을 사랑하는가?"
운거가 대답했다.
"사랑하지 않습니다."
"그대는 아직 멀었다. 정신 차리게나."
이에 운거가 도리어 물었다.
"화상께서는 물질을 사랑하십니까?"
선사가 대답했다.
"사랑하느니라."
"그렇게 물질을 볼 때는 어떠하십니까?"
"마치 한 덩어리의 무쇠토막과 같으니라."

선사가 어떤 스님에게 물었다.
"이름이 무엇인가?"

스님이 대답했다.

"화상께서 이름을 지어 주십시오."

이에 선사가 자기의 이름인 양개良价를 부르니, 스님이 대답을 못했다. 이에 운거가 대신 말했다.

"그렇게 하시면 학인은 벗어날 길이 없겠습니다."

그리고는 또 말했다.

"그렇게 하시면 화상에게 완전히 당하는 것입니다."

선사가 태太 장로長老에게 물었다.

"어떤 물건이 위로는 하늘을 버티고 아래로는 땅을 버티고 항상 활동하고 있으며 옻칠처럼 새까맣다 하니, 그 허물이 어디에 있는가?"

장로가 대답했다.

"허물은 활동하는 가운데 있습니다."

선사가 말했다.

"에잇, 꺼져라."

이에 석문이 대신 말했다.

"찾을 수 없습니다."

이에 어떤 이가 나서서 물었다.

"어째서 찾을 수 없습니까?"

석문이 말했다.

"옻칠처럼 새까맣기 때문이니라."

설봉雪峰이 장작을 운반하는데, 선사가 물었다.

"무게가 얼마나 되는가?"

설봉이 대답했다.

"온 누리의 사람이 달려들어도 듣지 못합니다."

선사가 다시 말했다.

"잘도 여기까지 왔구나."

설봉이 대답을 하지 못하자, 운거雲居가 대신 말했다.

"여기에 이르러서야 비로소 들어도 들리지 않는 줄을 알았습니다."

소산이 대신 말했다.

"그저 여기에 왔을 뿐인데 어찌 들 수 있다 하는가?"

어떤 스님이 와서 뵈니, 선사가 그의 특이함을 보고 일어나 절을 받고 물었다.

"어디서 왔는가?"

스님이 대답했다.

"서천西天에서 왔습니다."

"언제 서천을 떠났는가?"

"공양 뒤에 떠났습니다."

"너무 더디군."

"돌고 돌면서 산과 물을 구경하느라 그랬습니다."

"지금은 무엇을 하는가?"

이에 그 스님이 앞으로 나서며 손을 모으고 서자, 선사가 허리를 굽혀 읍揖하고 말했다.

"차나 마시게〔喫茶去〕."

선사가 어떤 스님에게 물었다.

"어디서 오는가?"

스님이 대답했다.

"산 구경을 하고 옵니다."

"산꼭대기까지 갔었던가?"

"갔었습니다."

"산꼭대기에 사람이 있던가?"

"아무도 없었습니다."

"그러면 그대는 산꼭대기에 가지 않았구나."

"산꼭대기까지 가지 않았다면 어찌 아무도 없는 줄 알았겠습니까?"

"그렇다면 그대는 어찌하여 거기서 잠시 머물지 않았는가?"

"저는 괜찮았지만 서천西天의 누군가가 허락하지 않았습니다."

선사가 운거雲居에게 물었다.

"어디를 다녀오는가?"

"산을 돌아보고 옵니다."

"어느 산이 살 만하던가?"

"어느 산인들 살 만하지 않겠습니까?"

"그렇다면 당나라 안의 모든 산을 몽땅 그대가 차지했겠구나."

"그렇지는 않습니다."

"그렇다면 그대는 들어갈 문을 얻었구나."

"길이 없습니다."

"길이 없다면 어떻게 나를 만나러 왔는가?"

"길이 있다면 화상과 간격이 생깁니다."

"이 사람은 뒷날 천만 사람이 잡아도 잡지 못할 것이다."

선사가, 늑담泐潭에 가서 정政 상좌가 대중에게 설법하는 것을 보고 말했다.

"신기하구나, 신기해. 도계道界가 불가사의하고, 불계佛界가 불가사의하구나."

이에 선사가 얼른 물었다.

"도계다, 불계다 하는 것은 묻지 않겠으나 도계와 불계라고 말한 이는 어떤 사람인가? 이 한마디만 대답하라."

이에 상좌가 양구良久하여 말이 없자, 선사가 재촉했다.

"왜 얼른 말하지 못하는가?"

상좌가 말했다.

"다투면 얻지 못합니다."

"대답하란 것도 전혀 말하지 못하는 주제에 다투면 얻을 수 없다고 말하는가?"

상좌가 대답을 못하자, 선사가 말했다.

"부처와 도는 그저 이름뿐이거늘 어째서 경전을 인용해서 대답하지 못하는가?"

이에 상좌가 말했다.

"경전에서는 무어라 했습니까?"

선사가 말했다.

"뜻을 얻고는 말을 잊으라 했느니라."

상좌가 다시 말했다.

"아직도 경전의 뜻을 마음에다 두어 병을 만드시는군요."

선사가 말했다.

"도계다, 불계다 하는 병은 얼마나 되는가?"

상좌는 그로 인해 죽었다.

선사가 설봉에게 물었다.

"어디를 갔다 오는가?"

설봉이 대답했다.

"구유통〔槽〕을 베고 옵니다."

"도끼를 몇 번 찍었는가?"

"한 도끼로 끝났습니다."

"저쪽 일은 어찌하는가?"

"손을 쓸 곳이 없습니다."

"그것은 아직 이쪽 일이다. 어느 것이 저쪽 일인가?"

설봉이 대답이 없자, 소산疎山이 대신 말했다.

"낫과 도끼가 없는 경지에 떨어지지는 않습니다."

"단도직입單刀直入으로 스님의 머리를 베려 할 때에는 어찌합니까?"

"당당함이 끝이 없느니라."

"그러나 지금 떨고 있는 몸은 어찌하시렵니까?"

"사방 이웃 다섯 집에 누군들 없으랴. 잠시 주막거리에 머물렀다 간들 무슨 이상할 일이겠느냐?"

선사가 또 학도學徒들에게 다음과 같이 권하였다.

"천지天地 안, 우주宇宙 사이에 하나의 보배가 형체 속에 숨겨져 있다. 사물을 인식하는 데 영특하나 안팎이 공적하고 적막하여 찾기 어려우니, 그 지위가 현묘하고도 현묘하다. 다만 자기에게서 구할지언정 남에게서 빌리지 말아야 하니, 빌릴 수도 없고 버릴 수도 없어 모두가 남의 마음이니 제 성품만 못하며, 성품은 여여해서 청정하니, 이것이 곧 법신法身이다. 초목草木의 생성에 대한 견해도 이와 같도다. 머무를 때에는 반드시 벗을 선택하여 때때로 듣지 못하던 것을 듣고, 멀리 갈 때에는 반드시 좋은 벗에 의탁하여 자주자주 눈과 귀를 밝혀라. 그러므로 말하기를 '나를 낳은 이는 부모요, 나를 이룬 이는 벗이다' 하였으니, 선한 이를 가까이하면, 마치 안개 속을 다니는 것 같아서 옷을 적시지는 않으나 차츰차츰 눅눅해지고, 쑥이 삼이나 대 속에 나면 붙들지 않아도 저절로 곧아진다. 흰 모래가 진흙과 함께 있으면 함께 검어지나니, 하루 스승으로 모셨으면 종신토록 하늘같이 존중하고, 하루 주인으로 모셨으면 종신토록 아버지같이 대해야 한다. 옥은 다듬지 않으면 그릇이 되지 못하고, 사람은 배우지 않으면 도를 알지 못한다."

선사가 병든 스님에게 물었다.
"쉽지 않겠구나, 사리여."
병든 스님이 대답했다.
"생사의 일이 큽니다, 화상이시여."
선사가 다시 말했다.
"어찌 차조 밭으로 가지 않는가?"
병든 스님이 말했다.
"그러시다면 안녕히 계십시오."
그리고는 초연히 떠났다.

스님이 물었다.
"모든 것을 다 놓아 버려 오히려 나기 전과 같을 때는 어찌합니까?"
선사가 대답했다.

"한 사람 그대가 빈손인 줄 알지 못하는 이가 있다네."

선사가 대중에게 설법했다.

"제방에는 사람을 놀라게 하는 구절이 있다지만 여기에는 뼈를 깎는 말이 있느니라."

이때 어떤 사람이 나서서 물었다.

"듣건대 화상께서 말씀하시기를 '제방에는 사람을 놀라게 하는 구절이 있다지만 나의 여기에는 뼈를 깎는 말이 있다' 하셨다는데, 사실입니까?"

선사가 말했다.

"사실이니라. 오너라. 그대의 뼈도 깎아 주마."

스님이 다시 말했다.

"사방 팔면에서 스님께 깎아 달라고 합니다."

선사가 대답했다.

"깎지 않겠노라."

"다행히 좋은 솜씨가 있으신데 어째서 깎아 주지 않으십니까?"

"그대는 듣지 못했는가? '명의는 손을 쓰지 않는다' 했느니라."

운문雲門이 서봉西峰에 이르니, 서봉이 물었다.

"나는 동산의 뼈를 깎는다는 말만 들었을 뿐 자세히 알지 못하는데, 상좌께서 나에게 자세히 말해 주지 않겠는가?"

이에 운문이 앞의 이야기를 자세히 해주니, 서봉이 이내 합장을 하고 말했다.

"그토록 자세히 알고 있었던가?"

운문이 다시 이 일을 들어서 서봉에게 물으니, 서봉이 대답했다.

"동산이 앞에서 말하기를 '오너라. 그대의 뼈도 깎아 주마' 했는데, 나그네의 자리에 제2기가 왔을 때에는 어째서 꺾지 않았습니까?"

서봉이 한참 생각한 뒤에 "상좌야" 하고 부르니, 상좌가 대답하였다. 이에 서봉이 말했다.

"흙더미로구나."

선사가 대중에게 말했다.

"손을 펴서 배우고, 새의 길에서도 배우며, 현묘한 길에서도 배운다."

이에 보수寶壽가 수긍하지 않고 법당 밖으로 나가면서 말했다.

"저 노장에게 무슨 그리 급한 일이 있는가?"

이에 운거雲居가 화상에게로 가서 말했다.

"화상의 그런 말씀을 어느 한 사람은 수긍하지 않습니다."

선사가 대답했다.

"수긍하는 이를 위해서 말했지 수긍하지 않는 이를 위한 것이 아니니라. 그런데 그 수긍하지 않는 자를 나오라 하라. 내가 만나 보고자 하노라."

운거가 말했다.

"수긍하지 않는 자가 없습니다."

선사가 물었다.

"사리闍梨는 금방 수긍하지 않은 사람이 한 사람이 있다 하더니, 어째서 다시 수긍하지 않는 이가 없다 하는가? 말해 보아라."

"나서면 수긍하는 것입니다."

"확실히 그러하다. 수긍하는 것이 수긍하지 않는 것이요, 나서는 것이 나서지 않는 것이로다."

어떤 이가 물었다.

“싱싱하게 푸른 대가 모두 진여眞如요, 빽빽한 개나리는 반야般若 아닌 것이 없다는 말이 있는데, 그 뜻이 무엇입니까?”

선사가 대답했다.

“두루 하지 않은 색이니라.”

“어째서 두루 하지 않은 색입니까?”

“진여도 아니요, 반야도 없느니라.”

“드러나기는 합니까?”

“세상에 드러나지 않느니라.”

“어째서 세상에 드러나지 않습니까?”

“세상이 아니기 때문이다.”

“세상이 아니란 뜻은 무엇입니까?”

“나는 그렇게 말하지만 그대는 어떠한가?”

“모르겠습니다.”

“알게 해주리라.”

“화상께서는 어찌하여 베풀어 주시지 않으십니까?”

“봐도 봐도 어찌할 수가 없구나.”

“어째서 감당하지 못하는 것입니까?”

“그대는 어찌하여 남의 말에 끌려 다니는가?”

“그렇다면 말씀이 없겠습니다.”

“할 말이 없는 건 아니지.”

“하실 말씀이 없는데 어째서 아니라 하십니까?”

“아무 말도 안한 것은 아니다.”

어떤 이가 물었다.

“서로가 만나서 아무것도 드러내지 않았으나 뜻을 움직이면 곧 안다 하였는데, 이 뜻이 무엇입니까?"

선사가 합장정대合掌頂戴하였다.

보자報慈가 이 일을 들어서 어떤 스님에게 물었다.

"동산이 입 속으로는 그렇게 말하고 합장정대했는데, 단지 그런 것이 합장정대인가?"

스님이 대답이 없자, 스스로가 대신 말했다.

"하나의 맥이 양쪽으로 통했느니라."

어떤 스님이 물었다.

"맑은 강 저쪽에는 무슨 풀이 있습니까?"

선사가 대답했다.

"싹트지 않는 풀이다."

"강을 건너서 이른 이는 어떠합니까?"

"온갖 것이 모두 다하였느니라."

선사가 또 말했다.

"싹트지 않는 풀이 어째서 향상香象[8]을 갈무리하는가? 향상이라 함은 지금의 공부가 결과를 이루는 것이요, 풀이란 본래 싹트지 않는 풀이며, 갈무리한다 함은 본래 원만圓滿한 행상行相을 알지 못하는 것이다. 따라서 갈무리한다 하느니라."

어떤 비구니가 승당僧堂 앞에 와서 말했다.

"이렇게 많은 무리가 몽땅 내 자식들이로다."

이에 아무도 대답을 못했는데, 어떤 사람이 선사에게 이야기했

8 교미交尾할 시기의 코끼리. 이때의 코끼리는 관자놀이에서 향기가 나는 액체를 발산한다.

더니, 선사가 대신 말했다.

"나는 태어났음으로 인하여 존재한다."

어떤 스님이 발우를 들고 늘 가던 속인의 집에 갔더니, 속인이 물었다.

"스님은 무엇이 필요하십니까?"

스님이 대답했다.

"무엇을 가리겠소?"

속인이 플을 한 줌 갖다가 발우에 채워 주면서 말했다.

"상좌께서 바로 말할 줄 알면 공양하겠지만 말하지 못하면 그냥 가시오."

스님이 대답을 못했다. 어떤 사람이 이 일을 선사에게 이야기하니, 선사가 대신 말했다.

"이것은 가리는 것이니, 안 가리는 것을 갖다 주시오."

선사가 어떤 스님에게 물었다.

"마음과 법, 둘 다 잊고 본성은 진실하다면, 몇 번째 자리에 해당되겠는가?"

스님이 대답했다.

"두 번째 자리입니다."

"어째서 그를 첫 번째 자리라 하지 않는가?"

"마음도 아니요 법도 아니기 때문입니다."

"마음과 법 둘 다 잊었을 때는 마음도 아니요, 법도 아니거늘, 어째서 다시 그렇게 말하는가?"

그리고는 대신 대답했다.

"참이 아니면 자리를 얻지 못하느니라."

어떤 이가 물었다.
"어떤 것이 아비가 젊다는 것입니까?"
선사가 대답했다.
"그대는 나이가 몇이던가?"
"어떤 것이 자손이 늙었다는 것입니까?"
"나는 평소에 사람들에게 현묘함을 이야기했었느니라."

또 물었다.
"옛사람이 말하기를 '다만 마음으로 알지언정 현상으로써 구하지 말라' 하였으니, 이 뜻이 무엇입니까?"
선사가 대답했다.
"문으로 들어오는 이는 보배롭지 못하느니라."
"문으로 들어오지 않은 이는 어떠합니까?"
"여기에는 아무도 알아볼 이가 없느니라."

또 물었다.
"마음과 법이 멸할 때가 어떠합니까?"
선사가 대답했다.
"입으로만 말할 수 있은들 무슨 이익이 되겠는가? 입으로 따지는 것을 믿지 말고 곧장 그렇게 해야만 한다. 설사 그렇게 하여도 역시 부처 쪽의 일을 배우는 것이니라."
"스님께서 그 부처의 위로 향하는 사람의 경지를 설명해 주십시오."
"부처가 아니니라."

또 물었다.

"4대大가 좋지 않을 때 병들지 않는 이도 있습니까?"

선사가 대답했다.

"있느니라."

"병들지 않는 이가 화상을 봅니까?"

"내가 그를 볼 자격은 있지만 그가 뉘라서 나를 짐작하겠는가?"

"화상께서 병드셨는데 어찌 그를 봅니까?"

"만약 내가 본다면 병이 들었다고 볼 수는 없느니라."

"바야흐로 그러할 때에는 어떠합니까?"

"그것이 그대의 굴택〔窠窟 : 둥지〕이니라."

"그렇지 않을 때에는 어떠합니까?"

"차지하는 것이야 신경을 쓰지 않는다."

"차지하는 것에 신경 쓰지 않음이 화상께서 소중히 여기는 지점이 아닙니까?"

"차지하는 것을 신경 쓰지 않거늘 소중히 여길 것이 무엇이 있겠는가?"

"어떤 것이 화상께서 소중히 여기는 곳입니까?"

"그대를 향해 주먹을 들지 않는다."

"어떤 것이 학인이 소중히 여길 곳입니까?"

"나를 향해 합장하지 마라."

"그렇다면 서로가 아무런 관계가 없겠습니다."

"누가 그대와 아는 사이인가?"

"끝내는 어떠합니까?"

"누가 기꺼이 크게 되려 하고, 누가 기꺼이 작게 되려 하겠는가?"

"우두牛頭가 4조를 만나기 전에 여러 새가 꽃을 물고 와서 공양했던 것은 어떠합니까?"

"구슬이 손바닥에 있는 것 같으니라."

"만난 뒤에는 어째서 꽃을 물고 오지 않았습니까?"

"온몸이 갔느니라."

"어떤 이가 마음·뜻·의식이 없는 사람입니까?"

"마음·뜻·의식이 없는 사람이 아니니라."

"만나 뵈올 수 있겠습니까?"

"그는 남이 전하는 말을 들은 적이 없고 남의 부탁도 받은 적도 없느니라."

"가까이 모실 수는 있겠습니까?"

"그대뿐만 아니라 노승도 할 수 없느니라."

"화상께서는 어째서 가까이하시지 못하십니까?"

"마음과 뜻과 의식이 없는 사람이 아니기 때문이다."

어떤 스님이 물었다.

"조개 속에 진주가 있는데 그 조개도 압니까?"

선사가 말했다.

"알면 잃느니라."

"어찌하여야 되겠습니까?"

"앞의 말을 따르지 말라."

또 물었다.

"옛사람이 말하기를 '허공의 마음으로 허공의 이치에 합한다' 했는데, 어떤 것이 허공의 이치입니까?"

선사가 대답했다.
"탕탕蕩蕩해서 겉〔表〕도 끝도 없느니라."
"어떤 것이 허공의 마음입니까?"
"사물을 걸지 않는다."
"어찌하여야 부합되겠습니까?"
"그대가 그렇게 말하면 부합되지 않느니라."

또 물었다.
"옛사람이 말하기를 '부처병〔佛病〕을 가장 고치기 어렵다' 했는데, 부처가 병입니까? 부처에 병이 있습니까?"
선사가 대답했다.
"부처가 병이니라."
"부처가 어떤 사람에게 병이 됩니까?"
"그대에게 병이 되느니라."
"부처가 그를 알고 있습니까?"
"그를 알지 못하느니라."
"그를 알지도 못하는데 어떻게 그에게 병이 됩니까?"
"그대는 '그의 가풍家風에 누가 된다'는 말을 듣지 못했는가?"

또 물었다.
"말 속에서 적중的中함을 얻는다면 어떠합니까?"
선사가 대답했다.
"적중했는데 무엇을 또 취한다 하는가?"
"그렇다면 적중한 것이 아니겠습니다."
"적중하지 못했는데 여전히 적중함이 있겠는가?"

선사가 어떤 스님에게 물었다.

"어떤 사람이 천만의 사람 속에 있으면서 한 사람에게도 향하지 않고, 한 사람에게도 등지지 않나니, 그를 어떤 사람이라 부르는가?"

스님이 대답했다.

"이 사람은 항상 눈앞에 있으면서 경계를 따르지 않습니다."

"그대의 이 말은 아비 쪽에서 하는 말인가, 자식 쪽에서 하는 말인가?"

"저는 아비 쪽에서 말한 것이라 여깁니다."

선사가 수긍하지 않았다. 그리고는 전좌典座에게 물었다.

"그는 어떤 사람인가?"

"그는 얼굴도 등도 없는 사람입니다."

선사가 수긍하지 않으니, 또 다르게 대답했다.

"이 사람은 얼굴이 없습니다."

"한 사람을 향하지도 않고 한 사람을 등지지도 않는 것이 그대로 얼굴이 없는 사람이거늘, 무엇 때문에 그렇게들 말하는 것인가?"

이어 선사가 대신 대답했다.

"숨이 끊어진 사람이니라."

또 물었다.

"온갖 곳에서 어긋나지 않는다면 어떠합니까?"

선사가 대답했다.

"이는 아직도 공훈功勳 쪽의 일이다. 공 없는 공이 있는데, 그대는 어째서 그것을 묻지 않는가?"

"공 없는 공이란 저쪽 사람이 아니겠습니까?"

"뒷날 눈이 있는 사람은 그대의 그런 말을 비웃을 것이니라."

"그렇다면 조화롭겠습니다."

"조화롭기도 하고 조화롭지 않기도 하며, 조화롭지 않은 것도 아니니라."

"어떤 것이 조화로운 것입니까?"

"그쪽 사람이라 해서는 안 되느니라."

"어떤 것이 조화롭지 않은 것입니까?"

"가릴 곳이 없느니라."

그리고는 갑자기 시자侍者를 불러 시자가 오자, 선사가 양구良久하다가 말했다.

"대중에게, 추운 자는 불을 쪼이고, 춥지 않은 자는 상당하라고 일러라."

선사가 언젠가 대중에게 다음과 같이 말했다.

"여기는 모름지기 구절과 구절이 끊이지 않게 하여야 한다. 마치 장안長安으로 통하는 여러 길과 같이, 설사 실오리 같은 길이라도 끊이지 않는 것과 같아야 한다. 만일 한 길이라도 통하지 않는 곳이 있으면 이는 곧 군주君主를 받들지 않는 것이니, 이 사람의 목숨은 경각에 달렸을 것이다. 설사 훌륭하고 묘한 법을 배웠다 하여도 역시 군주를 받들지 않는 것이다. 하물며 그 밖의 것은 무슨 소용이 있겠는가? 인간 세상의 사소한 일 때문에 큰일을 잃지 마라. 가령 흉내를 내어서 약간의 옷과 밥을 얻는다 해도 나는 필경 노비로 다시 태어나 갚아야 할 것이라고 단언한다. 옛 어른이 말하기를 '모든 종류에 따라 각각 분제分齊가 있다' 했으니, 기왕

사람으로 태어났으면 옷과 밥에만 얽매이지 말고 인연에 맡겨 집착을 내지 말아야 한다. 나의 가풍家風은 이러할 뿐이다. 수긍하든 안 하든 끝끝내 그대들 마음대로 동서 왕래함을 윽박지르지 않겠노라. 진중珍重하라."

선사가 함통咸通 10년 기축己丑 3월 1일에 머리를 깎고 가사를 입더니, 종을 치게 하고는 의젓이 앉아서 떠나니, 대중이 통곡하였다. 그러자 다시 깨어나서 말했다.

"무릇 출가한 사람은 마음을 사물에 의지하지 않아야 하나니, 이것이 참 수행이다. 어찌 슬프고 안타까울 일이 있으랴."

그리고는 원주를 불러 우치재愚癡齋를 차리라 하니, 원주가 슬피 울면서 재를 차렸다. 7일째가 되자 선사도 조금 먹더니, 마지막 날에 말했다.

"중들이 어찌 이다지 경솔한가? 큰 길을 떠나는데, 어째서 이렇게 소란스럽고 슬퍼하는가?"

여드레가 되는 날, 목욕물을 데우게 하여 목욕을 하고 단정히 앉아서 떠나니, 나이는 62세요, 승랍은 41세였고, 시호는 오본悟本이요, 탑호塔號는 혜각慧覺이었다. 제자를 경책하는 게송들이 문도들 사이에서 많이 퍼졌으나 상자에 감추고 여기에는 수록하지 않는다.

정수淨修 선사가 찬탄하였다.

스님이 동산에 머무니
무리가 5백이 모였네.
눈으로 소리를 듣고

경계와 반연이 꿈과 같았다.

師居洞山　聚五百衆
眼處聞聲　境緣若夢

시냇가의 곧은 대요,
하늘가의 상서로운 봉황이라.
세 가지 몸에 떨어지지 않기에
나는 이를 애통해 한다.

磵畔貞筠　天邊瑞鳳
不墮三身　吾於此痛

점원漸源 화상

도오道吾의 법을 이었으며, 휘諱는 중흥仲興이다. 그의 전기를 보지 못해서 생애를 짐작할 수 없다. 선사가 도오를 따라 단월檀越 집에 갔다가 손으로 관을 두드리면서 물었다.

"살았습니까, 죽었습니까?"

도오가 대답했다.

"살았다고 할 수도 없고, 죽었다고 할 수도 없느니라."

"어째서 말할 수 없습니까?"

"말할 수 없다, 말할 수 없어."

선사가 긍정하지 않고, 양계陽溪로 가서 하룻밤을 묵었는데, 한밤중에 문득 깨닫고는 소리 내어 곡을 하였다. 절에 돌아오니, 화상이 반가워하며 나와 영접을 하였다.

선사가 석상石霜에게 가서 가래를 들고 법당 앞을 오락가락하니, 석상이 물었다.

"무엇을 하는가?"

"선사의 영골靈骨을 찾습니다."

"홍수가 도도히 흐를 때 떠내려갔느니라."

"그렇다면 힘을 바짝 써야 되겠군요."

"여기에는 바늘 하나 꽂을 데도 없는데, 그대는 어디다 힘을 쓸 것인가?"

나중에 태원부太原孚 상좌가 대신 말했다.

"선사의 영골이 아직 있군요."

석상石霜 화상

도오道吾의 법을 이었다. 선사의 휘諱는 경저慶諸요, 속성은 진陳씨이며, 길주吉州 신감新淦 사람이다. 13세에 홍주洪州의 서산西山에서 출가하여 20세에 숭산嵩山에서 계를 받고, 다시 도오에게 돌아와서 뵈니, 도오가 물었다.

"어떤 사람은 들고 나는 호흡이 없다. 빨리 말하라."

선사가 대답했다.

"말하지 않겠습니다."

"어째서 말하지 않는가?"

"입을 가지고 오지 않았습니다."

선사가 35세에 석상石霜에 머물면서 더는 다른 곳으로 옮기지 않았다. 동산을 이어 법을 제창하라는 청이 있었는데, 피하여 받아들이지 않자 정법旌法 등 천하의 학자가 몰려와 밤낮으로 둘러싸고 있었다. 선사가 깊은 산으로 피해 달아났으나 끝내 피하지 못하고 이내 대중에게 들켜 근 반년 동안 둘러싸여 있었으나 별다른 말을 하지 않았다. 그러나 달리 미룰 핑계도 없어서 마지못하고 있는데, 어떤 스님이 주장자 하나를 가지고 와서 말했다.

"스님께 한 개의 주장자를 바치오니, 그 모양이 아홉 군데나 굽었습니다. 굽은 것은 지금의 사람을 위하거니와 위아래의 길이는 얼마입니까?"

선사가 대답했다.

"나는 말하지 못하겠노라."

"어째서 말하지 못합니까?"

"얼마가 되는지 그대가 말해 보아라."

대중이 함께 말했다.

"얻었습니다, 얻었습니다."

선사가 말했다.

"그대들이 만일 그렇다면 나에게 한마디가 있으니, 천하 사람들의 혀끝을 멈추게 하느니라."

어떤 스님이 이 말을 들어 물었다.

"어떤 것이 천하 사람들의 혀를 멈추게 하는 구절입니까?"

선사가 대답했다.

"노승으로 하여금 한마디 말로 대답하게 하지 말라."

"진신眞身도 세상에 나타납니까?"

"진신은 세상에 나타나지 않느니라."

"그렇지만 진신임에야 어찌합니까?"

"유리병의 주둥이니라."

"불성佛性이 허공과 같을 때는 어떠합니까?"

"누울 때에는 있고 앉을 때에는 없느니라."

선사가 언젠가 다음과 같이 말했다.

"내가 전에 어떤 노숙老宿이 있는 곳에서 어떤 스님과 함께 여름을 지냈다. 여름이 끝나자 그 스님이 묻기를 '화상께서 바른 원인을 가르쳐 주십시오' 하니, 그 노숙이 대답하기를 '그대는 얽매이지 마라. 정인正因 속에는 한 글자도 없느니라' 하였다. 이렇게 말하고서 곧 소리 내어 이를 세 차례 갈더니, 이내 그렇게 말한 것을 뉘우쳤다. 이때 어떤 노숙이 창 밖에서 이 말을 듣고 말하기를 '한 가마솥의 맛있는 국에 무엇 하러 더러운 오물을 집어넣는가?' 하였다."

복선福先이 이 말을 들어 어떤 스님에게 물었다.

"지금 그 정인에 부합되면서 더럽히지도 않는다는 것을 어떻게 말해야 되겠는가?"

스님이 대답이 없으니, 복선이 스스로 대신 말했다.

"그대는 이 뒤로부터 나를 탓하지 말라."

스님이 다시 물었다.

"갑자기 도반을 만나면 어떻게 말하리까?"

복선이 대답했다.

"그저 다른 사람에게 묻기만 하여라."

병든 스님이 물었다.

"겁의 불이 활활 탈 때에는 어떠합니까?"

선사가 대답했다.

"올 때에도 있는 것을 알지 못했고, 갈 때에도 그대 마음 따라 가느니라."

"그러나 지금 쇠약하니 어찌합니까?"

"병들지 않는 이가 있는 줄을 알아야 하느니라."

"병듦과 병들지 않음의 차이가 얼마입니까?"

"깨달으면 한 치의 차이도 없고, 미혹하면 첩첩한 산으로 막히느니라."

"앞날이 어떠합니까?"

"비록 검기가 칠흑 같으나 이루어지기는 지금 당장이니라."〔이 스님이 초연히 떠났다 한다.〕

선사가 장졸張拙 수재秀才에게 물었다.

"그대의 이름이 무엇인가?"

"장졸입니다."

"세상에 문자는 얼마든지 있는데 하필 졸拙이라 했는가?"

"공교한 것을 찾았으나 없었습니다."

"역시 졸하구나."

장 수재가 게송을 읊었다.

> 광명이 고요히 비쳐 항하의 모래 같은 세계에 두루 하니
> 범부와 성인이 모두 한 가족일세.
> 한 생각도 나지 않을 때 전체가 드러나지만
> 여섯 감관이 움직이자마자 구름이 가린다.
> 光明寂照遍恒沙　凡聖含靈共一家

一念不生全體現　　六情纔動被雲遮

번뇌를 없앤다는 것 도리어 병만 더하고
진여眞如로 향해 나아감도 역시 삿됨이로다.
마음대로 경계 따라 걸림 없나니
진여다 범성凡聖이다 함이 모두 허공에 핀 꽃이로다.

遣除煩惱重增病　　趣向眞如亦是邪
任逐境緣無罣碍　　眞如凡聖是空花

어떤 이가 물었다.

"도오 화상의 기일忌日에 어째서 재를 차리지 않으십니까?"

선사가 대답했다.

"나는 그에게 조금도 얻은 바가 없으므로 그러한 공양을 마련하지 않느니라."

어떤 이가 화산禾山에게 물었다.

"옛사람이 말하기를 '나는 그에게 조금도 얻은 바 없으므로 그러한 공양을 차리지 않는다' 했는데, 무엇으로 공양을 차려야 합니까?"

"조금도 없는 것으로 공양해야 되느니라."

"옛사람은 어째서 말하기를 '그런 것으로 공양하지 않는다' 했습니까?"

"그대는 무엇을 그런 것이라 이르는가?"

원圓 다두茶頭가 물었다.

"지원志圓은 어째서 어쩔 수 없습니까?"

선사가 대답했다.

"한 사람뿐 아니라 온 나라 사람들도 다 어쩔 수 없느니라."

"화상께서는 어떠하십니까?"

"나도 어쩔 수 없느니라."

"스님은 인간과 하늘의 스승이신데 어째서 어쩔 수 없습니까?"

"내가 그의 얼굴도 본 적이 없는데 나더러 어쩌란 말인가?"

선사가 어떤 좌주座主에게 물었다.

"이르기를 '의식으로도 알 수 없고 지혜로도 알 수 없다' 했는데, 어떤 사람의 경지인가?"

좌주가 대답했다.

"이는 법신法身을 찬탄하는 말씀입니다."

"법신이라는 말 그대로가 찬탄이거늘 어찌 다시 찬탄할 필요가 있겠는가?"

좌주가 대답이 없었다.

어떤 스님이 물었다.

"누군가가 갑자기 묻되 '죽은 뒤에 어디로 가시렵니까?' 하면, 그에게 무어라 대답하시겠습니까?"

선사가 대답했다.

"20년 동안만 세상에 있는 1,500사람이라고만 하리라."

그리고는 다시 말했다.

"알겠는가?"

"모르겠습니다."

"우선 방으로 돌아가라."

선사가 대광大光에게 물었다.

"지금[今]을 제하고 나면 따로 다른 때가 또 있겠는가?"

대광이 대답했다.

"그도 지금이라고는 말하지 않았습니다."

"나도 지금이 아니라고 말하려던 참이니라."

설봉이 물었다.

"젊은 스님께서는 어디로 가려는가?"

"강서江西로 가렵니다."

"강서 어디로 가려느냐?"

"석상石霜으로 가렵니다."

그러자 설봉이 다음과 같은 이야기를 들어 말했다.

"석상의 병이 위중할 때에 새로 온 2백 사람이 화상을 뵙지 못함을 슬퍼하여 소리를 내어 우니, 석상이 감원監院에게 물었다.

'누가 우는 소리냐?'

감원이 대답했다.

'새로 온 2백 사람이 화상을 뵙지 못해 슬퍼서 우는 소리입니다.'

이에 선사가 말했다.

'불러오라. 창 너머로 만나 보리라.'

시자侍者가 그들을 부르니, 새로 온 2백 사람이 함께 올라와서 창 밖에서 절을 하고 물었다.

'지척 사이에 계시는데, 어째서 존안尊顔을 뵙지 못합니까?'

'뭇 세상에서 감춘 적이 없거늘 이 무슨 세상이라고?'"

설봉雪峰이 이 이야기를 들어 선사를 찬하니, 나중에 어떤 이가 물었다.

"뭇 세상에서 감춘 적이 없다 하시니, 무슨 세상입니까?"

설봉이 대답했다.

"그게 무엇이던가?"

"제가 화상께 물었습니다."

설봉이 말했다.

"묻는 것에도 가로와 세로가 있는 법인데, 그대는 어째서 그렇게 말하는가?"

학인學人이 깨닫지 못하고 다시 물었다.

"진정으로 대답하면 안 됩니까?"

이에 설봉이 다음과 같은 게송을 읊었다.

가엾어라. 공연히 애쓰는 무리들아,
사람들은 그대의 어리석음을 비웃는다.
정신이 맑아서 거울 속의 그림자 같아지면
훤출하게 뛰어나 사물을 분간하리.

可怜徒懃子　時人笑你昏
神淸如鏡像　逈然與物分

선사가 어떤 스님에게 물었다.

"어디서 오는가?"

"설봉에서 옵니다."

"무슨 불법의 인연이 있던가? 말해 보라."

그 스님이 말했다.

"화상께서 대중에게 설법하시기를 '3세의 부처님들도 말하지 못했고, 12분교分教에도 기록되어 있지 않으며, 3승乘의 교외별전教

外別傳에도 실려 있지 않고, 시방의 노승들도 말하지 못한 이치가 여기에서 다 설파되었다' 하셨습니다."

이에 선사가 소리 내어 웃으면서 말했다.

"그래 가지고서야 무엇에 쓰랴. 벌써 너에게 멱살이 잡혔도다."

그리고는 다시 말했다.

"그렇기는 하나 나도 한결같지는 않느니라."

그 스님이 얼른 물었다.

"설봉의 뜻이 무엇입니까?"

"내가 꿈꾸는 사람은 먼 곳의 일을 생각한다 말하면 그대는 어찌하겠는가?"

다시 물었다.

"시방에서 와서는 한자리에 모여 무슨 일을 얘기합니까?"

선사가 대답했다.

"세 치의 혀 위에 무슨 일이 있겠는가?"

"어찌 들추어내는 자가 없겠습니까?"

"요새 사람들의 눈이 한결같지 못하니라."

또 다른 이가 물었다.

"어떤 것이 겨자씨 속에 수미산을 넣는 것입니까?"

선사가 대답했다.

"쌍쌍雙雙이 쌍쌍雙雙의 소리를 듣느니라."

또 다른 이가 물었다.

"신하에게 공功이 있을 때, 왕이 무엇을 하사합니까?"

선사가 대답했다.

"눈을 돌리지 않는다."

선사에게 희종僖宗 황제가 자색 가사를 특별히 하사하였는데, 굳이 사양하고 받지 않았다.

광계光啓 4년 무신戊申 2월 10일에 천화遷化하니, 춘추는 80세요, 승랍은 59세였다. 평장사平章事 손악孫握이 비문을 찬술하였고, 시호를 보회普會 대사라 내렸으며, 탑호를 견상見相이라 하였다.

조당집 제7권

협산夾山 화상

화정花亭의 법을 이었고, 예주澧州에서 살았다. 휘諱는 선회善會요, 성은 요廖씨이며, 한광漢廣의 현정峴亭 사람이다. 용아산에서 수업을 하다가 나이가 되어 형문荊門에서 계를 받았다. 나중에 경론을 통달하니, 사람들은 학식의 바다라 일컬었고, 총명과 변재는 천품으로 타고났다. 처음에는 서울 어귀에서 법을 펴다가 나중에 도오道吾의 지시에 따라 화정花亭에게 참문하여 현묘한 관문에 계합하고, 바로 협산夾山 기슭에 몸을 의지했다.

선사가 어느 때 다음과 같이 말했다.

"무릇 부처와 법과 조사가 있은 뒤로부터 사람들은 잘못 알아서 부처와 조사와 법의 테두리에서 대대로 이어 오늘에 이르렀으니, 모름지기 부처와 조사와 법 구절의 뜻을 따라서 그대들 스승의 말씀으로 삼아야 한다 말하니, 이로 인해 천하에는 눈 없는 미친 사람이 생겨나 도리어 무지를 이룬다.

그것은 그렇지 않다. 법이 없음이 본래 도이어서 생각에 붙일 어떠한 법도 없어서 이룰 부처도 없고 닦을 도도 없으며 버릴 법도 없다.

그런 까닭에 말하기를 '눈앞에 법이 없다 함은 뜻이 눈앞에 있음이다'고 하니, 이는 눈앞의 법이 아니며, 귀와 눈으로 미칠 바도 아닌 것이다. 3승 12분교는 노승의 방석이요, 조사의 현묘한 뜻은 낡은 짚신짝이니, 차라리 맨발로 다닐지언정 신지 않는 것이 훨씬 나으며, 눈으로 구담瞿曇을 보아도 가랑잎같이 여겨야 한다. 그대들이 만일 부처의 편에 서서 법을 들추어내면 그 사람은 안목이 없는 것이다. 무슨 까닭인가? 이는 모두가 의지해 있는 법에 속하여 자유롭지 못하기 때문이다.

생사는 본래 아득하니 법에만 의지하면 자유로운 성품을 알지 못한다. 저들이 천 리 길을 떠나 선지식을 구한다 하지만 안목眼目이 있어야 허망하고 잘못된 소견에서 벗어나 미혹된 법에 빠지지 않아 통달하리라. 후인들은 눈앞의 생사를 한마디로 결정지으려 하지만, 실제로 그런 것이 있는가, 없는가? 누군가가 확정지을 수 있다면 노승은 그를 인정하리라. 그러므로 노승이 '천 길 물속에 실을 드리움은 그 뜻이 깊은 못에 있다'고 한 것이니, 확정짓는 말은 모든 계제를 포괄하는 듯하나 돌아볼 것이 없고, 혀끝은 현묘한 듯하지만 참구할 것은 못 된다."

어떤 이가 선사에게 물었다.

"어떤 것이 도입니까?"

"햇빛이 눈에 가득하니, 만 리에 조각구름도 걸리지 않느니라."

"학인學人이 어떻게 알아야 합니까?"

"맑은 못물 속에 노는 고기가 스스로 미혹하느니라."

어떤 대덕이 발심하여 행각行脚을 떠나 선백마先白馬에게 이르러서 물었다.

"경전에서 말하기를 '한 먼지 속에 끝없는 법계를 머금는다' 했는데, 이 뜻이 무엇입니까?"

선백마가 대답했다.

"새의 두 날개 같고, 수레의 두 바퀴 같으니라."

좌주座主가 말하였다.

"선종에는 달리 기특한 일이 있으리라 여겼는데, 알고 보니 경전에서 벗어나지 않습니다."

그리고는 바로 본사로 돌아갔다가 나중에 선사가 출세[1]하였다는 소문을 듣고 사미沙彌를 시켜 선사에게 앞의 질문을 하게 하니, 선사가 대답했다.

"자갈을 쪼는 이에게는 옥을 새기는 이야기가 없고, 풀을 묶는 이에게는 도인의 생각이 없다."

사미沙彌가 돌아가서 이 일을 전하니, 그는 멀리 협산夾山을 향해 절을 하면서 칭찬했다.

"선종과 교종이 별로 다르지 않다고 여겼는데, 분명히 다른 점이 있도다. 협산夾山 같은 이가 없구나."

후생後生 불일佛日이 와서 화상을 뵙고자 하니, 유나維那가 허락하지 않았다. 이에 불일이 말했다.

---

1 세상에 드러나 알려지는 것. 즉 선사가 도를 깨쳐 조실祖室이 되는 것을 말한다.

“나는 잠시 화상께 인사만 하려는 것이요, 머물지는 않겠소.”

유나가 이 뜻을 화상에게 전했다.

“지금 어떤 젊은 스님이 와서 ‘잠시 화상께 인사만 드리되 머물지는 않겠다’ 합니다.”

이에 선사가 만나 보기를 허락하니, 불일이 법당 층계 밑에서 막 오르려는데, 선사가 물었다.

“세 가닥의 보배 층계에서 사리闍梨는 어디로 올라왔는가?”

“세 가닥의 보배 층계는 도리에 맞지 않게 지금을 위한 것입니다. 향상하는 외길을 스님께서 속히 일러 주십시오, 속히 일러 주십시오.”

그리고는 얼른 층계를 올라와서 절을 하니, 선사가 물었다.

“어디서 왔는가?”

“천태 국청사國淸寺에서 왔습니다.”

“듣건대 천태에는 푸르디푸른 물이 있고, 초록의 파도가 있다는데, 그대 멀리서 온 것을 감사한다. 그대의 뜻은 어떠한가?”

“오랫동안 바위굴에서 살면서도 우거진 다래 넝쿨을 걸치지 않았습니다.”

“이 역시 봄의 소식이다. 가을 소식은 어떠한가?”

불일이 대답이 없으니 선사가 말했다.

“보아 하니 겨우 배나 끄는 놈일 뿐, 끝내 물살을 일으키는 사람은 못 되는구나.”

복선福先이 그를 대신해서 말했다.

“서늘한 바람이 낙엽에 불어오니, 높고 낮은 골짜기에 마음대로 뒹군다.”

붕지鳳池가 이 일을 들어 스님에게 물었다.

"어떻게 대답하여야 배나 끄는 놈이란 비난을 면하겠는가?"

스님이 대답했다.

"화상께서 출세하시면 헤아려 보겠습니다."

"출세했다면 어떻게 헤아리겠는가?"

스님이 대답이 없으니, 스스로 대신 말했다.

"미리 긁고서 가렵기를 기다릴 수는 없다."

그리고는 또 대신 물었다.

"만일 이르렀다면 말하기 어려운 것이 무엇이 있겠는가?"

선사가 또 물었다.

"누구와 도반을 맺었는가?"

"목木 상좌입니다."

"어디 있는가?"

"승당僧堂에 있습니다."

"불러오너라."

불일이 얼른 방으로 돌아가서 주장자를 갖다가 선사의 앞에 던지니, 선사가 말했다.

"천태산에서 구한 것인가?"

"오악에서 난 것이 아닙니다."

"그렇다면 수미산 꼭대기에서 얻은 것인가?"

"월궁에서도 만난 적 없습니다."

"그렇다면 사람에게서 얻은 것이로다."

"자기 자신도 원수인데 남에게 얻은 것을 무엇에 쓰겠습니까?"

이에 선사가 말했다.

"꺼진 재에서 콩이 튀는구나."

그리고는 유나維那를 불러 등불 밝은 곳에 앉히라고 분부하였다. 그리고 나서 또 물었다.

"그대 이름이 무엇인가?"

"불일佛日입니다."

"해는 어디에 있는가?"

"협산夾山 꼭대기에 있습니다."

"그러하다면 한 구절도 초월超越하지 못한 것이다."

한번은 선사가 대중에게 김을 매게 하였다. 그때 불일이 차를 잔에 따라서 선사에게 드리니, 선사가 차를 받으려 손을 내밀었다. 그러자 불일이 물었다.

"차 두세 잔을 공손히 올림은 그 뜻이 호미 끝에 있습니다. 속히 말해 주십시오, 속히 말해 주십시오."

선사가 물었다.

"병에는 주발의 뜻이 있다. 광주리 안에는 몇 개의 주발이 있는가?"

"병은 차를 따를 뜻이 있지만, 광주리 안에는 주발이 하나도 없습니다."

선사가 대답했다.

"손에 야명부夜明符[2]를 들고 있으니, 끝내 날이 밝는지를 모르느

---

2 야명주夜明珠. 우왕禹王이 홍수를 다스릴 때 용문龍門을 트는 과정에서 돼지같이 생긴 어떤 신인神人이 야명주를 갖다 주었다. 그 야명주는 밝기가 마치 낮과 같았다고 한다. 우왕은 이 야명주로 발[簾]을 만들어 쳤는데, 모든 재앙이 소멸되었다고 하는 기사가 당사唐史에 나온다. 선문에서는 이를 만고萬古에 어둡게 할 수 없는 절대 심성心性에 비유하여 쓴다.

니라."

나羅 수재秀才가 선사에게 물었다.

"화상께 파제破題[3]를 청합니다."

선사가 대답했다.

"용龍에게 용의 체구가 없으니, 본래 형태를 범하지 말라."

수재가 다시 물었다.

"용에게 용의 체구가 없다는 것이 무엇입니까?"

"그것이 노승이라고 하지 말라."

"본래의 형체를 범하지 말라 함은 무엇입니까?"

"경지境地라고 말하지 말라."

"어떤 것이 협산夾山의 경지입니까?"

"원숭이가 새끼를 안고 푸른 산으로 돌아간 뒤 새가 꽃을 물고 청록의 절벽 앞에다 떨어뜨린다."

어떤 좌주座主가 나서서 물었다.

"3교敎를 환하게 밝힌 이라면 이 이치도 통달했습니까?"

선사가 대답했다.

"야명주夜明珠가 아무리 밝아도 새벽빛만은 못하니라."

"등각等覺과 묘각妙覺 두 경지에 이른 이도 이 이치를 통달합니까?"

"금계金鷄와 옥토끼는 어부의 손에 잡히지 않느니라."

"그 뜻은 어떠합니까?"

---

3 시詩나 부賦의 첫머리를 말한다.

"구절 가운데에는 법이 없으니 그 뜻으로 사람을 제도할 수 없느니라."

"걸음마다 연꽃을 밟아도 역시 지금을 오르내리니, 상투〔螺髻〕를 틀어 올려 향상向上하는 구절을 스님께서 한 말씀 일러 주십시오."

이에 선사가 대답했다.

"무쇠 소는 소리를 내지 않으니 들을 필요가 없다."

선사가 운개雲蓋에게 물었다.

"근래에 어디로부터 떠나왔는가?"

"낭주朗州를 떠나왔습니다."

"여기는 길이 없는데 어떻게 여기까지 왔는가?"

"길이 없다면 어째서 여기에 오는 사람이 있습니까?"

선사가 그를 인정하였다.

선사가 법지法志에게 물었다.

"요즘 어디를 떠나왔는가?"

"최근 낭주에서 왔습니다."

"무엇 때문에 왔는가?"

"화상의 자취를 더듬으려 왔습니다."

"노승이 걸음을 옮기지 않았거늘 그대는 어디서 내 자취를 찾는다 하는가?"

법지가 꾸짖으며 말했다.

"쯧쯧, 뿌리가 없는 사람이로군요."

이에 선사가 응수했다.

"아직 나를 굴복시키지 못했느니라."

"걸음을 옮기지 않았다 하는 것이, 어찌 굴복하지 않은 것이겠습니까?"

이에 선사가 무심코 웃었다.

선사가 또 어떤 스님에게 물었다.

"어디서 왔는가?"

"신풍新豊에서 왔습니다."

"그 지방에는 누가 선지식이던가?"

"윗글자는 양良, 아랫글자는 개价입니다."

"알겠는데, 어떤 불법 인연因緣이 있었는지 말해 보아라."

그 스님이 다음과 같이 전했다.

"화상께서 설법하시기를 '새의 길을 가려면 모름지기 발밑에 실오라기가 하나도 없어야 하고, 현묘한 배움을 이루려면 손을 펴고 배워야 하느니라' 하셨습니다."

선사가 고개를 숙이고 있으니, 그 스님이 절을 하면서 물었다.

"저는 총림叢林에 갓 들어온 신출내기입니다. 그래서 동산의 뜻이 어떠한지 잘 모릅니다."

선사가 대답했다.

"천리초千里抄를 가진 것은 귀한 일이긴 하나 숲 속의 도인은 슬퍼한다."

그 스님이 절을 하고 물러서서 섰으니, 선사가 말했다.

"에끼! 이 중놈아, 가까이 오너라."

그 스님이 가까이 와서 서니, 선사가 말했다.

"내가 은사를 처음 만났을 때 은사께서 나에게 물으시기를 '어느 절에서 살았는가?' 하시어, 내가 '절은 머무르지 않고 머무르면 절이 아닙니다'고 대답하였다. 그러자 은사께서 다시 묻기를 '어째서 그런가?' 하시어, 내가 '눈앞에 절이라고는 없습니다' 하였느니라. 이에 은사께서 어디서 그런 말을 배웠는지 물으시기에 나는 '눈과 귀로는 미치지 못하는 바입니다' 하였다. 그러자 은사께서는 '한 구절이라도 의식적인 말이 있다면 만 겁 동안 나귀 매는 말뚝에 매이리라' 하셨다. 지금은 4구절 게송으로 고쳤느니라.

> 눈앞에 법이 없음은
> 뜻이 눈앞에 있음이니
> 그는 눈앞의 법도 아니며
> 귀와 눈으로 미칠 바도 아니다.
> 目前無法　　意在目前
> 他不是目前法　　非耳目之所到

내 그대에게 줄 것이 아무것도 없으나 이것이 내가 은사를 뵙던 인연이며 주머니 속의 보물이다. 가지고 가서 제방에 이야기하여 누군가가 따져서 깨뜨리면 다시 오지 말고, 만일 아무도 따져서 깨뜨리는 이가 없거든 돌아오라."

그 스님이 바로 동산으로 돌아갔더니, 동산이 물었다.

"어디를 갔다 오는가?"

"협산夾山에 갔었습니다."

"무슨 불법의 인연이 있었는지 말해 보라."

"그곳의 화상께서 면전에서 인연을 물으시기에 제가 정성껏 그 화상에게 대답했습니다."

"어떤 인연因緣을 말하던가?"

"제가 화상께서 시중하신 인연, 즉 '새의 길을 걸으려면 모름지기 발바닥에 실 한 오라기도 없어야 하고, 현묘한 배움을 얻으려면 손을 펴고 배워야 한다' 하신 것을 말했습니다."

이에 동산이 코웃음을 치고 말했다.

"협산이 무엇이라 하던가?"

"협산께서 말씀하시기를 '천리초千里抄를 가진 것은 귀한 일이긴 하나 숲 속의 도인은 슬퍼한다' 하십니다."

이에 동산이 말했다.

"과연 협산은 작가 근기가 뛰어난 사람이로다."

협산夾山의 사미가 동산에 가 있을 때, 동산이 사미沙彌에게 말했다.

"빨리 돌아가거라. 그대의 스승은 협산에서 2백 명의 대중을 거느리고 이러이러한 일을 하신다."

사미沙彌가 대답했다.

"저의 화상에게는 불법도 없고 더불어 협산에 계시지도 않습니다."

이에 그 스님(협산에게 법을 물은 스님)이 사미에게 말하였다.

"옛날에는 합산合山이라 했는데 지금은 협산夾山이라 고쳤느니라."

사미가 그제야 그 말을 믿고서 동산을 하직하고 본산으로 돌아갔다. 문 앞에 이르자 큰 소리로 곡을 하면서 들어가 화상에게 말했다.

"제가 화상께서 이 산에 처음 자리 잡으실 때, 화상과 더불어 하지 않은 일이 무엇이 있으며, 겪지 않은 일이 무엇이 있습니까?

이다지 기특한 일이 있으면서도 그 당시에 어찌 저에게 말씀해 주지 않으셨습니까?"

선사가 말했다.

"처음에는, 네가 쌀을 일면 나는 불을 피웠고, 네가 밥을 돌리면 나는 발우를 펴서 받았는데, 도대체 나의 어디를 나무라느냐?"

이에 사미가 크게 깨달으니, 그가 소산韶山 화상이었다.

어떤 이가 선사에게 물었다.

"길 잃은 자식이 집에 돌아올 때는 어떠합니까?"

"집안은 풍비박산이 나고 사람은 뿔뿔이 흩어졌는데, 아들이 어디로 돌아가겠는가?"

"옛날 사람을 만나고 싶지 않을 때에는 어찌합니까?"

"뜰 가에 남은 눈은 햇빛이 녹이지만 방 안의 먼지는 누구더러 쓸라 하느냐?"

"신속하여 멈추지 않을 때는 어떠합니까?"

"눈이 있어도 천자의 즐거움을 엿보지 말고 눈앞에서 노승의 노래나 들어라."

"남북은 묻지 않겠습니다. 화상 발밑의 일이 어떠하십니까?"

"모래에 새기는 이에게 옥을 쪼는 기교가 없고, 풀을 맺는 이는 도인의 안목을 어그러뜨린다."

어떤 좌주가 선사를 뵈니, 선사가 물었다.

"오랫동안 어떤 공부를 익혔는가?"

"『법화경』에 오래도록 마음을 두었습니다."

"『법화경』에는 무엇으로 극칙極則을 삼는가?"

"대지의 흰 소〔露地白牛〕[4]를 극칙極則으로 삼습니다."

"노사나불〔舍那〕의 복장과 영락瓔珞의 옷을 즐겨 입고서 흰 소를 타고 이 도량에 왕림하려는 것이 좌주의 가풍이 아니겠는가?"

"그렇습니다."

"그 옆에 뿌리 내렸던 가섭이 나와서 긍정하지 않았던 것은 여러 아이들이 유치하여 아는 것이 없었기 때문이었다. 노승의 이곳에는 우거진 풀숲과 호미 한 자루뿐이니라. 좌주야, 향상하는 부귀한 곳의 한 길을 어째서 물을 줄 모르느냐?"

"그러면 제2의 달이 있겠습니다."

이에 선사가 말했다.

"노승이 태양을 깔고 앉아서 천하가 어두우니 아득함이 온 천하에 가득하다."

좌주가 물었다.

"어떤 것이 향상일로의 부귀한 곳입니까?"

"적설봉 바깥쪽에는 흰 구름이 걸리지 않느니라. 좌주는 어떻게 생각하는가?"

이어 선사가 또 말했다.

"한 구절은 시방이 함께 참구하고, 한 구절은 천하 사람도 어쩔 수 없고, 한 구절은 천하 사람을 살리고, 한 구절은 천하 사람을 죽이나니, 교묘함과 졸렬함을 그때마다 스스로 살펴라. 그러므로 말하기를 '천리초를 가진 것은 귀한 일이긴 하나 숲 속의 도인이 슬퍼한다' 하노라. 설사 신령한 풀을 걸지 않을지라도 여전히 구오

---

4 '노지露地'는 문 밖의 평평하고 훤한 땅으로서 평안하고 무사無事한 곳이고, '백우白牛'는 청정한 소라는 뜻이다. 『법화경』에서는 이 흰 소를 1승乘의 가르침에 비유하고 있는데, 이는 한 점의 번뇌도 없어 청정한 경계를 말한다.

(九五 : 군왕의 지위)가 아니요, 야명주와 야월夜月의 빛은 새벽에 비할 바가 아니니라."

어떤 이가 선사에게 물었다.
"어떤 것이 사문의 행입니까?"
"움직이면 그림자가 생기고 깨달으면 병이 생기느니라."

흠산欽山이 시자를 시켜서 선사에게 물었다.
"학인이 몸을 끊어 천 조각으로 내고자 할 때 누가 손을 씁니까?"
선사가 대답했다.
"도에는 곁가닥이 없으니, 나서는 이 모두가 위태로우니라."
또 시자가 물었다.
"불어대는 회오리바람과 맞서서 날려 버릴 때는 어떠합니까?"
"여기에 바람이 없는데 무엇을 날리는가?"
또 물었다.
"푸른 산에 놀이 없는데, 구름은 어디서 생깁니까?"
"준마駿馬가 봉골峯骨을 드러내지 않아도 환한 그 모습은 맑고 뚜렷하다."
"준마가 어디에 있습니까?"
"부들로 바늘만한 말을 만들더라도 묶여 있는 주머니 속에는 넣지 못한다. 천 길의 흰 구름은 푸른 못에 의지하기도 하되, 떠다니기도 하고 그렇지 않기도 하다. 세 치의 갈고리를 여의는 도리를 그대는 어째서 물을 줄 모르는가?"
시자가 돌아가서 흠산에게 말하니, 흠산이 말했다.

"협산夾山은 과연 작가로다."

장남漳南이 이 인연을 들어 설법했더니, 어떤 스님이 물었다.

"도에는 곁가닥이 없으니 나서는 이 모두가 위태롭다 한 것은 그저 도를 이야기한 것뿐입니다. 어떤 것이 도입니까?"

이에 장남이 말했다.

"대가들은 늘 그대들을 살피느니라."

선사가 어떤 스님을 시켜 석상石霜에게 다음과 같이 묻게 하였다.

"어떤 것이 하나는 늙고, 하나는 늙지 않는 것입니까?"

석상이 대답했다.

"흰 구름은 그대가 흰 구름이라 하는 말을 따르고, 청산은 그대가 청산이라 하는 말을 따른다."

그 스님이 돌아와서 선사에게 말하니, 선사가 말했다.

"문 앞에서 희롱하느니 차라리 노승의 진리와 맞는 이야기에 드니만 못하다. 내 세 걸음 양보하리라."

선사가 천문天門과 협산夾山에서 12년 동안 살았고, 입산 전의 일까지 합하여 세 차례 법을 펴다가 중화中和 원년 신축 11월 7일에 손수 문과 집을 불태우고서 대중에게 말했다.

"괴롭다, 괴롭다. 석두의 한 가닥이 묻히는구나."

이에 낙포落浦가 나서서 대답했다.

"그 사람 마음대로[5] 묻힌다지만 청룡은 본디 있습니다."

5 '청야聽也'라고 되어 있는데, 다른 판본에는 '청타聽他'로 되어 있다. '청타'는 구

선사가 물었다.
"청룡의 뜻이 어떠한가?"
"귀인은 남의 옷을 빌려 입지 않습니다."
이에 선사는 불을 끄고, 다음과 같은 게송을 읊었다.

큰 강이 다 잠긴 뒤에야 작은 강이 나타나니
밝은 달 걸리는 높은 봉우리에 법이 저절로 흐른다.
大江沈盡小江現　　明月高峯法自流

돌소가 물 위에 누웠으니
그림자 외로운 봉우리에 지고
황무지가 나의 말을 들으니
매인 데 없는 배 같도다.
石牛水上臥　　影落孤峰頭
荒田聞我語　　如同不繫舟

그리고는 문득 입적하니, 춘추는 77세요, 승랍은 57세이며, 협산山에 탑을 모셨다. 시호는 전명傳明 대사라 내려졌고, 탑호는 영제永濟요, 소주韶州 자사 김기金夔가 비문을 지었다.

암두巖頭 화상

덕산德山의 법을 이었고, 악주鄂州의 당녕주唐寧住에 있었다. 휘

어로 '마음대로', '그가~하는 것을 따라 주다'로 번역되는데, 여기서는 '마음대로' 혹은 '하고 싶은 대로'로 번역하는 것이 타당하다.

는 전활全豁이요, 속성은 가柯씨이며, 천주泉州 남안현南安縣 사람이다.

영천사靈泉寺 의공義公 밑에서 공부하였고, 장안 서명사西明寺에서 구족계를 받았으며, 『열반경』을 강의하는 것으로 업을 삼다가 나중에 덕산에게 참문하였다.

처음 참문하러 가서 자리를 펴고 절을 하려는데, 덕산이 주장자로 방석을 당기어 멀리 섬돌 밑으로 던졌다. 그로 인해 선사(암두)는 섬돌 밑으로 내려가 방석을 거두어 가지고 주사主事를 만나 수인사를 하고 바로 방으로 들어갔다. 덕산이 한참 동안 그런 선사를 보다가 혼잣말로 다음과 같이 말했다.

"저 중은 마치 행각하는 사람 같구나."

그리고는 개인적으로 선사를 가슴에다 잘 기억해 놓았다.

이튿날 아침에 선사가 법당에 올라 덕산을 뵈니, 덕산이 물었다.

"그대는 어제 저녁에 새로 온 그 사람이 아니던가?"

"예, 그렇습니다."

"어디서 그런 허탕을 배웠는가?"

"저는 한 번도 스스로를 속이지는 않았습니다."

이에 덕산이 꾸짖으면서 말했다.

"저 친구가 뒷날 내 머리 위에다 똥을 갈길 것이다."

선사가 절을 하고 물러가서 기묘한 근기를 숨기고 머문 지 몇 해 동안에 현묘한 뜻을 모두 깨달았다. 선사는 처음에 와룡산臥龍山에서 살다가 나중에 암두巖頭로 옮겼다.

어떤 이가 물었다.

"학인이나 시종을 물리치고 바로 와룡臥龍을 뵙고자 합니다."

선사가 대답했다.

"눈썹을 깜박여 보아라."

선사가 다음과 같이 요일송曜日頌을 읊었다.

기연에 맞추어 눈앞의 참됨을 바로 보였건만
말만 따르는 무리는 가까이하지 못한다.
본색인 선타바先陀婆가 그토록 허망하니
암두산巖頭山의 노송나무 항상 새로워라.

當機直下現前眞　　認語之徒未可親
本色先陀如摩羅　　巖頭樫檜鎭長新

한번은, 세 사람이 동시에 절을 하고, 채 입도 열기 전에 선사가 말했다.

"세 사람이 모두 틀렸다."

세 사람이 잠자코 말이 없으니, 선사가 문득 할을 하여 내쫓았다.

이에 동산이 대신 말했다.

"단지 화상께서 말씀이 없으실까 봐 두렵습니다."

운문이 대신 말했다.

"화상께서도 허물이 없을 수 없습니다."

어떤 이가 물었다.

"어떤 것이 비로毘盧입니까?"

선사가 대답했다.

"그대는 무엇을 말하고 있는가?"

어떤 학인이 질문을 하려는데, 선사가 문득 할을 하여 내쫓으면서 말했다.

"이 둔한 놈아."

"고금을 겪지 않는 일이 어떠합니까?"

"우뚝 솟은 것이니라."

"고금을 겪는 일이 어떠합니까?"

"멋대로 썩어문드러진 것이니라."

"삼계가 앞을 다퉈 일어날 때가 어떠합니까?"

"앉혀라."

"화상의 뜻은 어떠하십니까?"

"여산廬山을 이리로 옮겨오면 그대에게 일러 주리라."

나산羅山이 물었다.

"화상께서는 30년 동안 계시면서도 동산을 긍정하지 않으시지 않았습니까?"

"그렇다."

또 물었다.

"화상께서는 덕산의 법을 이으시고도 덕산을 긍정하지 않으시지 않았습니까?"

"그렇다."

나산이 또 물었다.

"덕산을 긍정하지 않으신 것은 묻지 않겠거니와 동산에게는 무슨 허물이 있습니까?"

선사가 한동안 묵묵히 있다가 대답했다.

"동산은 좋은 부처이건만 광채가 없을 뿐이니라."

설봉이 덕산에게 물었다.

"예로부터 전해 내려오는 최상승最上乘을 여기서는 어떻게 남에게 전하십니까?"

덕산이 대답했다.

"나의 종에는 말이 없나니, 실로 한 법도 남에게 줄 것이 없느니라."

선사가 이 문답을 듣고 말했다.

"덕산 노장은 척추뼈가 휘어도 꺾이지 않는구나. 그러나 교법을 펴는 부문에는 아직도 조금 모자란다."

보복保福이 이 이야기를 들어서 장경에게 물었다.

"암두巖頭가 평생 세상에 나와 활동한 동안 어떤 말씀이 덕산보다 훌륭하기에 아직도 조금 모자란다 했을까요?"

이에 장경은 선사가 시중示衆한 말을 들어 말했다.

"선사께서 다음과 같이 시중하셨다.

'만일 뜻을 얻은 사람이라면 스스로 살아갈 방법을 알리라. 하는 일마다 모두 불안한 상황일 때라도 항상 태연자약하여서 부딪치는 상황에 따라 전하니, 뜻이 전하는 것밖에 없다. 머문다면 그냥 머물고, 간다면 그냥 가나니, 반드시 가고자 해도 가지 않고 머물고자 해도 머물지 않는 곳에서 깨달아야 현상에 집착하지 않게 되고, 현상에 의거하지 않게 된다. 그래야만 마치 죽은 사람이 옥을 잡거나 만지작거리는 것같이 어떤 사실을 굳게 움켜쥐고 전할 줄 모르는 앞뒤가 꽉 막힌 사람과 다르게 되리라. 나귀 해에 이르러 설사 전할 수 있다 한들 무슨 소용이겠는가? 그대들을 여기에 모아 놓고 별다를 바 없이 떠들어대고 뚫어대고 연마해 대면서 곧장 꿰뚫도록 가르치고 끝까지 철오하도록 가르치는 것이 못내 부끄럽구나. 하지만 들어 보지 못하였는가? 마치 어떤 사람이 활쏘기를 배우는데, 오래도록 연습해야 비로소 명중을 하는 것과 같다.'

그러자 어떤 이가 물었다.

'명중할 때에는 어떠합니까?'

선사가 말하였다.

'아프고 가려운 것을 모르는 게 아니겠지?'"

보복保福이 다시 물었다.

"오늘, 화두만을 드신 것이 아닙니다."

이에 장경이 대답했다.

"이 무슨 마음씨인가?"

어떤 이가 물었다.

"어떤 것이 조사께서 서쪽에서 오신 뜻입니까?"

선사가 대답했다.

"여산을 옮겨오면 말해 주리라."

선사가 대중에게 말했다.

"덕산 노장은 다만 눈앞의 쓸모없는 흰 방망이 하나에 의지하여 '부처가 와도 때리고 조사가 와도 때린다'고 하는데, 그러나 아직은 약간 틀렸다."

이에 어떤 이가 물었다.

"어떤 것이 조사께서 서쪽에서 오신 뜻입니까?"

선사가 대답했다.

"또 저렇게 하는구나."

"어떤 것이 바위 속(암두를 가리킴)의 분명한 뜻입니까?"

"무엇을 말하고 있는가?"

"화상께서 대답해 주십시오."

"그대가 지시해 주어서 고맙다."

선사가 설봉과 산 밑의 아산원鵝山院에 갔다가 눈에 막히어 며칠을 묵게 되었는데, 선사는 그저 날마다 잠만 자고 설봉은 날마다 좌선만 했다. 이렇게 7일을 지난 뒤에 설봉이 문득 다음과 같이 말했다.

"사형, 그만 일어나세요."

선사가 대답했다.

"무엇을 하게?"

설봉이 말했다.

"금생에 길을 잘못 들어서 문수文遂 같은 놈과 더불어 이곳저곳을 다니다 그에게 말려들었는데, 오늘 사형과 함께 여기에 왔는데도 사형은 그저 잠만 잘 뿐이구려."

이에 선사가 할을 하고 말했다.

"그대도 눈을 감고 자거라. 날마다 긴 평상에 앉은 꼴이 마치 칠장이 동네의 토지土地와 같으니, 뒷날 남의 집 남녀들을 많이도 홀리겠구나."

이에 설봉이 손으로 가슴을 가리키며 말했다.

"나는 여기가 안정되지 못하여 스스로를 속이지 못하겠습니다."

선사가 말했다.

"나는 그대가 뒷날 외딴 봉우리에 초막을 짓고 대교大教를 널리 퍼뜨릴 것이라 여겼는데, 여전히 다른 소리만 하는구나."

그러자 설봉이 다시 말했다.

"실로 편안하지 않습니다."

선사가 말했다.

"그대가 참으로 그렇다면 그대의 견해를 말해 보라."

설봉이 말했다.

"제가 처음에 염관鹽官에게 갔더니, 관색공의觀色空義를 말씀해 주시기에 그로 인해 들어갈 곳을 얻었습니다. 또 동산께서 다음과 같이 읊었습니다."

절대로 남을 따라 찾지 말라.
나와 아득히 멀어지나니
나 이제 홀로 가나니
곳곳에서 그를 만나게 된다.

切忌隨他覓　　迢迢與我疎
我今獨自往　　處處得逢渠

그는 지금 바로 나이지만
나는 이제 그가 아니로다.
마땅히 이렇게 알아야
바야흐로 여여한 이치에 계합하리라.

渠今正是我　　我今不是渠
應須與摩會　　方得契如如

이에 대하여 선사가 할을 하고 말했다.

"만일 그렇게 해서는 스스로를 구제하는 것도 끝내지 못하리라."

설봉이 물었다.

"뒷날을 어찌합니까?"

"뒷날, 거룩한 가르침을 크게 드날리고자 한다면 저마다 모두가 자기의 가슴에서 흘려 내어 남을 위해 하늘과 땅을 덮어 버려라."

설봉이 이 말끝에 크게 깨닫고 절을 하고 일어나서 연거푸 말했다.

"이것이 바로 아산我山에서 도를 이루는 것이로다."

두 사람이 헤어진 뒤에 선사는 악주鄂州에서 사태沙汰를 만나 호숫가에서 나룻배 사공 노릇을 하였는데, 호수 양쪽에 판자 조각을 세워놓고, 사람이 와서 한 번 치면 곧 배를 몰고서 물었다.

"누구인가?"

"저쪽으로 건너가려는 사람이오."

그러면 선사는 강을 건네주었다.

한편 설봉은 복주福州로 가서 암자를 세웠다. 사태沙汰가 지나간 후 문득 어떤 스님 둘이 와서 절을 하고 뵈었는데, 설봉은 그들이 올라오는 것을 보자마자 손으로 암자의 사립문을 밀치고 나서서 말했다.

"이것이 무엇인가?"

스님이 대답했다.

"이것이 무엇인가?"

그러자 설봉이 고개를 숙이고 암자 안으로 들어가 버렸다. 그 스님들이 3, 5일 묵고 떠나려 하니, 설봉이 물었다.

"어디로 가려는가?"

"호남湖南으로 가렵니다."

설봉이 말했다.

"내 도반 하나가 그곳에 있는데, 그대 편에 그에게 소식을 전하려 하는데 되겠는가?"

"그리하겠습니다."

이에 설봉이 곧 편지 한 통을 썼으니, 그 내용은 다음과 같다.

"아산에서 도를 얻은 뒤로 오늘에 이르렀습니다. 사형께서도 아산에서 도를 얻으신 뒤로 어느덧 오늘에 이르셨군요. 함께 공부하던 모모가 사형께 문안 올립니다."

그 스님이 암두巖頭에 이르니, 선사가 물었다.

"어디서 오는가?"

"남방에서 옵니다."

"설봉에 갔었던가?"

"갔었습니다. 그런데 떠날 때, 화상께 드리라는 편지가 있었습니다."

그리고는 곧 편지를 꺼내어 선사에게 바치니, 선사가 받아 들고는 이어 물었다.

"최근 그에게 어떤 가르침이 있었는가?"

그 스님이 대답했다.

"제가 처음 이르렀을 때, 한 토막의 인연이 있었습니다."

그리고는 전의 일을 자세히 이야기하니, 선사가 물었다.

"그 뒤에 그는 무어라 하던가?"

"아무 말씀 없이 고개를 숙이고 암자 안으로 들어가셨습니다."

이에 선사가 손뼉을 치면서 말했다.

"아차, 내가 당초에 그에게 마지막 한 구절을 일러 주지 않은 것이 후회되는구나. 만일 내가 그에게 마지막 한 구절을 일러 주었더라면 천하 사람들이 설봉을 어찌하지 못했을 것이다."

여름이 끝나는 해제 날 그 스님이 앞의 일을 자세히 들어 선사에게 물었다.

"화상께서 '마지막 한 구절을 일러 주지 않은 것이 후회스럽다' 하셨는데, 어떤 것이 마지막 한 구절입니까?"

선사가 말했다.

"그대는 어째서 진작 묻지 않았는가?"

"저는 경솔히 굴 수 없었습니다."

이에 선사가 말했다.

"비록 덕산이 같은 뿌리에서 났으나 설봉과 같은 가지에서 죽지는 않겠다. 그대들은 마지막 한 구절을 알고자 하는가? 그저 이것뿐이니라."

사태를 만났을 때, 선사가 난삼(欄衫 : 선비의 복장)을 입고 석모席帽를 쓰고 비구니 승방에 갔는데, 마침 여승들이 밥을 먹고 있기에 자신만만하게 부엌으로 가서 밥을 손수 찾아다 먹었다. 사미니가 와서 이를 보고 비구니에게 알리니, 비구니가 주장자를 들고 와서 막 문턱을 넘어서려는데, 선사가 손으로 석모를 추켜 올린 채 일어서니, 비구니가 말했다.

"알고 보니 활豁 스님이었구나."

이 말이 채 끝나기도 전에 선사는 할喝을 해 쫓아 버렸다.

대언大彦 상좌가 처음 선사에게 참문하러 오니, 마침 선사가 문 앞에서 풀을 뽑고 있었다. 이에 언 상좌가 삿갓을 쓴 채 당당하게 와서 곧장 선사의 앞에 이르러 손으로 삿갓을 두드리고는 손을 들어 말했다.

"기억하시겠습니까?"

선사가 풀 한 움큼 쥐어다 그의 얼굴에 던지면서 말했다.

"생각을 품지 마라, 생각을 품지 마라."

그가 말이 없자 선사가 귀싸대기 세 대를 갈겨 주었다. 그제야 위의를 갖추고 방으로 막 오르려는데, 선사가 말했다.

"이미 만나 보았으니, 올라올 필요 없다."

언 상좌가 그대로 몸을 돌려 돌아갔다. 이튿날 죽을 먹고 다시 올라와 방장 문턱을 넘어서려 하자 선사가 평상에서 뛰어내려 가슴을 움켜쥐고 말했다.

"속히 말해라, 속히 말해라."

언 상좌가 대답이 없으매, 선사가 내쫓았다. 이에 언 상좌가 개탄하면서 말했다.

"나는 평소 천하에 사람이 없다고 여겼는데, 이제 보니 늙은 호랑이가 있었구나."

소산韶山이 선사에게 참문하러 왔는데, 선사가 그를 보자마자 고개를 떨어뜨리고 거짓으로 자는 시늉을 했다. 소산이 가까이 다가와 오랫동안 서 있어도 선사가 전혀 개의치 않으므로 소산이 손으로 선상禪床을 두드리고 선사의 손을 한 번 잡아끌었다. 그제야 선사가 고개를 돌리고 말했다.

"무엇을 하는가?"

소산이 말했다.

"화상께서는 계속 말뚝잠을 주무시지요."

이에 선사가 껄껄거리고 크게 웃으면서 말했다.

"나는 30년 동안 말을 탔는데 오늘은 당나귀에게 채였구나."

위산潙山 화상이 토방 밑에 매흙질을 하고 있을 때 이군용李軍容

이 관복을 갖추어 입고 위산에게 도를 물으러 왔다. 그리고 위산의 등 뒤에서 단정히 홀笏을 들고 섰으니, 위산이 고개를 돌려 보고는, 얼른 진흙판을 기울여 진흙을 받는 시늉을 하였다. 그러자 시랑侍郞이 얼른 홀을 기울여 진흙을 받치는 시늉을 했다. 이에 위산이 당장 진흙판을 던지고 시랑과 손을 맞잡고 방장으로 돌아갔다.

선사가 나중에 이 이야기를 전해 듣고 말했다.

"한심하도다. 앞으로 불법이 점점 더 열어지겠구나. 위산이 천하 매흙질을 다 마치지 못했구나."

협산夾山에 있던 어떤 스님이 석상에 와서는 문턱을 넘어서자 바로 말했다.

"안녕하십니까?"

석상이 말했다.

"그만 되었다, 사리여."

"그러시다면 안녕히 계십시오."

그 스님이 나중에 암두巖頭에 이르러 곧장 올라오면서 말했다.

"안녕하십니까?"

이에 선사가 대답했다.

"쉬!"

스님이 다시 말했다.

"그러시다면 안녕히 계십시오."

그리고는 몸을 돌리려는데, 선사가 말했다.

"비록 젊은 친구이지만 제법 예절을 아는구나."

그 스님이 돌아가서 협산夾山에게 이야기하니, 협산이 상당하여 말했다.

"지난번 암두巖頭와 석상石霜에게 다녀온 스님은 나와서 사실대로 자세히 일러라."

그 스님이 이야기를 마치자, 협산이 말했다.

"대중은 알겠는가?"

대중이 대답이 없으니, 협산이 말했다.

"아무도 말하는 이가 없으니, 노승이 두 줄기 눈썹을 아끼지 않고 말해야 되겠구나. 석상은 살인검殺人劍은 있으나 활인검活人劍이 없다. 그러나 암두는 살인검殺人劍도 있고 활인검活人劍도 있도다."

백장이 대중에게 다음과 같이 설법했다.

"그렇게 하면 그렇지 않게 되는 것이다."

어떤 사람이 이 일을 선사에게 말하니, 선사가 말했다.

"나는 그렇게 말하지 않으리라."

그리고는 다음과 같이 말했다.

"그렇게 하면 그렇고, 그렇게 하지 않으면 그렇지 않느니라. 만일 그렇게 알면 천 사람, 만 사람 가운데서 한 개, 반 개 얻기도 어려우리라."

장경이 임수택臨水宅에서 나산羅山과 이 인연을 들어 이야기하다가 문득 나산에게 물었다.

"그렇게 하면 그렇지 않은 것은 묻지 않겠지만, 그렇게 하면 그렇고, 그렇게 하지 않으면 그렇지 않다 한 뜻이 무엇입니까?"

나산이 대답했다.

"둘 다 밝기도 하고 둘 다 어둡기도 하다."

장경이 다시 물었다.

"어떤 것이 둘 다 밝기도 하고 둘 다 어둡기도 한 것입니까?"

나산이 대답했다.

"함께 태어났으나, 함께 죽지 않는 것이니라."

그 뒤에 어떤 사람이 장경에게 물었다.

"어떤 것이 함께 태어났으나 함께 죽지 않는 것입니까?"

장경이 대답했다.

"서로가 입을 다물어야 하느니라."

그 스님이 다시 나산에게 이야기하여 나산이 긍정하지 않자, 다시 물었다.

"어떤 것이 함께 태어났으나 함께 죽지 않는 것입니까?"

나산이 대답했다.

"마치 범이 뿔을 가진 것 같으니라."

"어떤 것이 함께 태어나서 함께 죽는 것입니까?"

"소에 뿔이 없는 것 같으니라."

선사가 덕산을 하직하니, 덕산이 물었다.

"어디로 가는가?"

선사가 대답했다.

"잠시 화상을 하직할 뿐입니다."

"그대는 나중에 어찌할 것인가?"

"잊지 않겠습니다."

"기왕 그렇다면 어째서 나를 긍정하지 않는가?"

"'지혜가 스승보다 나아야 비로소 스승의 가르침을 전하고, 지혜가 스승과 같다면 스승의 덕을 뒷날에 줄인다' 한 말을 들어 보지 못하셨습니까?"

이에 덕산이 말했다.

"옳은 말이다. 잘 보호해 가져라."

어떤 이가 물었다.

"어떤 것이 절박한 곳입니까?"

선사가 대답했다.

"무슨 말인가?"

스님이 대답이 없자, 선사가 다음과 같이 송했다.

아까는 소리에 맞춰 보냈거늘
고개를 숙이고 사리를 모르는구나.
이 속의 참뜻을 알고자 하는가.
구름 속에 광채가 있다.

適來和聲送　　低頭不會事
欲知此中意　　雲裏有光彩

다시 물었다.

"어떤 것이 불법의 대의입니까?"

선사가 대답했다.

"작은 고기가 큰 고기를 삼키느니라."

이 밖에도 요긴한 법문이 많으나 그 현묘한 뜻을 다할 수 없다.

선사가 평소에 예언한 말이 있으니, 즉 "이 늙은이가 갈 때에는 한바탕 큰 소리를 지르고 떠나리라" 한 것이다. 중화中和 5년 을사

년乙巳年에 천하가 어지럽고 흉도가 몹시 들끓더니, 그 해 4월 4일에 빚을 갚고 임종하였는데,[6] 칼을 맞는 그 순간 크게 외마디 비명을 지르니, 사방의 산중으로 피난했던 사람들이 모두 그 소리를 들었다. 춘추는 60세요, 승랍은 44세였다.

동오東吳의 스님, 현태玄泰가 비명〔銘〕을 지었으니, 다음과 같다.

> 선과 악 두 경계에
> 거스르고 따르고 취하고 버림이
> 2조 대사와도 같고
> 사자師子 존자와도 같아라.
>
> 善惡二境　　逆順取捨
> 二祖大師　　師子尊者

칙명으로 시호를 청엄淸儼 대사라 하고, 탑호는 출진出塵이라 하였다.

설봉雪峰 화상

덕산德山의 법을 이었고, 복주福州에서 살았다. 휘는 의존義存이며, 천주泉州 남안현南安縣 사람이요, 성은 증曾씨이다.

선사는 태어날 적부터 훈식薰食[7]을 피하였고, 놀아도 무리에 섞여 놀지 않았다. 돌〔識環〕 무렵에는 의젓하여 세속의 일반 아이와

---

6 천수를 누리다 죽은 것이 아니라, 타인에 의해 죽임을 당한 것을 일컫는다.

7 발음이 'hūn'으로 훈채葷菜의 '훈(葷, hūn)'과 같은 음이다. 따라서 훈식이란 고기나 육류 또는 향이 진한 음식을 일컫는다.

달랐으며, 동년童年의 나이가 되자 어버이를 하직하고 포전현蒲田縣의 옥윤사玉潤寺에 가서 경현慶玄 율사에게 의탁하여 공부를 하였다.

무종武宗의 사태를 만나서는 변복을 하고 부용사芙蓉寺에서 머물렀는데, 전생의 인연이 있었던 듯이 원조圓照 대사가 위로하고 거두어 주었다.

대중大中이 즉위하자 불법이 다시 일어났다. 대중 4년 경오년에 유주幽州의 보찰사寶刹寺로 가서 구족계를 받고는 강원을 찾지 않고 종사만을 찾아 여러 회상을 두루 돌았다.

마침 무릉武陵에 가서 덕산을 보자 전생에 인연 있는 이를 만난 것 같아서 다음과 같이 물었다.

"예로부터 전하는 종승宗乘의 일에 학인의 몫도 있습니까?"

덕산이 일어나서 때리면서 말했다.

"무슨 말인가?"

선사가 이 말에 현오한 법을 활짝 깨닫고 말했다.

"학인이 잘못했습니다."

이에 덕산이 말했다.

"자기 몸을 짊어지고 남에게 그 무게를 묻는구나."

선사가 감사의 인사를 드리고 물러났다.

이는 진경秦鏡[8] 앞에 서면 눈으로 친히 자신을 볼 수 있어 자신이 아닐 것이라는 의심이 들지 않을 것이라는 말이니, 무슨 말을 더 덧붙이랴. 이윽고 마니摩尼가 손바닥 위에서 나타나니, 푸른 바다를 더듬는 짓을 그만두었다.

8 진시황秦始皇이 궁중에 비치하였던 거울로 사람의 내심內心까지 비췄다고 한다.

몸은 시봉으로 고되나 마음은 한가롭게 몇 해를 지내다가 나중에는 다시 민閩으로 들어가 설봉에 머무르니, 무리가 천여 인이나 모였다.

선사는 마음이 호탕하면서도 엄격했고, 표정은 평온하나 위엄이 서려 있었다. 길을 나서면 사람들은 멀고 가까움을 불문하고 뒤따랐고, 앉으면 빽빽이 옹위하여 둘러쌌다.

어느 때 상당하여 말했다.

"그대들은 여기에 와서 무엇을 찾는가? 서로 괴롭히는 것은 아닌가?"

그리고는 문득 일어나서 가 버렸다.

어느 때 상당해서는 대중이 오랫동안 서 있었는데도 말이 없다가 할을 하면서 말했다.

"이렇게 받아들이는 것이 깨달음의 가장 좋은 요체이니, 내 입으로 중언하지 않게 하라. 이는 3세의 부처님들도 말하지 못했으며 12분교에도 실려 있지 않은 것이니, 오늘날 고인의 말만 음미하고 있는 자들이 어찌 알까? 내가 평소에 여러분에게 이것이 무엇인지를 말하였으니, 앞으로 나와 대답을 해 보아라. 나귀의 해가 되어야 알겠는가? 부득이 하여 그대들에게 이렇게 말하는 것이지만 벌써 그대들을 속였느니라.

그대들에게 분명히 말하나니, 문턱을 넘어서기 전에 벌써 그대들과 함께 헤아렸나니, 알겠는가? 이것도 노파심에서 하는 말이다. 힘을 덜 수 있는 곳에서 받아들이려 하지 않고 그저 앞을 향해 발을 내딛어 말만 찾으려 하는구나. 그대들에게 온 천지가 온통 해탈의 문이라 했거늘 도무지 들어가려 하지 않고, 그 자리에서 어지러이 설치다가 사람을 만나면 문득 '어느 것이 나인가?' 하고 묻는 것만 알아서야 되겠는가? 이는 다만 스스로 욕보이는 것이다. 그래서 '물 마른 강가에서 목말라 죽은 이가 수두룩하고 밥 바구니 속에서 굶어 죽은 이가 항하의 모래 같다' 했으니, 등한히 하지 말라.

스님들이여, 만약 진실로 깨닫지 못했다면 곧장 깨달아 들어야 하나니 세월을 헛되이 보내지 말고, 또 방가傍家에서 구한 허황된 설을 취하지 말라. 깨닫는 것은 누구의 몫인가? 역시 정신을 바짝 차려야 한다. 보리달마께서 오셔서 말씀하시기를 '나는 마음으로써 마음을 전하니 문자를 세우지 않는다' 하셨는데, 어떤 것이 그대들의 마음인가? 어지러움을 다스려 그치게 하는 것만으로는 안 된다. 자기의 일이 밝지 못한 데다, 이 많은 망상들은 또한 어디서 왔을꼬? 그 속에 범부·성인·남자·여자·스님·속인·높음·낮음·훌륭함·열등함의 분별이 대지 위에 어지러이 깔린 모래와도 같도다. 잠시도 생각을 돌이키지 못하고 생사의 길을 헤매나니, 겁이 다하더라도 멈춤이 없겠구나. 부끄러운 일이니 무척 노력해야 할 것이다."

어떤 이가 물었다.

"지극히 고요해서 의지할 곳 없을 때는 어떠합니까?"

선사가 대답했다.

"그 또한 병이니라."

"그런 뒤에는 어떠합니까?"

"나룻배는 양주로 내려가느니라."

어떤 스님이 물었다.

"듣건대 옛사람이 말하기를……."

이에 갑자기 선사가 벌렁 누웠다가 한참 만에 다시 일어나서 말했다.

"무엇을 물었는가, 무엇을 물었는가?"

스님이 다시 물으니, 선사가 말했다.

"헛되이 태어났다 헛되이 죽는 놈이로구나."

또 어떤 이가 물었다.

"화살이 과녁을 뚫을 때는 어떠합니까?"

"좋은 솜씨는 과녁을 적중시키지 않느니라."

"온 눈에 기준을 전혀 두지 않을 때는 어떠합니까?"

"나름의 좋은 솜씨를 놓치지 않는다."

보복保福이 이 일을 들어서 장경에게 물었다.

"온 눈에 기준을 전혀 두지 않았는데, 어째서 완전히 능숙한 솜씨라 인정하지 않습니까?"

장경이 대답했다.

"아직도 그러한가?"

보복保福이 다시 물었다.

"좋은 솜씨란 어떤 것입니까?"

"곧바로 말할 수 없느니라."

보복이 말했다.

"화상께서 말을 이끌어 주심에 감사드립니다."

그리고는 자기 자신에게 다음과 같이 말했다.

"절을 하여라."

어떤 이가 물었다.

"옛사람이 말하기를 '길에서 도 아는 이를 만나거든 말이나 침묵으로 대답하지 말라' 하였는데, 그럼 무엇으로 대꾸하여야 합니까?"

선사가 대답했다.

"차나 마시게."

선사가 어떤 스님에게 물었다.

"이 수고우水牯牛는 나이가 얼마나 되는가?"

스님이 대답이 없으니, 선사가 말했다.

"77세니라."

스님이 물었다.

"화상께서는 무엇 때문에 수고우가 되려 하십니까?"

"그게 무슨 잘못이겠는가?"

어떤 이가 물었다.

"옛사람이 말하기를 '부처님의 위로 향하는 일을 알아야 말을 할 자격이 있다' 했는데, 어떤 것이 이 말입니까?"

선사가 그를 움켜쥐고 물었다.

"무슨 말인가?"

이에 스님이 대답이 없으니, 선사가 그를 밟았다. 그러자 스님이 물었다.

"학인이 대답하지 못한 것을 스님께서 말씀해 주십시오."

이에 선사가 말했다.

"나는 법을 위해서 사람을 아끼느니라."

선사가 또 다음과 같이 말했다.

"예전에 어떤 노숙老宿이 속가의 관원을 인솔하여 승당을 돌면서 다음과 같이 말했다.

'여기에 있는 2백, 3백 명의 대중은 모두가 불법을 배우고 있는 승려들입니다.'

관원이 말하였다.

'옛사람이 말하기를 금 부스러기가 비록 귀하나 눈에 들어가면 병이 된다 하였으니 어찌하리오?' 하니, 노숙이 대답하지 못했다."

선사가 이 일을 들어 경청鏡淸에게 묻자, 경청이 대신 대답했다.

"'요즈음은 벽돌을 던져서 옥을 얻습니다'[9] 했어야 합니다."

선사가 장경에게 물었다.

"옛사람이 말하기를 '전삼삼前三三이요, 후삼삼後三三이다' 한 뜻이 무엇인가?"

장경이 바로 나가 버렸다. 아호鵝湖가 말하였다.

"예!"

선사가 불자를 들어 어떤 스님에게 보이니, 그 스님이 나가 버렸다. 장경이 이 일을 천주의 태부太傅에게 이야기하고는 다음과 같이 말했다.

"그 스님을 다시 불러다 한 차례 몽둥이질을 했어야 한다."

이에 태부가 말했다.

"화상은 그 무슨 심보이시오?"

---

9 졸렬한 의견으로 다른 사람의 고견을 끌어낸다는 뜻이다.

이에 장경이 말했다.

"자칫했으면 놓칠 뻔했다."

위산이 앙산에게 물었다.

"과거의 여러 성인들은 어디로 갔겠는가?"

앙산이 대답했다.

"혹은 천상에 있고, 혹은 인간에 있습니다."

선사가 이 일을 들어 장경에게 물었다.

"앙산이 그렇게 말한 뜻이 무엇인가?"

장경이 대답했다.

"성인들의 들고 나심을 묻는다면 그렇게 대답하면 됩니다."

선사가 다시 말했다.

"그대는 전혀 긍정하지 않는구나. 갑자기 누군가가 그대에게 그렇게 묻는다면 어떻게 대답하겠는가?"

"단지 그에게 '틀렸다'고만 하겠습니다."

"노승이 틀렸다면 그대는 어찌하겠는가?"

이에 장경이 대답했다.

"틀린 것에 무슨 다름[異]이 있겠습니까?"

선사가 편지를 띄울 때, 그 첫머리에 이런 게송을 썼다.

> 고생스런 세상에 마음을 잘못 써서
> 고개 숙이고 허리 굽혀 문장만 좇는다.
> 망정에 이끌림이 어느 세월에 끝나려나?
> 마음자리의 한 가닥 광채를 저버리누나.
> 苦屈世間錯用心　　低頭曲躬尋文章

妄情牽引何年了　　辜負靈臺一點光

어떤 속사俗士가 선사에게 와서 출가하기를 청하니, 선사가 게송으로 만류하였다.

만 리에 한 포기 풀도 없고
아득히 경치 끊어지네.
여러 겁에 항상 이러하거늘
무엇하러 번거롭게 다시 출가하려는가?

萬里無寸草　　迥迥絶煙霞
歷劫常如是　　何煩更出家

선사가 어떤 스님에게 물었다.
"어디서 오는가?"
"강서에서 옵니다."
"여기서 강서까지 거리가 얼마나 되는가?"
"그다지 멀지 않습니다."
이에 선사가 주장자를 들어 세우고 말했다.
"이 정도 거리인가?"
"그다지 멀지 않습니다."
그러자 선사가 긍정하였다.

선사가 또 어떤 스님에게 물었다.
"어디서 오는가?"
"강서에서 왔습니다."
"여기서 강서까지 거리가 얼마나 되는가?"

"그다지 멀지 않습니다."

선사가 주장자를 들어 세우고 물었다.

"요 정도 거리인가?"

"만약 이 정도 거리라면 먼 것입니다."

이에 선사가 때렸다. 그 스님이 돌아가서 운거雲居에게 이야기하니, 운거가 말했다.

"세상 이치로도 되었고, 불법으로도 허물이 없다."

그 스님이 다시 설봉으로 와서 선사에게 이 일을 이야기하니, 선사가 말했다.

"망할 늙은이! 내 팔이 좀 길었더라면 스무 방망이를 갈겼을 것이다. 비록 그렇다 하나 노승이 거기의 열 사람은 남겨 두리라."

쌍봉雙峰이 선사를 하직할 때, 게송을 지어 선사에게 주었다.

잠시 설봉을 떠나 구름 따라 가려니
동구에는 관문도 없고 길도 평탄하네.
선사는 헤어짐을 근심하지 마오.
마치 가을밤에 달이 항상 밝은 것 같으리라.

暫辭雪嶺伴雲行　谷口無關路坦平
禪師莫愁懷別恨　猶如秋月月常明

이에 선사도 게송을 지어 화답했다.

스님만 버리고 가는 것이 아니라
구름 걸친 봉우리까지도 상관하지 않는구나.
허공에는 걸림이 없으니

마음껏 자유로이 종횡하여라.

非但抛僧去　　雲嶺不相關
虛空無隔碍　　放曠任縱橫

신령한 광채는 물건 밖에 뛰어나니
그 어찌 가을달의 광명이 아니랴.
납자가 몸을 벗어나는 곳에
우레는 멈췄으나 소리는 멎지 않네.

神光逈物外　　豈非秋月明
禪子出身處　　雷罷不停聲

선사가 다음과 같이 말했다.

"세계의 너비가 한 길이면 옛 거울의 너비도 한 길이요, 세계의 너비가 한 자이면 옛 거울의 너비도 한 자니라."

이에 어떤 학인이 화로를 가리키면서 물었다.

"이건 얼마나 넓습니까?"

선사가 대답했다.

"옛 거울의 너비와 꼭 같으니라."

천룡天龍이 이 일을 들어서 물었다.

"화로를 옛 거울에 견주어 그렇게 큰가, 아니면 옛 거울을 화로에 견주어 그렇게 큰가?"

이에 장경이 대신 말하였다.

"'반드시 그렇게 가려야만 사람이 존재할 수 있느니라' 하여야 한다."

선사가 쌍봉雙峰과 함께 행각하면서 천태산을 유람하다가 석교

石橋를 지나게 되었다. 이에 쌍봉이 다음과 같은 게송을 지었다.

도를 배우고 행을 닦기에 힘이 충분하지 못하거든
이 몸을 끌고서 험한 길을 걷지 말라.
석교를 지나고 난 뒤부터
덧없는 이 몸이 다시 태어난 듯하여라.
學道修行力未充　莫將此身險中行
自從過得石橋後　卽此浮生是再生

이에 선사가 다음과 같이 화답했다.

도를 배우고 행을 닦기에 힘이 충분하지 못하거든
부디 이 몸을 끌고 험한 길을 걸으라.
석교를 지나고 난 다음부터
덧없는 이 몸 다시 나지 않는다.
學道修行力未充　須將此身嶮中行
自從過得石橋後　卽此浮生不再生

어떤 스님이 물었다.
"학인은 갓 총림叢林에 들어왔습니다. 부디 스님께서 가르침을 내려 주십시오."
이에 선사가 대답했다.
"차라리 이 몸을 먼지가 되도록 부술지언정 한 스님의 눈을 멀게 할 수는 없느니라."

어떤 스님이 물었다.

"49년 뒤의 일은 묻지 않겠습니다. 49년 전의 일이 어떠합니까?"

선사가 불자로 그의 입을 쥐어박았다.

선사가 상당하여 한참 양구良久했다가 문득 일어나면서 말했다.

"그대들 때문에 무척 피곤하구나."

부孚 상좌가 말했다.

"화상께서 실수하셨습니다."

이에 어떤 스님이 청淸 좌주에게 물었다.

"설봉의 허물이 어디에 있기에 부 상좌가 긍정하지 않았을까요?"

좌주가 대답했다.

"만일 그렇게 말하지 않았다면 어찌 긍정하지 않는 말을 들을 수 있었겠는가?"

스님이 다시 부 상좌에게 가서 이 일을 이야기하니, 부 상좌가 말했다.

"가죽도 알아보지 못하고서 뼈라 말하지 말라."

어떤 이가 물었다.

"모든 활동은 모두가 곁으로 뚫린 귀신의 눈이라 하니, 어떤 것이 바른 눈입니까?"

선사가 양구하니, 다시 물었다.

"옛사람이 말하기를 '나의 눈은 본래 바른데 스승으로 인해 삿되게 되었다' 하니, 어떤 것이 본래의 바른 나의 눈입니까?"

선사가 대답했다.

"달마를 만나기 전의 것이니라."

"나의 눈이 어디에 있습니까?"

"스승에게서 얻는 것은 아니니라."

어떤 이가 물었다.

"옛사람(덕산)은 어떤 일에 의하여 42권의 경과 논을 버렸습니까?"

선사가 대답했다.

"그대는 절을 해야 한다."

선사가 스님에게 무엇을 보이면서 물었다.

"이것이 무엇인가?"

스님이 대답했다.

"한 물건 같지는 않습니다."

그러자 선사가 때렸다.

어떤 스님이 소주蘇州의 서선西禪에게 물었다.

"3승 12분교는 묻지 않겠습니다. 조사께서 서쪽에서 오신 분명한 뜻에 대해 한 말씀 해주십시오."

서선이 불자를 일으켜 세우니, 그 스님이 긍정하지 않았다. 후에 그 스님이 설봉에 오니, 선사가 물었다.

"어디서 오는가?"

"서선西禪에게서 옵니다."

"어떤 불법의 인연이 있었는가?"

스님이 앞의 인연을 자세히 이야기하니, 선사가 물었다.

"그대는 긍정하였는가?"

"어떻게 긍정할 수 있겠습니까?"

"그렇다면 긍정하지 않는 도리를 어떻게 말할 것인가?"

스님이 대답하였다.

"어떻게 물어야 선사께서 경계를 보이시겠습니까?"

선사가 말했다.

"그대가 서선西禪에서 여기에 오는 동안 얼마나 많은 숲을 지났든지 간에 모두가 경계인데, 그대는 어째서 그것들은 부정하지 않고 불자만을 부정하는가?"

스님이 대답이 없었다.

이 일로 인하여 선사가 말했다.

"온 천지가 하나의 눈인데 그대들은 어디에다 똥오줌을 싸려는가?"

이에 장경이 대답했다.

"화상께서는 어찌하여 겹겹으로 사람을 속이십니까?"

어떤 사람이 이 일을 조주趙州에게 말하니, 조주가 말했다.

"상좌가 만약 민閩으로 간다면 내 그대 편에 삽을 한 자루 보내리라."

취암翠巖이 선사의 말을 소산에게 전하자, 소산이 말했다.

"설봉을 스무 방망이를 때려서 변소에다 처넣어야 한다."

취암이 물었다.

"화상이 그리 말씀하시는 것은 설봉의 허물을 때리신다는 것이 아니겠습니까?"

"그렇다."

"눈은 어찌하시렵니까?"

소산이 말했다.

"듣지 못했는가? 『심경心經』에서 말하기를 '눈·귀·코·혀·몸·뜻이 없다' 하였느니라."

취암이 긍정하지 않고 말했다.

"옳지 않습니다, 화상이시여."

이에 소산이 말이 없었다.

선사가 어떤 스님에게 물었다.

"어디 사람인가?"

"자주磁州 사람입니다."

"들으니, 자주에는 금이 난다는데 사실인가?"

"그렇습니다."

"얻어 갖고 왔는가?"

"갖고 왔습니다."

"가지고 왔거든 노승에게 보여다오."

스님이 손을 펴 보이니, 선사가 침을 뱉었다.

또 다른 스님에게 물었다.

"어디 사람인가?"

"자주磁州 사람입니다."

"들으니, 자주에는 금이 난다는데 사실인가?"

"사실입니다."

선사가 손을 벌리고 말했다.

"금을 갖고 오너라."

스님이 침을 뱉자, 선사가 네다섯 대를 갈겨 주었다.

선사가 어떤 스님에게 물었다.

"이름이 무엇인가?"

"혜전惠全입니다."

"그대가 얻어 들어간 곳은 어떠한가?"

"벌써 화상과 함께 헤아려 보았습니다."

"어느 곳이 헤아린 곳인가?"

"어디를 다녀오셨습니까?"

선사가 다시 물었다.

"그대가 얻어 들어간 곳은 또 어떤가?"

스님이 대답을 못하여서 선사에게 방망이로 얻어맞았다.

선사가 이 일을 장경에게 이야기하니, 장경이 말했다.

"앞의 두 인연은 그런대로 도리에 맞지만 나중의 것은 알맹이가 없습니다."

선사가 어떤 스님에게 물었다.

"어디서 오는가?"

"남전藍田[10]에서 옵니다."

"어째서 풀숲에 들어가지 않는가?"

나중에 장경이 이 말을 듣고 말했다.

"'험해서 그랬습니다' 했어야 한다."

어떤 스님이 하직을 고하니, 선사가 물었다.

"어디로 가려는가?"

10 지명. 협서성陝西省 남전현藍田縣으로 옥의 명산지이다.

"절중浙中으로 경산을 뵈러 갑니다."

"갑자기 경산이 그대에게 무언가 물어 오면 그대는 어찌 대답하겠는가?"

"물으면 대답하겠습니다."

그러자 선사가 그를 때리고는 경청鏡淸에게 물었다.

"저 스님의 잘못은 어디에 있는가?"

경청이 대답했다.

"경산이 무척 피곤하게도 묻는군요."

선사가 웃으면서 말했다.

"경산은 절중에 있는데, 어떻게 피곤하게 묻는다 하는가?"

경청이 대답했다.

"'멀리서 물어도 가까이서 대답한다' 하는 말을 듣지 못하셨습니까?"

이에 선사가 게송을 지었다.

그대는 길가의 화표주花表柱[11]를 보라.
천하가 바삐 서둘기는 일반이어라.
비파 줄은 손놀림에 따라서 느슨해지고 조여지나
광릉廣陵의 묘한 곡조 퉁기는 이 아무도 없네.
한 번에 퉁길 줄 아는 사람 있다면
천하 곡조를 모두 다 퉁기리.
君覓路邊花表柱　　天下忙忙摠一般

11 위정자에 대한 백성들의 불평을 알기 위해서 백성들로 하여금 그 불평을 적어 길가에 세워둔 기둥에 걸어두게 하는 제도가 있었는데, 그 기둥을 화표주라 한다. 이 제도는 요堯임금 때 시행한 비방목誹謗木의 제도를 이어받은 것이다.

琵琶拗棙隨手轉　　廣陵妙曲无人彈
若有人能解彈得　　一彈彈盡天下曲

상경常敬 장로가 처음 참문하러 와서 말했다.

"경론 읽기를 그만둔 상경 등이 참문하러 왔습니다."

그때에는 선사가 아무런 말도 없었다. 이튿날 아침에 일찍 와서 인사를 드리니, 선사가 말했다.

"경론 읽기를 그만둔 상경은 여기에 있는가?"

상경이 얼른 나서니, 선사가 말했다.

"나는 경론 읽기를 그만둔 중, 상경을 불렀는데, 그대와 무슨 관계가 있는가?"

"어진 임금이 칙서로 부르시면 나타나지 않는 신하가 없습니다."

"그렇다면 아까 일은 칙서로 부른 것인가, 부르지 않은 것인가?"

"칙서로 부른 것입니다."

이에 선사가 할을 하여 내쫓았다.

선사가 게송을 읊으시니 다음과 같다.

세상에 한 가지 큰 일이 있는데
학자들 갖기를 삼가 권하노라.
비록 반 푼의 돈도 없지만
여러 겁을 지내도록 풍부하도다.

世中有一事　　奉勸學者取
雖無半錢活　　流傳歷劫富

하늘에 올라도 사닥다리 필요하지 않고
온 천지를 두루 하여도 다닌 길 없다.

하늘도 땅도 몽땅 포함한 곳에서
납자들은 불 끄듯 급히 깨치라.

登天不借梯　遍地無行路
包盡乾坤處　禪子火急悟

이른 아침에도 일어나려 하지 않고
늦은 저녁까지 자리에 앉아 있다.
물고기가 그물에 걸리면
고기잡이의 배는 불러서 뱃가죽이 터진다.

昷朝不肯起　貪座昏黃晡
魚被網裏却　張破獵師肚

낭朗 상좌가 물었다.
"눈앞에 가득한 것이 모두 생사입니다."
선사가 대답했다.
"눈앞에 가득한 것이 무엇이라고?"
이에 낭 상좌가 활짝 깨달았다.

상경 장로가 물었다.
"설날 아침 만물이 새로워지는데, 진왕眞王도 봄을 맞이합니까?"
선사가 대답했다.
"4상相[12]은 나이에 따라 늙어가지만 진왕眞王은 봄을 맞지 않느니라."
"하루 종일 무엇으로 그를 시봉해야 됩니까?"

12 여기서 갈하는 것은 생生·노老·병病·사死 네 가지를 말한다.

"촉식觸食[13]은 받지 않으시니라."

"갑자기 진수성찬이 생기면 어찌합니까?"

"무척 신선하구나."

선사가 법당에 들어가 경전을 보고 현사玄沙에게 물었다.

"무슨 경인가?"

"『화엄경』입니다."

이에 선사가 물었다.

"내가 앙산仰山에 있을 때, 앙산이 경에 있는 말을 들어서 대중에게 묻기를 '국토가 말하고 중생이 말하고 3세의 모든 것이 말한다 하는데, 누구를 위해 말하는가?' 하니, 아무도 대답을 못하자, 앙산이 말하기를 '자식을 길러 노후를 대비한다' 했다. 이 문답을 빌려 그대들에게 묻는다면, 그대들은 어떻게 대답하겠는가?"

현사가 머뭇거리니, 선사가 말했다.

"그대가 나에게 물어라. 내가 그대에게 대답하리라."

이에 현사가 묻자, 선사가 그의 앞에 몸을 굽히면서 말했다.

"갈겨라, 갈겨라."

보자報慈가 이 말을 들어 와룡臥龍에게 물었다.

"이야기는 앙산의 이야기요, 들기는 설봉이 들었는데, 어째서 설봉이 매를 맞아야 하는가?"

와룡이 대답했다.

"자식을 길러 노후를 대비합니다."

---

13 감촉을 반연해서 유정有情을 성숙시키는 것. 예를 들면 닭이 달걀을 따뜻하게 해서 부화시키는 것을 말한다. 따라서 여기서는 감각을 이야기하는데, 감각이란 신체나 생명을 성장시키므로 식食이라 한다.

이에 보자가 말했다.
"풀숲을 쳐서 뱀을 놀라게 하였구나."

선사가 어떤 스님을 보고 말했다.
"알겠는가?"
"모르겠습니다."
이에 선사가 말했다.
"내가 아직 나서지 않았는데 어째서 모르는가?"

선사가 어떤 스님에게 물었다.
"그대에게도 부모가 있는가?"
"있습니다."
이에 선사가 말했다.
"구역질이 나는구나."
다른 스님은 "없다"고 대답하였는데, 선사가 또다시 말했다.
"구역질이 나는구나."
또 다른 스님이 말했다.
"화상께서는 무엇을 물으셨습니까?"
선사가 말했다.
"구역질이 나는구나."

선사가 시중하여 말했다.
"마치 밝은 거울과 같아서 오랑캐가 오면 오랑캐가 나타나고, 한인漢人이 오면 한인이 나타나느니라."
어떤 사람이 이 일을 들어 현사玄沙에게 물으니, 현사가 말했다.

"밝은 거울이 아닐 때는 어찌할 것인가?"

그 스님이 설봉으로 돌아와서 현사의 말을 전하니, 선사가 말했다.

"오랑캐도, 한인漢人도 모두 숨느니라."

그 스님이 다시 현사에게 와서 이 일을 이야기하니, 현사가 말했다.

"산중에 사는 화상의 발꿈치가 땅을 밟지 않는구나."

또 언젠가 현사가 설봉에 오니, 선사가 한 다리를 거두고 한 발로만 다니니, 현사가 물었다.

"화상께서는 뭐하십니까?"

이에 선사가 대답했다.

"발꿈치가 땅을 밟지 않는 모양이라네."

선사가 시중하여 말했다.

"평소에 내가 '둔한 놈'이란 말을 했는데, 이 말의 뜻을 아는 이가 있는가? 아는 이가 있거든 나와서 내 앞에서 이야기하라. 내가 증명해 주리라."

이때 장생長生이라는 이가 나서서 말했다.

"면전에서 보면 높고 크고 계제에 임해서는 뛰어납니다."

이에 선사가 말했다.

"늙은이가 되어야 비로소 산승의 뜻을 알겠구나."

순덕順德이라는 이가 말했다.

"물을 치면 물고기 머리가 아픕니다."

선사가 말했다.

"옳으니라."

선사가 상당하여 말했다.

"내가 암두巖頭와 흠산欽山과 함께 행각을 할 때, 여관에서 묵은 일이 있는데, 세 사람이 각각 원하는 바가 있었느니라. 이때 암두巖頭는 '여기서 헤어진 뒤에는 조그마한 나룻배 하나를 구해 낚시꾼과 함께 한평생을 보내고 싶다'고 하였고, 흠산은 '나는 그렇지 않다. 큰 도시에서 살면서 절도사에게 스승의 예우를 받아 비단옷을 입고, 금·은의 평상에 앉으며, 밥 먹을 때에는 금꽃 모양, 은꽃 모양의 큰 소반에 법식대로 차려 놓고 밥을 먹으면서 한평생 지내고 싶다' 하였느니라.

이때 나는 '네거리에 선원을 차리고, 대중을 법식대로 공양하리라. 만일 어떤 납자가 길을 떠나면 내가 바랑을 메고 주장자를 들어주어 문 밖까지 잘 전송하고서 그가 몇 걸음 가면 갑자기 〈아무 스님〉 하고 불러서 그가 고개를 돌리거든 〈먼 길에 조심하시오〉 하리라' 했는데, 그 뒤에 암두와 흠산은 본래의 소원을 다 이루었으나, 나만은 본래의 소망을 이루지 못하고 겨우 여기서 살면서 지옥의 찌꺼기 때를 만들고 있느니라."

또 말했다.

"강서와 호남湖南과 동촉東蜀과 서촉西蜀이 모두 이 속에 있느니라."

이때 아무도 나서서 묻는 이가 없으니, 선사가 어떤 스님으로 하여금 물으라 하니, 그 스님이 나서서 절을 하고는 물었다.

"이 속의 일이란 무엇입니까?"

선사가 대답했다.

"지옥으로 꺼져라."

어떤 사람이 이 일을 들어서 보자에게 물었다.

“선사께서 그렇게 말씀하신 뜻이 무엇입니까?”

보자가 대답했다.

“염라 노인이 희망을 버렸느니라.”

누군가 선사에게 물었다.

“옛사람이 말하기를 ‘무간지옥에 갈 업을 짓지 않으려면 여래의 바른 법을 비방하지 말라’ 하였는데, 어찌하여야 비방을 하지 않게 됩니까?”

“지옥에나 가거라.”

“어떤 것이 열반입니까?”

“지옥에나 가거라.”

선사가 시중하여 말했다.

“예를 들면, 세상에 두 군자가 있는데, 한 군자는 남쪽에서 왔고, 한 군자는 북쪽에서 왔다고 하자. 두 군자가 넓은 들에서 만났는데, 남쪽에서 온 군자가 북쪽에서 온 군자에게 ‘성이 무엇이며, 몇째인가?’ 하고 물었더니, 북쪽에서 온 군자가 갑자기 남쪽에서 온 군자의 멱살을 움켜쥐었다. 이에 남쪽에서 온 군자가 말하기를 ‘내가 5상常[14]의 예를 행함에 무슨 잘못이 있는가?’ 하였다. 이에 북쪽에서 온 군자가 말하기를 ‘나는 일찍이 편을 두지 않았다’고 하였다. 여러 화상들이 만일 이 비유의 뜻을 이해하면 산에서 살아도 되고, 성의 해자에서 살아도 된다.”

---

14 사람이 지켜야 할 다섯 가지 상도常道. 즉 인仁·의義·예禮·지智·신信의 다섯으로, 이는 유교의 가르침이다. 이것을 불교에서는 인仁은 불살생不殺生, 의義는 불투도不偸盜, 예禮는 불사음不邪淫, 지智는 불음주不飮酒, 신信은 불망어不妄語의 5계戒에 견준다.

선사가 서원을 돌아보고 산으로 돌아가려다가 민泯 전좌典座에게 물었다.

"3세의 부처님들은 다 어디에 계시는가?"

전좌가 대답이 없자, 다시 장주藏周에게 똑같이 물었다. 그러자 장주가 대답했다.

"제자리를 여의지 않고 항상 담연湛然합니다."

이에 선사가 침을 뱉어 주고 말했다.

"그대가 물어보라. 내가 대답하리라."

"3세의 부처님들은 다 어디에 계십니까?"

이때 갑자기 돼지 어미와 새끼가 산에서 내려와 마침 선사 앞에 이르니, 선사가 그것을 가리키며 말했다.

"어미 돼지의 등 위에 있도다."

선사가 언젠가 다음과 같이 물었다.

"승당 안에 천여 사람이 있는데, 누가 용이고 누가 뱀인 줄을 어떻게 가리겠는가? 더구나 기별조차 없었는데……."

이에 장경이 대답했다.

"물속을 더듬는 지팡이가 있습니다."

선사가 다시 물었다.

"이곳에서 어찌해야 하는지 그대가 말해 보아라."

이에 장경이 벌렁 누우며 쓰러지는 시늉을 하니, 선사가 말했다.

"저 중이 풍병을 앓는구나."

위산과 앙산이 어느 날 저녁에 이야기를 하던 끝에 위산이 앙산에게 물었다.

"그대가 밤새도록 헤아리고 궁리하여서 이룩한 것이 무엇인가?"

앙산이 선뜻 한 획을 그어 보이니, 위산이 말했다.

"만일 내가 아니었다면 아마도 그대에게 속았을 것이다."

어떤 사람이 장경長慶에게 물었다.

"앙산이 한 획을 그은 뜻이 무엇입니까?"

장경이 손가락을 일으켜 세웠다. 또 순덕順德에게 물으니, 순덕도 손가락을 일으켜 세웠다.

이에 그 스님이 말했다.

"불법은 부사의하여서 천 성인이 같은 궤도를 달리는구나."

그 스님이 다시 이 일을 선사에게 알리니, 선사가 말했다.

"둘 다 옛사람의 참뜻을 잘못 알았도다."

그 스님이 선사에게 물으니, 선사가 말했다.

"그저 까닭 없는 짓일 뿐이다."

선사가 처음 출가하였을 때 유가儒假 대덕이 시詩 세 수를 보내주었다.

세월이 바뀌고 흘러 또 봄을 만나니
못가의 버들 언덕의 매화가 몇 차례나 새로워졌던가.
그대 고향을 떠났으니 반드시 노력하여
장부의 일을 저버리지 말라.

光陰輪謝又逢春　池柳亭梅幾度新
汝別家鄉須努力　莫將辜負丈夫身

사슴 떼를 주고받은들 어찌 이루리오.
난새와 봉이라야 만 리를 난다.
하물며 고향 동네 가난하고 천함에랴.
소진蘇秦[15]의 금의환향 분명하도다.

鹿群相受豈能成　　鸞風終須萬里征
何況故園貧與賤　　蘇奏花錦事分明

원헌原憲[16]은 가난을 참으면서도 뜻을 바꾸지 않았고
안회顔回[17]가 천명을 따를 줄을 누가 알았으리오?
좋은 벼이삭은 이른 봄에 익지 않나니
군자는 원래부터 움직임에 때가 있느니라.

憲原守貧志不移　　顔回安命更誰知
嘉禾未必春前熟　　君子從來用有時

선사가 어떤 스님에게 물었다.
"어디서 오는가?"
"길을 지나오지 않았습니다."
선사가 소리 높여 꾸짖었다.
"예끼, 이 두꺼비 같은 놈아."

---

15 중국 전국시대 낙양洛陽 사람. 공부할 때 졸음이 오면 송곳으로 허벅다리를 찔러가며 졸음을 쫓으면서 공부했고, 드디어 6국國의 재상이 되어 고향에 돌아왔다.

16 춘추시대 노魯나라 사람. 공자의 제자로, 공자가 노나라의 사구司寇가 되었을 때, 원헌을 가읍家邑의 주장으로 삼았는데, 그는 어려운 살림을 잘 꾸렸다.

17 춘추시대 노나라 사람. 공자의 제자로, 제자 가운데 가장 어리며 뛰어난 사람이었다. 가난했으나 학문을 좋아했고, 한 번 저지른 잘못을 두 번 다시 되풀이하는 일이 없었으나, 32세의 젊은 나이에 죽었다.

또 다른 스님에게 물었다.

"어디서 왔는가?"

"강서에서 왔습니다."

"어디서 달마達磨를 만났는가?"

"달마뿐이 아니라, 달마보다 더한 이가 있더라도 만나지 않을 것입니다."

선사가 다시 물었다.

"달마가 있는데도 만나지 않는가, 달마가 없어서 만나지 않는가?"

"만나지 않겠다는데, 무슨 있다 없다를 말씀하십니까?"

"있다 없다를 말하지 않는다면, 그대는 어째서 만나지 않겠다 하는가?"

스님이 대답이 없었다.

선사가 시중하여 말했다.

"남산에 별비사鼈鼻蛇[18]가 있으니, 그대들은 잘 보고 다녀라."

아무도 대답하는 이가 없었다. 장경長慶이 대신 말했다.

"화상께서 그렇게 말씀하시면 승당 안에 있는 많은 사람이 생명을 잃습니다."

현사玄沙는 다음과 같이 대신 말했다.

"그 남산더러 어찌하라 하십니까?"

휘暉 화상이 이에 대해 게송을 읊었다.

18 뱀의 일종. 자라와 같은 코끝을 한 뱀으로 독이 강해서 한 번 물리면 반드시 죽는다.

설봉이 뱀을 한 마리 길러
남산에 숨겨 둔 뜻이 무엇이던가?
이것은 예사롭게 독하고 악한 것 아니니
참선하는 이 무엇보다 선타바先陀婆[19]를 알아야 한다.
雪峯養得一條蛇　寄着南山意若何
不是尋常毒惡物　參玄須得會先陀

보자報慈가 이 게송에 화답했다.

그대들에게 권하나니, 험악한 곳에선 뱀을 조심하여라.
달려들면 즉석에서 어찌할 수 없으리.
이 몸을 편히 길러 사물에 등지지 않으려면
남쪽으로 서서 북쪽을 보는 것이 바로 선타바先陀婆라네.
勸君險處好看蛇　衝着臨時爭奈何
欲得安身免負物　向南看北正先陀

선사가 나무말뚝을 가리키며 장경에게 물었다.

"옛사람이 말하기를 '색을 보면 곧 마음을 본다. 마음 밖에 다른 것이 없다' 하였는데, 그대는 저 나무토막이 보이는가?"

장경長慶이 대답했다.

"무엇을 보라 하십니까?"

---

19 범어 Saindhava의 음역. 소금·물·그릇·말〔馬〕 등 네 가지 뜻을 가진 낱말. 고대 인도의 어떤 왕이 계속해서 '선타바'를 외치자, 신하가 왕의 말이 떨어지기 바쁘게 소금·물·그릇·말 등을 대령하였다는 고사故事에서 그러한 뜻을 지니게 되었다. 이 말이 선가禪家에서는 남의 속마음을 잘 아는 사람을 지칭하거나 혹은 그러한 사람을 칭찬하는 뜻으로 쓰인다.

선사가 말했다.

"외로운 놈일세."

"외롭지 않습니다, 화상이시여."

"그대는 외롭지 않다 하고, 나는 외롭다 한다."

장경이 세 걸음 물러서 섰으니, 선사가 말했다.

"그대가 나에게 물어라. 내가 대답하리라."

장경이 화상에게 물었다.

"저 나무말뚝이 보이십니까?"

선사가 말했다.

"더 무엇을 보겠는가?"

어떤 이가 물었다.

"눈길이 마주쳐도 말하지 않고 머뭇거리는 이는 어떠합니까?"

"채워졌기는 하지만 빨리 계합되어야 한다."

어떤 소경을 만났는데, 선사가 말했다.

"내 눈이 멀었다, 내 눈이 멀었다."

선사는 평생 동안 두터운 마음으로 중생을 제접하고 앉으나 걸으나 언제나 법을 보였다.

천우天祐 병인丙寅 연간에 대중이 1,700명에 이르렀다. 민왕이 네 가지 공양거리를 극진히 제공하되, 처음부터 끝까지 변함이 없었다. 개평開平 2년 무진戊辰 5월 2일 밤 3경 초에 천화遷化하니, 춘추는 87세요, 법랍은 59세였으며, 39년 동안 출세하셨다. 조칙으로 시호를 진각眞覺 대사라 하였고, 탑호塔號를 난제難提라 하였다.

조당집 제8권

운거雲居 화상

동산洞山의 법을 이었고, 홍주洪州에서 살았다. 휘諱는 도응道膺이요, 성은 왕王씨이며, 유주幽州 계문薊門 옥전玉田 사람이다.

선사는 어릴 때에는 재능이 뛰어나고 태어날 때부터 아는 지혜가 있었으며, 오랜 친구들을 격식을 갖춰 대하여 좋은 명성이 특별히 자자했다.

25세가 되자 유주의 연수사延壽寺에서 계를 받고, 처음에 비니(毘尼 : 律藏)를 익히다가 탄식하였다.

"대장부가 어찌 자질구레한 형식에 걸리어 큰 길을 잃겠는가?"

그리고는 의발과 지팡이를 챙겨서 취미翠微를 찾아가서 현묘한 진리의 강에 한 번 목욕한 뒤로 3년의 세월을 보냈다.

석실에 머물고 있을 때, 별안간 울긋불긋하고 특이한 의상을 입은 두 사자가 나타나 말했다.

"스님께서는 남쪽으로 가시오. 그러면 반드시 기이한 사람을 만날 것입니다."

그 뒤에 과연 홍호洪湖에서 온 취의毳衣를 입은 스님을 만났는데, "동산 대사가 당대의 대종사[宗匠]이다"라고 말해 주었다. 이 말을 들은 선사는 곧 옷매무새를 고치고 동산으로 갔다. 동산 대사는 격조가 높고 고풍스러웠으며, 말씀은 간략하나 뜻은 현묘했다.

선사가 도착하여 예로써 인사를 마치니, 동산이 물었다.

"그대의 이름은 무엇인가?"

선사가 아무라고 이름을 고하였다. 그러자 동산이 말했다.

"위로 향하는 법을 다시 일러라."

선사가 대답했다.

"위로 향하는 도에는 아무라고 이름을 붙일 수 없습니다."

이에 동산이 말했다.

"내가 운암雲巖에 있을 때, 운암에게 대답한 것과 다름이 없다."

이로부터 아침에 참문하고 저녁에는 근신하며 평정을 유지하려 힘썼다. 또한 황제皇帝[1]가 적수赤水에서 잃어버린 여의주를 찾고자 고심하는 그 심정을 본받고, 온백설자溫伯雪子[2]가 공자와 눈빛만 마주치고도 그에게 도가 있음을 알아본 훌륭한 오성悟性을 모방하였다.

어느 날 동산에게 다음과 같이 물었다.

"어떤 것이 조사의 뜻입니까?"

---

1 이 문장은 『장자莊子』 「천지天地」 "황제유호적수皇帝遊乎赤水, 유기현주遺其玄珠"의 고사故事를 참조.

2 이 문장의 출전은 『장자莊子』 「전자방田子方」 "월격도전月擊道存"의 고사이다.

동산이 대답했다.

"그대가 뒷날 어떤 곳의 주지가 되었을 때, 누군가가 그렇게 물으면 무엇이라 대꾸하겠는가?"

선사가 말했다.

"저의 허물입니다."

동산이 또 물었다.

"듣건대 사대思大 화상께서 왜국倭國에 가서 왕이 되셨다 하는데, 사실인가?"

선사가 대답했다.

"사대思大 화상이라면 부처도 되지 않으셨을 터인데 하물며 국왕國王이겠습니까?"

이에 동산이 묵묵히 인정하였다. 이로부터 현묘한 법을 남몰래 받고, 듣지 못했던 바를 들었으므로 다시 다른 곳으로 가려는 생각도 내지 않고, 배우려는 마음도 쉬었다.

처음에는 삼봉三峰에 머물다가 나중에는 운거雲居에 머물렀다. 종릉 대왕이 그의 덕망을 높이 흠모하여서 공경하기가 남달랐다. 대왕이 위로 황제께 주청하여 자의紫衣와 법호를 하사하였으나 선사가 재삼 사양하였다. 이로부터 법석이 크게 번창하고 현묘한 법이 널리 퍼지기 15년 동안에 봄, 가을 없이 천 명 대중에서 줄어든 적이 없었다.

선사가 상당할 때마다 다음과 같이 말했다.

"무릇 출가한 사람은 오직 자기의 분수에서 가려 취해야 하며, 절대로 분수 밖에서 찾으면 안 된다. 여기에 이르러서는 어떻게 봇짐을 꾸려야 할 것인가? 또 몸에는 어떤 옷을 입어야 하고, 입으로는 어떤 음식을 먹으며, 어떤 말을 하여야 하는가? 몸에 고상한 옷을 걸쳤으면 숭앙받는 길을 취해야 한다. 그대들은 천 리, 만 리 밖에서 행각行脚하여 여기까지 왔는데, 도대체 무엇을 위함인가? 여기에서도 다시 쉽게 쉽게만 보내면 끝내 알지 못할 것이다. 사소한 인연이 큰일을 그르치지 않게 하라. 큰일을 끝내지 못했거든 밤낮으로 인因에 부합되게 닦아야 한다. 그래서 '존귀한 어른을 대하듯 조심조심하라'고 하였으니, 가려 취할 때는 마치 살얼음을 밟듯 하고, 부지런히 지극한 도를 구할 때는 마치 머리에 붙은 불을 끄듯 하라고 하였으니, 다시 무슨 한가할 틈이 있겠는가? 마치 불길이 뒤쪽에서 엄습해 오는 것처럼 신속히 나아가야 한다. 일체의 일에 있어서는 모두 그 속을 남김없이 거두어들여 하나하나 잘 알아야 하고, 현상마다 달통해야 한다. 만약 털끝만한 일이라도 다하지 못함이 있다면 고달프게 될진대, 하물며 많은 일에 있어서랴?

그대들에게 말하노니, 한 걸음 자칫 실수하였다면 곧바로 한 걸음을 돌이켜라. 만약 돌이키지 않으면 까마득한 여러 겁에 매일 것이니, 이는 곧 생生을 지나는 것이며, 겁劫을 지나는 것이니라. 천 생, 만 생의 일이 단지 한 방향에 달렸으니, 만일 이 소식을 알지 못하면 만 겁, 천 생 동안 우둔하리라."

어떤 이가 물었다.

"어떤 것이 지난 겁의 일입니까?"

선사가 대답했다.

"다만 지금에 있을 뿐이니라."

"지금이란 어떤 것입니까?"

"지난 겁이 있는 줄 알지 못하는 것이다."

선사가 상당하여 그저 승상繩床 곁에 서 있기만 하자, 대중들도 한쪽에 서 있으니, 한참 후에 문득 방으로 돌아가 버렸다.

어떤 속인이 스님에게 물었다.

"내 집에는 솥이 하나 있는데, 평소에 밥을 하면 셋이 먹기에는 부족하나 천 사람이 먹으면 남으니, 스님은 어떻게 생각하시오?"

스님이 대답하지 못했다. 선사가 대신 대답했다.

"다투면 부족하고 사양하면 남는다."

어떤 상서尙書가 물었다.

"옛사람이 말하기를 '세존께서는 비밀한 말씀을 하셨고, 가섭은 숨기지 않았다' 하였는데, 어떤 것이 세존의 비밀한 말씀입니까?"

선사가 상서를 불러서 상서가 대답을 하자, 선사가 말했다.

"알겠는가?"

"모르겠습니다."

"그대가 모른다 하면 세존께 비밀한 말씀이 있었던 것이고, 그대가 안다면 가섭이 숨기지 않은 것이니라."

선사가 어떤 스님에게 물었다.

"그대 이름은 무엇인가?"

스님이 대답했다.

"행밀(行密 : 비밀히 행함)입니다."

"무슨 행이기에 그토록 비밀한가?"

스님이 대답이 없자 선사가 대신 말했다.

"'비록 그러하오나 남들이 저를 인정하지 않습니다' 하라."

선사가 시중하여 말했다.

"예를 들면 어떤 사람이 돈 1백 냥으로 사냥개를 한 마리 샀다고 하자. 그 개는 그저 발자취가 있는 것만 찾을 줄 아는데, 그러다 갑자기 발을 땅에 대지 않고 나뭇가지에 뿔을 걸고 잠을 자는 영양을 만난다면 자취뿐 아니라 낌새조차 알아차리지 못하게 된다."

이에 어떤 스님이 문득 물었다.

"영양이 뿔을 걸 때는 어떠합니까?"

선사가 대답했다.

"6·6은 36이니라."

그리고는 또 말했다.

"알겠는가?"

"모르겠습니다."

"그러기에 자취도 없다 하지 않았느냐?"

그 스님이 조주趙州에게 가서 이 일을 전하니, 조주가 말했다.

"운거雲居 화상께서 여전히 건재하시구나."

그 스님이 문득 물었다.

"영양이 뿔을 건 때가 어떠합니까?"

조주가 대답했다.

"6·6은 36이니라."

어떤 이가 물었다.

"크게 인정하는 사람과 크게 버리는 사람은 둘입니까, 하나입니까?"

선사가 대답했다.

"둘이니라."

"어느 쪽이 가볍고 어느 쪽이 무겁습니까?"

"크게 인정하는 이는 무겁고 크게 버리는 이는 가벼우니라."

"크게 인정하는 이는 어째서 무겁습니까?"

"이 사람은 자기의 위로 향하는 일을 마치 더러운 물건 보듯 하기 때문에 공훈功勳 쪽에 떨어지지 않는다. 반면에 크게 버리는 이는 자기의 몸이 있다고 보지 않아서 그런 까닭에 공훈 쪽을 향해 나아가게 되나니, 그 어찌 가볍지 않겠는가?"

어떤 이가 물었다.

"달마達磨께서 오시기 전에는 어디에 계셨습니까?"

선사가 대답했다.

"단지 여기에 있을 뿐이다."

"어째서 보이지 않았습니까?"

"서천西天으로 갔기 때문이니라."

어떤 이가 물었다.

"귀에는 들리지 않던 소리가 눈으로 들릴 때는 어떠합니까?"

선사가 도리어 물었다.

"눈으로도 듣더냐?"

"듣는 것은 눈이 아닙니다."

이에 선사가 스스로 대신 말했다.

"'눈으로 듣는다 함은 눈이 아닌 것입니다' 하라."

어떤 이가 물었다.

"3의衣를 입은 것은 이쪽 사람입니다. 어떤 것이 저쪽 사람입니까?"

선사가 대답했다.

"저쪽 사람은 어떤 옷을 입었는가?"

학인이 알지 못하자, 선사가 말했다.

"빠뜨리지 않느니라."

학인이 물었다.

"무엇이 빠뜨리지 않는 일입니까?"

"세세생생에 가리지 않는 것이다."

어떤 스님이 물었다.

"사람이 아무도 없을 때에도 화상께서는 말씀을 하십니까?"

선사가 대답했다.

"이 순간에도 멈춘 적이 없느니라."

"어떤 사람이 듣습니까?"

"말하지 않는 이가 듣느니라."

"화상께서도 들으십니까?"

"들으면 말하는 것이 아니니라."

어떤 이가 물었다.

"객지를 헤매던 자식이 집으로 돌아올 때는 어떠합니까?"

선사가 대답했다.

"돌아왔다는 것만으로 반가우니라."

"무엇을 받들어 올립니까?"

이에 선사가 대답했다.

"아침에 3천 대를 때리고, 저녁에 8백 때를 때리느니라."

어떤 사람이 물었다.

"어떤 것이 청정한 가람伽藍입니까?"

선사가 대답했다.

"어떤 사람을 앉혀야 되겠는가?"

스님이 대답이 없자, 선사가 스스로 대신 말했다.

"'앉히지 않으려는 것이 아니고, 그가 원만한 지위에 앉지 않을 뿐입니다' 하라."

어떤 사람이 물었다.

"대업大業을 이룬 사람은 염라왕이 어째서 찾지 못하는 것입니까?"

"그가 몸을 숨길 줄 알기 때문이니라."

다시 물었다.

"갑자기 덮쳐 올 때에는 어떠합니까?"

"주먹질을 당하고 발길질을 당하느니라."

선사가 시중하여 말했다.

"아득하고 우뚝하노라."

이에 어떤 스님이 물었다.

"더 일러 주시기 바랍니다."

선사가 대답했다.

"아득하고 우뚝하니라."

학인이 알지 못하자 선사가 말했다.

"그대 눈앞에 있는 안산案山인데 어찌 모르는가?"

선사가 어떤 스님에게 물었다.
"어디를 갔다가 오는가?"
"산 밑에 다녀왔습니다."
"풀이 푸르던가?"
"푸릅니다."
"소가 뜯고 있던가?"
스님이 대답이 없자, 선사가 스스로 대답했다.
"'남고도 남습니다' 하라."
체體 선사가 말했다.
"'더는 바라지 않는다'고 하고, '스스로 만족하면 됩니다' 하라."

어떤 이가 물었다.
"2조祖께서 팔을 끊으신 것은 무엇을 구하기 위함입니까?"
"조그마한 고통을 위해서가 아니니라."
"구하면 얻을 수는 있겠습니까?"
선사가 대답했다.
"이 몸은 화살을 맞으리라."

선사가 임종이 가까워졌을 때, 시자侍者에게 물었다.
"오늘이 며칠인가?"
시자가 대답했다.
"3일입니다."
이에 선사가 말했다.

"30년이라도 그저 그러할 것이니라."

어떤 이가 물었다.

"문 밖을 나서지 않는 이는 어떠합니까?"

선사가 대답했다.

"일이 생기지 않느니라."

"어째서 일이 생기지 않습니까?"

선사가 말했다.

"문 밖을 나서지 않아서 일이 생기지 않느니라."

그리고 또 말했다.

"이는 이치의 작용이니라."

"만나지 못할 때는 어떠합니까?"

"몹시 굴욕스러우니라."

"만난 뒤에는 어떠합니까?"

"그 또한 몹시 굴욕스러우니라."

"만났는데 어째서 굴욕스럽습니까?"

"천 겁을 지나지 않았음이니라."

"그렇다면 만나지 못한 것입니다."

"길에 행인들의 자취가 끊겼느니라."

보복保福이 이 일을 들어서 곤산困山에게 물었다.

"옛사람이 말하기를 '만났더라도 굴욕스럽고 만나지 못했더라도 굴욕스럽다' 하니, 만나지 못해서 굴욕스럽다는 것은 따르겠으나 만난 뒤에는 어째서 굴욕스럽습니까?"

곤산이 대답했다.

"그대가 행각行脚을 다닐 때에는 어떠했던가?"

보복이 이 말을 긍정하지 않고 스스로 말했다.

“전부터 어떻게 해야 옳은 것입니까?”

또 앞의 말에 대신 말했다.

“행각이나 하라.”

어떤 이가 선사에게 물었다.

“문수文殊가 칼을 들었으니, 누구를 죽이려는 것입니까?”

선사가 대답했다.

“움직이는 이가 먼저 죽느니라.”

“만 리에 풀 한 포기 없을 때에는 어찌합니까?”

“누가 죽임을 당했느냐?”

“죽고 사는 것을 상관하지 않는 사람은 어떠합니까?”

“사람에게 달린 것이 아니니라.”

어떤 이가 물었다.

“옛사람이 말하기를 ‘부처님도 도를 알지 못하나니, 나 스스로 수행하리라’ 했는데, 부처님이 도를 알지 못한다는 것이 어떤 것입니까?”

선사가 대답했다.

“부처와 중생 모두 다 도를 알지 못하느니라.”

“누가 압니까?”

“그대가 아느니라.”

“화상께서 그대라 하신 이는 어떤 사람입니까?”

“부처도 아니고 중생도 아닌 자이니라.”

어떤 이가 물었다.

"순전히 돌뿐인 산에 풀은 어디서 납니까?"
선사가 대답했다.
"다스리지 않으면 어지럽지 않느니라."
"갑자기 조각구름이 밀려올 때에는 어떠합니까?"
"보지 마라."
"그렇다면 괜한 것이군요."
선사가 대답했다.
"그렇기야 하겠는가?"

동안同安이 선사에게 물었다.
"현묘함이 두터워 이르지 못하는 곳은 어떠합니까?"
"위로 향하는 일은 어떻던가?"
"크게 현묘한 것은 아닙니다."
"얻지 못하느니라."
동안이 긍정하지 않았다. 나중에 잘못을 인정하고 앞의 말을 고쳐서 말했다.
"누가 이르고 이르지 않음을 말하는가?"

무주撫州 자사가 원圓 장로에게 물었다.
"국왕이나 대신이 조그마한 복조차도 없어 보인다 하면 일찍이 어떤 사람을 공양했습니까?"
장로가 대답했다.
"일찍이 부처님께 공양했었느니라."
"부처님께서 계실 때에는 부처님께 공양하겠지만 부처님께서 계시지 않을 때에는 누구에게 공양하겠습니까?"

장로가 대답하지 못했다. 선사가 대신 말했다.
"어진 이는 숨지 않느니라."
보자報慈가 대신 말했다.
"부처님께서 계시지 않은 때를 어째서 내게 묻지 않는가?"

어떤 이가 물었다.
"눈을 들어 보기만 해도 곧 뜻을 알 때는 어떠합니까?"
"어떤 일이던가?"
"보배 구슬을 캐려 할 때는 어떠합니까?"
"나찰羅刹 귀신의 나라로 흘러 들어가느니라."
"참으로 애석합니다."
선사가 말했다.
"다만 그대에게 배당된 몫이 없을 뿐이니라."

병마兵馬가 운거산雲居山으로 밀려들자, 대중이 모두 도망을 쳤는데, 오직 선사만이 단정히 앉아 요동하지 않았다. 통군사統軍事가 절도 하지 않고 마주 앉아서 물었다.
"세계가 언제 편안해지겠습니까?"
선사가 대답했다.
"장군의 마음이 흡족해진 뒤입니다."
이에 통군사가 얼른 선사에게 절을 하였다.

어떤 이가 물었다.
"소나무가 세 치 정도 자랐을 때는 어떠합니까?"
선사가 대답했다.

"다른 것에 의지해 얻지 않는다."

"곧장 구름까지 솟구칠 때는 어떠합니까?"

"본래의 몸은 아니니라."

"여전히 사계절에 의지합니까?"

"모든 유위有爲의 법을 초월하느니라."

"말과 구절에 의하지 않고도 근원을 통달할 수 있습니까?"

"그러한 사람에게 가서 물어보라."

"지금 묻고 있습니다."

이에 선사가 대답했다.

"다시 한번 묻거라."

어떤 스님이 물었다.

"3천 리 밖에서 운거雲居의 소문을 들은 지 오랜데, 3천 리 안의 일이 어떠합니까?"

선사가 대답했다.

"3천 리 안은 온통 진여眞如뿐이니라."

"어떤 것이 진여입니까?"

"3천의 3천이니라."

"설산雪山에서 6년 고행苦行하심은 무엇을 위해서입니까?"

선사가 대답했다.

"스스로 그 뜻을 세우려는 것이요, 만 가지 법에 의지하지 않으려는 것이니라."

"샛별이 솟을 때 무엇을 보셨습니까?"

"아무것도 본 것이 없느니라."

"어떤 공부를 하였기에 외도外道의 마음을 돌릴 수 있었던 것입니까?"

"모든 것을 다 쉬느니라."

"떨어지고 때 묻은 옷을 입은 소식은 무엇입니까?"

"한층 더 높아지느니라."

"그러면 교화를 보이시어 여러 근기를 이끌어 주는 것이군요."

"그런 일은 하지 않을 것이다."

어떤 이가 물었다.

"옛사람이 '나의 여기에는 뼈를 긁어내는 선법이 있노라' 했다는데, 몸조차 없는데 어떻게 긁어냅니까?"

선사가 대답했다.

"계속해 긁어내야 하느니라."

"골수도 없는데 어떻게 긁어냅니까?"

"긁어내기에 딱 적당하다."

"긁어낸 뒤에는 어떠합니까?"

"골수가 아니니라."

불일佛日이 물었다.

"두 용이 여의주를 다투면 얻는 이는 누구입니까?"

선사가 대답했다.

"업으로 이루어진 몸을 버려라."

"업의 몸은 이미 버렸습니다."

선사가 얼른 되물었다.

"여의주는 어디에 있었느냐?"

불일이 대답이 없었다.

어느 때 불일이 앞의 일을 들어 말하였다.

"저번에 제가 화상께 '업의 몸은 이미 버렸습니다. 여의주는 어디에 있습니까?'라고 다시 여쭐 참이었는데, 화상께서 얼른 대답을 가로채시는 통에 말하지 못했습니다. 갑자기 어떤 사람이 와서 '업의 몸을 이미 버렸으니, 여의주가 어디에 있습니까?' 하고 물으면, 화상께서는 무어라 대답하시렵니까?"

선사가 대답했다.

"고개를 돌리면 얻지 못하느니라."

그리고는 또 불일에게 물었다.

"그 밖에 현묘한 길이 있는데, 무엇이겠는가?"

불일이 대답이 없으니, 선사가 말했다.

"구슬을 찾는 이는 누구인가?"

선사가 시중하여 말했다.

"열 번을 입을 열려다 아홉 번을 그만두나니, 어째서 그렇겠는가? 오직 너희들에게 별다른 이익이 없을까 걱정이 되기 때문이니라."

장경長慶이 이 말을 듣고 다르게 말했다.

"열 번을 입을 열려다 열 번을 다 입을 다무니, 여러분에게 아무런 이익도 없다고 말하지 말라."

어떤 스님이 장경에게 물었다.

"옛사람이 말하기를 '열 번을 입을 열려다 아홉 번을 그만둔다' 하였는데, 옛사람이 무엇 때문에 그러했었습니까?"

이에 장경이 한 대 쥐어 갈겼다.

그리고는 또 말했다.

"이것이 포대布袋 화상의 진면목이니라."

또 말했다.
"한 가닥 길이 더 있으니, 스스로 알아보아라."

어떤 이가 물었다.
"우두牛頭가 4조祖를 만나기 전에는 어떠했습니까?"
선사가 대답했다.
"있었느니라."
"만난 뒤에 어떠합니까?"
"잊어버렸느니라."

어떤 이가 물었다.
"만나서 서로 알고 싶으나 차마 말을 못할 때는 어떠합니까?"
"아까부터 거의 다 말한 것 같다."

그 밖의 현묘한 진리는 여기서 다 드러내지 않는다.

천복天復 원년 신유 가을에 갑자기 가벼운 병을 얻었는데, 동짓날 초순에 이르러서도 종종 가르침을 내리더니, 28일 저녁에 주사主事와 삼당의 상좌들이 문안을 드리러 가자, 선사가 돌아보고는 다음과 같이 말했다.

"그대들, 여기에 있으면서 대충 멀고 가깝고 한 것을 알았을 것이다. 죽고 사는 일은 예사로운 것이니, 과히 걱정하지 말라. 못을 끊고 쇠를 자르는 신념으로 불법을 어기지 말고, 죽기를 각오한 심정으로 여래를 저버리지 말라. 일은 많지 않은 것이 좋으니, 제각기 알아차려야 하느니라."

이듬해인 2년 임술 정월 2일에 이르러 시자侍者에게 물었다.

"오늘이 며칠인가?"

"설을 지내고 이틀이 지났습니다."

이에 선사가 말했다.

"내가 출세한 지 꼭 30년이 되었으니, 떠날 때가 되었구나."

그러더니 3일 인시寅時에 입적하였다.

흠산欽山 화상

동산洞山의 법을 이었다. 휘諱는 문수文邃라 했으나, 행장行狀을 보지 못해 족성族姓은 알 수 없다. 무릉武陵의 뇌雷 상공이 곁에서 예경하기를 시종始終 한결같이 하였다.

어떤 스님이 물었다.

"어떤 것이 조사께서 서쪽에서 오신 뜻입니까?"

선사가 대답했다.

"양무제의 곡척曲尺[3]이요, 보지〔志〕 공의 전도剪刀[4]이니라."

"모든 부처님과 모든 법이 모두가 이 경經에서 나온다 하는데, 어떤 것이 이 경입니까?"

"항상 바뀌는 것이니라."

---

3 굽은 자. 곧은 자와 같이 직선만을 재는 것이 아니라, 여러 가지로 굽은 것도 잰다는 뜻에서 유능한 스승으로서의 자질을 가진 이를 비유해서 말한다.

4 칼. 양무제梁武帝는 지공의 덕을 흠모하여 화공畵工 장승요張僧繇로 하여금 지공의 초상화를 그리게 했는데, 승요는 아무리 노력을 해도 그릴 수 없었다. 지공이 그것을 보고 그림을 칼로 찢어 버리니, 자비가 넘치는 아름다운 위의를 갖춘 십일면관음상이 나타났다. 이는 지공의 뛰어난 덕과 신변神變을 가리키는 고사故事이며, 앞의 양공의 곡척은 그러한 지공을 알아보는 양무제의 능력을 가리킨 것이다.

"경에서는 무어라 말씀하십니까?"
"의심나는 것이 있거든 물어보라."

선사가 와룡臥龍과 설봉과 함께 차를 달이다가 밝은 달이 종지 물에 비친 것을 보고 말했다.
"물이 맑으니 달이 비치는구나."
와룡이 말했다.
"맑은 물이 없으면 달이 비치지 않습니다."
이에 설봉이 종지의 물을 쏟아 버리고 말했다.
"물과 달이 어디에 있는가?"

장강사將江寺 스님이 돈을 얻으러 왔는데, 어떤 사람이 물었다.
"돈을 얻어가 무엇을 하려 하시오?"
"우물을 파려 합니다."
"절 이름이 강물을 끌어들인다는 뜻인 장강將江인데 우물은 파서 무엇 하려 하시오?"
스님이 대답이 없었다. 선사가 대신 말했다.
"여러 물줄기가 모여 이룬 강이라 마시지 못합니다."

선사가 물었다.
"도사道士께서는 법을 구하기 위해 왔는가, 절을 하기 위해서 왔는가?"
도사가 대답했다.
"법을 구하기 위해서 왔습니다."
"법을 구하기 위해서 왔다면 앉아서는 안 된다."

"거친 말과 고운 말 모두 제일의第一義로 돌아간다는데, 어떤 것이 제일의입니까?"

선사가 도리어 물었다.

"그대는 절집의 종이라던데 사실인가?"

"화상께서는 몹시 거치시군요."

"제일의가 어디에 있는가?"

"화상께서는 3교敎도 알지 못하십니까?"

"3교는 그만두고라도 노군老君이 언제 태어나셨는가?"

"혼돈混沌이 나뉘기 전에 태어나셨습니다."

"혼돈이 나뉘기 전의 일은 어떠한가?"

도사가 대답이 없자, 선사가 문득 때려 주었다.

중산中山 화상

동산洞山의 법을 이었고, 고안현高安縣에서 살았다. 휘諱는 도전道全인데, 행장을 보지 못해서 생애를 알 길이 없다.

선사가 동산에게 물었다.

"어떤 것이 삼계를 벗어나는 요체要諦입니까?"

선사가 대답했다.

"그대의 발밑에서 연기가 나느니라."

이에 선사가 활연히 깨달았다. 나중에 운거雲居가 이에 대해 말했다.

"그렇다면 화상을 저버릴 수 없겠습니다."

대광大光이 덧붙여 말했다.

"그렇다면 감히 경솔할 수 없겠습니다."

이런 이유로 문장가들이 제2 화상을 찬탄하기를 "선사는 귓전을 스치는 소리만 듣고도 닦아 증득하는 길을 그치게 한다" 하였다.

어떤 이가 물었다.

"'청정하게 수행하는 이는 열반에 들지 못하고, 계행을 파괴한 비구는 지옥에 떨어지지 않는다' 하였는데, 그렇게 말한 옛사람의 뜻이 무엇입니까?"

선사가 대답했다.

"남김없이 다 제도하여 그들 모두 열반을 뛰어넘느니라."

어떤 이가 물었다.

"두 용이 여의주를 다투면 얻는 이는 누구입니까?"

선사가 대답했다.

"모든 물건이 다 없어졌지만 그저 눈앞에 있는 것 같을 뿐이다."

"그렇다면 두 용 모두 얻지 못하겠습니다."

"두 용뿐만 아니라 천 부처가 나와도 얻지 못하리라."

"부처가 아닌 이는 얻겠습니까?"

이에 선사가 대답했다.

"얻는다면 밝은 구슬이 아니니라."

조산曺山 화상

동산洞山의 법을 이었고, 항주杭州에서 살았다. 휘諱는 본적本寂

이고, 천주泉州의 포전현蒲田縣 사람이며, 속성은 황黃씨이다. 어릴 적부터 9경經을 익혀 출가하기를 간절히 바라더니, 19세가 되어서야 부모의 허락을 받고 복당현福塘縣 영석산靈石山에서 수업하였다. 25세가 되자 은사가 비로소 계 받을 것을 허락하니, 앉고 눕는 위의가 마치 오랫동안 익힌 것 같았다. 그 길로 행각行脚을 나서서 가장 먼저 동산의 법연法筵을 찾으니, 동산이 물었다.

"그대의 이름은 무엇인가?"

선사가 아무개라고 대답하니, 동산이 다시 말했다.

"위로 향하는 일을 다시 일러라."

"말하지 않겠습니다."

"어째서 말하지 않는가?"

"아무개라 이름하지 않기 때문입니다."

이에 동산이 뛰어난 기재器才라 여겼다. 그로부터 그곳에 머문지 몇 해 만에 비밀한 방에서 현묘한 이치를 모두 이어받았다.

어느 날 동산에게 하직을 고하니, 동산이 물었다.

"어디로 가는가?"

선사가 대답했다.

"변함없는 곳으로 가렵니다."

"변함없는 곳에 어찌 감이 있겠는가?"

"가는 것도 변함없는 것입니다."

이로부터 마음을 다잡으며 시일을 보내고 유유자적하였으며, 도로써 사귄 벗이 아니면 더불어 말하지 않고 깊이 숨어 자유로운 활동을 하지 않더니, 교화할 인연이 이르자 처음에는 조산曹山에 머물다가 나중에는 하옥荷玉으로 옮겼다. 종릉鍾陵 대왕이 그의 높은 덕망을 흠모하여 두세 번 사신을 보내 청했으나 선사는 병을 핑계로 따르지 않았다.

세 번째 사신을 보낼 때, 왕은 다음과 같이 말했다.

"이번에도 조산 대사를 모셔 오지 못하면 나를 만날 생각을 말라."

사신이 왕명을 받들고 산에 와서 슬피 울며 말했다.

"화상께서는 대자대비大慈大悲하시어 일체 중생을 구제하시옵니다. 이번에도 화상께서 왕명에 따라 주지 않으신다면 저희들은 몽땅 죽임을 당하옵니다."

이에 선사가 말했다.

"사신께서는 안전할 테니 아무 걱정 마시오. 가실 때 제가 드리는 고인古人의 게송 한 수를 대왕께 전해 올리면 반드시 아무 일도 없을 것입니다."

게송에서 말했다.

꺾이고 쇠잔해진 고목枯木 푸른 숲 속에서
몇 차례나 봄을 보냈건만 그 마음 변치 않았네.
나무꾼도 오히려 돌아보지 않거늘
이름난 목수가 무엇 하러 힘들여 찾아다닐까.

摧殘枯木倚青林　　幾度逢春不變心
樵客見之猶不顧　　郢人那更苦追尋

사신이 돌아와서 게송을 바치니, 왕이 보고 멀리 조산 마루를 향해 절을 하면서 말했다.

"제자는 금생에 영영 조산 대사를 뵙지 못하겠구나."

이렇게 해서 두 곳의 법석法席에서 20년 동안, 여름 겨울 내내 항상 참학參學하는 문도들이 2백, 3백 명에 이르렀다.

선사가 항시 상당하여 대중을 다음과 같이 일깨웠다.

"여러분은 조산이 말을 하지 않는다고 탓하지 말라. 제방에 말 잘하는 선사가 많아서 여러분의 귓속이 모두 가득함이라. 온갖 법을 빌리지도 않고 접하지도 않고 이렇게 깨달아야 저들의 차별을 두는 지식이 그대들을 어찌하지 못하리라. 천지天地는 막힘이 없지만 모든 일은 삼 같고 갈대 같고 가루 같고 칡덩굴 같아서 부처님께서 세상에 나오셔도 어찌하지 못하셨고, 조사께서 세상에 나오셔도 어찌지 못하셨느니라. 오직 철저히 깨달아야만 허물이 없으리라.

그대들은 보아라. 저들의 천 경經과 만 논論으로 말해 놓은 일로는 자재롭지 못하고 시종始終을 벗어나지 못하니, 이는 자기의 일을 밝히지 못했기 때문이다. 만일 자기의 일을 밝히면 바로 모든 일을 돌리어 그대 자신의 살림살이가 되게 하겠지만, 만일 자기의 일을 밝히지 못하면 그대들은 여러 성인과 연緣을 맺고, 여러 성인은 그대들의 경계가 되어 경계와 인연이 서로 넘나들어 끝나는 때가 없으리니, 어찌 자유로울 수가 있으랴.

만일 철저히 깨닫지 못하면 저 모든 일을 운용하지 못할 것이요, 만일 철저히 깨달아 묘함을 얻으면 모든 일을 운용하여 등 뒤로 향하게 해 하인으로 삼으리라.

그러므로 작고하신 스승께서 말씀하시기를 '본체는 미묘한 곳에 있으니 등한시 하지 말라' 하셨나니, 이 경지境地에 이르면 귀천을 나누지 않고 친소를 구별하지 않는다. 마치 큰 부잣집 수전노처럼 쓸 때를 전혀 모르는 것 같으니라. 이 경지에 이르면 이것이 곧 승속僧俗을 가리지 않는 것이며, 청탁淸濁을 나누지 않는 것이니라.

만일 하인이 나서서 옷을 입고 단장하여 주인보다 훌륭하게 되었더라도 사람들이 그를 알아보는 것이야 어찌하랴. 나는 여러분에게 이르나니, 향해 가는 말은 맑고 깨끗하나 현상 위의 말은 맑지도 깨끗하지도 않다 하나니, 무엇을 현상 위의 말이라 하는가? 도량이 큰 사람이 없어 가려내지 못하는구나."

어떤 스님이 물었다.

"학인學人이 화상의 회상에 이른 뒤로 몸을 벗어날 길을 찾았으나 찾지 못했습니다. 부디 화상께서는 몸을 벗어날 길을 지시해 주십시오."

선사가 대답했다.

"그대는 전에 어떤 길을 걸어왔었느냐?"

"이 경지境地에 이르면 가려낼 수가 없습니다."

이에 선사가 대답했다.

"필시 몸 빼낼 길을 얻지 못하겠구나."

어떤 이가 물었다.

"옛사람이 말하기를 '싹을 보고서 땅을 가리고 말을 듣고서 사람을 안다' 했는데, 지금 말하고 있으니, 스님께서 가려 주십시오."

선사가 대답했다.

"가리지 않겠노라."

"어째서 가리지 않습니까?"

"조산은 솜씨 좋은 사람이라 하는 말을 듣지 못했는가?"

어떤 이가 물었다.

"노조魯祖[5]가 면벽하는 것은 무엇을 나타내고자 함이었습니까?"

선사가 손으로 귀를 가렸다.

"말을 하지 않으면 어떻게 드러냅니까?"

"여기서는 드러내지 마라."

"어디에서 드러내야 합니까?"

"어젯밤 3경에 돈 세 닢을 잃었느니라."

"해가 뜨기 전에는 어떠합니까?"

"지난날 조산도 그랬느니라."

"해가 뜬 뒤에는 어떠합니까?"

"여전히 조산에게 석 달 양식을 빚졌느니라."

"옛사람이 면벽하는 것은 무슨 일 때문입니까?"

"두 그루의 어린 계수나무가 오래도록 푸르다."

"듣건대 경전에서 말하기를 '윤회에서 벗어나지 못하고서 원각圓覺을 변별하면 그 원각圓覺의 성품도 곧 윤회와 같다' 하였는데, 어떤 것이 윤회에서 벗어나지 못하고 원각을 변별하는 것입니까?"

"마치 어떤 사람이 길에서 집안일을 이야기하는 것 같으니라."

"어떤 것이 그 원각圓覺의 성품이 곧 윤회와 같다는 것입니까?"

"분명히 길에 있으면서도 갈 길을 알지 못하니라."

"변별할 곳이 있습니까?"

"변별할 것이 있으면 원각이 아니니라."

"변별할 것이 없는 자리도 유전流轉합니까?"

"역시 스스로 유전하느니라."

"어떻게 유전합니까?"

---

5 노조魯祖 보운寶雲의 일. 노조는 학인이 와서 법을 물으면 반드시 벽을 향해 앉아서 한마디도 말을 하지 않는 것으로 학인을 제접提接하였다.

"빙글빙글 돌지 않아야 하느니라."
"눈썹과 눈은 서로 알아볼 수 있습니까?"
"알아보지 못하느니라."
"어째서 서로 알지 못합니까?"
"같은 곳에 있기 때문이니라."
"그렇다면 나뉘지 않겠습니다."
"그렇다 해도 눈썹은 눈이 아니니라."
"어떤 것이 눈입니까?"
"뚜렷한 것이니라."
"어떤 것이 눈썹입니까?"
"조산도 오히려 의심스러워하느니라."
"화상께서는 무엇 때문에 의심하십니까?"
"내가 만일 의심하지 않는다면 뚜렷한 것이니라."

또 어떤 이가 물었다.
"항상 생사의 바다 속에 빠져 가라앉는 이는 어떤 사람입니까?"
선사가 대답했다.
"제2의 달이니라."
어떤 스님이 물었다.
"벗어나려고 합니까?"
"벗어나려 하나 길이 없을 뿐이니라."
"벗어날 때에는 어떤 사람이 그를 접합니까?"
"쇠칼을 쓴 자이니라."

다시 어떤 이가 물었다.

"밝은 달이 중천에 떴을 때는 어떠합니까?"

"여전히 섬돌 아래 있는 놈이로다."

"스님께서 섬돌 위로 끌어올려 주십시오."

"달이 진 뒤에 만나리라."

"그런 일은 드문데 어떻게 도달해야 합니까?"

"드물지 않느니라."

"그럼 어찌하여야 합니까?"

"비웃지 않겠노라."

"그렇다면 달이 진 것입니다."

"비웃지 않았는데 무슨 달이 졌다는 것인가?"

어떤 이가 물었다.

"소 한 마리가 물을 마시면, 다섯 마리의 말이 울지 않을 때의 경계는 어떠합니까?"

선사가 대답했다.

"조산曹山에 효孝가 가득하니라."

"형상 중에 어느 것이 진실입니까?"

"형상 그대로가 진실이니라."

"누구에게 보입니까?"

이에 선사가 찻종지를 번쩍 들어 올렸다.

다시 물었다.

"나라 안에서 칼을 휘두르는 이는 누구입니까?"

"조산이니라."

"누구를 죽이려 하십니까?"

"있기만 하면 모든 것을 다 죽이느니라."

"갑자기 전생의 부모를 만나면 어찌합니까?"

"무엇을 가리겠는가?"

"자기 자신을 어찌하면 좋겠습니까?"

"누가 감히 나를 어찌하겠는가?"

"어째서 죽이지 않습니까?"

"손을 쓸 곳이 없느니라."

어느 세속의 선비가 물었다.

"옛사람이 말하기를 '사람마다 다 갖추고 있다' 하였는데, 세진世塵 속에 사는 저에게도 있습니까?"

이에 선사가 손을 뻗어 선비의 손가락을 꼽으면서 말했다.

"1, 2, 3, 4, 5 모두 구족하구나."

"옛사람이 말하기를 '땅에 넘어지면 그 땅을 짚고 일어나지 않는 이는 한 사람도 없다' 하였는데, 어떤 것이 땅입니까?"

"한 자, 두 자이니라."

"어떤 것이 넘어지는 것입니까?"

"인정하는 것이니라."

"어떤 것이 일어나는 것입니까?"

"일어나는 것이다."

"어떤 지식을 갖추어야 대중의 논란에 잘 대답할 수 있겠습니까?"

"말을 하지 않는 것이다."

"말을 하지 않는데, 논란할 것이 무엇이 있겠습니까?"

"칼과 도끼로도 쪼갤 수 없느니라."

"그러한 논란을 잘 알아도 긍정하지 않는 이가 있습니까?"

"있느니라."

"어떤 사람입니까?"

"조산이니라."

다시 어떤 이가 물었다.

"허깨비의 본체가 어찌 진실이겠습니까?"

선사가 대답했다.

"허깨비의 본체는 원래 진실이니라."

"허깨비가 어떻게 진실을 드러냅니까?"

"허깨비 그 자체가 바로 드러나느니라."

"그렇다면 처음부터 끝까지 허깨비를 여의지 않았겠습니다."

이에 선사가 말했다.

"허깨비의 형상은 찾을래야 찾을 수가 없다."

"어떤 도반을 가까이하여야 듣지 못했던 바를 항상 들을 수 있겠습니까?"

"한 이불을 함께 덮는 자이니라."

"이 또한 화상께서나 들으실 수 있는 경지입니다. 어떤 것이 듣지 못한 것을 항상 듣는 것입니까?"

"목석과 같아서는 안 된다."

"어느 것이 먼저이고 어느 것이 나중입니까?"

"'듣지 못했던 것을 항상 듣는다' 하는 말을 듣지 못했는가?"

"옛사람이 말하기를 '부처님들과 조사들은 알지 못하는데, 살쾡이와 암소는 알고 있다' 하였는데, 부처님들과 조사들이 어째서 알지 못합니까?"

"부처님들은 비슷하기 때문이요, 조사들은 인가[印]에 집착하기 때문이니라."

"살쾡이와 암소가 안다는 것은 무엇입니까?"

"살쾡이와 암소라는 사실이니라."

"부처님들과 조사들은 어째서 비슷하다거나 인가에 집착하는 것입니까?"

"사람들이 막힘이 없으면 이 가운데서 묘하게 아느니라."

"경전에서 말하기를 '한 사람의 천제闡提를 죽이면 한량없는 복을 받는다' 하였는데, 어떤 것이 천제입니까?"

"부처라는 사견과 법이라는 사견을 내는 자이니라."

"어떤 것이 죽이는 것입니까?"

"부처라는 견해와 법이라는 견해를 내지 않는 것이 죽이는 것이니라."

이번에 선사가 되레 그 스님에게 물었다.

"이것은 무언가 아는 천제闡提인가, 아무것도 모르는 천제인가?"

스님이 대답이 없자, 선사가 대신 말했다.

"하얀 것을 두른 배 위에 검은 저고리를 입었구나."

이 뜻은, 소견을 내는 것은 아는 것이 되므로 희다 하고, 소견을 내지 않은 것은 모르는 것이 되므로 검다고 한 것이다.

선사가 경전에 있는 일을 들어 대중에게 물었다.

"묻는 이가 없어도 스스로 말하여 행하는 도를 칭찬한다는데, 어떤 것이 묻는 이가 없어도 스스로 말하는 것이겠는가?"

누군가가 대답했다.

"온 누리에 들은 이가 한 사람도 없습니다."

"비록 그렇다 하나 한 글자를 따내고 한 글자를 보탬으로써 불법이 크게 퍼진다."

대중이 대답을 못하자, 선사가 말했다.
"온 누리에 듣지 못한 이가 한 사람도 없느니라."

또 선사가 다음과 같이 수어(垂語 : 스승이 학인을 위해 교시하는 것)를 하였다.
"이 자리는 높고 넓어서 나는 오를 수 없으니, 무슨 자리라 불러야 되겠는가?"
강強 상좌가 대답했다.
"이 자리라고 부르면 벌써 더럽힌 것입니다."
선사가 말했다.
"오를 이가 있기는 한가?"
"있습니다."
"누구인가?"
"발을 들지 않는 사람입니다."
"오를 수 있는 이는 자리 위의 사람이 아니겠는가?"
"그래도 좌우일 뿐입니다."
"어떤 것이 자리 위의 사람인가?"
"이 자리에 오르지 않는 사람입니다."
"오르지 않는다면 자리는 해서 무엇 하겠는가?"
"없어서는 안 되기 때문입니다."
"그 자리로 말하자면 오를 사람이 따로 있는가, 아니면 자리 그 자체를 최상의 몸으로 바꾸는 것인가?"
"자리를 그대로 최상의 몸으로 바꿉니다."
선사가 칭찬했다.
"옳은 말이다, 옳은 말이다."

선사가 어떤 스님에게 물었다.

"어디서 오는가?"

스님이 대답했다.

"대광大光에서 옵니다."

"올 때에 광명이 여전히 나타나 보이던가?"

"나타나지 않으면서도 항상 나타납니다."

"비추던가?"

"비추지는 않습니다."

"큰 광명이 어디에 있던가?"

이에 스님이 대답이 없자, 선사가 말했다.

"옥새로 여겼더니, 알고 보니 천남각天南角[6]이로구나."

선사가 다시 대신 말했다.

"'비추지 않게 되어야 비로소 큰 광명입니다' 하라."

"옛사람이 말하기를 '지위를 얻고서야 그 지위에 맞는 옷을 입는다' 했는데, 어떤 것이 지위를 얻는 것입니까?"

선사가 대답했다.

"동서를 돌아보지 않는 것이니라."

"어떤 것이 옷을 입는 것입니까?"

"여윌 수 없는 것이니라."

"그것이 어떤 옷이기에 여윌 수가 없습니까?"

"사람마다 모두가 가지고 있는 옷이 그것이니라."

"사람마다 모두가 가지고 있다면 입어서 무엇 하겠습니까?"

선사가 말했다.

6 중국 남방에서 나는 뿔로서 아무 쓸모없는 것을 의미한다.

"'일어서고 넘어짐이 서로 뒤따르니, 어디를 가나 살길이 트인다' 한 말을 듣지도 못했는가?"

"이 뒤에 저절로 보게 된다는 일은 어떠합니까?"

선사가 대답했다.

"옷 입는 것을 인정하지 않는 것이니라."

또 말했다.

"옷을 벗고 와서 나를 만나라."

"어떤 것이, 10년을 돌아가지 못하니, 오던 길을 잊었다는 것입니까?"

"즐거움을 얻고는 근심을 잊어버리느니라."

"어떤 길을 잊었습니까?"

"모든 길〔十處〕을 잊는다."

"원래의 길도 잊습니까?"

"그것까지도 잊느니라."

"어째서 9년이라고는 하지 않고, 꼭 10년이라 합니까?"

"만일 한 곳이라도 돌아가지 않는 곳이 있으면 나는 몸을 나투지 않느니라."

"경전에서 말하기를 '동자가 몸을 던지니, 야차夜叉가 반 게송을 말했다' 하였는데, 어떤 것이 동자가 몸을 던지는 것입니까?"

"단정함을 잃은 것이니라."

"어떤 것이 야차夜叉가 반 게송을 읊은 것입니까?"

"흰 구름이 가시덤불에 드리워진 것이니라."

"어떤 것이 단정함을 잃는 것입니까?"

"오직 젊은 어르신을 잃는 것 바로 그것이니라."

"대궐에 이끼가 끼었을 때는 어떠합니까?"

"바른 자리에 머물지 않는다."

"팔방에서 알현하고자 올 때는 어찌합니까?"

"절을 받지 않느니라."

"그렇다면 무엇 하러 알현하고자 옵니까?"

"어기려면 잠시 어긴다 해도 순응함은 신하의 분수이니라."

"임금의 뜻이 어떠합니까?"

"추밀樞密[7]도 그 속마음을 모르느니라."

"그렇다면 나라를 다스리는 공은 몽땅 대신들에게 돌아가겠습니다."

"임금의 성격을 알기나 하는가?"

"외방外方에서는 논할 수 없습니다."

선사가 어떤 스님에게 물었다.

"이름이 무엇인가?"

"지륜智輪입니다."

"지륜智輪과 법륜法輪의 거리는 얼마나 되는가?"

지륜이 대답이 없었다. 막공邈公이 대신 말했다.

"같기도 하고 같지 않기도 합니다.

소공紹公이 대신 말했다.

"털끝만치도 떨어져 있지 않다."

강 상좌가 대신 말했다.

"가까우려면 가까워지고 멀어지려면 멀어지느니라."

---

7 관직의 하나. 황제와 가장 가까운 자리에서 나라 일을 의논하는 관직. 여기서는 그러한 사람도 진실을 모른다는 뜻이다.

이에 선사가 말했다.

"어떤 것이 가까워지려면 가까워지는 것인가?"

"같은 바퀴자국을 따르는 것입니다."

"어떤 것이 멀어지려 하면 멀어지는 것인가?"

"뭇 바퀴살과 같지 않은 것입니다."

"어느 것이 먼저인가?"

"뭇 바퀴살과 같지 않은 것이 먼저입니다."

이에 선사가 칭찬하였다.

"그렇다, 그렇다."

"어떤 것이 법신法身의 주인입니까?"

선사가 양구하니, 스님이 다시 물었다.

"듣건대 돌아가신 스승께서 말씀하시기를 '공부가 현묘하지 않으면 속된 중이 된다' 하셨다는데, 어떤 것이 현묘함입니까?"

이에 선사가 대답했다.

"그대가 질문하기 이전의 일이니라."

"그렇다면 그대로가 현묘함이 아니겠습니까?"

"현묘하다면 속된 중이 아니다."

"어떤 것이 현묘함입니까?"

"질문을 바꾸어라."

"3승 12분교에도 조사의 뜻이 있습니까?"

"있느니라."

"이미 조사의 뜻이 있었다면 무엇 하러 다시 서쪽으로부터 왔습니까?"

"그저 3승 12분교에도 조사의 뜻이 있기 때문에 서쪽에서 왔느니라."

"어떤 것이 화상의 가풍家風입니까?"

"그런 주정뱅이에게 물어서 무엇 하겠는가?"

그리고는 또 말했다.

"그대가 묻지 않았더라면 조산도 알지 못했을 것이니라."

"어떤 것이 다른 종류입니까?"

선사가 대답했다.

"다른 가운데서는 종류를 대답하지 않느니라."

그리고는 또 말했다.

"내가 그대에게 말해 준다면 나귀 해에나 다름을 얻겠는가?"

또 말했다.

"조산에게는 단지 눈썹 한 쌍이 있을 뿐이니라."

"문수文殊는 어째서 구담瞿曇을 향해 칼을 뽑았습니까?"

"그대의 오늘을 위해서이니라."

"부처님께서는 어찌하여 문수를 잘 해치는〔善害〕이라고 말하였습니까?"

"대비大悲로써 뭇 중생을 보호하기 때문이니라."

"다 죽인 뒤에는 어찌합니까?"

"죽지 않는 자를 비로소 아느니라."

"그 죽지 않는 자는 구담瞿曇에게 어떤 권속입니까?"

"그대에게 이름이야 지어 주겠지만 권속이 되지 못할까 걱정이구나."

"하루 동안을 어떻게 모셔야 합니까?"

"그대는 반드시 잘 해치는 이가 될 것이니라."

"『화엄경華嚴經』에서 말하기를 '큰 바다는 시체를 간직하지 않는다' 하였는데, 어떤 것이 큰 바다입니까?"

"만물을 포용하는 것이다."

"어떤 것이 시체입니까?"

"숨이 끊어진 자이니 그들을 붙들지 않느니라."

"만물을 포용한다면서 어찌하여 숨이 끊어진 자들은 붙들지 않습니까?"

"큰 바다에겐 그러한 공이 없지만 숨이 끊어진 자에겐 그러한 덕이 있기 때문이니라."

"큰 바다도 위로 향하는 일이 더 있습니까?"

"있다 해도 되고 없다 해도 되겠지만 용왕이 칼을 빼들고 있음이야 어찌하겠는가?"

선사가 어떤 스님에게 물었다.

"손에 든 것이 무엇인가?"

스님이 대답했다.

"부처님 머리 위의 보배 거울입니다."

"부처님 머리 위의 보배 거울이라면 어째서 그대의 손에 들어 있는가?"

스님이 대답이 없으니, 선사가 대신 말했다.

"'부처님들도 역시 저의 후손들입니다' 하라."

"옛사람이 말하기를 '부처님도 도를 알지 못하니, 나 스스로 수행을 하리라' 하였다는데, 어떤 것이 부처님이 도를 알지 못하는 것입니까?"

"부처의 경계에는 안다는 것이 없느니라."

석문石門이 말했다.

“더 알아서는 무엇에 쓰겠는가?”

“어떤 것이 스스로 수행하는 것입니까?”

“위로 향하는 것에는 아무 일도 없느니라.”

“그것뿐입니까, 아니면 별다른 도리가 있습니까?”

“그것뿐이라 한들 누가 어찌하겠는가?”

“크게 보임保任하는 사람이 한 생각을 잃을 때는 어떠합니까?”

“비로소 보임을 하게 되느니라.”

“큰 마왕魔王이 되었을 때는 어떠합니까?”

“부처가 있다는 것을 모르느니라.”

“최후의 일이 어떠합니까?”

“부처도 그 일을 하지 않느니라.”

“큰 이익을 짓는 사람도 비슷해질 수 있습니까?”

“비슷할 수 없느니라.”

“어째서 비슷하지 못합니까?”

“큰 이익을 짓는다는 말도 듣지 못했느냐?”

“이 사람도 존귀함을 압니까?”

“존귀함을 모르느니라.”

“어째서 존귀함을 모릅니까?”

“그가 조산을 알아보지 못했기 때문이니라.”

“어떤 것이 조산입니까?”

“큰 이익을 짓지 않는 것이니라.”

“듣건대 감천甘泉이 말하기를 ‘밭가는 농부의 소를 끌고 가고 주린 사람의 밥을 빼앗는다’ 했다는데, 어떤 것이 밭가는 농부의 소를 끌고 가는 것입니까?”

“노지露地를 주지 않는 것이니라.”

"어떤 것이 주린 사람의 밥을 빼앗는 것입니까?"

"제호醍醐를 없애 버리는 것이니라."

"듣건대 옛사람이 말하기를 '볼 때에는 얕고도 얕으나 쓸 때에는 깊다' 하였는데, 볼 때에 얕고도 얕다는 것은 그만두고, 어떤 것이 깊은 것입니까?"

선사가 깍지를 낀 채 눈을 감았다. 이에 학인學人이 더 물으려 하자, 선사가 말했다.

"검은 멀리 사라졌는데 무엇 하러 뱃전에다 표시를 새기려 하는가?"[8]

"어떤 것이 현묘함입니까?"

"어째서 진작 묻지 않았는가?"

"어떤 것이 현묘함 가운데 다시 현묘한 것입니까?"

"짐짓 한 사람이 있느니라."

"듣건대 스님께서 신풍新豊의 말을 들어 말씀하시기를 '한 빛깔이 있는 곳에 나눌 수 있는 이치와 나눌 수 없는 이치가 있다' 하셨다는데, 어떤 것이 나누는 것입니까?"

선사가 대답했다.

"일색一色과 같지 않은 것이다."

"그렇다면 오늘을 따르지 않겠습니다."

"그러하니라."

"어떤 것이 나눌 수 없는 이치입니까?"

---

8 어리석은 사람이 칼을 물에 빠뜨렸는데, 뒤에 칼을 찾기 위해서 칼을 떨어뜨린 뱃전에 표시를 해두었다가 뱃전의 표시를 보고 그 물밑을 찾았으나 칼을 찾지 못한 고사를 말한다.

"가릴 수가 없는 곳이니라."

"가릴 수 없는 그 자리야말로 부자父子가 한 몸으로 통하는 곳이 아니겠습니까?"

"그러하니라. 그대도 아는가?"

"바야흐로 일색이 될 때에는 위로 향하는 일이 없는 것으로 압니다."

"위로 향하는 곳에는 본래 일색이 없느니라."

"그 일색도 종문 속의 뜻입니까?"

"아니다."

"아니라면 어떤 사람에게 말해 줍니까?"

"나는 단지 종문 가운데는 알아들을 이가 없기 때문에 그래서 이 사람을 위해서 말해 줄 뿐이니라."

"그렇다면 순식간이란 것과 점진적인 것도 있겠습니다."

"내가 만일 순식간의 것과 점진적인 것을 말했다면 삿됨에 빠지는 것이니라."

"종문 안의 일은 어떻게 알아야 합니까?"

"모름지기 그 안의 사람이라야 하느니라."

"어떤 것이 그 안의 사람입니까?"

"내가 이 산에서 살기 시작한 이래 아직 그런 사람을 만나지 못했느니라."

"지금 그런 이가 없다면 화상께서 옛사람을 만날 때에는 어찌 아셨습니까?"

"손을 벌리지 않는다."

"옛사람의 뜻은 어떠합니까?"

"사리여, 그냥 손을 벌리지 말라."

"그렇게 하면 화상께서 나누어 주시겠습니까?"

"옛사람이 그대를 꾸짖느니라."

"어떤 것이 칼날 없는 검입니까?"

선사가 대답했다.

"담금질해서 이루어진 것이 아니니라."

"그것을 사용하는 자는 어떠합니까?"

"맞서 오는 자는 모두 죽느니라."

"맞서는 이가 없으면 어찌합니까?"

"그래도 죽는다."

"맞서 오지 않는 이가 어째서 죽습니까?"

이에 선사가 말했다.

"일체의 것을 다 죽일 수 있는 말도 들어 보지 못하였는가?"

"다 죽은 뒤에는 어찌합니까?"

"비로소 이러한 칼이 있음을 아느니라."

어떤 스님이 물었다.

"어떤 것이 사문의 모습입니까?"

선사가 대답했다.

"온 시력을 다해도 볼 수 없느니라."

"베낄 수 있습니까?"

"만일 베낀다면 사문의 모습이 아니니라."

"어떤 것이 사문의 봇짐입니까?"

"머리에 뿔을 이고, 몸에는 털옷을 입었느니라. 이 사람은 누구의 힘을 얻었기에 이렇게 될 수 있었는가?"

"하루 종일 남의 힘을 얻어도 행하지 못합니다. 이 사람은 무엇을 귀하게 여깁니까?"

“머리에 뿔을 이지 않고 몸에 털을 걸치지 않은 것이니라.”

선사가 천복天復 원년 신유의 여름에 갑자기 한마디 하였다.

“운암 노장도 62세에 열반에 드셨고, 작고하신 옛 스승인 동산도 62세에 열반에 드셨다. 나 조산도 올해 62세이니, 그들을 따라 사리를 아는 사람이 되는 것이 좋으리라.”

윤 6월 15일 밤에 주사主事에게 물었다.

“오늘이 며칠인가?”

“윤 6월 15일입니다.”

“조산이 한평생 행각行脚을 하였는데, 간 곳마다 90일로써 한 철을 삼았느니라.”

그리하여 이튿날 진시가 되자 열반에 드니, 춘추는 62세요, 승랍은 37세요, 시호는 원증元証 대사였다.

화엄華嚴 화상

동산洞山의 법을 이었고, 낙경洛京에서 살았으며, 휘諱는 휴정休靜이다. 동도東都 지방을 크게 교화하니 선가禪家에서 독보적 존재였으며, 화엄사華嚴寺에 머물렀다. 이때 어떤 이가 물었다.

“해가 뜨기 전에는 어떠합니까?”

선사가 대답했다.

“나라가 어지러우면 밝은 임금을 생각하고, 도가 크면 평범해지느니라.”

선사가 서울에 있을 때, 가끔 궁내의 공양 청장을 받고 나갔는데, 다른 큰스님들은 모두 경을 읽어도 선사와 그의 제자만은 경을 읽지 않았다. 그러자 왕이 물었다.

“스님께서야 전부터 경을 읽지 않았다 하더라도 제자는 무엇 때문에 경을 읽지 않습니까?”

선사가 대답했다.

“왕도가 태평하면 천자의 명을 전하지 않고, 사람들이 모두 태평가를 부릅니다.”

“왕자가 아직 왕위에 오르기 전에는 어떠합니까?”

“6궁의 유희에 빠져 나라 안의 어려움을 느끼지 못합니다.”

“왕위에 오를 때는 어떠합니까?”

“주렴을 가지런히 걷어 올리니, 사상四相이 조례朝禮의 의식을 갖춥니다.”

“왕위에 오른 뒤에는 어떠합니까?”

“황금 상자에 옥새玉璽를 넣어 두고, 어가御駕를 타고 사방으로 왕래합니다.”

“크게 깨달은 사람이 무엇 때문에 다시 미혹해집니까?”

“깨어진 거울은 다시 비추지 못하고, 떨어진 꽃은 다시 가지에 오르기 어렵습니다.”

“스님은 젊은 후생인데도 어떻게 남보다 먼저 선지식이 되셨습니까?”

“3년 된 가옥이면 용과 봉이 새끼를 치고, 백 년 묵은 섬돌 밑에는 늙은 신하가 문안을 드립니다.”

“조사의 뜻과 경전의 뜻이 같습니까, 다릅니까?”

“용궁의 창고에 들어가지 않고서야 여러 이치를 어찌 설명할 수 있겠습니까?”

선사가 처음으로 동산을 뵈었을 때 물었다.

"보기는 보았으나 식심[識]과 망정[情]의 구름이 거짓같이 덮인 것이야 어찌하겠습니까?"

동산이 대답했다.

"그대도 보았는가?"

"보았습니다."

"보았다면 어째서 식심과 망정의 구름이 거짓같이 덮였는가?"

"그러나 식심과 망정의 구름이 거짓같이 덮였음이야 어찌하겠습니까?"

이에 동산이 말했다.

"그렇다면 만 리에 한 치의 풀도 없는 곳으로 가서 서 있으라."

계림溪林 화상이 목검을 들고 와서 말했다.

"마魔가 와서 나를 괴롭힙니다. 마가 와서 나를 괴롭힙니다."

어떤 사람이 이 말을 듣고 와서 물었다.

"화상께서는 평소에 어째서 마에게 괴롭힘을 당하십니까?"

이에 계림이 대답했다.

"도적은 가난한 집을 털지 않느니라."

어떤 사람이 선사에게 와서 이 말을 전하니, 선사가 말했다.

"나는 그렇게 말하지 않으리라."

그 스님이 물었다.

"화상께서는 어떻게 말씀하시겠습니까?"

"나를 괴롭히는 마는 없다."

"화상에게는 어째서 괴롭히는 마가 없습니까?"

"도적은 가난한 집을 털지 않느니라."

화산禾山이 이 말을 들어 어떤 스님에게 물었다.

"어떻게 말해야 두 화상의 뜻을 회통하고, 또 스스로가 주인이 되겠는가?"

스님이 대답이 없자, 스스로 대신 말했다.

"있음에 인하지 않고 없음 또한 아니니라."

나중에 하북河北으로 갔다가 다시 평양으로 돌아와 머물다가 입적하였다. 입적한 뒤에 다비茶毘하고, 사리는 네 곳에다 모시어 탑을 세웠다. 시호는 보지寶誌 대사요, 탑호塔號는 무위無爲이다.

본인本仁 화상

동산洞山의 법을 이었고, 고안현高安縣에서 살았다. 선사가 처음에는 절서浙西에서 머물렀는데, 잠깐 사이에 법석이 가득해졌다. 나중에 대중을 피해 제방으로 행각行脚하면서 현묘한 말씀을 속으로 숨겼으나 참도들은 가는 곳마다 뒤를 따랐다. 천복天復 연간에 고안현高安縣의 백수선원白水禪院에서 몇 해를 지내는 동안 대중이 2백 혹은 3백에 이르렀다.

경청鏡淸이 행각하다가 선사에게 이르렀는데, 선사가 물었다.

"날씨가 매우 춥구나. 도자道者여."

"그렇습니다."

"깔고 덮고 할 것은 있는가?"

"설사 있어도 펼 재주가 없습니다."

이에 선사가 말했다.

"물방울이 얼음 방울로 변한다 하더라도 다른 것과는 상관이 없다.”

“방울 물이 얼음이 되어도 서로 넘나들지 않습니까?”

“그러하니라.”

“이 사람의 뜻이 어떠합니까?”

“이 사람은 뜻에 떨어지지 않느니라.”

“이 사람이 뜻에 떨어지지 않았단 말입니까?”

선사가 말하였다.

“높은 산마루 위에서 그대와 겨룰 이가 없구나.”

홍주洪州 서산西山의 여러 행자들이 와서 물었다.

“오늘은 다른 일 때문에 온 것이 아니라 스님의 가르침을 구하고자 합니다.”

선사가 말했다.

“그대들 모두 가르침을 구하는가?”

“그렇습니다.”

“나더러 분부해 달라 하는데, 누가 받겠는가?”

선사가 열반에 들 즈음에 먼저 여러 곳의 사람들에게 하직을 고하니, 사람들이 모두가 슬피 울면서 “그 분이 떠나신다”고 말했다. 다음날 아침에 공양을 마련하여 공양을 마치자 종을 쳐서 대중을 모아 놓고 향을 피웠다. 승속僧俗이 둘러싼 가운데 선사가 가부좌를 틀고 앉았는데, 향이 다 타자 단정하게 입적하였다.

청림青林 화상

동산洞山의 법을 이었으며, 강서江西에 머물렀다. 선사의 휘諱는 사건師虔이며, 처음에 청림青林에서 살다가 나중에 동산에서 살았다. 평생 동안 높은 절개를 간직하니, 그 명성이 천하에 드날렸다. 선사가 스승인 동산의 회상에 있을 때, 소나무 한 그루를 심은 뒤에 한 수의 게송을 지었다.

짧디 짧아 겨우 한 자 남짓이나
여리고 여려 푸른 풀을 덮는도다.
어느 세상 사람이
이 솔의 늙은 자태 보게 되려나.

短短一尺餘　纖纖覆綠草
不知何世人　得見此松老

선사가 이 게송을 보고 말했다.

"이 사람은 30년 뒤에 이 산에 머물면서 향기로운 밥으로 스님들에게 공양하리라."

과연 30년 뒤에 동산에서 살면서 날마다 부드러운 밥과 음식을 스님들께 공양하였다. 어떤 이가 물었다.

"삼라만상을 다 거두어도 스승을 만나지 못할 때는 어떠합니까?"

선사가 대답했다.

"외로운 봉우리가 홀로 우뚝하니라."

스님이 다시 물었다.

"그곳의 일은 어떠합니까?"

"두 사람이 대위大潙를 손바닥으로 치느니라."

선사가 스승인 선사의 인연을 다음과 같이 들었다.

"작고하신 스승께서 상당하여 말씀하시기를 '요즘 사람들이 비슷해지지 못하는 것은 단지 마음을 써서 배우려 하기 때문이다. 만일 그와 비슷해지려면 마치 죽은 사람의 호흡이 돌아오지 않는 것 같아야 하는데, 어느 누가 그와 같겠는가?' 하셨느니라.

그때에 궤서軌誓라는 상좌가 나서서 묻기를 '바야흐로 일색一色일 때에도 위로 향하는 일이 있겠습니까?' 하니, 스승께서 '없다' 하셨느니라. 이때 그 스님이 당장 하직 인사를 하고 승당僧堂으로 돌아가서 백추白槌하기를 '5백 명 대중이 와 여기에서 위로 향하는 일을 하지 않는 이가 없는데 당두 화상께서는 없다고 말씀하시니, 지닐 것이 못 된다. 이곳은 죽어야 할 곳과 맞먹으니 그만두어야 할 것이다. 나로서는 여기에서 허송세월을 할 수가 없다' 하니, 이로 인하여 대중이 모두가 보따리를 쌌다.

이에 주사主事가 화상께 말씀드리기를 '대중이 화상의 불법을 긍정하지 않고 모두가 떠나려 합니다' 하니, 화상께서 말씀하시기를 '그를 따르도록 내버려 두어야 내 일이 비로소 행해진다' 하시고는 주사主事를 시켜 승당의 문을 잠그라 하셨느니라. 주사가 분부대로 시행을 마친 뒤에 소다각燒茶閣으로 나를 찾아오셔서 말씀하시기를 '그 한 떼거리의 중들이 다 떠났다. 그러나 도로 올 것이다' 하셨는데, 과연 돌아와서 모두가 통곡을 하였으나 선사께서는 승당의 문을 열어 주지 않으셨느니라.

이에 대중이 주사主事에게 말하기를 '우리들은 실로 범부로서 화상의 뜻을 잘못 알아서 화상의 모든 것을 긍정하지 않았습니다. 우리들은 화상 앞에 나아가 사과를 드리겠습니다' 하니, 주사가 곧 방장으로 갔으나 화상은 방장의 문을 꼭 닫고 벽을 향해 누워서 열어 주지 않았느니라. 주사가 간곡히 열어 주기를 청하자, 그제야 비로소 문을 열어 주기에 주사가 위의 일을 자세히 말하니, 화상께서 대중들로 하여금 승당에 들도록 허락하셨다. 그리고 대중들이 일제히 큰 소리로 울면서 상당해 주기를 청하니, 그제야 선사께서 법좌에 오르셨느니라.

이때 수좌이던 궤서가 나서서 절을 하고 일어나 빌기를 '화상이시여, 저에게 벌을 내려 주십시오. 저는 광대한 겁 동안 부처님 몸에 피를 나게 하고, 화합한 대중을 깨뜨렸는데, 오늘에 와서는 화상의 존귀한 뜻을 잘못 헤아렸으니, 만약 이렇게 마음을 바꿔 주지 않으셨다면 우리들은 다시 돌아보기 어려웠을 것입니다. 바라옵건대 화상께서는 자비를 베풀어 주옵소서' 하니, 선사께서 슬픈 목소리로 다음과 같이 말했다.

'예로부터 손을 들어 다른 사람을 가르친 적도 없는데, 어찌 경솔하게 누구에게 벌을 내리겠는가? 무릇 일색에는 나눌 수 있는 이치와 나눌 수 없는 이치가 있다. 그러기에 그대가 나에게 묻되, 한 빛이 되었을 때에도 위로 향하는 일이 있겠습니까? 하였을 때, 내가 '없다' 하였다. 그것이 무슨 허물이겠느냐?'"

이에 물었다.

"말을 아끼었으나 알기는 쉬운 것을 화상께서 한마디 해주십시오."

선사가 대답했다.

"석가가 방문을 닫고, 정명淨名[9]이 입을 다물었느니라."

선사가 임종할 때, 태워서 바람에 날려 보내되, 무덤이나 탑을 세우지 말라고 유언하시고는 단정히 떠났다.

소산疎山 화상

동산洞山의 법을 잇고, 무주撫州에서 살았다. 선사의 휘諱는 광인匡仁인데, 행록行錄을 보지 못해 그 시종을 알 수 없다. 선사가 행각行脚할 때 대안大安 화상이 있는 곳에 이르러서 물었다.

"무릇 법신法身이란 것은 그 이치가 너무나도 현묘하여 시비의 경지境地에 떨어지지 않나니, 이것이 법신의 극칙極則입니다. 그렇다면 어떤 것이 법신의 위로 향하는 일입니까?"

대안이 대답했다.

"그저 그것일 뿐이니라."

"화상께서 그렇게 말씀하시는데, 법신을 벗어날 수 있습니까?"

"그렇지 않지만 그렇기도 하니라."

또 향엄香嚴에게 가서 물었다.

"자기를 따르지도 않고 다른 성인을 존중하지도 않을 때는 어떠합니까?"

향엄이 대답했다.

"만기萬機를 모두 쉬어 버리니, 천 성인이 이끌어 주지 않느니라."

이에 선사가 긍정하지 않고 물러 나와 구역질을 하면서 말했다.

9 유마힐維摩詰을 가리킨다. 문수보살이 '불이법不二法'을 묻자, 그에 대해 입을 다물고 침묵으로 답했다.

"뱃속에 더러운 것이 들어갔다."

어떤 사람이 화상에게 이 소식을 전하자, 화상이 다시 부르기에 선사가 올라갔다. 향엄이 말했다.

"다시 물으라."

선사가 물었다.

"만기萬機를 쉬어 버림은 그만두고, 천 성인이 이끌어 주지 않는다 함은 무슨 말씀입니까?"

향엄이 말했다.

"이것에 대하여 그대는 어떻게 대답하겠는가?"

"깊이 긍정하기는 하나 완전히는 아닙니다."

향엄이 말했다.

"그대의 말에 도리가 없지는 않다. 그러나 그와 같다면 뒷날 산에 머물면 땔나무가 없을 것이고, 강변에 머물면 물이 없을 것이다. 또한 설법을 할 때면 반드시 구역질을 해서 더러운 것을 토하게 되리라."

그런데 나중에 소산의 주지가 되고 보니, 과연 향엄의 예언과 같았다.

협산夾山에 가서 물었다.

"문지방을 표시하지 않았으니, 스님께 치우치지 않는 법을 청합니다."

협산이 대답했다.

"비슷하지 않은 구절은 눈앞의 법이 없음이니라."

선사가 다시 물었다.

"비슷하지 않은 구절은 잠시 두고 눈앞의 법이 없다는 것은 무슨 말씀입니까?"

협산이 대답했다.

“다시 석 자를 더한다면 천하의 사람들도 어쩌지 못하리라.”

이에 선사가 말했다.

“지금은 어찌할 수 있습니까?”

어떤 이가 물었다.

“어떤 것이 바로 가르침입니까?”

선사가 말했다.

“물속에 구슬이 있음을 믿지 않고 하늘가로 가서 태양에게 물으려 하는구나.”

그리고 게송을 읊었다.

나에게 보배로운 거문고가 있어
광야에 맡겨 두었네.
통길 줄 모르는 것이 아니라
지음知音이 없기 때문일세.

我有一寶琴　寄在曠野中
不是不解彈　未有知音者

“화상께서 돌아가신 뒤에 누가 스님의 지위를 계승합니까?”

선사가 대답했다.

“네 발을 하늘로 뻗으니, 등 밑에 풀이 우거지느니라.”

어떤 사람이 제삼第三 백장百丈에게 물었다.

“어떤 것이 등 밑에 풀이 우거지는 것입니까?”

백장이 대답했다.

"존귀하지 않은 지위는 계승하지 않느니라."

경청鏡淸이 이르니, 선사가 물었다.

"깊이 긍정하기는 하나 완전히는 아니라고 한 말을 생각하는가?"

경청이 대답했다.

"완전하여야 깊이 긍정하는 것에 돌아갑니다."

"완전하지 못한 것은 어찌하겠는가?"

"거기에는 긍정할 길이 없습니다."

이에 선사가 말했다.

"비로소 병든 중의 뜻에 맞는구나."

고산鼓山이 와서 물었다.

"소산의 소문을 들은 지 오래건만 와서 보니, 겨우 씨앗 크기만 하구나."

선사가 말했다.

"살덩이는 천 근인데 지혜는 한 푼도 없구나."

고산이 말했다.

"그러시다면 학인學人은 절을 하지 않겠습니다."

이에 선사가 말했다.

"누가 그대더러 그 고기 산을 넘어뜨리라 하던가?"

고산이 위음왕불威音王佛의 계보를 말하는 것을 보고, 선사가 물었다.

"위음왕불의 스승은 누구이신가?"

고산이 대답했다.

"뻔뻔스럽지 않은 것이 좋습니다."

선사가 말했다.

"그대는 그렇게 말하면 되겠지만 병든 스님은 그렇지 않다."

"그러면 어떤 것이 위음왕불의 스승입니까?"

"존귀하지 않은 지위에는 앉지 않느니라."

누군가가 물었다.

"떠날 때, 모두 떠났는데 무엇 하러 재삼 다시 옵니까?"

선사가 대답했다.

"당나라에는 세 번째 기둥이 될 만한 나무가 없다."

"멀리서 보면 둥글고 가까이서 보면 모난 것이 무슨 자字입니까?"

선사가 대답했다.

"동해에 고래가 한 마리 있는데, 머리도 잘리고 다리까지 부러졌다. 그 등에서 뼈를 한 토막 빼내면 바로 그 자가 되느니라."

"부처님께서 살아 계실 때에는 중생을 제도하셨는데, 부처님께서 열반에 드신 뒤에는 어떤 사람이 중생을 제도합니까?"

"소산이 하느니라."

"아직도 다 제도하지 못한 중생이 있습니까?"

"다 제도하지 못한 중생은 없느니라."

선사가 말을 타고 길을 가는데, 조대措大가 물었다.

"말을 타고는 어찌하여 발걸이를 밟지 않으십니까?"

선사가 대답했다.

"말을 타는 것은 발을 쉬기 위한 것인데 발걸이를 밟으면 걸음을 걷는 것과 무엇이 다르겠는가?"

선사가 임종할 때, 다음과 같은 게송을 읊었다.

나의 길 푸른 허공 저쪽에
흰 구름 한가로울 곳 어디에도 없네.
세상에는 뿌리 없는 나무 있어
노랑 잎 바람에 보내고 돌아오네.
我路碧空外　白雲無處閑
世有無根樹　黃葉送風還

용아龍牙 화상

동산洞山의 법을 이었고, 담주潭州의 묘제사妙濟寺에서 살았다. 선사의 휘諱는 거둔居遁이요, 속성은 곽郭씨이며, 무주撫州의 남성 사람이다. 14세에 길주吉州 포전사蒲田寺에서 출가하여 나이가 차서 숭악嵩岳에서 구족계具足戒를 받았다. 처음에 취미翠微·향엄香嚴·덕산德山·백마白馬 스님에게 참문하여 간곡히 물었으나 모두 인연이 맞지 않더니, 나중에 동산의 언사가 유달리 현묘하고 말을 시기 적절히 한다는 소식을 듣고 곧 길을 떠나 그의 회상을 찾아갔다.

선사가 물었다.

"어떤 사람이 막야검鏌鎁劍을 뽑아 들고 스님의 머리를 자르려 할 때는 어찌하십니까?"

동산이 대답했다.

"베는 것은 잠시 두고, 그대는 어떤 것을 노승의 머리라 하는가?"

선사가 가는 곳마다 이 질문을 가지고 물었으나 모두 계기에 계합하지 못했다. 그러다가 홀연히 동산의 이 말을 듣고 그 자리에서 대답하지는 못했으나 마침내 섬기려는 뜻이 있어 더 이상 다른 곳으로 가지 않았다. 이미 행각行脚의 길을 그만두었는데, 질문할 것이 무엇 있으리오.

동산이 물었다.

"그대의 이름이 무엇인가?"

"현기玄機라 합니다."

"어떤 것이 현묘한 근기인가?"

또 대답이 없었다. 동산이 3일 동안 시간을 주었으나 끝내 대답을 못했으므로 이로 인해 선사가 다음과 같은 게송을 읊었다.

> 도를 배우려다 스승의 가르침을 받아 한가로워졌나니
> 없음 가운데 길이 있어 세상에 숨노라.
> 사람들 모두가 천 권의 경론을 강하는데
> 때에 이르러서는 한 구절도 대답하기 어렵네.
> 學道蒙師指却閑　無中有路隱人間
> 時人盡講千經論　一句臨時下口難

이에 동산이 마지막 구절을 다음과 같이 고쳐 주었다.

"한 구절 교리도 입에 올리기 어렵네."

이로 인해 선사의 이름을 고쳤다.

선사가 동산에게 물었다.

"어떤 것이 조사의 뜻입니까?"

동산이 대답했다.

"동산 골짜기의 물이 거꾸로 흐르거든 그대에게 말해 주마."

선사가 이 말에 현묘한 뜻을 단박에 깨닫고 대중을 피해 숨어살기 7, 8년 동안 날마다 정묘精妙한 경지를 파고들었다.

초왕楚王 전하가 선사에게 묘제선원妙濟禪院에 머물기를 청하여 그곳으로 옮기니, 공부하는 대중이 5백여 인이 되었다. 이에 장복章服을 하사하도록 위에 품주하였고, 호를 증공證空 대사라 하였다.

선사가 시중하여 말했다.

"무릇 참선해서 도를 배우려는 이는 모름지기 조사와 부처의 경지境地를 초월超越해야 한다. 그러기에 신풍新豊 화상이 말하기를 '부처님의 가르침과 조사의 가르침을 서로가 원수같이 생각해야 비로소 배울 자격이 있다' 하였다. 그대들이 만일 조사와 부처님의 경지를 초월超越하지 못하면 조사와 부처님께 속임을 당하리라."

어떤 사람이 물었다.

"조사와 부처님도 사람을 속이려는 마음이 있습니까?"

선사가 대답했다.

"그대들은 강과 호수가 사람을 막으려는 뜻을 가졌다고 생각하는가?"

선사가 또 말했다.

"강과 호수가 사람을 막으려는 뜻은 없으나 사람들로 하여금 지나가지 못하도록 한다. 그러므로 사람들에게 장애가 되니, 강과 호수가 사람을 막지 않는다고 말해서는 안 된다. 조사와 부처님에게는 사람을 속이려는 뜻이 없으나 사람들이 초월超越하지 못하므로 사람들을 속인 것이 되니, 조사와 부처님이 사람을 속이지 않는다 해서는 안 된다. 만약 이와 같이 조사와 부처를 초월하게 되면 이 사람은 조사와 부처의 뜻을 체득하여 비로소 향상인向上人과 같아질 것이지만, 만일 초월하지 못하고 그저 부처와 조사를 배우기만 하면 만 겁 동안에 벗어날 기약이 없으리라."

어떤 이가 물었다.

"달마達磨가 오기 전에는 어떠합니까?"

선사가 대답했다.

"가련하였느니라."

"그렇게 떠나실 때는 어떠합니까?"

이에 선사가 도리어 물었다.

"2조祖는 무엇을 얻었는가?"

운거雲居가 동산에게 물었다.

"어떤 것이 조사의 뜻입니까?"

동산이 대답했다.

"갑자기 어떤 사람이 그대에게 묻는다면 그대는 어떻게 대답하겠는가?"

운거가 말했다.

"저의 허물입니다."

어떤 스님이 이 말을 선사에게 전하면서 물었다.

"동산이 대답한 것입니까?"

선사가 대답했다.

“동산은 대답하지 않았고, 운거는 얻지 못했느니라.”

“얻지도 못했다면 어째서 운거라 부릅니까?”

“동산의 뜻을 체득했기 때문이니라.”

“동산이 무엇이라 하였습니까?”

“운거가 들은 것이니라.”

선사가 또 말했다.

“이는 육신肉身으로 성불하는 법문이니라.”

“한마음도 일어나지 않을 때는 어떠합니까?”

선사가 대답했다.

“어느 때 마음이 일어나지 않던가?”

“그러할 때에는 새의 길과 어떤 구분이 있습니까?”

“바로 그때에는 새의 길을 가느니라.”

“어떻게 가렵니까?”

“모름지기 새의 길을 가야 하느니라.”

“어떤 것이 도 가운데의 작용입니까?”

선사가 대답했다.

“무심이 도 가운데의 작용이니라.”

“무심에도 작용이 있습니까?”

“무심의 작용은 천하에 두루 미치느니라.”

선사가 덕산德山에게 물었다.

“멀리서 덕산의 불법 한 구절을 들었는데, 와서 보니 화상께서 불법을 한 구절이라도 말씀하시는 것을 보지 못했습니다.”

덕산이 말했다.

“무엇이 불만스러운가?”

선사가 그때 긍정하지 않고 곧 떠나 동산으로 가서 단지 앞의 말을 물으니, 동산이 말했다.

"어찌 나를 탓할 수 있느냐?"

그러자 선사가 바로 그곳에서 머물렀다.

어떤 스님이 물었다.

"어떤 것이 조사께서 서쪽에서 오신 뜻입니까?"

선사가 대답했다.

"돌 거북이 말을 할 줄 알게 되면 그때 그대에게 말해 주리라."

"돌 거북이 말을 합니다."

"그대에게 무어라 하던가?"

그리고는 다음과 같은 게송을 말했다.

온갖 시설施設은 예사로움만 못 하나니
사람을 놀라게 하지도 않고 또 영원하도다.
예사로움이란 가을바람 같아서
사람을 시원케 할 생각 없으되
사람들이 시원타 하네.

萬般施設不如常　又不驚人又久長
如常恰似秋風至　無意涼人人自涼

"스님께서 옛사람을 뵙고 무엇을 얻었습니까?"

선사가 대답했다.

"마치 도적이 빈 방에 들어간 것 같으니라."

또 다음과 같이 게송을 읊었다.

도에 나아가려면 먼저 자신을 세우라.
곧은 벗이 가는 곳에 먼지가 나지 않는다.
참 중은 방 치장을 할 필요 없나니
간 곳마다 무심해짐은 사람에 달렸다.

進道先須立自身　　直友行處不生塵
眞僧不假俱嚴室　　到處無心卽在人

현묘한 도를 찾고 배움은 닦음으로 말미암지 않나니
배우는 데에서 모름지기 흑백을 가려야 하네.
모든 성인에겐 원래부터 다른 길이 없으니
반연을 잊은 지혜에 많은 지식이 있도다.

參尋玄道莫因修　　學處須教阜白分
千聖從來無異路　　忘緣機智有多聞

깨닫지 못했거든 친히 두루 참예할지니
단정히 앉아서 청빈清貧만 지키지 말라.
설사 라후라처럼 밀행密行을 닦는다 해도
가섭의 듣지 않는 들음만 같으랴?

未了之時親遍禮　　不應端坐守清貧
直似羅睺行密行　　豈如迦葉不聞聞

사람들이 만약 무심해지면 도정道情에 부합되고
무명無明을 알고 나면 도는 벌써 밝아졌나니
사람들은 도를 펼 수 있고 도는 드러날 수 있어서
도가 사람들에게 있으면 사람들은 저절로 평안하다.

人若無心稱道情　　識得無明道已明
人能弘道道能現　　道在人中人自寧

선사가 세상에 나온 지 근 40년 동안 무릇 모든 가歌·항行·게偈·송頌이 더불어 세상에 널리 유통되었으나 여기에 다 수록하지 못한다. 용덕龍德 3년 계미癸未 9월 13일에 입적하였다.

유서幽棲 화상

동산洞山의 법을 이었으며, 태주에 머물렀다. 실록實錄을 보지 못해 그의 생애를 기록할 수 없다. 경청鏡淸이 물었다.

"어떤 것이 젊은 어르신입니까?"

선사가 대답했다.

"표시가 없는 것이니라."

"무엇 때문에 젊은 어르신이라 합니까?"

"무슨 허물이 있는가?"

"젊은 어르신이라 한들 또 어찌하겠습니까?"

"이 무슨 마음씀인가? 도자여."

선사가 세상을 하직하려 할 때, 어떤 스님이 와서 물었다.

"화상께서 백 년 뒤에는 어디로 가시렵니까?"

선사가 말했다.

"초월하는구나, 초월하는구나."

상람上藍 화상

협산夾山의 법을 이었고, 홍주洪州에서 살았다. 선사의 휘諱는 영초令超이다. 처음에 상람산上藍山에 머물렀는데, 종릉鍾陵 대왕이 관리들을 모두 거느리고 가서 선사를 영접하였고, 관부에 명하여 호국원護國院을 짓게 하였으며, 극진한 예로 선사를 대접하여 필요한 모든 것을 공양하길 시종일관 한결같이 행하였다. 그리고 황제에게 주청하여 자의紫衣와 묘각妙覺이라는 호를 하사下賜 받도록 하였다.

어떤 이가 물었다.

"두 용이 여의주를 놓고 다투면 어느 쪽이 얻습니까?"

선사가 대답했다.

"밝은 구슬은 거기서 구경할 수 없나니, 용이건 용 아닌 것이건 어찌 구슬을 얻으랴?"

대순大順 원년 정월 15일에 종을 쳐 대중을 모으고 유언을 한 뒤에 단정히 앉아서 세상을 뜨니, 시호는 원진元眞이요, 탑호塔號는 본공本空이었다.

조당집 제9권

낙포落逋 화상

협산夾山의 법을 이었고, 예주澧州에서 살았다. 선사의 휘諱는 원안元安이니, 봉상부鳳翔府 인유麟游 사람으로서 성은 담淡이었다. 어릴 적부터 기양岐陽의 회은사懷恩寺에서 형인 우祐 율사에게 공부를 배웠는데, 경經과 논論에 이르기까지 해박하게 통달하지 않은 것이 없었다. 처음에 취미翠微를 뵙고, 다음에 임제臨濟를 참예하여 그들 각각에게서 얻은 바가 있었다. 나중에 협산夾山의 소식을 듣고 곧 예양으로 가서 좌구를 펴려는데, 협산이 말했다.

"여기에는 남는 밥이 없으니, 밥 짓는 앞치마를 펼 필요가 없느니라."

이에 선사가 대답했다.

"없을 뿐만 아니라, 있다고 하더라도 둘 곳이 없습니다."

협산夾山이 다시 말했다.

"지금이냐? 적聻![1]"

선사가 말했다.
"지금은 아닙니다."
"어디서 이런 소식을 얻었는가?"
"이런 것 따윈 없습니다."
"이런 것이라 해도 여전히 노승에게 짓눌리는 것이다."
"학인學人 역시 화상이 계신다고도 보지 않습니다."
"그렇다면 방 안에 노승이 없겠도다."
이에 선사가 말했다.
"그림자조차 그리지 못합니다."
이에 협산夾山이 선사를 찬탄했다.

그대는 내 마음 알기를 손바닥 가리키듯 하고
종자기鍾子期는 백아伯牙의 거문고를 들을 수 있구나.
道者知音指其掌　　鍾期能聽白牙琴

선사가 협산에게 물었다.
"오랫동안 종풍宗風을 흠모하였습니다. 한 말씀 내려 주십시오."
협산이 말했다.
"눈앞에 법이 없느니라."
"비껴가지 마십시오."
이에 협산夾山이 말했다.
"만만縵縵 사리闍梨[2]야, 산과 개울이 각각 달라 그대 마음대로 천

1 진언眞言의 일종, 모든 것을 거부하는 뜻을 지녔다.
2 '만만縵縵'은 그물이나 구름이 질펀하게 퍼지듯이 교화敎化가 넓게 미쳐 퍼지는 모양을 말한다. '사리闍梨'는 스님을 가리킨다. 여기서는 교화승敎化僧의 뜻이다.

하 사람의 혀끝을 자르지만, 혀 없는 사람이 말을 하는 것이야 어찌하겠는가? 그대는 다만 살인도殺人刀가 있는 것만 알 뿐 활인검活人劍은 없구나. 노승에게는 살인도도 있고 활인검도 있다."

"어떤 것이 화상의 활인검입니까?"

협산이 대답했다.

"푸른 산에는 검을 걸지 않고, 검을 걸면 아는 이가 없느니라."

선사가 또 물었다.

"부처와 마魔가 미치지 못하는 곳은 학인의 본분의 경지境地가 아닙니다. 어떤 것이 학인의 본분의 경지입니까?"

협산이 대답했다.

"촛불이 천 리 밖의 형상을 밝히는데, 어두운 방의 노승은 미혹하구나."

선사가 또 물었다.

"아침 해는 이미 떠올랐고, 저녁달이 아직 돋지 않을 때는 어떠합니까?"

협산이 대답했다.

"용이 여의주를 물었건만 노니는 고기는 돌아보지도 않느니라."

선사가 이 말을 듣고 갈 곳을 잊은 채, 협산에 머물러 몇 해를 모시면서 곤고로움을 꺼리지 않고 날마다 오묘함을 참구하였다. 협산이 세상을 떠나매 처음으로 낙포선원落浦禪院을 개당하고, 나중에는 소계蘇溪로 옮겨 살았다.

선사가 언젠가 상당하여 말했다.

"대체로 도를 배우는 데에는 자기의 종지宗旨를 먼저 가려내어야 비로소 기연機緣에 임하여 실수를 면할 수 있다. 봉망鋒芒[3]이 드러나기 전에는 옳다 그르다가 도무지 없는데, 한순간 보고 듣는 작용을 일으키면 문득 장삼이사張三李四가 생기고, 오랑캐가 오고 한족이 가며, 4성姓이 뒤섞여 살면서 제각기 친한 이를 가까이한다. 시비가 뒤섞여 일어나 마침내 현묘한 관문을 굳게 닫히게 하고 의식의 자물쇠가 열리지 않게 하며, 의혹의 그물에 얽혀 지혜의 칼만이 겨우 자를 수 있게 된다. 만일 그 자리에서 뚜렷이 보여주지 않으면 미혹한 무리들이 어찌 돌아갈 곳을 알겠는가. 만일 큰 작용이 활연히 나타나기를 바란다면 당장에 모든 소견을 없애라. 소견의 작용이 모두 사라지면 어두운 안개가 끼지 않고 지혜가 환하게 비치어 다시는 현상도 현상 아님도 없게 되리라.

요즘의 학인들이 그들 눈에 띄는 것에 모두 걸리는 까닭은 대체로 남의 헤아림에 의해서 견해를 일으키기 때문이니, 남의 헤아림에 포섭되어 판단하므로 한 치도 발을 옮기지 못하느니라. 그러므로 보는 것은 물질을 벗어나지 못하고, 듣는 것은 소리를 벗어나지 못하며, 코의 냄새와 혀의 맛과 몸의 촉감과 뜻의 법진法塵도 그와 같으니라. 설사 6근根의 문턱이 모두 정결하게 되었더라도 자기의 일을 훤히 밝히지 못하면 깨닫지 못한 것과 같을 것이요, 다만 자기를 밝히기만 하고, 눈앞의 일을 밝히지 못하면 이 사람은 한쪽 눈만을 갖춘 것이다. 그러므로 옳고 그름과 좋고 싫음과 활달함과 얽매임을 벗어나 자유롭게 되지 못하면 매우 가엾은 이라 하노라."

어떤 이가 물었다.

3 예리한 칼끝, 곧 기지機智를 말한다.

"어떻게 해야 생사를 떠날 수 있습니까?"

선사가 대답했다.

"물에 집착하여 생명을 이어가기를 구하면 하늘 풍악의 묘함을 듣지 못하느니라."

"4대가 어디서 생깁니까?"

"맑은 물은 본디 파도가 없지만 바람이 불면 파도가 인다."

"파도는 묻지 않겠습니다. 어떤 것이 물입니까?"

"흐리지도 않고 맑지도 않으며 고기나 용이 마음껏 뛰느니라."

"어떤 것이 한 창고에 다 거두지 못하는 것입니까?"

"비가 와야 3초草가 수려해지지만 한 조각 옥은 본래부터 빛나느니라."

"한 터럭이 큰 바다를 다 삼키는데, 거기서 무슨 말을 더 하시겠습니까?"

"집 안에 백택도白澤圖[4]가 있으니, 반드시 그러한 요괴는 없을 것이니라."

나중에 보복保福이 이 말을 듣고 다음과 같이 말했다.

"집 안에 백택도가 없어도 그러한 요괴는 없으리라."

"응연凝然할 때는 어떠합니까?"

"장마철 우레가 계절에 맞춰 울려 멧부리를 흔들고, 동면하던 벌레를 놀라게 하느니라."

"천만 가지 운동이 그 응연凝然과 다르지 않을 때는 어떠합니까?"

---

4 백택은 황제黃帝가 사냥을 갔다가 얻었다고 하는 희귀한 동물. 황제가 신하에게 그 동물을 그리게 한 것이 백택도이다.

"신령한 학은 푸른 허공 밖으로 날아갔는데, 둔한 새는 둥우리를 떠나지 못하느니라."

"어떠합니까?"

"백발노인이 소년에게 절을 하니, 온 세상 사람들이 믿으려 하지 않느니라."

선사에게 신검가神劍歌가 있으니, 다음과 같다.

기이하여라, 신기한 검이여. 진실로 기이하니
예부터 구하고자 하는 이 얻은 적 드물다.
갑匣에 있을 때에는 광채가 없다 말하지만
활용해 봐야 비로소 점점 빛이 더함을 깨달으리.

異哉神劍實標奇　自古求人得者稀
在匣謂言無照耀　用來方覺轉光輝

망설임을 깨고 의심을 없애니,
심담心膽을 장대하게 하고 정신과 자세를 안정시킨다.
6적[5]이 이로 인해 부서지니
8만 번뇌가 모두 떨쳐진다.

破猶預除狐疑　壯心膽兮定神姿
六賊旣因斯剪拂　八萬塵勞盡乃揮

삿된 무리를 베어 버리고 요망한 사귀를 소탕하니
생사生死와 영고榮枯가 일제히 결단된다.

5 번뇌가 생기는 근본이 되는 안眼·이耳·비鼻·설舌·신身·의意를 비유한 말이다.

석 자의 신령한 뱀이 푸른 못을 덮고[6]
한 조각 맑은 광채 싸늘한 달에 비친다.

斬邪徒蕩妖孽　　生死榮枯齊了決
三尺靈蛇覆碧潭　　一片晴光瑩寒月

어리석은 사람이 칼을 물속에 빠뜨려서 그것을 찾으려 뱃전에 표시하고는
흐린 물에 분주히 헤매면서 공연空然히 설치나니
맑은 근원을 내버려두고 혼탁한 파도를 좇으니
어찌 신검이 흐름을 따르지 않는 줄 알리오?

愚人忘劍刻舟求　　奔馳濁浪徒悠悠
拋棄澄源逐渾派　　豈知神劍不隨流

다른 이의 검은 피비린내를 띠지만
나의 검은 신령한 울음소리를 머금는다.
다른 이의 검은 사람의 생명을 해치지만
나의 검은 생명들을 구제한다.

他人劍兮帶血腥　　我之劍兮含靈鳴
他人有劍傷物命　　我之有劍救生靈

군자가 얻으면 너와 나의 차별을 여의고
소인이 얻으면 저절로 생명을 가벼이 여긴다.
저들은 나의 검을 쓰려 하지 않지만
세상의 높고 낮음이 언젠가는 평정되리라.

---

6 여기서 말하는 '석 자[三尺]'는 짧다는 뜻이다. '석 자의 신령한 뱀이 푸른 못을 덮고'라 함은 말은 짧으나 뜻이 충분하여 넘친다는 뜻이다.

君子得時離彼此　　小人得處自輕生
他家不用我家劍　　世上高低早晩平

신검의 공덕은 다 기록하지 못하나니
마의 위협을 물리치고 생사를 결정짓는다.
얻지 못한 이는 쉬운 일도 어려워지지만
검을 얻은 이는 어려움이 도리어 쉬워진다.

須知神劍功難記　　懾魔威兮定生死
未得之者易成難　　得劍之人難却易

펴면 법계 안에 두루 미치고
거두면 한 먼지 속으로 돌아간다.
만일 이 검으로 건곤乾坤을 진압하면
사방 어디에도 뭉게구름 일지 않으리.

展則周遍法界中　　收乃還歸一塵裏
若將此劍鎭乾坤　　四塞終無陳雲起

복선福先이 이를 들어 어떤 스님에게 물었다.

"한마디로 말할 수 있어야 한다. 칼집 속에 든 검과 칼집에서 나온 검을 그대는 어떻게 말할 것인가?"

스님이 대답이 없자, 스스로 대신 말했다.

"우선 '갑에서 나온 검을 노형과 더불어 따져 봅시다' 하라. 알겠는가?"

어떤 이가 물었다.

"여러 성인들이 그렇게 오셨으니, 무엇으로 공양하오리까?"

선사가 대답했다.

"촌 노숙이 석장을 짚었으나 바라문은 아니니라."

"서천에서는 한 사람이 한 사람에게만 전하여 피차가 함축된 언사를 드리우지 않는다고 하니, 누가 그 참뜻을 아는 자입니까?"

선사가 대답했다.

"촌 노인의 문전에서는 조정의 일을 의논하지 않느니라."

"조정의 일을 이야기하지 않으면 무엇을 이야기합니까?"

"특별한 이를 만나지 않으면 끝내 주먹을 펴지 않느니라."

"어떤 사람이 조정에서 오지 않았다 하면 그와 무슨 이야기를 해야 합니까?"

"동떨어진 근기는 부질없이 눈을 마주친다."

"어떤 것이 부끄러움이 없는 사람입니까?"

"출가하지도 않고 계를 지키지도 않느니라."

"출가하지도 않고 계를 지니지도 않은 지 얼마나 됩니까?"

"허공을 쪼개어 가려 보아라."

"지금은 어떠합니까?"

"그대에게 거짓으로 배열하지 않는다."

"그렇다면 다 망라하지 못합니다."

"그대가 거듭 그리 말하도록 놓아두지 않겠다."

"어떤 것이 거룩한 사람의 모습입니까?"

"시방에 자리 잡고 앉아서 고개도 까딱하지 않느니라."

"활짝 트인 세계인데 어째서 눈앞의 법을 가리지 못합니까?"

"먼동이 트기 전에는 사람들이 깨어나려고 하지만, 날이 환히 밝은 뒤에는 광명을 대하지 않으려 한다."

"그 경지에 이르기를 미루지는 않습니까?"

"이르니 못 이르니 따위의 말은 말고 그저 나에게 말해 보아라."

"스님의 종지를 논박할 수 없습니다."

"논박하지 않으면 가까워지느니라."

"범부와 성인이 이르지 못하는 곳은 묻지 않겠습니다. 범부와 성인이 다하지 못한 곳은 어떠합니까?"

"사자 굴에 다른 짐승이 없고, 코끼리 가는 곳에 토끼의 자취가 없느니라."

"깜짝하는 사이에 문득 보일 때는 어떠합니까?"

"새벽 별이 아침 빛을 밝힌다 해도 어찌 태양이 빛나는 것과 같으랴?"

"어떤 것이 본래의 것입니까?"

"한 톨의 씨앗이 밭에 있으니, 김을 매지 않아도 싹이 절로 빼어나느니라."

"계속해서 김을 매지 않으면 풀 속에 묻히지 않겠습니까?"

"살찐 뼈대는 땔감과는 다르고, 피는 끝내 값진 곡식이 되지 못하느니라."

"어떤 것이 서쪽에서 오신 뜻입니까?"

"창문 앞에 당당하게 서 있는 대는 서리를 겪어도 추워하지 않느니라."

그 스님이 다시 물으려는데, 선사가 말했다.

"다만 바람 치는 소리만 들을 뿐, 몇천 개의 대나무인 줄은 알 수 없느니라."

"부사의한 곳에 이르렀을 때는 어떠합니까?"

선사가 대답했다.

"푸른 산은 항상 걸음을 옮기나 흰 달은 잠시도 자리를 바꾸지 않느니라."

"대중이 구름같이 모였습니다. 스님의 뜻은 어떠하십니까?"

"주먹을 펴서 옛 보물을 밝히고, 주먹을 쥐어서 오늘을 감사하느니라."

"어떤 것이 사문의 행입니까?"

"부처를 만나면 당장에 앉느니라."

"갑자기 화상을 만났을 때에는 어찌합니까?"

"그대가 올 때에는 노승은 없을 것이니라."

"해가 뜨기 전에는 어떠합니까?"

"곧은 나무에 들쭉날쭉한 가지가 없어서 영양이 뿔을 걸기 어려우니라."

"어떤 것이 운수雲水의 뜻입니까?"

"달덩이 하나가 오만 가지 형상을 골고루 비추느니라."

"달이 움직이는 일은 어떠합니까?"

"못 속에는 그림자가 없고 문 밖에 진귀한 보물을 두지 않느니라."

"조사의 뜻과 경전의 뜻이 같습니까, 다릅니까?"

"무리해서 출중한 이는 뿔을 쓰지 않고, 세 가지 다른 운은 같게 할 수 없느니라."

"의기가 투합하려면 구절에 의지해야 하는데, 이 어찌 같은 것이 아니겠습니까?"

"매우 뛰어난 기술은 바다 밑을 재나니, 3상湘이 깊다 해도 잔질[酌]을 할 수 있느니라."

"옛사람이 말하기를 '움직임은 법왕의 싹이요, 고요함은 법왕의 뿌리다' 했는데, 싹은 묻지 않겠습니다. 어떤 것이 법왕의 뿌리입니까?"

이에 선사가 불자를 일으켜 세우니, 스님이 말했다.

"이 역시도 싹입니다. 어떤 것이 법왕의 뿌리입니까?"

"용이 동굴에서 나오지 않는데 누가 그를 어찌하겠는가?"

"세계가 드넓어 끝이 없다는데 어째서 자기를 용납하지 못합니까?"

"마지막의 한 구절이라야 비로소 굳은 관문에 이르고 요긴한 길목을 봉쇄하면 범부도 성인도 통하지 못한다. 천하 사람들이 마음껏 기뻐 즐기더라도 노승은 홀로 상관치 않으리라."

그리고는 다시 말했다.

"장주莊周와 나비 둘 다 꿈이라 하는데, 꿈이 어디서 오는지 그대는 말해 보아라."

"외로운 등불이 스스로 비추지 못할 때 방 안의 일은 어떠합니까?"

선사가 대답했다.

"바늘과 실이 움직일 때는 사람들 모두 알지만 양쪽에서 뚫고 지나는 것은 도리어 아는 사람이 없다."

"가득 찬 용궁은 거두지 못하는데 한 티끌마다 밖의 일은 어떠합니까?"

선사가 대답했다.

"세 번 뛰어서 광주리를 벗어났다 하나 구름 밖에 있는 이만 못하니라."

"학인學人은 출사하여 귀히 되는 것을 소중히 여기지는 않습니다만 이대로 일제히 그만둘 수는 없습니다."

이에 선사가 말했다.

"가거라. 그대는 나의 말뜻을 알지 못하느니라."

"세 번 뛰는 것 외의 일은 어떠합니까?"

"범을 쏘아 맞추지 못하니 공연히 몰우전〔沒羽箭 : 깃털 없는 화살〕만 허비하느니라."

"만 가지 법은 하나로 돌아가는데 그 하나는 어디로 돌아갑니까?"

"물을 건드려 물결을 일으키니, 그 안에서 그림자를 보기 어려우니라."

"우두牛頭가 4조를 만나기 전에는 백 가지 새가 꽃을 물어다 공양을 올렸는데, 만난 뒤에는 어째서 오지 않았습니까?"

"현묘한 강에 눈꽃 같은 흰 파도가 일고, 불꽃 없는 외로운 등불은 어두운 밤을 밝힌다."

선사가 부구가浮漚歌를 지었다.

가을날 비가 내려 뜰 안에 물이 고이니
물 위에 둥실둥실 물거품이 이네.
앞의 것 사라지면 뒤의 것이 생기어
앞뒤 서로 이으니 언제나 그치려나?
본래는 빗방울로 인하여 물거품 되었는데
다시금 바람 불어 거품이 도로 물이 된다.

秋天雨滴庭中水　水中漂漂見漚起
前者已滅後者生　前後相續何窮已
本因雨滴水成漚　還緣風激漚歸水

거품과 물의 성품 다르지 않음을 알지 못하고
변하는 것에 따라 다르다고 여기네.
겉은 반짝이고 안은 비었으니

안팎이 영롱하여 보배 구슬 같도다.

不知漚水性無殊　　隨他轉變將爲異
外明瑩內含虛　　內外玲瓏若寶珠

맑은 파도에서는 있는 듯이 보이다가
움직이자 다시 없는 것 같구나.
있고 없고 움직이고 고요한 일 밝히기 어려우니
형상 없는 가운데 형상이 있네.

正在澄波看似有　　及乎動着又如無
有無動靜事難明　　無相之中有相形

다만 거품이 물에서 생기는 줄만 알 뿐
물이 거품에서 생기지 않음을 어찌 알리오?
방편으로 이 몸을 거품에다 견주노니
5온을 허망하게 얽어서 거짓으로 사람 됐네.
5온이 공하고 거품이 거짓임을 알기만 하면
비로소 본래의 참됨을 보리라.

只知漚向水中出　　豈知水不從漚生
權將漚體況余身　　五蘊虛攢假立人
解達蘊空漚不實　　方能明見本來眞

선사가 임종할 때 말했다.

"노승이 그대들에게 물어볼 일이 있다. 만약 그것이 옳다고 한다면 머리 위에 다시 머리를 두는 것이요, 만일 그것이 옳지 않다 하면 머리를 베어내고서 살기를 바라는 것이 된다."

이에 제1좌第一座가 말했다.

"청산에서는 발을 들지 않고 햇빛 아래에서는 등불을 들어 올리지 않습니다."

이에 선사가 할을 하여 물리치며 말했다.

"나의 여기에는 대답할 사람이 없다. 대중 가운데 새로 온 이로서 통달한 이가 있거든 나와서 노승을 전송해다오."

종從 상좌가 나서서 말했다.

"여기 이 두 길에 대해서 스님께서는 묻지 말아 주십시오."

"더 말해 보아라."

"저는 다 말할 수 없습니다."

"나는 그대가 다 말할 수 있든 없든 상관치 않는다. 더 말해 보아라."

"저에게는 시자가 없어서 대답할 수 없습니다."

이에 선사가 할을 하여 물리치며 말했다.

"여러분, 일단 승당僧堂으로 돌아가라."

그날 초저녁이 지날 무렵 선사가 시자侍者더러 종 상좌를 불러오게 하였다. 종 상좌가 올라와서 곁에 서니, 선사가 물었다.

"종 상좌는 몇 살인가?"

"28세입니다."

"매우 어리구나. 잘 유지하도록 하라. 고향은 어디인가?"

"신주信州 사람입니다."

이에 선사가 말했다.

"오늘의 일은 그대가 설파하여 노승의 뜻을 얻었다. 여기서 몇 해 동안 세상에 나와 학인을 제접했건만 한 사람도 오늘의 사리처럼 전송해 주는 이가 없었다. 작고하신 노승의 스승께서 처음 선자船子를 만났을 때, 선자께서 묻고 스승께서 대답한 인연을 가지고 내가 고쳐서 다음과 같이 송했느니라.

눈앞에 법이 없으나
뜻은 눈앞에 있나니
그것은 눈앞의 법이 아니어서
귀와 눈으로는 미칠 바 아니라네.

目前無法　意在目前
他不是目前法　非耳目之所到

이 네 구절에서 어느 것이 중심이 되는 주요한 구절인가?"

이에 종 상좌가 머뭇거리고 있으니, 선사가 말했다.

"속히 일러라. 속히 일러라. 말뚝의 아랫부분이 차가우니, 헛되게 하지 않으려거든 자취를 남기지 마라."

종 상좌가 말했다.

"실로 알지 못하겠습니다."

그러자 선사가 가슴을 치면서 곡을 하였다. 종 상좌는 내려오자마자 승당으로 돌아가지 않고 바로 떠나서 지금까지 아무런 소식이 없다.

선사가 이보다 앞서 말했다.

"자비의 배를 푸른 물결 위에 띄우지 못했는데, 검협劍峽에서는 공연히 목아木鵝를 날려 보내는구나."

선사가 광화 2년 무오戊午 12월 2일에 열반에 드니, 춘추는 65세요, 승랍은 46세였다.

반룡盤龍 화상

협산夾山의 법을 이었고, 홍주洪州에 사셨다. 선사의 휘諱는 가

문可文이다. 처음에는 반룡산에서 살다가 나중에는 상람上藍에서 살았다.

어떤 스님이 낙포落浦에게 물었다.

"한 거품이 일기 전에 어떻게 물안개를 가립니까?"

낙포落浦가 대답했다.

"배를 움직여 물의 형세를 살피고 노를 들어 물결을 가른다."

그 스님이 이 일을 들어 다시 선사에게 물었다.

"한 방울의 거품이 일기 전에 어떻게 물안개를 가립니까?"

이에 선사가 대답했다.

"배를 움직여도 물을 가릴 수 없고, 노를 들면 근원을 잃느니라."

소요逍遙 화상

협산의 법을 이었고, 고안高安에서 살았다. 행장을 보지 못해 생애를 기록할 수 없다.

어떤 이가 물었다.

"이글거리는 도가니 안에 무엇을 삶습니까?"

선사가 대답했다.

"부처도 삶고 조사도 삶느니라."

"부처와 조사를 어째서 삶습니까?"

"업이 그 안에 있기 때문이니라."

"무엇을 업이라 합니까?"

"부처의 힘이 미치지 못하는 것이니라."

"일체 중생에게 모두 불성佛性이 있다는데, 어째서 부처도 있고,

중생도 있습니까?"

"긍정하면 같은 대중이 달라지고 긍정하지 않으면 다른 대중이 같아진다."

"옛사람이 말하기를 '있는 것을 아는 사람은 분명코 있는 것을 알지 못한다' 했는데, 있는 것을 알지 못하는 사람은 어떤 것입니까?"

"식성識性은 동일하나 함께 쓰이는 법은 없다."

"있는 것을 알지 못하는 사람이 어떻게 있는 것을 알게 됩니까?"

"말로써 알아차리려 하면 그 경지에 들지 못한다."

"어떤 것이 조사 중의 조사입니까?"

"그만두고 깨뜨리지 않으려 함은 밝은 사람이 있어 해결해 주기 때문이니라."

선사가 수어垂語하였다.

"여러분은 모두 저쪽으로 가서 불을 쪼이라."

그리고는 또 말했다.

"불이야 그대 마음대로 쪼여도 되지만 몸까지 태우지는 말라."

이 말에 스스로 대꾸했다.

"법신法身이 4대大를 갖추었는데, 불을 쬐는 것은 어느 것이겠는가?"

다시 수어하였다.

"예전에는 조사의 법을 전했는데, 지금은 조사의 법을 전하지 않는다."

선동안先洞安 화상

협산夾山의 법을 이었는데, 행적을 보지 못해 그의 교화한 전말을 확인할 수 없다.

어떤 스님이 물었다.

"어떤 것이 화상의 가풍家風입니까?"

선사가 대답했다.

"금계金鷄는 새끼를 품고 은하수로 돌아가고, 옥토끼〔玉免〕는 새끼를 배고 자미紫微로 들어간다."

"갑자기 손님이 오시면 무엇으로 대접합니까?"

"금 과일은 이른 아침에 원숭이가 따오고, 옥 꽃은 저녁에 봉황새가 물어온다."

황산黃山 화상

협산의 법을 이었고, 무주에 사셨다. 선사의 휘諱는 월륜月輪이고, 민중閩中 사람이다.

선사가 처음 협산夾山을 뵈니, 협산이 물었다.

"그대는 어디 사람인가?"

선사가 대답했다.

"민중 사람입니다."

"노승을 아는가?"

"학인學人은 아셨습니까?"

이에 협산夾山이 말했다.

"그렇지 않다. 그대는 우선 노승에게 짚신 값을 갚아라. 그런 뒤에 노승이 그대에게 강릉의 쌀값을 갚으리라."

"그러시다면 도리어 화상을 알지 못하겠습니다. 강릉의 쌀값이 얼마나 됩니까?"

이에 협산이 찬탄했다.

"그대는 사자후를 잘하는구나."

선사가 처음으로 개당하고 시중하여 말했다.

"조사께서 서쪽에서 오셔서 특별히 이 일을 제창하셨건만 그대들은 알지 못하여서 그저 밖을 향해 간절히 구하니 적수赤水에서 구슬을 찾고, 형산에서 옥을 찾는 격이로다. 그러므로 말하기를 '문으로부터 들어온 것은 보배가 아니니, 그림자를 잘못 알아 머리로 여기는 것이 어찌 큰 잘못이 아니겠는가?' 하였느니라."

어떤 이가 물었다.

"어떤 것이 조사께서 서쪽에서 오신 뜻입니까?"

선사가 대답했다.

"양나라 궁전에서는 공덕을 베풀지 않았고, 위나라에서는 마음의 자취를 숨겼느니라."

"어찌하여야 본래의 면목을 볼 수 있겠습니까?"

"옛 거울을 매다는 수고를 하지 않아도 날이 새면 닭은 절로 우느니라."

"종승宗乘의 한 구절 법문을 스님께서 헤아려 주십시오."

"단풍 든 봉우리 세상 밖에 우뚝 솟아 수려하지만 세월이 지남에 따라 추워지누나."

"어떤 것이 가사를 입고 할 일입니까?"

"돌 소가 물 위에 누웠으니, 자유롭게 움직이네."

소산韶山 화상

협산夾山의 법을 이었고, 북지北地에서 살았다. 선사의 휘諱는 환보寰普이고, 실록實錄을 보지 못해 그의 생애를 알 수가 없다.

어떤 스님이 와서 절을 하고 일어나 섰으니, 선사가 말했다.

"큰 재능이 비천한 경지에 숨었구나."

그 스님이 다시 한쪽으로 가서 섰으니, 선사가 또 말했다.

"동량棟梁의 재목이 못쓰게 되었도다."

스님이 물었다.

"실제 진리의 경지에 어떻게 걸음을 옮겨야 합니까?"

선사가 대답했다.

"그윽한 골짜기의 흰 구름, 백작白雀을 숨기니, 마음을 내어 깃들이려 할 때에는 산이 막혀 길을 잃는다."

"날이 밝든 어둡든 소산은 그 속의 일을 빌리지 않는다."

"조사의 뜻과 경전의 뜻은 어떠합니까?"

"스님께서는 빌리십니까?"

"등불을 켠 뒤에는 말이 없느니라."

"그렇다면 앞으로는 전하지 않겠습니다."

"그림자를 막아서 밝은 달을 빌리니, 나침반을 들지 않는다."

충천充天 포납布納이 소산에 이르니 선사가 감별하기 위해 물었다.

"듣건대 그대에게 하늘을 찌르는 기개가 있다 하던데 사실인가?"

"그렇습니다."

"그대에게는 하늘을 찌르는 기개가 있다지만 나에게는 땅을 쪼는 송곳이 있다. 그대가 깃발을 들고 올라온다면 나는 송곳 막대를 들고 대항하리라. 그대가 만일 큰 바다를 들이마신다면 나는 수미산을 등에 업으리라. 위로 향하는 한 가닥 길을 빨리 일러라. 빨리 일러라."

다음과 같이 세 차례 다그치자 비로소 말했다.

"밝은 거울이 대臺에 놓였으니, 스님께서 한번 비추어 보십시오."

이에 선사가 할을 하고 말했다.

"죽은 물에는 고기가 없는데, 공연히 낚싯대를 드리웠구나."

서현栖賢 화상

석상石霜의 법을 이었다. 휘諱는 회우懷祐이며, 선유仙遊 사람이다. 구좌산九座山에서 공부를 하다가 나이가 차자 구족계를 받고 제방으로 다니던 끝에 보회普會의 문하에서 비밀한 진리를 은밀히 깨달았다.

어떤 이가 물었다.

"어떤 것이 오로봉五老峰 앞의 구절입니까?"

선사가 대답했다.

"만고천추萬古千秋니라."

"그렇게 하면 법손이 끊이지 않겠습니까?"

"머뭇거려서 누구에게 주려는가?"

대광大光 화상

석상의 법을 이었다. 휘諱는 거양居讓이요, 속성은 왕씨이며, 장안長安 사람이다. 옷깃을 여미고 스승과 도를 찾아다니다가 남쪽으로 와서 석상石霜 보회의 문하에 이르렀다. 그곳에서 1, 2년 동안 남몰래 북탑에다 과일 나무를 키우고, 베옷과 짚신으로 생활하였는데, 침울해 보이고 꾀죄죄하였지만 뜻은 도에 있었다.

어느 날 대중들의 배움의 깊고 얕음을 징험하고자 보회가 질문을 하였다.

"나라에서 해마다 5백 명을 급제시키는데, 조정이 좋아졌는가?"

이에 선사가 대답했다.

"어떤 한 사람은 거기에 나아가기를 바라지 않습니다."

"무엇 때문인가?"

"명예를 위하지 않기 때문입니다."

또 한번은 보회가 병이 들자, 그것으로 인해 설법하였다.

"오늘 말고 다른 때가 또 있는가?"

선사가 대답했다.

"그는 '오늘이다'라고 하지는 않습니다."

이에 석상이 말했다.

"나도 오늘이 아니라고 말하려 했느니라."

이에 보회가 인정하였다. 이렇게 몇 마디 주거니 받거니 해보니 뚜껑과 함이 꼭 맞듯 하였다. 그래서 20여 년 동안 한 곳에 머물러 지냈다.

이때 호공胡共이라는 단월檀越이 가족을 이끌고 귀의하여 대광산에 주석하기를 청했다.

어떤 학인學人이 물었다.

"혼돈混沌이 분명해지기 전에는 어떠합니까?"

선사가 대답했다.

"특별히 누구더러 대답하라는 것인가?"

"옛사람이 말하기를 '문 밖을 나서지 않고 천하의 일을 안다' 하였는데, 어떤 것이 문 밖을 나서지 않고 천하의 일을 아는 것입니까?"

"그래도 여전히 두 번째 집 가장〔家主〕이니라."

"어떤 것이 천하의 일입니까?"

"맑은 것이다."

"어떤 것이 위로 향하는 일입니까?"

"문 밖을 나가지 않는 것이다."

"어떤 것이 문 밖을 나가지 않는 것입니까?"

"이별하느니라."

"어째서 이별합니까?"

"대중과 같이하지 않기 때문이니라."

또 매양 다음과 같이 시중하였다.

"당대의 가르침은 오직 당대의 사람들을 수습하기 위함일 뿐이다. 설사 철저하게 깎아낸다 하여도 겨우 깨우침을 이룰 뿐이니, 그대들은 누더기 밑의 일만으로써 감당하려 하지 말라. 그러므로 그대들에게 말하나니, 49년 동안 다 밝히지 못했고, 49년 동안 다 드러내지 못했다."

어떤 스님이 물었다.

"달마達磨는 조사입니까?"

"조사가 아니니라."

"조사가 아니라면 무엇 하러 동토東土에 왔습니까?"

"그대들이 조사를 모르기 때문이니라."

"안 뒤에는 어떠합니까?"

"비로소 조사가 아니라는 것을 아느니라."

"보임保任한 사람이 한 생각을 잃을 때는 어떠합니까?"

"항상 머무르게 되느니라."

"큰 마왕魔王이 되었을 때에는 어찌합니까?"

"잠시 등안이니라."

"말후末後의 일은 어떠합니까?"

"여기에 없느니라."

"자취가 끊어져서 현묘해질 때는 어떠합니까?"

"새의 길〔鳥道〕이란 말을 일찍이 들은 적이 없느니라."

"어떤 것이 사문의 행입니까?"

"바다를 건널 때 배를 타지 않느니라."

어떤 좌주座主가 경산徑山에게 물었다.

"만법이 하나로 돌아간다는데, 하나조차 남지 않을 때는 어떠합니까?"

경산이 대답했다.

"하나도 남지 않느니라."

좌주가 긍정하지 않고 곧 강서로 가서 운거雲居에게 물으니, 운거가 말했다.

"만법이 아니니라."

그가 또 긍정하지 않고 선사에게 와서 물으니, 선사가 대답했다.

"다 없애 버리지 못하느니라."

이에 좌주가 긍정하였다.

어떤 이가 물었다.

"안에서 쪼고 밖에서 쪼는 것이 같은 시각임은 묻지 않겠습니다. 어떤 것이 달걀 속의 닭이 우는 소식입니까?"

선사가 대답했다.

"그 소식을 들었는가?"

"어떤 것이 비밀한 방입니까?"

"사방에서 보이지 않는 것이다."

"어떤 것이 비밀한 방에 있는 사람입니까?"

"멀고 길도 없느니라."

이로부터 선사의 현묘한 말씀이 멀고 가까운 곳에 쫙 퍼졌다.

선사가 천복天復 3년 계해癸亥 9월 3일에 편안하게 입적하니, 춘추는 68세요, 승랍은 36세였다.

비전肥田 복伏 선사

석상石霜의 법을 이었다. 선사의 휘諱는 혜광慧光이니, 그의 행적을 보지 못해 그 생애의 처음과 끝을 알 수 없다.

선사가 다음과 같이 송했다.

많은 묘용妙用을 닦는 것, 공부가 아니요
근원에 돌아간다는 것도 큰 어리석음이로다.
옛 부처님 닦아서 증득한 것이 아니니
설사 현묘함을 얻었다 해도 역시 구차한 꼴이로다.

修多妙用勿功夫　　返本還源是大愚
古佛不從修證得　　直饒玄妙也崎嶇

어떤 사람이 이 일을 들어 장경長慶에게 물었다.

"어떤 것이 '많은 묘용을 닦는 것이 공부가 아니다'라고 하는 것입니까?"

장경이 대답했다.

"그런 것을 써서 무엇 하겠는가?"

"어떤 것이 '근원에 돌아간다는 것이 큰 어리석음'이라 하는 것입니까?"

"무슨 필요가 있겠는가?"

"어떤 것이 '옛 부처님은 닦아서 증득하지 않았다' 하는 것입니까?"

"원래가 그대이거늘 다시 닦아서 무엇 하겠는가?"

"어떤 것이 '설사 현묘함을 얻었다 해도 역시 구차한 꼴이다'라고 하는 것입니까?"

"오직 그대가 망령되게 밖으로 향하기 때문이니라."

선사가 또 다음과 같이 송했다.

마음이 고요하면 근심이 들기 어렵고
근심이 없으면 재앙이 침범하지 못한다.
도가 높으니 용과 범이 굴복하고
덕이 중후하니 귀신도 흠모한다.

心靜愁難入　　無憂禍不侵
道高龍虎伏　　德重鬼神欽

용천涌泉 화상

석상石霜의 법을 이었고, 태주台州에서 살았다. 선사의 휘諱는 경흔景忻이고, 선유현仙遊縣 사람이다. 백운산에서 공부를 하였는데, 계를 받은 뒤에는 조사의 도를 찾아다니다 석상을 뵙고 다음과 같이 물었다.

"학인學人이 처음으로 총림에 들어왔으니, 들어갈 곳을 스님께서 지시해 주소서."

석상이 대답했다.

"나는 젓가락 세 개도 던져 버리지 못한다고 말하노라."

이에 선사가 바로 현묘하게 계합하고, 다시는 다른 곳으로 가지 않았다.

어느 때 강康과 덕德, 두 스님이 절에 오다가 선사가 길에서 소를 먹이는 것을 보았으나 선사를 알아보지 못하고 다음과 같이 말했다.

"굽과 뿔이 무척 분명하건만 소를 탄 이가 알지 못하는 것이야 어찌하랴."

그들이 그대로 계속 가다가 중간에서 차를 달였는데, 선사가 소의 등에서 내려 인사를 하고는 그들과 같이 앉아서 차를 마시던 차에 다음과 같이 물었다.

"최근 어디서 떠났는가?"

스님들이 대답했다.

"저쪽에서 떠났습니다."

"저쪽 일은 어떻던가?"

스님이 찻종지를 들어 보이니, 선사가 말했다.

"이 역시 굽과 뿔이 매우 분명한 소식일 뿐이다. 저쪽 일은 어떻던가?"

그 스님이 대답이 없자, 선사가 말했다.

"알지 못한다고 말하지 말라."

그리고는 자리를 떠나 버렸다.

복선이 대신 말했다.

"만일 그렇게 하지 않았다면 도자道者를 어떻게 알아보겠습니까?"

또 대신 말했다.

"앉아서 차나 드십시오."

초경招慶이 물었다.

"위로부터 전하는 종승宗乘의 일을 화상께서는 어떻게 설명하십니까?"

"눈앞의 것을 제창하지 않소."

"눈앞의 것을 제창하지 않으시는 것은 잠시 그만두고 종승의 일을 어떻게 말씀하시겠습니까?"

"허공이 땅 위에 떨어지거든 그대에게 말해 주겠소."

초경이 긍정하지 않자 다시 물었다.

"화상이라면 어떻게 하시겠소?"

초경이 말하였다.

"나는 알지 못하니 스님께서 가르쳐 주십시오."

보자報慈가 대신 말했다.

"날씨가 차가우니, 눈이 섬돌 위에 가득하느니라."

어떤 이가 물었다.

"어떤 것이 얼음 속의 물입니까?"

선사가 대답했다.

"얼음으로 얼려지지 못하는 것이니라."

"어떤 것이 물속의 얼음입니까?"

"6월이 되어도 녹지 않는 것이다."

"그렇다면 천 개의 해가 떠도 녹이지 못하겠습니다."

선사가 대답했다.

"두 쥐가 왕래하여도 관계치 않느니라."

남제南際 화상

석상의 법을 이었고, 강서에서 살았다. 선사의 휘諱는 승일僧一이고, 처음에는 남제산南際山에서 살았고, 그 다음은 종릉鍾陵 대왕大王의 청으로 말산에서 살았으며, 나중에는 민왕閩王의 청으로 서원에서 살았다. 민왕이 황제에게 자의紫衣를 주청하여 하사받았고, 시호를 본정本淨 대사, 탑호塔號를 무진無塵이라 하였다.

세상에 계실 때 어떤 스님이 물었다.

"천 성인의 지위 가운데 배석陪席하지 않는 것도 있습니까?"

선사가 대답했다.

"있느니라."

"어떤 것이 배석하지 않는 것입니까?"

"분명히 용이건만 비늘이 없고, 분명히 소이건만 뿔이 없느니라. 알겠는가?"

"모르겠습니다."

이에 선사가 대답했다.

"걸어서 물에 드니 그 깊이를 알지 못하고 바다 속 용궁을 부질없이 찾는다."

어떤 이가 물었다.

"학인이 다행히 스님을 뵙게 되었으니 지시해 주십시오."

선사가 대답했다.

"내가 만일 요지를 지시해 준다면 그대를 모독하는 것이니라."

"그러면 학인은 어찌해야 합니까?"

"절대로 시비를 따지지는 말라."

"어떤 것이 납승의 숨결입니까?"

"그대에게 풍긴 적이 있었던가?"

"어떤 것이 법신法身의 주인입니까?"

"넘치지 않는 것이니라."

"어떤 것이 비로자나입니까?"

"초월하지 않는 것이니라."

운개雲蓋 화상

석상石霜의 법을 이었고, 담주에서 살았다. 선사의 휘諱는 원선源禪인데, 행장을 보지 못해 그 생애를 기록할 수 없다.

선사가 석상에 있을 때, 어느 날 문안을 드린 끝에 물었다.

"만호萬戶를 모두 연 것은 묻지 않겠습니다. 만호를 모두 닫은 때는 어떠합니까?"

석상이 되레 물었다.

"그 안의 일은 어떠한가?"

"지위가 없습니다."

"무엇에 의지하는가?"

선사가 그때에는 대답을 못하다가 반년이 지난 뒤에야 말했다.

"그를 제접할 이가 아무도 없습니다."

석상이 말했다.

"말이야 참으로 잘했으나 겨우 10중 8, 9정도만 얻었을 뿐이다."

이에 선사가 화상에게 대신 말해 주기를 청하니, 석상이 말했다.

"그를 아는 이가 아무도 없느니라."

구봉九峰 화상

석상石霜의 법을 이었고, 강서에서 살았다. 선사의 휘諱는 도건道虔이요, 속성은 유劉씨이며, 복주의 후관현候官縣 사람이다. 석상의 비밀한 뜻을 깨달은 뒤로부터 바로 구봉에서 살다가 나중에는 늑담의 보봉선원寶峰禪院에서 교화를 폈다.

어떤 스님이 물었다.

"무간의 사람은 어떤 행을 행합니까?"

선사가 대답했다.

"축생의 행을 행하느니라."

"축생은 다시 어떤 행을 행합니까?"

"무간 행을 행하느니라."

"그것은 여전히 장생長生의 길 위에 있는 사람이겠습니다."

"그대는 생명을 함께하지 않는 이가 있음을 알아야 한다.

"어떤 생명을 함께하지 않습니까?"

이에 선사가 말했다.

"오래 사는 가문은 항상하지 않느니라."

선사가 또 다음과 같이 말했다.

"형제들이여, 목숨을 알고 있는가? 목숨을 알려면 샘물처럼 흐르는 것은 목숨이요, 맑고 고요한 것은 몸이요, 천 파도가 다투어 이는 것은 문수文殊의 경계요, 맑은 하늘이 한 길로 뻗는 것은 보현普賢의 평상이다. 그 다음에 한 구절을 보탠다면 달을 가리킴이요, 그 안의 일은 달을 이야기함이니라. 예로부터 종문의 일은 마치 절도사의 깃발과 같나니, 제방에서의 선덕禪德들이 그렇게 많은 명목을 세워 설명하기 이전에는 여러분은 어떤 결실을 기준하여 따져 헤아렸는가? 이 경지에 이르러서는 세 치의 혀를 빌리지 않고 설명해 보아야 하며, 귀를 빌리지 않고 들어야 하며, 눈을 빌리지 않고 분별해야 한다.

그러므로 말하기를 '말하기 전에는 던져 버리지 못하고, 말한 뒤에는 그 모습을 숨길 수 없다' 하니, 온 건곤이 온통 그대들 자신의 당체當體이다. 어느 곳에다 눈·귀·코·혀를 두겠는가? 뜻만으로 헤아리고 분별해서 견해를 짓지 말라. 세상이 다하여도 쉴 때가 없으리라. 그러므로 옛사람이 말하기를 '마음과 뜻으로써 현묘한 법을 배우려 하면 흡사 서쪽으로 가려는 이가 동쪽으로 향하는 것 같으니라' 하였으니, 겁劫에 빠져 어그러지게 되는 것이다. 형제여."

어떤 이가 물었다.

"궁궐에서 소식이 끊겼는데, 은혜로운 사면[恩赦]은 어디서 옵니까?"

선사가 대답했다.

"유광流光이 비록 두루 하나 문턱 안에까지는 미치지 못하느니라."

"문턱 안과 유광의 거리는 얼마나 됩니까?"

"푸른 물에 파도가 일고, 푸른 산은 산색山色이 수려하니라."

"사람마다 이익 되기를 청해서 묻는다 하는데, 스님께서는 무엇으로 중생을 구제하시렵니까?"

"그대는 큰 산에 한 치의 흙이 없으리라 여기는가?"

"그렇다면 사해四海에서 찾아드는 것은 무엇을 위해서입니까?"

"연야달다演若達多의 머리가 혼미하여 마음이 저절로 미쳤느니라[狂]."

"미치지 않는 이도 있습니까?"

"있느니라."

"어떤 것이 미치지 않은 자입니까?"

"첫 새벽길에 눈을 뜨지 않는 자이니라."

"어떤 것이 학인學人 자신입니까?"

"그 밖에 누가 있느냐?"

"그냥 그렇게 알 때는 어떠합니까?"

선사가 말했다.

"수미산이 수미산을 다시 이겠는가?"

"조사에게서 조사에게로 전했다 하는데, 무엇을 전하셨습니까?"

"석가는 인색하고, 가섭은 풍부했느니라."

"필경에 전해 지닌 일이 무엇입니까?"

"동갑 노인들이 등불을 나누어 주느니라."

"옛사람이 말하기를 '모든 부처님도 나의 도가 아니다' 했는데, 어떤 것이 나의 도입니까?"

"나의 도는 모든 부처님들이 아니니라."

"모든 부처님이 아니라면 어찌하여 나의 도를 세웁니까?"

"아까 잠시 불러들였다가 이제 쫓아 버렸다."

"어째서 쫓아 버렸습니까?"

"쫓아내지 않으면 눈에 티가 돋느니라."

"모든 곳에서 찾을 수 없다면 성인이 아니겠습니까?"

"성인이니라."

"우두牛頭가 4조를 만나지 못했을 때 어찌 성인이 아니겠습니까?"

"그렇다. 성인의 경계가 없지는 않았느니라."

"두 성인의 거리가 얼마나 됩니까?"

"티끌 속에서 몸을 숨기는 기술이 있다지만 온몸으로 황제의 지방[帝鄕]에 들어가는 것만이야 하겠느냐?"

"듣건대 옛사람이 말하기를 '온 건곤이 모두 눈[眼]이다' 하는데,

어떤 것이 건곤의 눈입니까?"

"건곤이 그 속에 있느니라."

"건곤의 눈은 어디에 있습니까?"

"그것이 바로 건곤의 눈이니라."

"밝게 비칠 수 있습니까?"

"세 가지 광채[7]의 세력을 빌리지 않느니라."

"세 가지 광채를 빌리지 않는다면 무슨 근거로 건곤의 눈이라 부릅니까?"

이에 선사가 말했다.

"만일 그렇지 않다면 해골바가지 앞에서 귀신을 보는 사람이 무수하리라."

"한 붓으로 단숨에 단청을 하면서 어째서 지공志公의 사진은 그리지 못합니까?"

"승요가 지공을 인정하였느니라."

"그러면 지공도 승요를 긍정하였습니까?"

"지공이 긍정한다면 승요는 인정하지 않았을 것이다."

"승요는 누구의 종지를 받았기에 지공을 인정했습니까?"

이에 선사가 대답했다.

"오구烏龜[8]가 수미의 기둥 앞에 머리를 조아리느니라."

"옛사람이 말하기를 '진심이다, 망심이다' 하는데, 이 뜻이 어떠합니까?"

---

7 여기서는 해와 달과 별의 세 가지 빛을 가리킨다.

8 오구자烏龜子라고도 한다. 『종용록從容錄』에 의하면 "오구자가 수미좌須彌座 아래서 거듭해서 이마를 부딪쳐 상처를 내는 것을 기다리지 말라" 하였는데, 이 때의 오구자는 눈이 먼 거북을 가리킨다.

"이는 진眞을 세워 망妄을 드러내는 것이다."

"어떤 것이 진심입니까?"

"잡되게 먹지 않는 것이다."

"어떤 것이 망심입니까?"

"반연하여 일어났다, 사라졌다 하는 것이다."

"이 두 가닥을 떠나서 어떤 것이 학인의 본체입니까?"

"본체는 떠나는 것이 아니니라."

"어째서 떠나지 않습니까?"

"공덕천功德天을 공경하지도 않는데, 누가 흑암녀黑暗女[9]를 미워하랴."

"경계를 대하여 움직이지 않을 때는 어떠합니까?"

"큰 힘을 가진 사람이 아니니라."

"어떤 것이 큰 힘을 가진 사람입니까?"

"경계를 대하여 움직이지 않는 사람이니라."

"아까는 어째서 큰 힘을 가진 사람이 아니라 하셨습니까?"

이에 선사가 말했다.

"집에 있을 때는 쉽다고 말했지만 막상 통발을 들고서야 비로소 고기 잡기가 어렵다는 것을 아느니라."

"옛사람이 말하기를 '도는 명칭을 초월한다' 하였는데, 명칭 밖의 도를 누가 세웁니까?"

"이름을 빌리어 도라고 할 뿐이지, 도가 스스로 이름을 짓지는 않느니라."

9 흑암천黑暗天을 말하는 것으로, 공덕천功德天의 누이동생이다. 용모가 추악하며 사람에게 재앙을 주는 여신女神이다.

"스스로가 도라고 이름을 짓지 않았다면 노 행자는 어떻게 안 것입니까?"

"아는 곳은 노씨의 경계가 아니니라."

"어떤 것이 노씨의 경계입니까?"

"샛별을 뒤로 하고, 소를 거꾸로 타는 것이니라."

"미륵은 원래 석가의 스승이었는데, 석가에게 무슨 증험이 있어서 현묘하게 9겁을 초월했습니까?"

"보배로운 곳은 멀고 가까움이 없지만 늦고 빠름의 차이는 있다."

"빠르고 더딘 것 외에 또 나눕니까?"

"어찌 나누지 않겠는가?"

"어떻게 나눕니까?"

"석가는 먼저 도달하지 않았고, 미륵은 뒤에 이르지 않았느니라."

"그렇다면 계족산에서 옷을 들고 누구를 기다린 것입니까?"

"먼 소식은 다만 보처補處[10]에게나 전해야 하느니라."

"전한 뒤에는 어떠합니까?"

"용화龍華 회상에 자씨慈氏가 없느니라."

"보처補處, 그는 또 누구입니까?"

이에 선사가 말했다.

"자씨에게 물어보라."

선사가 상당하자 대중이 모였다. 이에 선사가 말했다.

"허공에서 어떤 사람이 설법을 하는데, 그 소리가 범천을 진동

---

10 부처의 자리를 보補한다는 뜻이다. 여기서는 다음에 부처될 사람을 가리킨다.

시킨다. 여러분도 듣는가? 만일 듣지 못했거든 자세히 들어라. 자세히 들어라. 오래 서 있었다. 잘 가거라."

이에 대중이 막 흩어지려는데, 선사가 다시 대중을 불렀다. 대중이 고개를 돌리니, 선사가 말했다.

"이야기를 잘못 전하지 말라."

"해가 한복판에 있을 때는 어떠합니까?"

"마치 한밤중과 같으니라."

"그럴 때, 해는 어디에 있습니까?"

"한복판에 있느니라."

"해가 한복판에 있다면 어떻게 한밤중과 같습니까?"

"한밤중에도 해는 역시 한복판에 있다."

"빛은 비추기는 합니까?"

"흰 구름이 광채를 뿜으니, 달 속의 그림자가 퍼지지 않느니라."

이에 선사가 다시 게송을 읊었다.

한나절에 해가 둥글어도 비치지 않다가
도리어 3경을 가리키자 잠시 사람들에게 보인다.
밝고 어둠으로 앞의 일만 없애려 하지 말라.
등燈 근처의 구족한 몸은 아니었노라.
當午日輪圓不照　　却指三更暫示人
莫將明暗消前事　　不是燈邊具足身

"성인의 미혹과 범부의 미혹을 어떻게 구별합니까?"

"성인의 미혹은 어둡기가 옻칠 같고, 범부의 미혹은 밝기가 해

같으니라."

"성인의 미혹은 어찌하여 어둡기가 옻칠 같습니까?"

"죽은 스님의 면전이라는 말도 듣지 못했느냐?"

"범부의 미혹은 어째서 밝기가 해와 같습니까?"

"그대들의 의식이 맺힌 곳이 많기 때문이니라."

"범부에도 성인에도 속하지 않는 경지境地를 어떻게 가려냅니까?"

선사가 대답했다.

"천 개의 눈으로도 미치지 못하느니라."

"옛사람이 말하기를 '세상 지혜와 부처 지혜는 이름은 같으나 본체는 다르다' 했는데, 세상 지혜와 부처 지혜의 거리는 얼마나 됩니까?"

"그대는 반딧불이의 빛과 햇빛이 어떻다고 보는가?"

"그렇다면 우수함과 열등함이 분명하겠습니다."

"그대들이 하인이다, 주인이다 하기에 다르니라."

"다르다면 어째서 옛사람이 '몸과 마음이 한결같아서 몸 밖에 다른 것이 없다'고 말하셨습니까?"

"사물이 만약 완전하다면 무슨 같고 다름이 있겠는가?"

법조 화상이 물었다.

"듣건대 스님께서 말씀하시기를 '문수는 용用이다' 하셨다는데, 사실입니까?"

"그렇소."

"또 듣건대 화상께서 말씀하시기를 '문수는 방두(方頭 : 융통성 없는 사람)다'라고 하셨다면서요?"

"이것을 떠나 오늘부터 이것이 아닌 쪽으로 간다면 이 방두는 무엇이란 말이오?"

"방두도 돌아옵니까?"

"10명의 식구 중 9명이 떠드는데, 한 명은 알지 못하오."

"알지 못한다면 화상께서는 어찌하여 문수를 방두라 하십니까?"

"천千 줄기의 강에 달빛을 나누어 주었지만 그 달빛 언제 푸른 하늘에서 내려온 적이 있던가?"

"그러할 때에 문수는 어디에 있습니까?"

이에 선사가 말했다.

"머금고 있는 사이에 예전의 이름을 잃었다."

"아홉 사람이 그렇게 와서, 무슨 소식을 전합니까?"

"아홉 사람은 뜻을 얻지 못했다."

"뜻을 얻지 못했다면서 무슨 소식을 전합니까?"

"바로 그것이 소식을 전하는 경지境地이다."

"누구의 말을 전합니까?"

"차라리 혀를 끊을지언정 나라님의 휘자諱字를 범할 수는 없느니라."

"법 비[法雨]가 골고루 적셔 주는데, 마른나무는 어찌하여 꽃이 없습니까?"

"듣지 못했는가? 높은 초원이 육지라는 말을."

"끝내 꽃을 피울 때가 있겠습니까?"

"꽃을 피운다면 마른나무라 할 수는 없느니라."

"옛사람은 어찌하여 '마른나무에 한 떨기의 꽃이 핀다' 하였습니까?"

"한 사람은 말을 않고 한 사람은 소리를 내지 못한다면, 누가 혀가 없는 자인가?"

"털을 쓰고 뿔을 인 사람은 어떤 지위에 머뭅니까?"

"백은을 땅으로 삼고 황금으로 담을 만든다."

"이 사람에게도 스승이 있겠습니까?"

"있느니라."

"어떤 것이 이 사람의 스승입니까?"

"털도 쓰지 않고 뿔도 이지 않은 사람이니라."

"옛사람은 어째서 '설사 털을 쓰지 않고 뿔을 이지 않아도 교섭할 길이 없다'고 말하였습니까?"

"옛사람은 다른 가운데 다른 것[異中異]을 밝히기 위하여 거듭 얼굴을 씻느니라."

"중·하의 근기는 끊어 보내는 방편을 빌려야 합니까?"

"이는 간곡한 방편에 떨어지는 것이다."

"상상上上의 근기도 끊어 보냄을 빌립니까?"

"집안의 가장은 씹던 밥을 먹지 않느니라."

"옛사람은 어째서 '설사 상상의 근기라도 일깨워 주어야 된다'고 말하였습니까?"

"뚜렷하게 걸어 올리고서 떠나면 누가 있어 그대같이 흔들거리랴?"

"그렇다면 흔들거리는 것 역시 잘라 버려야 되겠군요?"

"그러하니라."

"상상의 근기를 어떻게 일깨워 주어야 합니까?"

"달갈이 때를 넘겨도 놀라지 않는 사람이 있느니라."

"큰 천제闡提에 속하는 사람은 어떤 짐을 꾸립니까?"

"칼날을 드러내고 칼을 치켜드느니라."

"누구를 죽이려 합니까?"

"모든 성인과 부처와 조사를 항상 없애야 한다."

"물리친 뒤에는 이 사람을 어디서 죽여야 합니까?"

"밥상 앞에 모인 자리에서 죽여야 하느니라."

"죽인 뒤에는 어떠합니까?"

"해오라기는 눈 숲에 들어가지 않느니라."

"금방 난 자식에게도 생애라는 것이 있습니까?"

"봉이 하늘에 오르나 푸른 구름은 알지 못하느니라."

"문 안에 든 뒤의 일은 어떠합니까?"

"문 안에서는 흰머리를 잊어버리느니라."

"그렇다면 나이 젊은 아비가 있는 줄은 모르겠습니다."

"해오라기가 이미 눈 숲에 들어와 있느니라."

"그러할 때에도 가릴 곳이 있겠습니까?"

"해오라기가 없지는 않느니라."

"옛사람이 말하기를 '산 밑 단월檀越 집의 한 마리 수고우水牯牛가 되리라' 했는데, 그 수고우를 살쾡이나 흰 물소와 분별합니까?"

"분별을 왜 안 하는가? 해야지."

"어떻게 분별합니까?"

"살쾡이와 흰 물소는 머리에 뿔이 없지만 산 밑의 수고우는 뿔이 다시 나느니라."

"그렇다면 옛사람이 한 마리의 수고우가 되었겠습니다."

"만일 한 마리의 수고우가 되었다면 옛사람을 굴욕되게 함이니라."

"화상께서는 조금 전에 어찌하여 뿔이 다시 난다 하셨습니까?"

"다시 뿔이 나면 가엾어서 머리를 자르지 못하고 뿔이 없으면 무리에 들지 못하느니라."

"위로부터 전하는 종승宗乘을 청해 묻는 것이 옳습니까? 청해 묻지 않는 것이 옳습니까?"

"3년 동안 크게 가물어도 동해 바다는 모르느니라."

"그렇다면 밖에서 얻는 것이 아니겠습니다."

"안에서도 얻을 수 없느니라."

"안에서도 얻을 수 없고 밖에서도 얻을 수 없을 때는 어떠합니까?"

"구족한 것도 아니요, 모자라는 것도 아니니라."

"끝내 어떠합니까?"

"궁구해도 다하지 못하느니라."

"불佛·법法 두 글자가 마치 원수와 같을 때는 어떠합니까?"

"토끼의 뿔은 그대 마음대로 가져도 되지만 토끼는 나에게 돌려다오."

"토끼에게 어찌 뿔이 있겠습니까?"

"불·법, 두 글자는 무엇에 근거해 세웠는가?"

"세우지 않은 자는 어떠합니까?"

"토끼가 없다고는 할 수 없느니라."

남악南嶽 현태玄泰 화상

석상의 법을 이었다. 그가 살던 난야蘭若는 산의 동쪽에 있었는데 칠보대七寶臺라 불렀다. 한평생을 고결하게 지내면서 회상을 차려 문도門徒를 세우지 않았다. 그러나 유행遊行하며 참예하는 스님들이 가끔 모이기도 하고, 흩어지기도 하였기에 일정한 기준은 없었다.

선사가 이튿날 열반에 들려 할 무렵에 아무 스님도 오지 않자, 몸소 산 어귀로 내려가서 한 사람을 불러다가 산자락에 향탄목〔香薪 : 화장나무〕을 준비하게 하고는 법의法衣를 입고 올라앉아서 다음과 같이 두 게송을 썼다.

금년이 65세인데
4대가 주인을 버리려 한다.
그 도는 본래 현현하여
그 안에는 부처도 조사도 없다.

今年六十五　　四大將離主
其道自玄玄　　箇中無佛祖

다시 또 송했다.

머리를 깎을 필요도 없고
목욕을 할 필요도 없다.
한 무더기의 이글거리는 불덩이면
수족手足이 두루 충분하리라.

不用剃頭　　不用澡浴
一堆猛火　　手足萬足

게송을 다 읊고는 한 발을 드리우고 떠나니, 다비荼毘한 뒤에 사리를 거두어 견고 대사의 탑 왼편에 무덤을 만들었다. 평생토록 지은 가歌·항行·게偈·송頌이 천하에 퍼졌고, 그 도는 눈과 귀로 전해 퍼졌으나 여기에 다 수록하지 않는다.

보개寶蓋 화상

석상石霜의 법을 이었다. 행적을 보지 못해서 생애를 기록할 수 없다.

어떤 스님이 물었다.

"책 읽기를 그만두었을 때는 어떠합니까?"

"일찍이 책을 편 적이 없느니라."

"다시 들추는 이는 어떠합니까?"

"들추는 사람이 뜻을 잃었으니, 그대는 벌써 제2의 경지境地에 떨어졌느니라."

"조정의 부름에 나아가지 않는 자는 어떠합니까?"

"급제를 했었던가?"

"금방金牓에 쓰인 이름이야 어찌하겠습니까?"

"세상의 호號로는 통할 수 없느니라."

"그렇다면 황금 상자에 있는 옥새玉璽를 전해 줄 곳이 없겠습니다."

"벼슬의 칭호는 드러난 적이 없느니라."

"대궐 안에도 은총이 미치지 못할 때는 어찌합니까?"

"용상에 일찍이 누운 적이 없고, 구오九五에도 일찍이 오른 적이 없느니라."

현천玄泉 언彦 화상

암두巖頭의 법을 이었다.
어떤 이가 물었다.
"어떤 것이 음성 이전의 한 구절입니까?"
선사가 "흠흠〔吽吽〕"[11] 하자, 다시 물었다.
"소리를 낸 뒤에는 어떠합니까?"
"어떤 것이 전혀 막힘이 없는 도인가?"
"청산이 정수리를 드러내지 않을 때는 어떠합니까?"
"옥토끼가 봄을 알지 못하나 밤과 낮을 구별하지 못하는 것은 아니다."
"바로 그러할 때는 어떠합니까?"
"항아姮娥 신선이 월궁月宮에 났으나 신선의 가풍에 머물지 않는다."

오암烏巖 화상

암두巖頭의 법을 이었다. 선사의 휘諱는 사언師彦이니, 행장을 보지 못해서 그의 생애를 기록할 수 없다.
어떤 이가 물었다.
"머리 위에서 보배 일산이 나타나고 발밑에서 구름이 생길 때는

---

11 우吽는 범어 hūm의 음사音寫. 원래 인因의 뜻이다. 또는 진여眞如 그 자체에서 우수한 공덕이 모두 여기에서 생긴다고 한다. 밀교密敎에서는 모든 사물의 궁극의 상징으로 본다.

어떠합니까?"

"칼을 쓰고 족쇄를 찬 놈이니라."

"머리 위에 보배 일산이 나타나지 않고 발밑에 구름이 나지 않을 때는 어떠합니까?"

"아직도 수갑[杻]을 차고 있느니라."

"필경畢竟의 일은 어떠합니까?"

"공양을 든 뒤에는 나른해지니라."

"어찌 하늘이 덮지 못하고 땅이 싣지 못하는 것이 아니겠습니까?"

"만일 그렇다면 덮이고 실리느니라."

"만일 그렇지 않다면 오암을 만났겠습니다."

이에 선사가 "사언師彥아" 하고 이름을 불렀다.

"어떤 것이 부처님들이 몸을 내신 곳입니까?"

선사가 대답했다.

"갈대꽃은 바다 밑에 잠기고, 겁석劫石은 따사로운 봄을 맞는다. 불꽃은 영원히 흐르는 물 같으니, 부처님께서는 여기서 나타나신다."

선사가 이러한 질문을 폈다.

"온 시방세계가 오직 한 사람에게 속했나니, 만일 다급한 일이 생기면 어떻게 연락을 취하겠는가?"

이에 광리 화상이 대답했다.

"그대가 아무리 세계를 뭉그러뜨려도 그 사람은 조금도 그대를 기특하게 여기지 않는다."

보은은 다음과 같이 대답했다.

"만일 화상을 용두사미라 하여도 그 역시 눈먼 놈일 뿐이오."

영암靈巖 화상

암두巖頭의 법을 이었고, 길주吉州에서 살았다. 선사의 휘諱는 혜종慧宗이요, 성은 진陳씨이며, 복주福州의 장계현長溪縣 사람이다. 귀산龜山에서 업을 익히다가 나이가 차자 계를 받고는 종사를 흠모하더니, 암두를 한 번 보자마자 비밀한 뜻을 몽땅 전해 받았다.

어떤 스님이 물었다.

"어떤 것이 학인 자신의 본분 일입니까?"

선사가 대답했다.

"진금眞金을 버리고 기와 조각을 주워 모아 무엇에 쓰겠는가?"

나산羅山 화상

암두巖頭의 법을 이었고, 복주福州에 있었다. 선사의 휘諱는 도한道閑이요, 성은 진陳씨이며, 장계현 사람이다. 귀산에서 출가하여 계를 받자마자 조사의 비밀한 뜻을 위해 길을 나섰다가 암두를 만나 비밀한 뜻에 계합하였다.

처음 개당할 때에 법의法衣를 갖추고 법상에 올라서 "잘 가시게" 하였다. 이때 학인이 나서서 물으려 하자, 선사가 할을 하여 내쫓으며 말했다.

"어디를 갔다가 오는가?"

어떤 스님이 소산 화상을 위해 연수탑延壽塔을 세웠는데, 공사가 끝나고 화상에게 고하니, 소산 화상이 그에게 물었다.

"그대는 장인들에게 돈을 얼마나 주었느냐?"

스님이 대답했다.

"모든 것이 화상께 달려 있습니다."

소산이 다시 물었다.

"그대는 돈 세 푼을 장인에게 주었느냐, 아니면 돈 두 푼을 장인에게 주었느냐? 그도 아니면 돈 한 푼을 장인에게 주었느냐? 만일 대답을 한다면 나를 위해 친히 탑을 세워 준 것이 되느니라."

스님이 대답이 없었다.

선사가 대령大嶺의 암자에 머무르고 있을 때 그 스님이 왔기에 물었다.

"어디서 왔는가?"

"소산에서 왔습니다."

"소산 화상께서 요즘 무어라 하시던가?"

그 스님이 자세히 이야기하니, 선사가 말했다.

"대답한 사람은 있는가?"

스님이 대답했다.

"아무도 대답하지 못했습니다."

이에 선사가 말했다.

"그대는 다시 소산에 돌아가 말하기를 '대령 화상께서 제가 전하는 이야기를 듣고 말씀하시기를 만일 돈 서 푼을 장인에게 준다면 화상께서는 금생 동안에 결정코 탑을 세우지 못하실 것이요, 만일 돈 두 푼을 장인에게 준다면 화상께서는 한 손을 같이 거들어야 탑을 세울 것이요, 만일 돈 한 푼을 장인에게 준다면 장인의 눈썹과 수염만 더럽히고 동시에 지옥에 떨어질 것입니다' 하여라."

그 스님이 바로 돌아가서 소산에게 말하니, 소산이 얼른 위의를 갖추고 대령을 바라보면서 찬탄했다.

"아무도 없다고 여겼더니, 대령에 옛 부처님이 계셔서 광명이 예까지 비치는구나. 그대는 다시 대령으로 가서 말하기를 '마치 섣달에 연꽃이 핀 것 같습니다' 하라."

그 스님이 다시 선사에게 와서 이 일을 이야기하니, 선사가 말했다.

"벌써 거북의 털이 두어 길이나 자랐구나."

선사가 또 언젠가 상당하여 말했다.

"종문의 깊고 깊은 뜻을 어떻게 말로 알아들을 수 있으며, 참된 마음 정하기 어려운데 실제 이치를 어떻게 설명하랴? 조사가 대대로 드러내 밝혀 주시고 지견知見을 곡진히 드리워 주시니, 준수한 선비는 큰일을 드러내고 차례대로 시행해서 부처와 악마를 무찌르고 깊은 경지境地에 돌아가며, 신령한 광채를 은밀히 퍼져 나게 하여 눈앞에 교법을 퍼뜨리며, 뜻을 들어 종지를 밝혀서 광채가 큰 바다같이 흐른다. 선법과 도를 들으면서 자취를 없애고 소리를 죽인다. 부처와 조사가 분명한 옛길을 밝히는데, 마등摩騰과 축법란의 노란 잎[黃葉] 무엇이 다르랴?[12] 대장경의 교법은 도서圖書로는 그려내지 못한다. 만일 종승宗乘의 한 가닥 길을 말한다면 바다

12 마등은 선사禪師, 축법란은 역경사譯經師, 즉 교敎를 가리킨다. 여기서는 선과 교가 무엇이 다르겠는가라는 뜻이다.

같이 큰 입이라도 설명하기 어렵나니, 석가가 방문을 닫고, 유마가 입을 다문 것을 보지 못하는가? 잠시 파란波瀾을 멈추고 만물을 계제에 따라 접하고, 반드시 뛰어난 선비와 교제하고 때에 응하기를 바람처럼 하며 기회에 응하기를 번개처럼 하라. 하나라도 빠지면 마치 죽은 놈과 같나니, 칼날에 맞서는 한 대의 화살을 누가 감히 감당하겠는가? 준수한 무리가 아니면 공연히 입만 놀리는 격이 되며, 오랜 예부터 지금에 이르기까지 기특함을 지나지 못한다. 만일 훌륭한 스승을 만나지 못하면 고개를 숙여 귀 기울여 듣고 마음으로 생각을 더듬어도 끝내 만져지지 않는다. 그저 옛사람의 말만 기억해 소경 무리를 미혹시킨다면 공겁으로 보내져 윤회를 면하지 못하건만 작가랍시고 대답하고 두드려 봐서는 나귀 해가 된다 해도 이룰 수 없으리라. 잘 지내거라."

정씨의 열셋째 딸이 12세가 되자 어떤 비구니를 따라 서원西院의 대위 화상을 뵈었다. 막 절을 하고 일어서는데, 대위가 물었다.

"저 비구니는 어디에 사는가?"

"남대南臺의 강가에 삽니다."

위산이 할을 하여 내쫓고는 다시 물었다.

"등 뒤의 노파는 어디에 사는가?"

열셋째 딸이 온몸으로 세 걸음 앞서 나가 손을 모으고 섰다. 이에 위산이 다시 물었다.

"저 노파는 어디에 사는가?"

열셋째 딸이 대답했다.

"벌써 화상께 대답을 해드렸습니다."

위산이 말했다.

"가거라, 가거라."

그리하여 법당 밖으로 나서는데, 비구니가 열셋째 딸에게 물었다.

"평소에 '나도 선을 안다'며 입을 마치 방울처럼 놀리더니, 어째서 오늘 화상께서 물으실 때에는 전혀 한마디도 못했느냐?"

열셋째 딸이 말했다.

"슬프도다, 슬프도다. 겨우 그러한 안목을 갖추고서 '나는 행각行脚을 하노라' 말하니, 누더기를 벗어서 나 열셋째 딸에게 입히려 해도 입히지 못할 것이오."

열셋째 딸이 나중에 선사에게 이 일을 이야기하고 물었다.

"열셋째 딸이 대위를 뵙고 그렇게 대꾸한 것이 온당하였습니까?"

선사가 대답했다.

"허물이 없을 수 없느니라."

"허물이 어디에 있습니까?"

이에 선사가 꾸짖으니, 열셋째 딸이 말했다.

"오늘의 일이야말로 비단 위에 다시 꽃수를 놓은 것이겠습니다."

또 언젠가 상당하여 말했다.

"이치에 밝게 통하면 부처님들과 어깨를 나란히 하고, 현상에 밝게 통하면 모든 성인과 동등하게 되나니, 현상과 이치를 모두 통달하면 무엇이라 부르겠는가? 거리낌 없이 천하를 돌아다닐 수 있고 속박에서 자유로울 것이다. 모름지기 이러한 사람이라야 근기에 임하여 숨었다 나타났다 하고, 잡았다 놓았다 함이 그때그때마다 자유로울 것이니, 그대들이 중얼거리는 것으로 알 수 있는 것이 아니다. 만일 실제로 알지 못한다면 세 구절 나아가 네 구절에 얼기설기 얽히게 됨을 끝내 어쩌지 못하리라. 만일 위로 향하는 일을 알지 못한다면 어디에서 얻을 수 있겠는가? 듣지 못했는가? 높은 선비는 관문을 알지 못한다 했다. 아는가? 만일 초월한 작자라면 깜짝할 사이에 그만두리라. 지금에도 그러한 녀석이 있는가? 나와서 시험 삼아 한마디 일러보라. 얼마나 훌륭한가? 만일 긍정과 부정의 원리를 알지 못한다면 먼저 여러 겁 동안의 부사의한 것을 스스로 알아차려 항상 드러나게 하여 자유자재로워야 한다. 만일 사자가 땅을 버티고 선 경지를 논한다면 어떻게 말해야 하는가? 천 가지 시설과 작용도 야간(野干 : 승냥이)의 울음을 벗어나지 못하나니, 예와 작금을 꿰뚫고 지나는 경지를 음성 이전에 알아차려 보아라. 일없으니 잘 가거라."

진 상좌가 물었다.

"암두巖頭 화상이 '동산은 좋은 부처이지만 다만 광채가 없구나' 했는데, 동산에게 무슨 흠이 있기에 광채가 없다 하였습니까?"

선사가 무진을 불러 무진이 대답하니, 선사가 말했다.

"확실히 좋은 부처인데, 다만 광채가 없구나."

진 상좌가 말했다.

"대사께서는 어찌하여 저의 말에 시비를 거십니까?"

"어디가 노승이 그대의 말에 시비를 거는 곳인가? 속히 일러라. 속히 일러라."

무진이 대답을 못하자, 선사가 때렸다. 어떤 이가 물었다.

"어떤 것이 종문에서 유포되는 일입니까?"

선사가 손을 벌리니, 다시 물었다.

"서둘러 와서 뵈었으니, 스님께서 한 번 제접해 주십시오."

선사가 대답했다.

"알겠는가?"

"모르겠습니다."

"화살이 이미 지나갔느니라."

또 어떤 대덕이 와서 참문하니, 선사가 물었다.

"대덕의 호는 무엇인가?"

"명교明教라 합니다."

"교법을 아는가?"

"어느 정도 압니다."

이에 선사가 주먹을 세우고 말했다.

"영산회상에서는 이것을 무슨 교법이라 하는가?"

"주먹의 교법이라 합니다."

선사가 웃으면서 말했다.

"이런 것을 주먹의 교법이라 한다고?"

그리고는 다리를 뻗으면서 물었다.

"이런 것은 무슨 교법이라 하는가?"

대덕이 대답이 없으니, 선사가 말했다.

"다리의 교법이 아니겠는가?"

선사가 열반에 들기 직전에 상당하여 법상에 올랐다. 그리고는 양구良久했다가 왼손을 펴니, 주사主事가 말했다.

"동쪽이 검으니, 스님들은 뒤로 물러나시오."

선사가 또 양구했다가 다시 오른손을 펴니, 주사가 또 말했다.

"서쪽이 검으니, 스님들은 뒤로 물러나시오."

이에 선사가 말했다.

"스승의 은혜를 갚으려면 지조를 지키는 것보다 좋은 것이 없고, 국왕의 은혜를 갚으려면 대교大敎를 퍼뜨리는 것만한 것이 없다. 돌아가리라, 돌아가리라. 하하하하, 잘 있으라."

조당집 제10권

현사玄沙 화상

설봉雪峰의 법을 이었고, 복주에서 살았다. 선사의 휘諱는 사비師備요, 속성은 사謝씨이며, 복주福州의 민현閩縣 사람이다. 함통咸通 초에 부용산芙蓉山으로 가서 출가하였고, 종릉鍾陵의 개원사開元寺 도현道玄 율사에게서 계를 받았다. 그리고는 다시 산문으로 돌아왔다. 모든 행동은 남보다 먼저 하고, 바람과 서리〔霜〕를 꺼리지 않았으니, 어찌 추위와 더위를 귀찮아했겠는가. 옷은 오직 베 누더기를 입었고, 도에 열심히 전념하였으며, 말하거나 침묵함에는 법규가 있었고, 세속의 무리에 섞이지 않았으니, 설봉이 선사의 됨됨이가 곧고 순수함을 보고서 자주 제접하다가 마침내는 선사를 비備 두타라 불렀다. 이렇게 몇 해 동안 우러러 모시고 가까이에서 의지하였다. 어느 날 묵정밭(오래 내버려 둔 밭)에서 울력을 하는데, 설봉이 뱀 한 마리를 보자 주장자로 꿰어 들고 대중을 불러 말했다.

"이것을 좀 보라."

그리고는 칼을 뽑아 두 토막을 내니, 선사가 지팡이로 걷어 등 뒤로 던져 버리고는 다시 돌아보지도 않았다. 그러자 대중들이 모두가 깜짝 놀랐다. 그러자 설봉이 다음과 같이 말했다.

"장하도다."

설봉이 어느 날 말했다.

"비 두타가 아직 제방諸方을 다녀보지 못했으니 한 바퀴 돌아봄이 어떨까?"

이렇게 네 차례나 말하니, 선사가 화상의 말씀이 간절함을 알고 화상의 처분에 따라 보따리를 꾸려서 길을 나섰다. 마침 고개 마루턱을 지나다가 돌부리를 차고 크게 깨닫고는 자기도 모르게 다음과 같이 외쳤다.

"달마達磨께서 오시지도 않았고, 2조가 전해 받지도 않았다."

이어 큰 나무에 올라가서 강서江西를 바라보면서 말했다.

"그 노파를 긍정한 일이야 어찌하겠는가."

그리고는 바로 설봉雪峰으로 돌아가니, 설봉이 보고 말했다.

"그대를 강서까지 다녀오라 했는데, 어째서 그렇게 빨리 돌아왔는가?"

"갔다가 왔습니다."

"어디까지 갔었는가?"

선사가 앞의 일을 자세히 이야기하니, 설봉이 그 근기를 매우 갸륵하게 여겨 거듭 입실의 법을 말해 주었다. 선사가 곧 현묘한 법을 모두 깨달으니, 마치 병에서 물을 따르듯 하였다.

처음에는 보응普應의 회하에서 살았고, 나중에 민왕이 안국사로 청하여 스승의 예로 대우하고, 위에 주달하여 석장과 자주색 가사와 종일宗一이라는 호를 하사받게 하였다. 세 곳에 머물며 30년 동안에 8백여 명의 대중을 제도하였다.

어떤 이가 물었다.

"어떤 것이 학인學人의 자기의 일입니까?"

선사가 대답했다.

"자기를 가지고 무엇을 하려는가?"

"예로부터 전하는 종문 안의 일을 여기서는 어떻게 설명하십니까?"

"듣는 이가 드물다."

선사가 대중에게 말했다.

"부처님께서 말씀하시기를 '나에게 바른 법의 안목이 있는데, 마하가섭에게 전하노라' 하셨다지만, 나는 그것이 달을 이야기하는 격이라 말하고, 조계가 불자를 일으켜 세운 것은 달을 가리키는 손가락이라 말하리라."

"옛사람은 사람들을 한 번 보고 바로 제접하였는데, 스님께서는 어떻게 사람을 제접하십니까?"

"나는 한 번 보는 순간에 사람을 제접하지는 않느니라."

"스님께서는 어떻게 사람을 제접하십니까?"

선사가 바라만 보니, 다시 물었다.

"옛사람이 방망이를 들고 불자를 세우는 것이 종승의 일에 걸맞은 것입니까?"

"걸맞지 않느니라."

"옛사람의 뜻이 무엇입니까?"

이에 선사가 불자를 세우니, 스님이 다시 물었다.

"그러면 종승宗乘의 일은 어찌합니까?"

"그대가 스스로 깨닫기를 기다려야 하느니라."

선사가 장생長生에게 물었다.

"유마 거사가 부처님을 보고 '전세에서 온 것도 아니요, 후세로 가는 것도 아니며, 현세에 머묾도 없다' 하였는데, 장로는 어떻게 보는가?"

스님이 대답했다.

"저의 허물을 용서해 주시면 헤아려볼 수 있겠습니다."

"장로의 허물을 용서한다면 어찌하겠는가?"

장로가 양구良久하고 있자, 선사가 말했다.

"대답은 누구더라 하라는 것인가?"

"공연히 귀를 기울이고 계셨군요."

이에 선사가 나무랐다.

"그대가 귀신 굴속에서 살아날 궁리를 하는 줄은 진작 알고 있었느니라."

선사가 목어木魚 치는 소리를 듣고 말했다.

"나를 때리는구나."

선사가 남주에 갔을 때 왕 태부와 한 방에 앉았는데, 어떤 사미가 발〔簾〕을 들치고 들어와서 선사를 뵈려다가 선사와 왕 태부가 함께 있는 것을 보자 발을 놓고 몸을 빼서 물러서니, 선사가 말했다.

"저 사미는 한 20대는 맞아야겠구나."

이에 왕 태부가 말했다.

"그렇다면 연빈延玭의 허물이 되겠습니다."

선사가 말했다.

"부처도 법도 없다는 것은 그러한 도리가 아니니, 좀더 자세히 하는 것이 좋으리라."

어떤 스님이 중탑中塔에게 물었다.

"사미에게 무슨 허물이 있기에 20대를 때린다 합니까?"

중탑이 대답했다.

"30대를 더한다 하여도 사미에게는 허물이 없느니라."

다시 흥화에게 물으니, 흥화가 말했다.

"만일 두 분이 앉은 자리를 알면 그 방망이가 밖에서 오지 않았으리라."

또 순덕順德에게 물었다.

"현사玄沙가 그렇게 말한 뜻이 무엇입니까?"

순덕이 대답했다.

"물을 위해서 물을 길은 것이 아니다."

"그렇다면 태위도 역시 선타바先陀婆가 되었겠습니다."

"그 역시 남에게 부탁하는 것이 된다."

그가 긍정하지 않고 다시 물었다.

"물을 위해서 물을 길은 것이 아니라는 뜻이 무엇입니까?"

순덕이 말했다.

"청산을 갈아서 먼지로 만들지라도 한가한 사람이 없음을 감히 보증하노라."

『천청문경天請問經』에서 말하기를 "'어떤 것이 날카로운 칼이며, 어떤 것이 지독한 독약이며, 어떤 것이 활활 타오르는 불길이며, 어떤 것이 몹시 짙은 어둠입니까?' 하니, 부처님께서 그 하늘 무리에게 대답하시기를 '거친 말은 날카로운 칼날이요, 탐욕은 지독한 독약이요, 성냄은 활활 타오르는 불길이요, 무명이 짙은 어둠이니라'고 했다" 하였는데, 어떤 이가 이 이야기를 들어 설봉에게 물었다.

"여래께서는 날카로운 칼날만을 말씀하셨을 뿐, 칼날에 맞서는 법은 말씀하지 않으셨습니다. 스님께서 칼날에 맞서는 도리를 말씀해 주십시오."

설봉이 말했다.

"쯧쯧, 좋고 나쁨을 구별하지 못하는 놈이구나."

그가 이 일을 선사에게 이야기하니, 선사가 말했다.

"비슷하기는 하나 옳지는 않다."

그 스님이 다시 물었다.

"화상께 칼날에 맞서는 법을 청하나이다."

선사가 말했다.

"쯧쯧, 이 좋고 나쁨을 모르는 놈아."

어떤 사람이 이 일을 들어 중탑에게 물었더니, 중탑이 말했다.

"옛사람의 그러한 견해는 불가사의하구나. 비록 그렇다 하나 한 가지 물음이 부족하구나."

"화상께서 말씀해 주십시오."

이에 중탑이 말했다.

"존숙尊宿의 분수에 그런 것이 있기는 했던가?"

지초志超 상좌가 대중을 위해 차 동냥을 떠날 때에 선사에게 물었다.

"화상께서 분발시켜 주시기를 바랍니다."

선사가 대답했다.

"오직 그대만이 할 수 있으니 날더러 분발시켜 달라 해서는 안 된다."

"스님께서 지시해 주십시오. 지초는 어리석은 사람은 아닙니다."

"그대가 바로 어리석은 사람인데 어떻게 알 수 있겠는가?"

"때는 사람을 기다려 주지 않습니다. 스님께서 지시해 주십시오."

"내가 몽둥이 세 대로 그대의 어리석음을 때려 주리라. 알겠는가?"

지초가 알지 못하니, 중탑이 말했다.

"참으로 어리석구나."

이에 대해 지장이 말했다.

"화상의 어리석음은 누구를 시켜 때리게 하시겠습니까?"

그리고는 다음과 같이 게송을 읊었다.

> 세 방망이 어리석음을 친 일 부사의하구나.
> 끝없이 깊고 깊은데 스스로 그를 때리다니.
> 그리 행하여 면전에서 분명히 말할 수 있거늘
> 뒤죽박죽 되어버림은 그대의 근기로다.
> 三棒愚癡不思議　　浩浩溶溶自打之
> 行來目前明明道　　七顛八倒是汝機

선사가 영운에게 물었다.

"거기는 여기에 비해 어떠하던가?"

영운이 대답했다.

"그저 고향일 뿐 별다른 것이 없습니다."

"왜 말을 하지 않는가, 그래도 알아야 하지 않겠는가?"
"말 못할 것이 무엇이겠습니까?"
"사실이라면 당장 말해 보라."
이에 영운이 다음과 같이 게송을 읊었다.

> 30년 동안 검객劍客을 찾던 나그네
> 몇 차례나 잎이 졌다가 다시 돋아났던가?
> 복사꽃을 한 차례 본 뒤로부터
> 지금까지 다시는 의심치 않았노라.
> 三十年來尋劍客　　葉落幾迴再抽枝
> 自從一見桃花後　　直至如今更不疑

이에 대해 선사가 말했다.
"영운아, 그대 고향의 재주는 어떠한 것이냐?"
영운이 말했다.
"조금 전에 말씀드렸듯이 다른 물건이 아닙니다."
이에 선사가 말했다.
"아니다, 아니다."
그리고는 말했다.
"영운은 이치에 맞기는 하지만 분명히 장담하건대 끝까지 깨치지는 못하였다."
영운이 말했다.
"화상께서는 깨치셨습니까?"
선사가 말했다.
"그렇다면 되었다."

"예부터 지금까지 그랬습니다."

"참 훌륭하구나."

"예, 알겠습니다."

이에 선사가 게송 하나를 지어 영운을 송별하였다.

> 30년 동안 다만 그러하니
> 잎이 질 적마다 몇 차례나 광명을 뿜었던가.
> 이로부터 먼 하늘 밖으로 떠난 뒤
> 원음圓音의 체성이 법왕과 칭합하리라.
> 三十年來只如常　　藥落幾回放毫光
> 自此一去雲霄外　　圓音體性應法王

선사가 초경招慶에게 물었다.

"그대는 나귀를 부리고 말을 부리는 것을 어떻게 말할 것인가?"

초경이 말했다.

"저의 성은 손씨입니다."

"옳기는 옳으나 어떤 것이 나귀와 말인가?"

"그래도 단지 고향일 뿐입니다."

"알고는 있었는가?"

"화상이시여, 그게 아닙니다."

선사가 다시 초경招慶에게 물었다.

"큰 뜻을 어떻게 말할 것인가?"

"그만큼이나 전도되시었군요."

"바로 그러하다. 내가 전도된 것이다."

"저도 전도되었습니다."
"이제야 알았구나."
그리고는 다음과 같은 게송을 읊었다.

> 작용하는 곳이 오묘하면 이치는 기틀을 바꾸지 않나니
> 물음에 대답함이 부사의하구나.
> 사물에 응해 항상 나타남을 분명히 아는 곳에
> 사람마다 자재하여 공훈을 얻으려는 이 드물다.
> 用處妙理不換機　問來答得不思議
> 應現常明明知交　人人自在得功希

또 다음과 같은 게송을 읊었다.

> 도반을 다시 만나 청원에 있었던 일을 이야기하나니
> 서로 도를 물으매 완전하지 못함이 없도다.
> 법마다 항상함이 모두 그러하여
> 4생과 9류의 본체 모두 원만하리라.
> 再覯道交話淸源　人人問道無不全
> 法法恒然皆如是　四生九類體中圓

어떤 이가 물었다.
"어떤 것이 바르고 묘한 마음입니까?"
선사가 대답했다.
"온 시방세계가 온통 진실의 본체인 그것이다."

선사가 개평開平 2년 무진 12월 27일에 몸에 몹시 열이 나자,

말했다.

"나는 크게 깨친 사람이어서 온 누리와 함께 불이 인다. 그대 같은 자잘한 무리는 도망치기 어렵지 않으리라."

이때 휴 장로가 물었다.

"화상께서 평소에 제방의 무리를 꾸짖으시더니, 어째서 그리하셨습니까?"

선사가 대답했다.

"깨달은 사람도 이러하거늘 하물며 그대들이겠는가?"

그리고는 바로 입적하니, 춘추는 74세요, 법랍은 44세였다. 민왕閩王이 탑을 세워 숭앙하였고, 장흥長興 원년 경인庚寅에 장십일랑將十一郎인 임징林澄이 비문을 썼다.

정수淨修 선사가 찬탄하였다.

선사의 도가 우뚝하니
선문의 본보기라.
말 한마디 반 게송이
4해海와 5호湖에 퍼진다.

玄沙道孤　禪門楷模
言一半偈　四海五湖

큰 자라가 바다 위에 떴고
금시조가 구름 끝에 날며
바위 벼랑이 험준하고
불법은 있으면서도 없다.

巨鼇海面　金翅雲衢
巖崖險峻　佛法有無

장생長生 화상

설봉雪峰의 법을 이었고, 복주에서 살았다. 선사의 휘諱는 교연皎然이고, 복주 사람이다. 설봉의 문하에 들어가 마음을 전하는 비결을 남몰래 전해 받았다.

어느 날 설봉이 옛사람의 어록을 읽다가 '경계가 모두 없어지고 난 뒤 다시 또 무엇……'이라는 데에 이르러 선사에게 물었다.

"이 속에다 무슨 글자를 놓아야 되겠는가?"

선사가 대답했다.

"저의 허물을 용서해 주시면 말씀드릴 수 있습니다."

"그대의 허물을 용서해 준다면 어떻게 말할 것인가?"

"저도 화상을 용서해 드릴 것입니다."

또 한번은 현사玄沙가 '모든 것이 거울 속의 그림자다' 한 말을 예로 들고 바로 주장자를 번쩍 들어 올리고서 선사에게 물었다.

"이것은 그림자이다. 어떤 것이 거울인가?"

선사가 대답했다.

"만일 그렇지 않다면 어떻게 원만할 수 있겠습니까?"

선사가 설봉雪峰에 있을 때, 후생들을 위하여 다음과 같은 게송을 읊었다.

꾸미지 않은 얼굴을 보일 땐 모른 체하더니
연지곤지 바르고 나니 앞 다퉈 보려 한다.
여기서 만일에 현묘함과 참됨을 논하려 한다면
나와는 만 겹의 산이 가로막혔음을 알라.

素面相呈猶不識　　更添脂粉競鬪看
這裏若論玄與實　　與吾如隔萬重山

어떤 이가 물었다.

"예부터 전하는 종승宗乘을 어떻게 설명하시렵니까?"

선사가 대답했다.

"그대들 때문에 장생로長生路를 황폐하게 할 수는 없느니라."

"옛사람이 말하기를 '무명이 곧 불성佛性이니, 번뇌를 제거할 필요가 없다' 하였는데, 어떤 것이 무명이 곧 불성인 것입니까?"

선사가 성내는 시늉을 하면서 주먹을 들고 할을 하고는 말했다.

"오늘 저 중을 때려 주리라."

스님이 다시 물었다.

"어떤 것이 번뇌를 제거할 필요가 없는 도리입니까?"

선사가 손으로 머리를 두드리면서 말했다.

"오늘 남으로 하여금 업을 짓게 하는 이 중을 때려 주리라."

선사가 법당을 돌아본 뒤 부엌으로 가니, 설봉이 말했다.

"내가 평소에 중들에게 '이것이 무엇인고?' 하고 물으면, 대답하는 이가 아무도 없었다. 그대라면 어찌하겠는가?"

선사가 대답했다.

"저의 허물을 용서해 주시면 따져 보겠습니다."

설봉이 다시 물었다.

"그대의 허물을 용서한다면 어떻게 헤아려 볼 것이냐?"

"저도 화상의 허물을 용서하겠습니다."

이에 설봉이 말했다.

"면식이 있는 이가 천하에 가득하지만 마음을 아는 이는 몇이나 될꼬?"

선사가 아호鵝湖에게 갔다. 문턱에 들어서자 문득 등불을 켜는 이가 불 켜는 것을 보고, 다음과 같이 게송을 읊었다.

신령한 등 하나 문턱에 달렸는데
그 등불을 켜려 하면 여러 겁이 어두우리.
산의 소리 소박하여 사람들 보기 어려운데
이 가운데서 알아차리면 간 곳마다 온전하리.
一靈孤燈當門懸　擬欲挑來歷劫昏
山聲朴直人難見　此中會得處處全

어떤 내시內侍가 물었다.

"옛사람이 말하기를 '일체 중생은 날마다 쓰면서도 모른다' 하였는데, 어떤 것이 일체 중생이 날마다 쓰면서도 알지 못하는 것입니까?"

선사가 손가락으로 내시를 가리키면서 말했다.

"감람(橄欖 : 올리브 열매)이나 드시오."

내시가 다시 물었다.

"어떤 것이 중생이 날마다 쓰면서도 알지 못하는 도리입니까?"

선사가 대답했다.

"내시께서는 아까 감람을 먹지 않았소?"

"먹었습니다."

"옛날의 중생들도 날마다 쓰면서도 몰랐는데, 지금의 내시도 날마다 쓰면서도 알지 못하는구려."

"어떤 것이 왕 중의 주인입니까?"

선사가 대답했다.

"어제 한 사람 보냈고, 오늘 한 사람 맞았느니라."

아호鵝湖 화상

설봉의 법을 이었고, 신주新州에서 살았다. 선사의 휘諱는 지부智孚이고, 복주 사람이다. 실록實錄을 보지 못해 그의 생애를 기록할 수 없다.

어떤 스님이 물었다.

"5역죄를 범한 자식도 아비의 재산을 물려받습니까?"

선사가 대답했다.

"비록 스스로가 절제를 하여도 스스로를 해치지 않을 수 없으리라."

"나라 안에는 난리를 평정하는 검劍이 없는데, 어찌하여 사해四海가 평온합니까?"

"군왕은 도가 없느니라."

"군왕이 도에 칭합하는 일은 어떠합니까?"

"명을 내리지도 않고 시행하지도 않느니라."

"어떤 것이 부처의 경지境地에서 위로 향하는 사람입니까?"

"그대를 어찌할 수 없다는 것을 바로 아는 자이다."

"무슨 까닭으로 어찌할 수 없습니까?"

"꼭 어린아이만이 군왕을 만날 수 있는 것은 아니니라."

“이루利婁가 일깨워 주어도 귀도 기울이지 않는 이는 어떠합니까?”

“현명하다.”

“허공이 경론을 강술할 때에는 무엇으로 종지를 삼습니까?”

“그대는 청중이 아니다.”

대보大普 화상

설봉의 법을 이었다. 선사의 휘諱는 현통玄通이고, 복주 복당현福塘縣 사람이다. 도솔산에서 출가하여 나이가 차서 계를 받고는 제방의 선지식을 참예하는 것을 흠모하여 행각 길을 나섰다가 행각 중에 설봉을 만나서는 몇 해 동안 한 자리에 머물러 다른 곳으로 갈 생각을 않고 말에 의하여 뜻을 깨달은 뒤에 대보산에 주석하였다.

어떤 스님이 물었다.

“큰 바다의 여의주를 어떻게 건집니까?”

이에 선사가 손뼉을 치면서 눈을 깜박거렸다.

“객진客塵을 없애서 부처님을 만날 때는 어떠합니까?”

“칼을 벗고서 따져 보아라.”

경청鏡淸 화상

설봉의 법을 이었고, 월주越州에서 살았다. 선사의 휘諱는 도부道怤이고, 온주溫州 사람이다.

처음 민으로 들어가서 설봉을 뵙고 다음과 같이 물었다.

"행각行脚의 큰 일을 어떻게 지시하십니까?"

설봉이 대답했다.

"절중 지방에는 쌀값이 얼마 하던가?"

이에 선사가 말했다.

"하마터면 쌀값으로 알 뻔하였습니다."

이어 상골象骨에게 가니, 상골이 물었다.

"그대는 어디 사람인가?"

선사가 대답했다.

"끝까지 온주 태생이라고 말하지 않을 것입니다."

그러자 이번에 설봉이 물었다.

"그렇다면 일숙각一宿覺이 그대 고향 사람이 아닌가?"

선사가 대답했다.

"그 일숙각이라는 이는 어디 사람입니까?"

"이 놈은 몽둥이로 얻어맞기 딱 좋지만 우선 놓아주노라."

선사가 또 물었다.

"예로부터 조사와 대덕들이 한결같이 들어가는 길을 말하였는데, 맞는 것입니까?"

"그것은 학인이 초심한 연후에 배우는 것이다."

"스님께서 들어갈 길을 일러 주십시오."

"그저 여기서부터 들어가라."

"학인이 어리석으니, 다시 가르쳐 주십시오."

이에 설봉雪峰이 "오늘은 내가 몹시 불편하구나" 하고는 벌렁 누워 버렸다.

또 다음과 같이 물었다.

"예로부터 조사, 대덕들은 마음으로써 마음을 전하신 것이 아니었습니까?"

설봉이 대답했다.

"그냥 문자나 어구를 세우지 않았을 뿐이다."

"문자나 어구를 세우지 않았다면 스님께서는 어떻게 전하시겠습니까?"

이에 설봉이 양구良久하였다. 이에 선사가 절을 하고 물러서려 하니, 설봉이 말했다.

"나에게 다시 한마디 묻는 것이 좋지 않겠는가?"

"화상께 질문 하나를 다시 드립니다."

설봉이 말했다.

"그것뿐인가, 아니면 달리 따져 볼 것이라도 있는가?"

선사가 대답했다.

"화상께는 그리 말씀드리면 됩니다."

"그대한테는 어찌하면 되는가?"

"참으로 사람을 저버리십니다."

"저버리지 않는 일은 어떠한가?"

그러자 선사가 하직 인사를 하였다.

또 어느 날 설봉이 대중에게 다음과 같이 말했다.

"당당하면서도 비밀스러운 것이다."

이에 선사가 나서서 물었다.

"무엇이 당당하면서도 비밀스러운 것입니까?"

설봉이 침상에서 벌떡 일어나면서 말했다.

"무슨 소리를 하는가?"

이에 선사가 물러서서 서 있었다.

또 어느 날 울력을 하는데, 설봉이 물었다.

"위산이 말하기를 '색色을 알면 마음을 안다' 하였는데, 허물이 있는가?"

선사가 대답했다.

"옛사람들이 무슨 일을 위하였겠습니까?"

"그렇긴 하지만 나는 그대와 함께 따져 보려 한다."

이에 선사가 말했다.

"그렇게 따지는 것이 제가 땅에 삽질 한 번 더 꽂는 것만 못합니다."

또 어느 날 길을 걷는데, 설봉이 문득 물었다.

"온 건곤이 한 찰나를 벗어나지 않는다 하는데, 그 한 찰나를 벗어나지 않는 일을 지금에는 어디를 향해 설명하면 되는가?"

이에 선사가 대답했다.

"더 이상 누구와 헤아리려 하십니까?"

"나에게도 대답할 것이 있으니, 그대는 묻기만 하라."

이에 선사가 얼른 물었다.

"지금 어디를 향하여 설명해야 하겠습니까?"

설봉이 이에 두 손을 활짝 펴면서 말했다.

"그저 여기를 향해 설명하라."

"그것은 화상께서 중생을 위하시는 간절한 마음이십니다."

이에 설봉이 웃었다.

또 설봉이 언젠가 다음과 같이 말했다.
"어쩌면 그렇게도 존귀하고, 어쩌면 그렇게도 치밀한가?"
선사가 대답했다.
"제가 이 산문에 이른 지 몇 해가 지나는 동안, 화상께서 그렇게 설법하심을 들을 수 있었습니까?"
"내가 전에는 없었지만 지금 있어도 방해됨이 없지 않는가?"
"천만에요. 이는 화상께서 그만두시지 않는 것뿐입니다."
이에 설봉이 말했다.
"그대로 나를 내버려 두어라."
그리고는 또 말했다.
"자질을 헤아려서 직책을 맡기느니라."
그리하여 말에 따라 뜻을 알아듣고는 두루 제방을 돌아다녔는데, 무릇 만나는 기연마다 모두 다 깊이 깨달았다. 이에 동월東越로 돌아가 처음에는 경청鏡淸에서 살았고, 나중에는 천룡天龍의 용책龍冊에서 살았는데, 전왕錢王이 그의 도덕을 흠모하여 자주색 가사〔紫衣〕를 하사하고, 순덕順德이라는 법호를 바쳤다.

어느 날 선사는 자기를 보러오는 새로운 이를 보고 불자를 들어 세우니, 납자가 말했다.
"경청鏡淸의 소문을 들은 지 오랜데, 와서 보니 아직도 무늬가 남아 있군요."
이에 선사가 말했다.
"오늘 사람을 만나긴 했으나 도리어 만나지 않은 것과 같도다."
나중에 어떤 사람이 물었다.
"오늘 사람을 만났으나 도리어 만나지 않은 것과 같다는 뜻이 무엇입니까?"

선사가 대답했다.

"한 상의 어반御飯이 도리어 서민의 밥이 된 꼴이니라."

"머무르지 않는 근원이 없고, 돌아가지 않는 길이 없을 때는 어떠합니까?"

"이 중아, 자리를 잡았거든 빨리 앉아라."

"어떤 것이 마음입니까?"

"그것은 둘째 것이니라."

"그렇지 않을 때에는 어떠합니까?"

"그래도 옳지 않으니라."

"옳고 그름이 모두 그렇지 않을 때에는 어찌합니까?"

"허물이 더욱 많아지느니라."

"어떤 것이 현묘함 가운데 현묘함입니까?"

선사가 대답했다.

"그렇지 않은 것은 어떤 것인가?"

"그러면 맞기는 하겠습니까?"

"나무토막도 말귀를 알아듣느니라."

선사가 이를 인하여 다음과 같이 송했다.

한결같이 남을 따라 달리면
또다시 내가 아님이 된다.
설사 그렇지 않다 하여도
남에게 피해를 주나니
긴요한 곳을 알고자 하거든
두 가닥 모두에 얽히지 말라.

一向隨他走　　又成我不是
設爾不與摩　　傷着他牽匱
欲得省要會　　二途俱莫綴

어떤 이가 물었다.

"옛사람이 말하기를 '사람에게 마음이 없다면 도와 계합한다' 하였는데, 어떤 것이 사람에게 마음이 없어 도와 계합하는 것입니까?"

선사가 대답했다.

"어째서 도가 무심하여 사람에게 계합되는 도리는 묻지 않는가?"

"어떤 것이 도가 무심하여 사람과 부합하는 도리입니까?"

선사가 대답했다.

"흰 구름이야 잠시 푸른 봉우리를 찾아올 수 있겠으나, 달이 어찌 푸른 하늘에서 내려올 수 있으리."

새로 온 이가 문안을 드리니, 선사가 물었다.

"그대는 어디서 왔는가?"

"불국佛國에서 왔습니다."

"부처는 무엇으로 나라를 삼던가?"

"청정한 장엄으로 국토를 삼습니다."

"나라는 무엇을 부처로 삼는가?"

"묘하고 고요하고 참되고 항상함으로 부처를 삼습니다."

"그대는 묘하고 고요한 곳에서 왔는가, 장엄한 곳에서 왔는가?"

스님이 대답하지 못하는 것이 없으니, 선사가 말했다.

"쉿! 다른 곳에 갔을 때, 누가 물어 오면 그대는 이런 말을 해서는 안 되느니라."

어느 때 선사가 상당하여 대중이 모이자, 선사가 양구良久했다가 말했다.

"내일 아침에 다시 초왕楚王에게 바쳐 보라. 잘 가라〔珍重〕."

"밝아서 서로 볼 수 있는 도리는 어떠합니까?"

"그대에게 말해 주기에는 아까운 일이니라."

"말씀하시기 아깝다는 뜻이 무엇입니까?"

"보물을 아까워해도 보시하게 되느니라."

"어떤 것이 보물을 아까워하는 것입니까?"

"말하기 아까우니라."

"보시하지 않을 수 없다는 것은 또 무엇입니까?"

"그대에게 벌써 말해 버렸느니라."

"콧속에 보물이 있는데, 어째서 외롭고 힘들게 고생을 하였습니까?"

선사가 대답했다.

"허물이 누구에게 있던가?"

"만약 보물이 있음을 알았다면 어찌되겠습니까?"

"더욱 외롭고 힘들었을 것이다."

"알았는데, 어떻게 외롭고 힘들게 됩니까?"

선사가 대답했다.

"이미 갖고 있음을 부끄러워하지 않느니라."

"어떤 것이 가죽입니까?"

선사가 대답했다.

"분명한 것이니라."

"어떤 것이 뼈입니까?"

"면밀綿密한 것이니라."

"어떤 것이 골수입니까?"

선사가 대답했다.

"면밀한 것보다 더 면밀하니라."

"어떤 것이 쓰레기로 만든 한 벌의 누더기입니까?"

선사가 대답했다.

"가섭이 입은 지 오래니라."

"누더기 밑의 일이 어떠합니까?"

"친히 아난에게 전하느니라."

"어떤 것이 천룡天龍의 한 구절[1]입니까?"

"그대의 대담함을 굴복시키느니라."

"그러면 학인은 한 걸음 물러서야 되겠습니다."

이에 선사가 대답했다.

"엎지른 물은 다시 거두기 어려우니라."

"어떤 것이 문수의 검입니까?"

선사가 찌르는 시늉을 하니, 스님이 다시 물었다.

"그 검에서 살아남는 자가 있으면 어찌합니까?"

"살아남기 힘든 길이었는데, 정녕 그렇다면 크게 두려워해야 한다."

그리고 선사가 다시 말했다.

"그렇게 놀랄 것은 없느니라."

---

1 천룡은 마조 문하의 대매大梅 법상法常의 법을 이었고, 제자를 제접할 때 항상 한 손가락을 세웠으므로 천룡일지두天龍一指頭의 선禪이라고 한다. 여기서 말하는 일구一句는 그 일지두를 말한다.

선사가 어떤 스님에게 물었다.

"밖에서 들리는 것이 무슨 소린가?"

학인이 대답했다.

"빗소리입니다."

"중생들은 자기를 잘못 알아서 현상만을 쫓느니라."

"화상께서는 어떠하십니까?"

"자기를 잘못 알지 않았느니라."

나중에 어떤 사람이 이 일을 들어 물었다.

"화상께서 그렇게 말씀하신 뜻이 무엇입니까?"

이에 선사가 대답했다.

"육신에서 벗어나기야 쉬이 벗어날 수 있다지만 도를 깨닫는 것은 여전히 어려우니라."

선사가 또 어떤 스님에게 물었다.

"어디서 왔는가?"

"응천應天에서 왔습니다."

"장어[鰻鯉]를 보았는가?"

"보지 못했습니다."

"그대가 장어를 보지 못했는가, 아니면 장어가 그대를 보지 못했는가?"

"두 가지 모두입니다."

이에 선사가 말했다.

"그대는 처음은 조심할 줄 알지만 끝을 보호할 줄은 모르는구나."

선사가 시중하여 말했다.

"몹시 맑은 날씨에 몹시 내리는 비로다."

또 말했다.

"몹시 맑은 날씨이기 때문에 맑은 날씨라 하는 것이 아니요, 몹시 내리는 비이기 때문에 몹시 내리는 비라 하는 것이 아니다. 만일 말을 따라 알려고 하면 자기의 신령한 본바탕을 잃느니라."

이에 어떤 스님이 물었다.

"스님의 뜻이 무엇입니까?"

이에 다음과 같이 송했다.

> 몹시 맑은 날 몹시 내리는 비를 기묘하게 행하고 지녀라.
> 말을 따라 이해하면 금시에 떨어진다.
> 현묘함을 말하는 것, 티끌 속의 묘함을 얻으려는 것이니
> 묘함을 얻는다는 것은 스스로를 아끼지 않음과 같다.
> 好晴好雨奇行持　　若隨語會落今時
> 談玄只要塵中妙　　得妙還同不惜伊

어떤 이가 물었다.

"경 첫머리의 첫 글자는 무슨 자입니까?"

선사가 대답했다.

"귀고리를 한 오랑캐 중〔胡僧 : 달마 조사〕이 빙그레 고개를 끄덕인다."

"서쪽에서 오신 비밀한 뜻은 어떻게 전합니까?"

"한 사람의 입에서 나와 천 사람의 귀로 들어간다."

"어떤 것이 한 사람의 입에서 나온 것입니까?"

"석가께서 말씀하지 않으심으로써 말씀하셨느니라."

"어떤 것이 천 사람의 귀로 들어가는 것입니까?"

"가섭은 듣지 않음으로써 들었느니라."

"학인이 누더기를 입으려는데, 스님의 뜻은 어떠하십니까?"

"마음대로 높이 날아라."

"깃털을 갖추지 않았음을 어찌합니까?"

"그저 희롱하기에 알맞으니라."

"어떤 것이 희롱함입니까?"

이에 선사가 대답했다.

"인연을 만나도 짓지 않고 경계에 대면하여서도 무심하느니라."

"어떤 것이 높이 나는 것입니까?"

"우담발화를 낙엽같이 여기는 것이다."

"어떤 것이 우담발화입니까?"

"한 겁에 한 번 피는 것이다."

"어떤 것이 낙엽입니까?"

"그것은 참된 것이 아니니라."

"그렇다면 향상사向上事가 더 있는 것이겠습니다."

"분명히 그러하니라."

"어떤 것이 향상사입니까?"

이에 선사가 대답했다.

"그대가 한 입에 경호鏡湖의 물을 다 마시면 그때 가서 그대에게 말해 주리라."

"깨달았는데, 어째서 도리어 뜨겁게 괴로움을 당합니까?"

선사가 대답했다.

"저쪽 사람이 아니기 때문이니라."
"어떤 것이 저쪽 사람입니까?
"이쪽에서 건너간 사람이니라."
"이쪽을 어찌하여야 건너갑니까?"
"깨닫고도 깨닫지 않은 것이니라."
"깨닫고도 깨닫지 않을 때는 어떠합니까?"
"노반魯班[2]이 실수하였구나."

"어떤 것이 빛과 소리 속의 모습입니까?"
선사가 대답했다.
"사람에게 보여 주어도 보지 못하는 것이다."
"몹시도 세밀한 것이군요."
"본체는 원래 이러하니라."
"학인이 어떻게 나아가야 합니까?"
"사람을 살리려면 기회가 맞아야 하느니라."

"듣는 감관은 어째서 듣기만 할 뿐 보지는 못하며, 보는 감관은 어째서 보기만 하고 듣지는 못합니까?"
이에 선사가 대답했다.
"각각 제 연緣에만 반연할 뿐 다른 것을 반연하지 않기 때문이다."
선사가 상골산송象骨山頌을 읊었다.

2 태어나면서부터 우둔한 무리를 말한다.

밀밀密密하니 누가 그의 요지를 알랴?
밝디 밝아서 헛됨이 조금도 없다.
삼라만상이 본 성품을 머금었나니
산봉우리마다 모두 여여하다.

密密誰知要　　明明許也無
森羅含本性　　山岳盡如如

"12시時 중에 어떻게 준비하오리까?"

선사가 대답했다.

"한 걸음도 옮겨서는 안 되느니라."

"학인은 알지 못하겠습니다. 스님께서 들어갈 길을 지시해 주십시오."

이에 선사가 대답했다.

"이것뿐이니라."

이에 선사가 다음과 같이 송했다.

이 가닥길을 감당할 수 있다면
여러 겁의 공덕보다 월등하리라.
많은 길로는 이르지 못하니
한 길로 원만히 통함이 오묘하도다.

當此支荷得　　勝於歷劫功
多途終不到　　一路妙圓通

선사가 어떤 스님에게 물었다.

"네 이름이 무엇인가?"

"성초省超입니다."

이에 선사가 다음의 게송을 지었다.

깨달아서 뛰어넘을 때 지켜서 머무르지 말지니
다시 한번 몸을 솟구쳐야 예전의 근기보다 준수하다.
허공은 금오金烏의 왕래를 방해하지 않는데
푸른 하늘인들 어찌 옥토끼가 나는 것을 방해하랴.

省超之時守不住　　更須騰身俊前機
太虛不碍金烏運　　霄漢寧妨玉兎飛

선사가 휘장 안에 앉아 있는데, 어떤 스님이 물었다.

"총림에 들어온 지 얼마 되지 않습니다. 선사께서 곧은길을 지시해 주십시오."

선사가 대답했다.

"그대가 정히 그러하다면 내 어찌 인색하랴. 가까이 오라."

학인이 가까이 다가서자, 선사가 손으로 휘장을 활짝 열면서 "헤헤" 하니, 학인이 절을 하고 일어나서 말했다.

"제가 이제야 들어갈 곳을 알았습니다."

선사는 그가 모든 것을 알음알이로만 이해했음을 알고 다음과 같이 송했다.

내 아까 그대를 적잖이 억눌렀으나
그대는 화급함에 맞닿지 않은 이치만을 이해하였구나.
세워 보여도 여전히 계합하기에 부족하니
그림자 숨어서 미치기가 어렵구나.

我適抑不已　　汝領不當急
機竪尙虧投　　影沒大難及

장경이 상당하였는데도 대중들이 오래 서 있게 되니, 이때 어떤 스님이 나서서 말했다.

"그러시면 대중들은 방으로 돌아가겠습니다."

그러자 장경이 그 스님을 때렸다.

나중에 어떤 스님이 초경에게 고하니, 초경이 말했다.

"그때 스님이 무엇이라 했는가?"

"아무 말도 없었습니다."

이에 초경이 말했다.

"그 스님이 대중을 위해 있는 힘을 다했거늘 자기 집안에 재앙이 생기게 되었노라."

얼마 후 어떤 스님이 화도化度에게 이야기하니, 화도가 그 스님에게 되레 물었다.

"장경이 그렇게 방망이를 휘두른 것이 공정한 것이겠는가?"

스님이 대답했다.

"공정합니다."

"어떤 사람이 '공정하지 못했다' 한다면, 어찌하겠는가?"

"만일 그런 사람이라면 그를 출세 시키는 것이 마땅합니다."

이에 화도가 말했다.

"진나라에 있을 때는 진나라를 보호해야 하느니라."

그리고는 화도가 선사에게 이 일을 알리면서 말했다.

"장경은 그러한 차제에서 그러한 방망이를 쓰지 말았어야 할 것입니다."

이에 선사가 물었다.

"대사께서 장경을 대신한다면 어떻게 바꾸어 생각하시겠습니까?"

화도가 대답했다.

“그저 일어나서 왔다갔다할 것입니다.”

이에 선사가 말했다.

“그렇다면 표주박 자루가 그 스님의 손아귀에 들어갈 것입니다.”

이때 어떤 사람이 이 일을 들어 선사에게 물었다.

“장경長慶이 그러한 방망이를 쓴 뜻이 무엇입니까?”

이에 선사가 대답했다.

“종사는 노련할 뿐 아니라, 스스로 몸을 벗어날 수 있느니라.”

선사가 또 언젠가 상당하여 말했다.

“온 세계가 온통 무너지지 않는 금강의 체라 하여도 오직 고양각牯羊角만은 두려워하느니라.”

이때 어떤 사람이 물었다.

“어떤 것이 무너지지 않는 금강의 체입니까?”

선사가 말하였다.

“세계가 무너질 때에는 어떻게 무너지던가?”

“어째서 고양각만을 두려워합니까?”

“그대더러 모두 다 없애라 하기 때문이다.”

“어떤 것이 고양각입니까?”

“자칫하면 그대를 깜짝 놀라게 할 뻔했느니라.”

“몸이 허물어질 때에도 뿔은 남아 있습니까?”

“여름을 지내는 데 쓰이는 물건은 아니니라.”

“그저 고양각이 다할 때에는 상응할 수 있습니까?”

“그대가 돌아가려 하는 뜻과는 같지 않느니라.”

“돌아가려는 뜻이 같지 않다 함은 무엇입니까?”

"천 냥의 돈으로도 농사로써 생계를 도모함을 바꾸지 않느니라."

"고양각은 어느 쪽의 일을 밝히십니까?"

이에 선사가 대답했다.

"상등의 사람은 듣자마자 곧 알지만, 중등·하등의 사람은 그 뜻을 알지 못하느니라."

나중에 어떤 사람이 이 일을 들어 자복資福에게 물었다.

"어떤 것이 무너지지 않는 금강의 몸입니까?"

자복이 손으로 가슴을 가리켰다.

"어떤 것이 고양각입니까?"

자복이 두 손을 머리 위에 얹어 염소 뿔의 모양을 했다.

어떤 이가 이 일을 들어 선사에게 물으니, 선사가 이 일로 인하여 시중하였다.

"뿔끝이 조밀하지는 않으나 참으로 잘 드러나고 잘 나타났다. 무너지지 않는 금강의 몸은 오직 고양각만을 두려워한다. 그 뿔을 잡아서 그 본체를 끌어내면 본체와 뿔이 모두 갖추어지나니, 여러분들은 이것을 어떻게 이해하는가?"

그리고는 담체송談體頌을 읊었다.

본체가 뭇 형상을 머금어서 형상이 분명하지만
본체를 여의고 형상을 머금으면 형상은 더욱 정미롭도다.
맑고 밝아서 오묘한 청정을 누가 가릴 수 있으랴?
석가는 마갈타성에서 문을 닫고 숨었었네.

體含衆像像分明　　離體含形形轉精
淸明妙淨誰能辨　　釋迦掩室竭羅城

또 경선景禪을 찬탄한 끝에 다음과 같이 송했다.

그대, 경선 어찌 그리 빨리 갔는지 한탄스럽구나.
비록 도반은 아니지만 안목이 상통하고
지금까지 영원한 겁에 이지러진 적 없어
지地・수水・화火・풍風 4대大가 고향으로 돌아가누나.

嘆汝景禪去何速　　雖不同道當眼目
个今永劫不曾虧　　地水火風還故國

좋고도 좋아라, 몹시도 신기해라.
망망한 우주宇宙 안에서 몇이나 알던가.
밝고 맑으니, 어찌 뒤쫓을 길을 끊을 수 있으리.
푸른 산, 푸른 봉우리에 흰 구름이 달린다.

好也好也大奇　　忙忙宇宙幾人知
瑩淨寧閑追路絶　　青山綠嶂白雲馳

부르기 좋은 노래 부르고, 우스운 일에 웃으니
누가 이 경지에 곡조를 붙일 수 있으랴마는
난제難提가 그대 위해 기미機微를 한 곳에다 모으니
그 뜻이 요지와 조화롭지 않음이 없어라.

歌好歌笑好笑　　誰肯便作此中調
難提旣與君湊機　　其旨無不諧其要

품격과 의지는 남다르고 기골은 고상하니
삼라만상 모두 한 신령한 터럭에 모이노라.
비록 번개같이 모든 것을 보였으나

산에서 나와 다시 봉우리에 숨으니 생각만 공연히 수고롭구나.

格志異氣骨高　　森羅咸會一靈毫
雖然示作皆同電　　出岫藏峯徒思勞

희귀하구나, 취모검吹毛劍이여.
그물과 용수를 벗어나서 마음대로 노닌다.
이 세상 저 세상이 물속의 달과 같아서
몇 차례나 자취를 보이면서도 묘하게 소요했던고.

希奇地劍吹毛　　脫罩騰籠任性遊
此界他界如水月　　幾般應跡妙逍遙

또 오현송悟玄頌을 다음과 같이 읊었다.

사람의 걱정을 덜어 주는 길이 있거늘
현묘함을 배우는 이가 즐거이 찾는다.
기틀을 돌리어 본체와 뼈를 드러낸다면
다시 침통할 필요 무에 있으리오.

有路省人心　　學玄者好尋
施機現體骨　　何用更沈吟

얕아서 맞지 않는다 탓하지 말라.
생각 깊은 것보다는 훨씬 나으리라.
고기에게 용의 뼈가 있었다면
크고 작은 일 모두를 감당할 수 있으리.

莫嫌淺不食　　猶勝意思深
魚若有龍骨　　大小盡堪任

어떤 이가 물었다.

"옛사람이 말하기를 '절대로 남을 따라 찾지 말라. 아득히 나와는 멀어진다' 했는데, 어떤 것이 절대로 남을 따라 찾지 말라는 것입니까?"

선사가 대답했다.

"법령을 어겼느니라."

"어떤 것이 아득히 나와는 멀어진다는 것입니까?"

"10만 8천 리뿐만이 아니니라."

"어떤 것이 나 이제 홀로 간다는 것입니까?"

"단 한 마리의 말을 타고 나섰느니라."

"어떤 것이 곳곳에서 그를 만난다는 뜻입니까?"

"온몸이 눈이니라."

"어떤 것이 그가 지금 바야흐로 나[我]인 것입니까?"

"몹시도 분명한 일이니라."

"어떤 것이 '나는 이제 그가 아니다'라는 것입니까?"

"상전과 종을 가릴 줄 알아야 하느니라."

취암翠巖 화상

설봉雪峰의 법을 이었고, 명주明州에서 살았다. 선사의 휘諱는 영참令參이고, 호주湖州 사람이다. 행장은 보지 못했다. 전왕錢王이 흠모해서 자의紫衣와 영명 대사라는 호를 하사했다.

어떤 이가 물었다.

"세 치의 혀를 빌리지 말고, 스님께서는 말씀해 주십시오."

선사가 말했다.

"차당茶堂으로 가서 시비를 가려라."

"그 밖의 것은 감히 묻지 않겠습니다."

이에 선사가 양구하니, 다시 물었다.

"다른 사람들에게는 어떻게 이야기하리까?"

이에 선사가 대답했다.

"시자야, 등불을 밝혀라."

선사가 언젠가 상당하여 말했다.

"30년 동안 하루도 여러분과 이야기를 나누지 않은 적이 없다. 나의 눈썹이 아직 있는지 보아라."

대중이 대답이 없었다. 어떤 사람이 이 일을 장경에게 고하니, 장경이 대신 말했다.

"돋았소이다."

선사가 후학들을 가르치는 게송을 다음과 같이 읊었다.

문 안에 들어오면 말이 있어야 하니
말이 없으면 병이 몸에 밴다.
응당 거침없이 말하되
있다 없다에 걸리지 않게 하라.

入門須有語　不語病栖蘆
應須滿口道　莫教帶有無

이에 대하여 명조明照 화상이 화답했다.

문 안에 들어오면 모두가 준수한 사람이요,
바른 안목 가진 이는 비밀히 여의주를 바친다.
기연에 임하여 번개 치듯 털어내어야
바야흐로 병이 몸에 배이지 않으리.

入門通俊士　　正眼密呈珠
當機如電拂　　方免病栖蘆

이에 대하여 선사가 다시 화답했다.

문 안에 들어와 번개 치듯 재빨리 털어 버리는
그런 준수한 선비라면 없는 도리를 알리라.
고개를 돌려 되레 나에게 묻는다면
끝내는 질병이 몸에 배이리.

入門如電拂　　俊士合知無
回頭却問我　　終是病遷蘆

선사가 또 권학게勸學偈를 송했다.

괴롭고도 몹시 괴로워라.
파도 속에서 마른 재를 찾는다.
그대에게 권하나니 두 손을 거두고
바야흐로 그러한 때 쉴 수 있어야 하리.

苦哉甚苦哉　　波裏覓乾灰
勸君收取手　　正與麼時徠

보은報恩 화상

설봉雪峰의 법을 이었다. 선사의 휘諱는 회악懷岳이고, 천주泉州 선유仙游 사람이다. 포전蒲田 성수사聖壽寺에서 출가하여 나이가 차자 계를 받고, 그런 연후에 조사의 법석을 흠모하여 설봉을 찾아뵈었다. 선사가 현묘한 법을 비밀히 깨달은 후 장포 지방에서 교화했다.

어떤 이가 물었다.

"종승宗乘이 없지 않다면 어떻게 들어 제창하시겠습니까?"

이에 선사가 대답했다.

"산은 스스로가 산이라 하지 않고, 물은 끊임이 없느니라."

선사가 임종할 때가 가까워지자 상당하여 말했다.

"12년 동안 종승의 교법을 들어 제창했는데, 여러분은 나의 어떤 점을 의심하는가? 만약 듣고자 하면 3경 5론[3]이 개국과는 밀접하다 하리라."

그리고는 이내 열반에 들었다.

화도化度 화상

설봉의 법을 이었고, 서흥西興에서 살았다. 선사의 휘諱는 사욱師郁이고, 천주泉州의 포전현浦田縣 사람이며, 호는 오진悟眞 대사

3 『출삼장기出三藏記』에 의하면, 3경은 『반야경』·『법화경』·『열반경』을 말하며, 5론은 무착無着이 쓴 오부대론五部大論을 말한다.

이다.

어떤 이가 물었다.

"어떤 것이 색을 따라 달리 비치는 마니摩尼 구슬입니까?"

선사가 대답했다.

"청·황·적·백이니라."

"어떤 것이 색을 따르지 않는 마니 구슬입니까?"

"청·황·적·백이 아니니라."

"어떤 것이 한 티끌입니까?"

"9세世가 한 찰나이니라."

"어떻게 법계를 머금습니까?"

"법계가 어디에 있느냐?"

"6국國이 평온하지 않을 때에는 어떠합니까?"

"그대이니라."

"평온한 뒤에는 어떠합니까?"

"그대이니라."

"만일 어떤 이가 유마 거사의 등좌(登座 : 법상에 오름)의 경지境地를 묻는다면, 어떻게 대답하시겠습니까?"

이에 선사가 대답했다.

"오직 문 앞에 거울 같은 호수가 있어서 맑은 바람이 옛 물결을 바꾸지 않느니라."

고산鼓山 화상

설봉雪峰의 법을 이었고, 복주에서 살았다. 선사의 휘諱는 신안

神晏이고, 양나라에서 태어났으며, 성은 이씨로서 당나라 천자의 후예이다. 어릴 적부터 비린내와 누린내를 싫어하고 범종 소리를 즐겨 들었다. 12세에 속가 집 푸른 벽에서 흰 서기瑞氣가 몇 가닥으로 비치자, 그의 아버지가 다음과 같이 말했다.

"이 아이는 반드시 출가할 것이다."

나이 15세가 되어 병이 들었는데, 신인이 약을 주는 꿈을 꾸고 거뜬히 나았다. 17세가 되는 해 어느 날 어떤 오랑캐 스님이 '출가할 때가 되었소' 하고 말하는 꿈을 꾸고는 그 뒤로부터 몇 차례나 출가할 뜻을 부모에게 말하다가, 마침내 뜻을 이루어 위주衛州 백록산白鹿山 묘재卯齋 선원 도규道規 선사에게 의지해 머리를 깎았다. 중화中和 2년에 이르러 숭산嵩山 유리단琉璃壇에서 구족계를 받았다.

어느 날 동학에게 말했다.

"옛 어른들이 말하기를 '백사갈마白四羯磨[4]를 하기만 하여도 계戒·정定·혜慧가 완전히 갖추어진다' 하였다는데, 무엇 때문에 형틀에 매인 양 준칙에만 연연하는가?"

그로부터 더 이상 율장을 배우지 않고 바랑을 싸서 행각行脚의 길을 떠났다.

먼저 백마와 초주超州를 참예하고, 다음으로 경산徑山과 하옥荷玉을 만나서 해박하게 따져 물었으나 모두 인연이 계합하지 못하였다. 나중에 설봉을 뵈었는데, 설봉이 갑자기 멱살을 잡더니, "무엇인고?" 하였다. 이에 선사가 활짝 깨달아 손을 들어 흔들었다. 그러자 설봉이 물었다.

---

4 비구계를 받을 때, 한 사람의 계사戒師가 "능히 지니겠는가?"라고 묻는 것을 '일백一白'이라 하고, 스승과 제자가 같은 것을 세 번 문답하는 것을 '삼갈마三羯磨'라고 하는데, 이를 합하여 '백사갈마白四羯磨'라고 한다.

"다시 또 이치를 세워 무엇 하려는 것인가?"

선사가 대답했다.

"무슨 이치를 세웠다 하십니까?"

이에 설봉이 큰 소리로 외쳤다.

"아무도 이 경지境地에 이른 이가 없었다. 부디 잘 보호해 지니도록 하여라."

얼마 후 설봉이 입적하였다. 민왕閩王이 성좌의 북쪽 20리쯤에다 고산사鼓山寺를 개창하고, 선사에게 대중을 위해 설법해 주기를 청하자, 선사가 말했다.

"경에는 경사經師가 있고, 논論에는 논사論師가 있고, 율에는 율사律師가 있으며, 함函과 호號와 부部와 질帙이 있어 제각기 전해 익힌다. 그리고 부처니 법이니 하는 것은 부처님께서 세우신 교화의 방편이요, 선이니 도니 하는 것은 우는 아기를 달래는 말일 뿐이다. 사람들의 마음이 고르지 않기 때문에 숱한 성인들이 나오시어 교묘하게 방편을 열어 여러 가지 문이 되었고, 병의 원인이 같지 않아서 처방 역시 다른 것이다. 유有에 머물러서 유를 깨뜨리는가 하면, 공空에 머물러서 공을 꾸짖기도 하는데, 두 가지 병통이 다 없어지면 중도까지도 버려야 하느니라. 그러므로 고산鼓山은 '어구語句가 시기에 맞지 않고 말이 사리에 맞지 않으면 그 말을 듣는 이는 죽을 것이요, 어구에 막히는 이는 미혹할 것이다' 말하노라. 말 이전의 도리도 제창하지 않는데, 어찌 구절 뒤의 일을 이야기하랴? 설사 석가가 방문을 닫고 정명淨名이 입을 다물어도 대사에게 양梁의 동자가 그 자리에서 한 번 묻고 두 번 묻고 세 번 묻자, 모든 사람이 다 알아 버렸다. 그대들은 어찌 생각하는가?"

이때 어떤 사람이 절을 하니, 선사가 말했다.

"큰 소리로 물어라."

학인學人이 말했다.

"화상께 묻습니다."

이에 선사가 할을 해서 쫓아내 버렸다.

그리고는 다음과 같이 송했다.

즉석에서도 알기 어려운데
말을 따르면 더욱 알기 어렵다.
부처와 조사를 말로 하려 하면
하늘 끝과 땅 끝처럼 아득하리라.

直下猶難會　　尋言轉更賒
擬論佛與祖　　特地隔天涯

융수隆壽 화상

설봉雪峰의 법을 이었고, 장주漳州에서 살았다. 선사의 휘諱는 소향紹鄕이며, 성은 정鄭씨요, 천주泉州의 포전현蒲田縣 사람으로서 호는 홍법 대사였다.

어떤 이가 물었다.

"옛사람이 말하기를 '마니摩尼 보배로 된 대궐에 네 모퉁이가 있는데, 한 모퉁이가 항상 드러나면 세 모퉁이도 따라서 드러난다' 하였는데, 어떤 것이 항상 드러나는 모퉁이입니까?"

선사가 불자를 일으켜 세우니, 다시 물었다.

"좋은 벼에서 쌀이 나지 않으면 어떻게 만 사람의 굶주림을 건지겠습니까?"

"협객에게서 칼을 빼앗았더라도 그대를 인정한 것이 아니다."

안국安國 화상

설봉雪峰의 법을 이었고, 복주福州에서 살았다. 선사의 휘諱는 홍도弘韜요, 성은 진陳씨이며, 천주泉州의 선유현仙遊縣 사람이다. 처음 탄생할 때에 탯줄에 자색을 띠었고, 일찍이 오랑캐 스님이 찾아오는 경사가 있었다. 그리하여 출가의 뜻을 세워 마침내 용화사龍花寺 동선東禪에서 그곳 스님에 의해 머리를 깎고, 나이가 차서는 구족계를 받았다. 그런 뒤 설봉雪峰으로 가서 현묘한 진리의 관문에 은밀히 계합했다.

얼마 후 구월 지방을 떠나 초나라와 오나라 지방을 두루 돌아보고 다시 설봉으로 돌아오니, 설봉이 선사를 보자마자 물었다.

"어디서 오는가?"

선사가 대답했다.

"강서에서 옵니다."

"어디서 달마를 만났는가?"

"분명히 화상께 말씀드렸습니다."

"무엇이라 했던가?"

선사가 대답했다.

"어디를 갔다 오셨습니까?"

또 어느 날 설봉이 선사를 보자, 대뜸 가슴을 움켜쥐고 말했다.

"온 천지가 몽땅 해탈문이어서 손을 잡아끌면서 그대들로 하여금 들게 하려 해도 어째서 도통 들어가려 하지 않는 것이냐?"
이에 선사가 대답했다.
"화상께서는 저를 탓하셔서는 안 됩니다."
"비록 그렇다 하나 등 뒤의 그토록 많은 중들을 어찌하겠는가?"
그 후로부터 민왕이 흠모해서 안국사安國寺로 청하여 불법을 펴게 하였다.

어떤 이가 물었다.
"어떤 것이 서쪽에서 오신 뜻입니까?"
선사가 대답했다.
"어떤 것이 서쪽에서 오시지 않은 뜻인고?"
그리고는 또 말했다.
"그렇다 해도 잘못 알지 말라."
"학인이 아까까지는 기틀을 다하지 못하였습니다. 스님께서 그 기틀을 다하게 해주십시오."
선사가 양구하니, 학인이 절을 했다. 이에 선사가 말했다.
"갑자기 다른 곳에 갔을 때 어떤 사람이 그대에게 묻는다면, 어떻게 이야기하겠는가?"
학인이 대답했다.
"끝내 잘못 말해서는 안 될 것입니다."
이에 선사가 말했다.
"문 밖에 나서기 전에 벌써 웃음거리가 되었구나."
"어떤 것이 달마께서 전한 마음입니까?"
선사가 대답했다.
"처음부터 후손이 아니었느니라."

대중이 참문하니, 선사가 말했다.

"만일 흰 누더기가 있다면 몽땅 물들여 버리겠도다."

그때 대중 가운데서 스님 한 사람을 불러내어 한복판에 서게 하고는 선사가 이를 가리키면서 말했다.

"이것이 견본이다. 비슷할 수 있는 사람이 있는가?"

대중 모두 아무런 대답이 없었다.

다음날 어떤 스님이 모시고 섰으니, 선사가 말했다.

"그대는 이럴 때에 어찌하겠는가?"

스님이 말하기를 "저 말씀입니까?" 하면서 앞으로 나아가 곁에 서서 말했다.

"비슷해졌습니까?"

선사가 대답했다.

"비슷하지 않느니라."

"어째서 비슷하지 않습니까?"

이에 선사가 대답했다.

"그대는 검은 것을 띠었느니라."

장경이 초경사招慶寺에 있을 때에 법당 동쪽 어귀에 서서 말했다.

"여기는 문답하기에 딱 좋은 곳이구나."

이때 어떤 사람이 물었다.

"화상께서는 어찌하여 바른 자리에 서지 않으십니까?"

장경이 대답했다.

"그대가 그렇게 오기 때문이니라."

"지금은 어떠하십니까?"

장경이 말했다.

"그대의 눈은 무엇에 쓰겠는가?"

선사가 이 이야기를 전해 듣고 말했다.

"그가 그런 것이야 그렇다 치지마는 다른 도리는 지금 어떻게 말할 것인가?"

후에 안국이 말했다.

"그렇다면 대중이 한꺼번에 절을 해야 되겠습니다."

이에 선사도 대신 말했다.

"그렇다면 대중이 일시에 흩어져야 되겠습니다."

선사가 대중에 있을 때, 국사의 비문에 "마음을 얻으면 이란伊蘭[5]이 전단나무가 되고, 본뜻을 잃으면 감로가 비름 밭이 된다"는 말이 있었는데, 선사가 이것을 들어 어떤 스님에게 물었다.

"한 말씀 가운데 얻고 잃음 두 뜻이 다 갖추어져야 한다 하는데, 어떻게 말하겠는가?"

스님이 주먹을 들어 올리면서 말했다.

"주먹이라 불러서는 안 됩니다."

선사가 긍정하지 않고, 자신이 주먹을 세우면서 말했다.

"그저 주먹이라 부를 뿐이니라."

"어떤 것이 사람을 살리는 검입니까?"

선사가 말했다.

"그대의 눈을 멀게 하지 못하겠다."

---

5 식물의 이름. 종자는 독이 있고 악취惡臭가 나므로 예부터 향기 짙은 전단향旃檀香의 나무와 대비했다.

"어떤 것이 사람을 죽이는 것입니까?"
"그저 이것일 뿐이니라."

『서역기』에서 "서역에 도적이 있어 부처님 이마의 구슬을 훔치려 하니, 부처님의 이마가 점점 높아져서 뽑을 수가 없었다. 이에 도적이 꾸짖되, '부처님 인행因行 때에 원하시기를 내가 부처를 이룬 뒤에는 일체 중생의 가난함을 구제하리라 하셨는데, 어째서 오늘 그 본원을 어기고 저에게 구슬을 주지 않으려 하십니까?' 하니, 부처님께서 그제야 고개를 숙여서 구슬을 뽑게 했다" 한 대목을 선사가 들어 대중에게 물었다.
"여기서 결정을 내려야 하는데, 본래의 서원인 사람 제도와 위배되지 않는 것을 어떻게 말해야 하는가?"
대중이 대답이 없자, 선사가 말했다.
"원願이 있으면 위배되지 않느니라."
이에 장경이 말했다.
"아까의 일이 어찌 인행 때의 서원을 어기는 것이 되겠습니까?"

선사가 상당하여 말했다.
"달마께서 말씀하시기를 '나는 본시 이 땅에 와서 교법을 전하여 미혹한 무리를 건지려 하였다' 하셨는데, 여러분은 말해 보아라. 무엇이 교법인가, 패다라貝多羅의 교법이 아닌가? 만일 패다라의 교법이라면 벌써 가섭마등迦葉摩騰과 축법란竺法蘭 두 삼장이 한漢나라 명제明帝 영평永平 때에 건너왔고, 만일 이 교법이 아니라면 어떤 교법이란 말인가? 가려낼 수 있는 사람이 있는가? 만일 가려낼 사람이 있다면 나와 보아라. 만일 가려낼 이가 없다면 내가 가려내 주리라. 이것이 곧 납자들이 은밀히 알아야 할 곳이니, 얻겠는가? 달마의 그런 말이 본격적인 행각인行脚人을 만난다면 알게 되겠는가? 그대들은 달마의 허물이 어디에 있기에 그리 알지 못하는지 말해 보아라. 내 오늘 좋고 나쁜 것도 알지 못하고 전도되어 그대들을 위해 주었는데도 여전히 밝히지 못하니, 만일 바른 법령에 의지한다면 어째서 눈썹을 곤두세우고 조금도 정신 차리려 하지 않는가? 온 천지가 몽땅 그대들의 가풍家風이니, 그대들은 일시에 깨달아라. 깨달은 이가 있는가? 만일 깨달은 이가 없다면 그렇게 취한 듯 느릿느릿하지 마라. 그래서야 이룰 때가 어찌 있으리. 부지런히 노력해야 하리라."

이때 어떤 이가 물었다.

"듣건대 스님께서 '온 천지가 그대들의 가풍'이라 하셨는데, 학인은 이 경지에 이르렀건만 어째서 보지 못합니까?"

선사가 대답했다.

"그대가 어떤 경지에 이르렀기에 보지 못했는가?"

"스님께서 지시해 주십시오."

이에 선사가 대답했다.

"허물을 용서해 주리라."

또 물었다.

"듣건대 스님께서 '만일 정령正令에 의지한다면 그대들은 어디 가서 알아차리겠는가?' 하셨는데, 어떤 것이 정령입니까?"

선사가 양구하니, 학인이 어리둥절해 하였다. 이에 선사가 말했다.

"믿지 못하니, 어디서 알아차리겠는가?"

6조가 행자의 몸으로 있을 때, 유지략劉志略의 집에 갔는데, 밤에 비구니가 『열반경涅槃經』 읽는 소리를 들었다. 비구니가 '행자도 『열반경』을 읽을 수 있는가?' 하고 묻자, 행자가 대답하되 '글자는 읽을 줄 모르나 뜻은 알 수 있소' 하였다. 그러자 비구니가 의문 나는 구절을 들어 행자에게 물으니, 행자가 모두 모른다고 하였다. 그러자 비구니가 비웃고 깔보면서 말했다.

"글자도 알지 못하는데, 어찌 뜻을 알겠는가?"

이에 행자가 말했다.

"'모든 부처님들의 도리는 문자와 상관없다' 한 말도 듣지 못하셨소?"

선사가 이 이야기를 들어서 설법을 하고는 이어 말하였다.

"한 가지 질문이 빠졌기 때문이니라."

이때 누군가가 물었다.

"어떤 것이 문자와 도리에 관계되지 않는 일입니까?"

선사가 대답했다.

"어디를 갔다가 왔는가?"

선사가 장경과 함께 강 밖에서 다시 영嶺으로 들어오다가 길가에서 잠시 쉬는데, 장경이 옛일을 들어 이야기를 했다.

"태자께서 처음 탄생하실 때에 눈을 돌려 사방을 굽어보시고는 각 방위를 향해 각각 일곱 걸음을 걸으시고서 한 손으로 하늘을 가리키면서 말하기를 '하늘 위와 하늘 아래 내[我]가 가장 높다' 하셨는데, 태자께서 탄생하실 때에 실제로 이런 말씀을 하셨는지요? 아니면 결집하는 이가 끼어 넣은 말씀인가요? 설사 탄생하실 때 그렇게 말씀하시지는 않았다 해도 눈으로 사방을 두루 살피셨다는 것은 조금 일리가 있습니다."

이에 선사가 말했다.

"어디가 그러합니까?"

장경이 말했다.

"스님의 이 한 질문을 깊이 이해하겠습니다."

선사가 말했다.

"질문을 이해한 것이야 질문을 이해했다 해도 몹시 덤벙거리시는군요."

장경이 주장자를 들고 두세 걸음 걷다가 다시 고개를 돌리고서 말했다.

"조금 덤벙거려도 무방합니다."

이에 선사가 말했다.

"덤벙거리는 것을 싫어한다고 잘못 알지 마시오."

장경長慶 화상

설봉의 법을 이었고, 복주福州에서 살았다. 선사의 휘諱는 혜릉慧稜이고, 항주杭州 해염현海鹽縣 사람으로 성은 손孫씨이다. 13세에 출가하여 처음 설봉을 뵙고 학업에 힘썼으나 그다지 영리靈利하지 못했다. 설봉이 이런 전말을 보고서 단안을 내려 말했다.

"내가 그대에게 사마의법死馬醫法[6]을 쓰려는데, 그대는 기꺼이

6 죽은 말을 살리려는 의사를 사마의死馬醫라 한다. 매우 위독하여 손 쓸 방도가 없는데도 여전히 구하려는 것, 어찌할 도리가 없는데도 끝내 단념하지 않고 모든 방법을 다하려는 태도를 가리킨다.

받아들이겠는가?"

선사가 대답했다.

"스님의 처분에 따르겠습니다."

설봉이 말했다.

"하루에 세 차례 다섯 차례 올라오지 말고 그저 산 속에서 불에 탄 나무 둥치처럼, 알아서 몸과 마음을 쉬라. 멀면 10년, 중간은 7년, 가까우면 3년 안에 반드시 실마리를 찾을 것이다."

선사가 스승의 처분대로 2년 반을 지내니, 어느 날은 마음이 앉아 있기 어려운 상태에 이르러 선원 밖으로 나아가 차밭을 세 바퀴 돌고서 나무 밑에 앉아 졸다가 잠이 들었다. 깨어나서 다시 방으로 돌아가기 위해 동랑東廊 아래로부터 올라갔다. 승당僧堂에 들어서면서 등불을 보자마자 느낀 바가 있었다.

이에 곧장 화상에게 갔으나 화상이 아직 일어나지 않았으므로 물러나와 법당 기둥에 기대서서 자기도 모르게 소리를 질렀다.

대사가 그 소리를 듣고 물었다.

"누구냐?"

선사가 자기의 이름을 말하니, 대사가 말했다.

"그대는 한밤중에 거기서 무엇을 하는가?"

선사가 대답했다.

"제가 나름대로 본 바가 있습니다."

대사가 일어나 문을 열어 손을 잡고서 간곡히 심정을 물으니, 선사도 간곡한 심정으로 말하고는 게송을 읊었다.

대단히 어긋났네, 대단히 어긋났네.

발[簾]을 걷어 올리니 천하에 가득해라.

누군가가 나에게 무엇을 알았는가 물으면
불자를 들어서 입을 쥐어박으리.
也大差也大差　　卷上簾來滿天下
有人問我會何宗　　拈起拂子驀口打

대사가 선사에게 분부를 기다리게 하고는 시자에게 지시하여 선사에게 죽을 쑤게 하였다. 대사가 죽을 먹고 난 후 시자에게 승당에서 두 번째 죽이 돌려졌는지 어떤지 보고 오게 하였다. 시자가 가서 보고 화상에게 와 보고하였다. 그러자 화상이 선사를 승당으로 오라 하고는 종을 치면서 말했다.

"내가 여기에서 주지한 뒤로 1천7백 대중을 모았는데, 오늘에야 겨우 반쪽의 성인을 얻었노라."

다음 날 아침, 상당 법문을 준비하고 자리에 오른 뒤 선사를 불렀다. 선사가 나가니, 화상이 말했다.

"어제 저녁의 일을 가지고 대중이 그대를 의심하여 모두 '두 노장이 선지禪智의 시비를 가려서 꿰맞추는 짓을 하리라'고 말하니, 그대가 본 바가 있다면 대중 앞에서 한마디 하라."

이에 선사가 곧 게송 하나를 읊었다.

만상萬像 가운데서 우뚝 드러난 몸
오직 스스로 긍정하는 사람만이 가까이할 수 있으리.
지난날에는 잘못하여 길 가운데서 배웠는데
오늘날 다시 보니 불 속의 얼음일세.
萬像之中獨露身　　唯人自肯乃能親
昔日謬向途中學　　今日看來火裏氷

선사가 물었다.
"예로부터의 여러 성인들이 전하신 한 가닥 길을 지시해 주십시오."
대사가 양구로써 대답하니, 선사가 절을 하고 물러 나왔다.
이에 설봉이 말하기를 "넓고도 크다" 하였다. 이리하여 선사가 초경에서 살게 되었다.

선사가 대위산大潙山에 오래 머문 선詵 상좌에게 물었다.
"일찍이 설봉산에 갔던 적이 있는가?"
"가본 적이 없습니다."
"어째서 가보지 않았는가?"
"제 나름대로 본분의 일이 있었기 때문입니다."
"어떤 것이 상좌의 본분의 일인가?"
이에 상좌가 누더기 자락을 들어 올리니, 선사가 말했다.
"그것뿐인가, 아니면 별다른 도리가 있는가?"
상좌가 대답했다.
"화상께서 아까 무엇을 보셨습니까?"
"용두사미로다."
그리고는 선사가 대신 말했다.
"과연 보지 못하는구나."

선사가 보복保福과 산 구경을 하던 차에 보복이 물었다.
"옛사람이 말하기를 '묘한 봉우리의 꼭대기'라 하였는데, 이것이 곧 그것이 아니겠습니까?"
선사가 말했다.
"옳기는 옳으나 아깝도다."

어떤 스님이 고산鼓山에게 이를 이야기하니, 고산이 다음과 같이 말했다.

"만일 그러지 않으면 해골이 들에 가득하고 백골이 산을 뒤덮을 것이니라."

선사가 체사體師의 고곡게古曲偈를 다음과 같이 들었다.

옛 곡조에서 웅장한 소리를 내니
지금이나 옛날이나 한결같이 부른다.
만일 첫 박자를 말한다면
조사도 부처도 모두 길을 잃으리.

古曲發聲雄　今古唱還同
若論第一拍　祖佛盡迷蹤

선사가 어떤 스님에게 이 일을 들어서 물었다.

"만일 조사도 부처도 모두 길을 잃는다면 어떤 일이 이루어지겠는가?"

스님이 대답했다.

"부처님께서 세상에 나오신 일과 검은콩이 싹을 틔우기 전의 일이 이루어질 것입니다."

다른 스님이 말했다.

"저는 그 경지에 이를 수가 없습니다. 스님께서는 어떠하십니까?"

선사가 대신 말했다.

"자국을 꿰매는 것을 그만두게 되느니라."

어떤 스님이 충탑忠塔에게 물었다.

"어떤 것이 여러 부처님입니까?"

충탑이 대답했다.

"아무도 알 수 없는 것이니라."

어떤 사람이 이를 선사에게 말씀드리니, 선사가 말했다.

"옳기는 옳으나 다만 삼배三拜하는 것이 빠졌느니라."

운암이 짚신을 깁는데, 약산이 물었다.

"무엇을 하는가?"

운암이 대답했다.

"해진 것으로 해진 것을 깁습니다."

이에 약산이 긍정하지 않으면서 말했다.

"해진 것이 곧 해지지 않은 것이다."

어떤 스님이 이 일을 들어 선사에게 이야기하니, 선사가 말했다.

"약산의 그런 말에는 여전히 한 수 가르치려 함이 들어 있다."

스님이 물었다.

"화상께서는 어떠하십니까?"

선사가 대답했다.

"그대도 한 수 가르치려 드는구나."

스님이 다시 말했다.

"학인學人이 그렇게 화상께 한 수 가르치려 한다 치고 어찌하여야 화상의 기틀을 다할 수 있겠습니까?"

이에 선사가 대답했다.

"그대가 직접 대답해야 하느니라."

이때 어떤 학인이 물었다.

"어떤 것이 해진 것입니까?"
선사가 주장자를 들어 올렸다.
"어떤 것이 해지지 않은 것입니까?"
선사가 또 주장자를 들어 올렸다.

어떤 이가 물었다.
"옛사람이 말하기를 '진짜 금은 팔 수 없으니 팔 수 있는 금은 진짜 금이 아니다' 하였는데, 팔 수 있는데 어째서 진금이 아닙니까?"
선사가 대답했다.
"그저 속아 넘어갈까 봐 그리하느니라."

선사가 언젠가 다음과 같이 말했다.
"이렇게 거양擧揚하여도 돌아서서 살펴보면 도리어 속임수가 되느니라."
이에 어떤 스님이 불쑥 물었다.
"대중 앞에서 거양擧揚하는데, 어째서 도리어 속임수가 됩니까?"
선사가 대답했다.
"단지 너무 쉽다 할까 봐서 그러한 것이니라."
스님이 다시 물었다.
"쉽지 않은 경지를 어떻게 말합니까?"
선사가 대답했다.
"마땅함이 곧 마땅하지 않음이니라."

"어떤 것이 만법의 근원입니까?"

선사가 대답했다.

"나를 이상하다 여길 필요 없다. 그저 이것뿐이니라."

스님이 문득 절을 하니, 선사가 도리어 물었다.

"갑자기 어떤 이가 그렇게 말한 것을 긍정하지 않는다면 그대는 여전히 긍정하겠는가? 만약 그대가 긍정한다면 허물이 어디에 있는가? 그대가 만일 긍정하지 않는다면 도리가 어디에 있는가? 그대가 만일 이 문제를 가려낸다면 그대에게 그러한 안목이 있음을 인정하겠지만 그대가 가려내지 못한다면 그러한 안목이 갖추어지지 않았음을 감히 보증하노라."

"영산회상의 백만 대중 가운데서 가섭만이 친히 들었다 하는데, 어떤 것이 가섭이 친히 들은 것입니까?"

선사가 양구하니, 스님이 말했다.

"만일 물어보지 않았더라면 일생을 헛되이 보낼 뻔하였습니다."

이에 선사가 주장자를 들어 때렸다.

"사자는 코끼리를 잡을 때에도 힘을 다하고 토끼를 잡을 때도 있는 힘을 다합니다. 힘을 다하였는데, 어째서 선성善聖 비구니를 구하지 못했습니까?"

선사가 말했다.

"그대는 구하지 못했다고 했는데, 지금 그가 어디에 있는지 그대가 한번 말해 보아라."

선사가 심한 귀앓이를 하고 있으니, 왕 태부가 편지를 보내어 문병하고, 그 끝에 다음과 같은 게송을 붙였다.

세상 사람들 도를 깨치는 데 귀에 의지하지 않나니

귀앓이가 심해져도 도는 여전히 분명하리.
영취산의 한 기미를 가섭이 알았는데
우리 스님, 전해 얻으심이 어찌 귀로 들어서 된 것이랴.

世人悟道非從耳　　耳患雖加道亦分
靈鷲一機迦葉會　　吾師傳得豈關聞

선사가 회답을 써서 물었다.

"게송에 화답할 겨를도 없이 몇 마디만 묻습니다. 태부께서 법을 아끼시지 않는다면 흐름을 끊는 일〔截流之作〕을 보여 주실 것입니다. 주신 글에 '귀에 의지하지 않는다' 하시고, 또 말씀하시기를 '어찌 귀로 들어서 된 것이랴' 하셨는데, 귀에 의지하지 않는 주인공을 드러내어 주십시오. 뒷날까지 안녕히 계십시오."

태부가 답장을 보냈다.

"날씨도 좋고 비도 잘 내리면, 꽃도 피고 보리도 자랍니다. 되는지 안 되는지는 선사께서 친히 판가름해 주십시오."

이에 선사가 다시 회답했다.

"그렇다면 대중에게는 희망이 있으리니, 북원北院엔들 무슨 근심이 있으리오? 그렇더라도 역시 남들이 웃을까 걱정이 됩니다."

선사가 또 앙산仰山과 잠대충岑大蟲[7]의 화두를 들어서 말했다.

"앞의 것은 피차가 다 작가다웠으나 나중의 것은 작가답지 못하다. 내가 그 사이에 '삿된 법은 돕기 어렵다'는 한마디를 끼워 넣는다면, 그대들은 어느 사람을 기준하여 높은 말과 낮은 말을 나누

7 '잠岑'은 장사張沙 경잠景岑 선사를 가리키고, '대충大蟲'은 호랑이를 일컫는 말로서 선가에서는 기봉機鋒이 날카로운 선사를 말한다. 여기서 말하는 앙산仰山과 잠대충의 화두란, 『전등록』 10권 「장사경잠조張沙景岑條」에 나오는 이야기이다.

었다 여기는지 말해 보아라."

어떤 스님이 물었다.

"어찌하여야 의심하지 않을 수 있습니까?"

그러자 선사가 양쪽으로 손을 뻗고는 학인學人에게 '다시 물으면 대답을 해주리라' 하였다. 이에 학인이 다시 묻자, 선사가 허벅지를 드러내고 앉았다.

학인이 절을 하니, 선사가 말했다.

"그대는 어떻게 알고 있는가?"

학인이 대답했다.

"오늘은 동풍이 불었습니다."

이에 선사가 말했다.

"그대의 그런 말은 사람들의 견해를 안정시키지 못한다. 그대는 옛 성인이 나타난 이래로 어떤 말씀이 장경長慶의 것과 같다고 여기는가? 그대가 만일 말할 수 있다면 그대에게 화두가 있음을 인정하리라."

"한 가지조차 확실히 알지 못하는데도 허물없는 일을 할 수 있습니까?"

선사가 대답했다.

"그대가 이미 나에게 물었으니, 나도 그대에게 물으리라."

스님이 말했다.

"그렇다면 화상께서 저에게 물으신다고 말할 수 없습니다."

이에 선사가 말했다.

"나는 그대의 근본을 잘 알고 있으니, 그대 역시 정반성定半星[8]을 잘못 알지 말라."

그리고는 선사가 앞의 말을 대신 말해 주었다.

"그저 '진중珍重'이라 했어야 하느니라."

공자孔子가 제자들에게 물었다.

"그대들은 무엇을 도라 하는가?"

어떤 사람은 말했다.

"무심한 것이 도입니다."

또 어떤 사람은 말했다.

"눈에 뜨이는 것이 도입니다."

또 어떤 사람은 손을 무릎에 대고 깡충깡충 뛰듯 걸어갔다. 이에 공자가 판별해 말하였다.

"'무심한 것이 도'라 함은 도를 향해 가는 것이요, '눈에 뜨이는 것이 도'라 함은 도를 밝히는 것이요, '깡충깡충 뛰듯 걸어간 것'은 도를 나타낸 것이니라."

선사가 이 말을 듣고 대중에게 들어서 물었다.

"공자께서 그렇게 판단하신 것이 세 사람의 뜻에 부합하겠는가?"

이에 아무도 대답하는 이가 없자, 스스로 말했다.

"두 개는 부합하지만 한 개는 부합하지 않느니라."

청원 태부太傅가 묻기를 "산중의 화상께서 요즘 무어라 가르치십니까?" 하니, 선사가 다음과 같이 회답했다.

8 저울눈의 첫 자리. 우리 심식心識의 기본을 비유한다. 즉 불성佛性이나 아뢰야식阿賴耶識을 말한다.

"산중의 화상께서 요즘 노파심이 간절하시어 사람들로 하여금 '입을 열기 전에 알아라' 하시오."

태부가 다시 물었다.

"그렇게 말하는 것이 맞습니까?"

선사가 대답했다.

"맞고 안 맞는 것은 그만두고 태부는 어떻게 생각하시오?"

태부가 대답했다.

"저에게도 헤아릴 곳이 있습니다."

선사가 물었다.

"태부께서는 어떻게 헤아리시오?"

이에 태부가 책상다리하고 앉자, 선사가 말했다.

"누구에게 맡긴다는 것이오?"

"대사에게는 맡기지 않습니다."

선사가 다시 물었다.

"아까 그 경지는 어디로 갔소?"

태부가 대답했다.

"무슨 허물이 있습니까?"

이에 선사가 말했다.

"그래도 스스로 점검하고 경책하는 것이 좋을 것이오."

선사가 왕대왕王大王과 '고금의 인격을 이루고 덕 세우는 일'을 이야기하던 끝에 다음과 같이 말했다.

"세속에도 뜻 있는 사람의 싹이 있고, 불법에도 뜻 있는 사람의 싹이 있습니다."

대왕이 물었다.

"어떤 것이 세속의 뜻 있는 사람의 싹입니까?"

선사가 옛 시구를 들어 대답했다.

"청운에 길이 있으면 꼭 이르러야 하나니, 금방金榜에 이름이 빠지면 맹세코 집에 돌아가지 않는 것입니다."

대왕이 다시 물었다.

"어떤 것이 불법 안에 뜻 있는 이의 싹입니까?"

선사가 또 옛 시구를 들어 대답하였다.

"금생에 노력해서 꼭 끝내야 하나니, 여러 겁을 지내면서 모든 재앙 받지 말라 하는 것입니다."

선사가 또 말했다.

"무생無生의 법을 얻지 못하면 끝내 멈추지 말지니, 깨달음을 얻는 것으로 기한을 삼으십시오."

이에 대왕이 절을 하면서 말했다.

"만일 화상을 만나지 못했더라면 어찌 그러한 차제를 알았겠습니까?"

어떤 스님에게 물었다.

"근본 자루를 손상하지 않고 그대는 어떻게 말하겠는가?"

스님이 대답했다.

"저는 입이 있어서 오직 차만 마실 줄 압니다."

"등줄기를 후려치는 방망이를 그대는 달게 여기겠는가?"

"어찌 달게 여기지 않겠습니까?"

"그대의 허물이 무엇이기에 그러한 방망이를 맞는가?"

"만일 저를 때리지 않으면 어느 곳에 장경이 있겠습니까?"

이에 선사가 말했다.

“옳은 말이다. 장경의 뜻을 어떻다고 여기는가?”

그 스님이 하직 인사를 하였다.

선사가 어느 날 다음과 같이 말했다.

“내가 만일 그대의 허물을 눈감아 주어서 그대 마음대로 주절주절 지껄여 입이 폭포 같아도 상관없지만, 내가 만일 그대의 허물을 눈감아 주지 않는다면 그대는 무엇을 말하고자 하겠는가?”

스님이 대답했다.

“화상께서 저의 허물을 눈감아 주신다면 저 또한 아뢸 길이 있겠습니다.”

선사가 다시 물었다.

“내가 너의 허물을 눈감아 주노니, 어떻게 말하겠는가?”

스님이 대답했다.

“내일 공양주가 공양청을 차립니다.”

선사가 다시 물었다.

“내가 만일 그대의 허물을 눈감아 주어도 그대는 그렇게 말할 것이고, 내가 그대의 허물을 눈감아 주지 않아도 그대는 그렇게 말할 것이다. 그렇다면 허물은 어디에 있는가?”

그 스님이 대답이 없자, 다른 이가 대신 말했다.

“만일 그렇게 말하지 않으면 어찌 화상을 알겠습니까?”

선사가 긍정하지 않고, 또 다른 스님에게 물었다.

“그대의 허물을 눈감아 준다면 어떻게 말하겠는가?”

스님이 대답했다.

“그저 그것뿐입니다.”

어떤 스님이 와서 참문하려는데, 선사가 갑자기 붙잡고 말했다.

"그대를 욕보이는 것이 아니겠는가?"

스님이 대답했다.

"그렇지 않습니다."

이에 선사가 그 스님을 밀어내면서 말했다.

"그렇게 오랜 세월 동안 헛되이 짚신을 해지게 하면서 무엇을 했단 말인가?"

또 어느 날 스님이 참문하니, 선사가 멱살을 잡고 말했다.

"너무 언짢게 한 것은 아닌가?"

스님이 대답이 없으니, 선사가 밀쳐내었다.

어떤 스님이 이 일을 안국安國에게 이야기하니, 안국이 말했다.

"오늘 초경(招慶 : 장경의 호)에게는 사람을 죽이는 검도 있고, 사람을 살리는 검도 있구나."

어떤 스님이 이 일을 들어 보복保福에게 이야기하니, 보복이 말했다.

"초경은 살殺과 활活, 둘 다 갖추었도다."

초경招慶이 다음과 같이 말했다.

"그렇다면 첫 번째 스님은 허물이 없겠습니다."

연演 시자는 다음과 같이 말했다.

"다행히 화상께서 그렇게 말씀하셨습니다."

선사가 따져 물었다.

"그렇다면 그렇게 말하지 않을 때에는 어찌하는가?"

시자가 대답이 없으니, 선사가 다신 말했다.

"만약 그렇게 말하지 않으면 산산이 조각나느니라."

어떤 이가 물었다.

"학인은 최근에 총림에 들어왔습니다. 스님께서 종승宗乘의 법을 들어 제창해 주십시오."

선사가 대답했다.

"들어 제창하는 거양擧揚이 곧 거양 아닌 것이니라."

학인이 절을 하니, 선사가 말했다.

"알겠는가?"

학인이 대답했다.

"알지 못하겠습니다."

이에 선사가 말했다.

"그대가 알지 못해서 다행이다. 만일 그대가 알았다면 어떻게 초경이 있을 수 있겠는가?"

"변방의 기러기는 갈대를 물고 오는 것으로 서로 확인한다 하는데, 조사의 대를 잇는 일은 무엇을 신표信表로 삼습니까?"

선사가 대답했다.

"심술부리지 말게."

"그러시다면 금구金口가 언설을 그만둔 것이 되겠습니다."

선사에게 다시 말했다.

"이 소식을 알기는 하는가?"

"스님께서 말씀은 하셨습니까?"

선사가 말했다.

"그대에게 묻고 싶은 말이다."

"그러시다면 감히 화상을 속일 수가 없습니다."

"속이지 않을 수가 있기는 한가?"

"화상께서 허락하시면 됩니다."

이에 선사가 말했다.

"상대를 가려서 찾아가는 것이 좋으리라."

"옛사람이 말하기를 '한 번 보면 도가 있음을 아나니, 말을 주고받을 필요가 없다' 했는데, 화상의 이 모임에도 그런 이가 있습니까?"

선사가 대답했다.

"내가 있는 곳에는 그 나름대로 내력이 있느니라."

"화상께서는 어떠하십니까?"

이에 선사가 한 주먹 쥐어지르면서 말했다.

"한 다리를 건네주어도 들 줄을 모르는구나."

"옛일을 알거나 지금의 일을 아는 것은 사람들이 다 아는 사실이거니와 어떤 것이 초경의 흐름을 끊는 일〔截流之作〕입니까?"

선사가 대답했다.

"그대의 질문에 대답하면 그것이 곧 그대의 질문에 대답하지 않는 것이 되느니라."

"화상께서 말씀하시는 것을 깊이 이해하겠습니다."

선사가 다시 물었다.

"그대는 초경이 어디에 떨어졌는지 알겠는가?"

"완전히 안다고는 못하겠습니다."

선사가 다시 물었다.

"완전히 안다는 것은 무엇인가?"

학인이 절을 하니, 선사가 말했다.
"두목은 있으나 부장副將이 없구나."

어느 때 선사가 다음과 같이 말했다.
"영리한 납자는 여기까지 올 필요가 없느니라."
어떤 스님이 물었다.
"여기에 오지 않는다면 화상께서는 어떻게 영리한 놈인 줄 아시겠습니까?"
"그가 여기에 오지 않는 것만 보아도 그가 영리한 놈인 줄 아느니라."
"어디에서 짐을 지우시겠습니까?"
선사가 말했다.
"내 보기에 그대에게는 그런 솜씨가 없다."
"듣건대 화상께서 말씀하시기를 '일등 가는 학인學人은 당장에 소견이 생겨 천하 사람의 혀끝을 멈추게 한다' 하셨다는데, 어떤 것이 천하 사람의 혀끝을 멈추게 하는 소견입니까?"
선사가 대답했다.
"여러 해를 여기에서 살았건만 일찍이 찾으려는 이를 못 보았다."
"세 치의 혀를 의지하지 않고, 학인이 소식을 통해도 되겠습니까?"
"그대에게 허락한다면 어떤 소식을 통하겠는가?"
"오늘 동풍이 불고 있습니다."
이에 선사가 말했다.
"열반당의 첨지로구나."

선사가 세상에 드러나 출세한 지 28년이요, 대중은 항상 1천5백 명에 이르렀다. 장흥 3년 임진 5월 17일에 열반에 드니, 춘추는 79세요, 승랍은 60세였다. 선사의 호는 초각超覺 대사였다.

정수淨修 선사가 찬탄하였다.

승속僧俗이 몹시도 존경하니
격조가 높아서 감당할 이 없다.
기개를 다하여 마주 보는 곳에
선 자리에서 승당僧堂 문을 닫았네.

緇黃深鄭重　　格峻實難當
盡機相見處　　立下閉僧堂

월운 스님

경기도 장단에서 태어나 한학을 수학하고, 남해 화방사에서 당대의 대강백 운허스님을 은사로 출가하였다. 통도사와 해인사 강원을 졸업하고 강사가 되었으며, 동국역경원 역경위원을 거쳐 동국역경원 원장으로 있다. 중앙승가대학 교수와 제25교구 본사 봉선사 주지를 역임하였고, 현재 조실로 있으면서 불경서당과 능엄학림을 통해 후학 양성에 매진하고 있다.

저서로는 「삼화행도집」·「일용의식수문기」·「금강경강화」·「원각경강화」·「대승기신론강화」·「구름처럼 달처럼」 등이 있고, 「조당집」·「선문염송」을 비롯한 80여 종의 경론을 번역한 우리나라의 대표적인 학승이자 강백이다.

조 당 집 I

2008년 9월 20일 개정판 1쇄 발행
2017년 2월 8일 개정판 2쇄 발행

옮긴이 월운스님
펴낸이 한태식
펴낸곳 동국역경원

주소 100-715 서울시 중구 필동로 1길 30
전화 02-2260-3484
팩스 02-2268-7851
Homepage http://www.tripitaka.or.kr
E-mail book@dongguk.edu
출판등록 제2-159(1964.10)
인쇄처 보명C&I

ISBN 89-5590-450-9
ISBN 89-5590-449-5(전2권)

값 25,000원